JN409841

논평집

문학철학 · 종교철학

황 필 호 지음

논평집

문학철학 · 종교철학

황 필 호 지음

철학과현실사

머리말 : 한 권의 책을 위하여

나는 젊었을 때 적어도 철학을 전공하는 사람이라면 당연히 1백여 권의 저서, 역서를 남기는 것이 당연하다고 생각한 적이 있다. 물론 양(量)이 질(質)을 결정하는 것은 아니지만, 양이 없는 질도 또한 있을 수 없기 때문이다. 그러다 보니 한 책에 쓰인 내용이 다른 곳에 반복되기도 하고, 어느 경우에는 지난번의 내용을 아예 송두리째 빌려오기도 했다.

당연히 나는 나의 글쓰기 방식에 대하여 수많은 비판을 받아왔는데, 강호형은 그것을 두 가지로 설명한다. 물론 그는 "한 인간의 장점은 동시에 단점이 될 수 있다. (이것은 그의 주장이기도 하다.) 그런 뜻에서 인간 황필호에게도 단점은 있다"고 겸손하게 말하지만, 실제로 이들 약점은 나의 글쓰기뿐만 아니라 나의 철학하기 자체를 위협할 정도의 위험천만한 단점이다. 강호형의 두 가지 비판은 다음과 같다.

> 첫째, 황필호는 너무 욕심이 많다. 스스로도 고백했듯이 오지랖이 너무 넓은 것이 장점인 동시에 단점이다. 황필호의 본령은 철학, 그 중에서도 종교철학이다.
>
> 그러나 그는 종교철학에 만족하지 않는다. 사회, 문학, 예술, 여성 문제 등 거의 모든 분야에 흥미와 관심을 가지고 있으며, 사계에서도 두각을 나타내고 싶은 욕심을 가지고 있다. 철학이 포괄적인 학문인 만큼

모든 분야에 흥미와 관심을 가지는 것은 오히려 당연한 일일 수도 있다. 그러나 그의 흥미와 관심이 본령의 면적을 넓히고 그 깊이를 더하려는 천착에 그치지 않고 직접 뛰어들어 쾌도난마식으로 해결하지 않으면 직성이 풀리지 않는 것이 문제다. 그리하여 그의 친구 소흥렬은 우공 황필호를 과시형 철학자라고 말한다. 과시형이되 과시할 만한 철학이 있는 철학자라고 말한다. 듣고 보니 적절한 지적인 것 같다.

나는 그가 현동(玄同)을 몸소 실천하는 사람으로 본다. 그러나 '과시'와 '현동'은 상반되는 개념이다. 그렇다면 그의 현동은 위선이거나 계산된 위장이어야 한다. 이것은 어쩌면 보다 철학적이고 비판적인 안목을 가진 철학자 소흥렬과, 보다 문학적이고 감성적 안목에 머물러 있는 나의 시각의 차이일지도 모른다. 어쨌든 그의 이와 같은 이중 구조는 탈피되어야 할 것이다.

둘째, 황필호는 아는 것이 너무 많다. 물론 이 말에는 어폐가 있다. 아는 것이야 다다익선이지 많이 알아서 나쁠 것은 없을 것이기 때문이다.

그러나 60권을 넘는 그의 방대한 저술들을 읽다 보면 아는 것도 탈이 될 수 있음을 느끼게 된다. 무슨 이론, 어떤 주장이 그리 많기에 그토록 엄청난 양의 책을 써냈으며, 누가 과연 그 많은 책을 정독하여 철학자 황필호 또는 인간 황필호를 정의할 것인가. 더욱 난감한 것은 동서고금을 종횡무진 휘저은 듯한 인용문들이다. 물론 그의 이와 같은 박학다식이 해로울 리는 없다. 전개가 분명하여 신뢰감을 준다든지, 공부하려는 사람들에게 지적 호기심을 자극하는 효과도 있을 것이다. 그러나 그 전개가 너무 광범위하다 보니 정작 본인의 목소리는 묻혀버리고 마는 수가 있다.

나는 철학을 모르는 사람이다. 따라서 이런 지적은 나 개인의 문제일 수도 있다. 그런데 비슷한 지적이 철학자에게서도 나왔다. 소흥렬의 말을 들어보자: "철학적으로 말하자면 이것은 분석철학자의 병이다. 모든 것을 분석적으로 파헤쳐놓고는 그 다음을 책임지지 않는 분석철학자의 병이다. 잘못된 건물을 헐었으면 새 건물을 짓는 책임도 져야 한다. 분석철학자의 병은 조금 특이하다. 철저한 분석 · 비판을 가한 다음 바로 그와 같은 비판을 스스로 받을 수 있다는 두려움 때문에 자신은 아무런 주장도 내세우지 않게 되는 것이 분석철학자의 병이다. 또한 철저하게 남의 것을 분석 · 비판하는 데 온갖 정력을 다 써버렸기 때문에 자기 것을 주장할 수 있는 여력이 없게 되는 것도 분석철학자의 병이다. 한평생 분석 · 비판의 철학만 하게 되면 자신의 주장을 세울 자신감이 없어진다는 뜻이다."

이것은 일반론이지만, 소흥렬은 "황필호가 분석철학의 병에 걸려 있지 않나 염려한다"고 부언하고 있다. 아닌 게 아니라 황필호는 따지기를 좋아한다. 그래서 그런지 그의 글들을 보면 대개가 어떤 전제를 내걸고는 첫째, 둘째, 셋째 … 하는 식으로 따져나가는 구도로 되어 있다.

물론 나는 이상의 두 가지 비판에 대한 변명을 가지고 있다. 욕심이 많고 오지랖이 넓은 것은 절대로 비판의 대상이 될 수 없다. 단지 그가 얼마나 자신의 작업에 충실한지가 중요할 뿐이다. 천국도 침공하는 사람이 빼앗는다고 하지 않는가. 또한 아는 것이 너무 많다는 것도 말이 되지 않는다. 한 가지만 하는 사람은 여러 가지를 하고 있는 사람을 존경해야 할 것이며, 공연히 신경질을 낸다는 것은 졸장부의 처신일 뿐이다.

하여간 나는 지금까지 내 방식대로 열심히 앞만 보고 달려왔다. 그러면서도 가끔 내가 하는 일 자체에 빠져서 도대체 내가 무엇을 어떻게 하고 있는지조차 모르고 있다는 자각이 선뜻 나의 가슴을 에기도 했다. 그래서 나는 2002년 정년을 맞으면서 이렇게 결심한 적이 있다. "나는 지금까지 무엇을 했는가. '남의 말'에 대하여 이러쿵저러쿵 의견을 진술한 것뿐이다. 나만의 목소리는 한 번도 내지르지 못했다. 이제 정년을 맞으면서 남에 대한 얘기는 끝내고 나만의 목소리를 울리리라." 내가 2002년에 『종교철학 에세이』, 『인문학 · 과학 에세이』, 『한국 무교(巫敎)의 특성과 문제점』, 『베단타 · 예수 · 간디』(S. 프라바바단다), 『엔도 슈사쿠의 종교소설 읽기』 등 5편의 저서 및 역서를 발간한 이유도 여기에 있다.

그러나 나의 '남의 말'은 여기서 끝나지 않았다. 하고픈 말이 아직도 너무 많았던 것이다. 내가 2002년 이후에도 『데이비드 흄의 철학』, 『종교변호학 · 종교학 · 종교철학』, 『종교철학 11강좌』, 『황필호, 달라이 라마를 만나다』, 『논술과 청소년 자살, 그리고 지존파』, 『나도 아름답게 나이 들고 싶다』, 『여성철학 개론』, 『수필로 쓴 수필론』, 『여행철학을 위하여』를 출간한 이유도 여기에 있다.

그런데 최근에 나의 철학함을 완전히 밑바닥부터 다시 보게 된 계기가 생겼다. 일주일에 두 번씩 북한산을 오를 정도로 건강했던 내가 암수술을 받았으며, 현재는 또 다른 질병으로 고통받고 있다. 인생무상이라고나 할까. 물론 '남의 말'에 대한 나의 욕망이 완전히 사라진 것은 아니다. 아직도 이 세상에서 나를 가장 사랑하셨던 어머니의 전기인 『어머니의 일생』(가제)과 『비트겐슈타인과 종교 시리즈』를 쓰고 싶기는 하다. 그러나 적어도 1백 권을 남겨야 한다는 유치한 생각은 전혀 하고 있지 않다.

그러나 나에게는 아직도 죽기 전에 꼭 쓰고 싶은 '나의 말'이 딱 한 권 있다. 그것은 바로 『한국 종교철학 개론』이다. 여기서 지금까지의 62권은 이 책을 쓰기 위한 습작이 되는 셈이다. 물론 나는 이 책을 쓰지 못하고 세상을 떠날 수도 있다. 그리고 그렇게 되어도 지구는 여전히 돌고 있을 것이다. 그러나 현재 나의 유일한 희망은 이 한 권의 책을 쓰는 것이다.

2008년 5월

又空 황필호 씀

차 례

제 3 장　신종교철학

제 4 장　종교철학 (I)

제 5 장　종교철학 (II)

제 6 장　부 록

제 1 장

문학철학 · 예술철학

1. 생로병사, 인생의 통과의례

1. 태어남

나는 모든 생명체의 태어남은 우연의 소산이 아니라 필연의 결과라고 믿는다. 정확히는 말할 수 없어도, 그 어떤 '보이지 않는 손'의 뜻에 의해서만 모든 생명체는 태어날 수 있다고 믿는다.

나의 이런 믿음은 김종길의 「풀꽃」이라는 시에 그대로 나타나 있다.

민들레꽃을 30분의 1로 축소하면 저 꽃이 될까.
잔디 풀 사이로 가늘게 치밀어 올라
이제 막 피어난 자잘한 풀꽃!

별보다도 작은 꽃둘레건만
별처럼 또렷한 샛노란 꽃잎,
사나흘이면 소멸해 버릴 이름도 없는 저 별은
몇 백, 몇 천 광년의 기적 끝에
드디어 여기 나타났는가.

그 가늘디가는 천공의 선율은

잠자던 내 가슴을 뛰게 하고
적막한 뜰을 설레게 한다.

여기서 '사나흘이면 소멸해 버릴 이름도 없는 저 별'과 같이 '이제 막 피어난 자잘한 풀꽃'은 그냥 우연히 태어난 것이 아니다. 그것은 이미 '몇 백, 몇 천 광년의 기적 끝에' 태어난 것이다.

그리하여 평론가 이건청은 김종길의 시가 "미세하고 보잘것없는 풀꽃 하나를 운명적 필연으로 받아들이면서 그것이 지니는 가치를 발견해 내게 된 것은, 원숙한 삶의 깊이에 기초한 상상력 때문"이라고 말한다.

종교인들은 이 몇 백, 몇 천 광년의 기약을 연기(緣起)나 섭리(攝理)라고 표현할 것이다. 그러나 여기서 중요한 일은 우리가 모두 '그분'의 뜻에 따라 태어났기 때문에 우리 맘대로 제멋대로 살지 말고 '그분'의 뜻에 따라서 살아야 한다는 것이다. 그리고 이런 삶이 — 좀 역설적으로 들리겠지만 — 가장 인간적인 삶이다.

2. 늙음

늙음은 죽음보다 더 견디기 어렵다. 죽음은 한 순간에 오지만 늙음은 지속적으로 매일매일 경험해야 되기 때문이다.

인간의 몸과 마음은 시간이 지남에 따라 점점 쇠퇴하여, 오늘의 젊은이는 내일의 늙은이가 된다. 시간은 오직 일방통행을 할 뿐 절대로 정지하거나 역류(逆流)하지 않기 때문이다.

그리하여 몽테뉴는 『수상록』에 실린 「나이에 대하여」에서 이렇게 말한다.

때로는 몸이 먼저 나이에 항복하고, 때로는 마음이 먼저 항복한다. 그래서 나는 뇌가 위장과 다리보다 먼저 쇠약해지는 경우도 보았다. 하여간 나이는 겪는 사람이 감지하지 못할 정도의 질병이며, 그 증상도 잘 드러나지 않을 정도로 위험한 질병이다.

물론 우리 주위에는 만년 청춘을 자랑하는 사람이 없지 않다. 그리하여 중년 여성들은 악착같이 살을 빼고 짙은 화장을 즐기며, 중년 남성들은 몸에 좋다면 독사의 쓸개까지 사양하지 않기도 한다. 또한 우리 주위에는 실제로 '노익장'을 과시하는 사람도 없지 않다. 그러나 이 모든 것도 잠시일 뿐이다. 그리하여 몽테뉴는 다시 이렇게 말한다.

나는, 어느 나이 이후부터 나의 마음과 몸은 성장하기보다는 쇠퇴해 왔으며, 전진하기보다는 후퇴해 왔다고 확신한다. 물론 시간을 잘 이용하는 사람에게는 지식과 경험이 살아가면서 성장할 수 있다. 그러나 활기참, 신속성, 견고성 그리고 우리 자신이 가지고 있는 더욱 중요하고 본질적인 요소들은 시들어지고 쇠약해지게 마련이다.

세월이 강력한 힘으로 육체를 파괴시킬 때 우리의 사지(四脂)는 무력하게 파괴되고, 판단력은 둔화되고, 마음과 언사(言辭)는 사라진다. (루크레티우스)

그러므로 우리는 잠시 동안의 늙지 않음에 만족하지 말고, 늙음 자체를 거부하지도 말고, '백발의 영광'이 나타나도록 삶에 더욱 충실해야 한다. 그래야 우리는 익어 가면서 고개를 숙이는 벼 이삭의 겸손을 배울 수 있다.

3. 병듦

늙기만 해도 서러운데 거기에다 병까지 들면 더욱 슬픈 일이다. 그럼에도 모든 사람은 늙고 병들게 마련이다. 부처님이 인생을 고해(苦

海)라고 말한 이유도 여기에 있다. 그리하여 예부터 가장 큰 복은 무병장수(無病長壽)라고 했다.

여기에 바로 건강의 역설이 있다. 모든 사람이 건강을 추구하지만 아무도 온전히, 그리고 죽을 때까지 건강할 수 없다. 우리는 이 사실을 잘 알면서도 건강하기를 바라며, 이런 바람은 조만간 '헛되고 헛되고 헛된 일'이 된다는 사실을 잘 알고 있다. 이 역설에 대하여 불교의 「보왕삼매경(普王三昧經)」은 "네 몸에 병 없기를 바라지 말라!"라는 정말 독특한 견해를 제시한다.

그러면 우리는 항상 병마에 시달리면서 살아야 한단 말인가? 그래서 이 고통의 삶이 그저 빨리 끝나고 극락이나 천당에 가는 날만 기다려야 한단 말인가? 그렇지는 않다. 모든 종교와 마찬가지로 불교는 삶을 부정하지 않는다. 오히려 삶을 있는 그대로 여실하게 바라보라고 가르친다. 그러면 왜 무병장수를 바라지 말라고 하는가? 그 이유는 이렇다.

> 몸에 병이 없으면 탐욕이 생기기 쉽나니, 그래서 옛 성인이 말씀하시기를 "병고(病苦)를 양약(良藥)으로 삼으라"고 하셨느니라.

그러므로 현재 병마에 시달리고 있는 사람들은 「보왕삼매경」의 다음 구절을 음미할 필요가 있다. 물론 이 구절은 우리가 '건강의 탐욕'보다는 '병고의 양약'을 추구해야 된다는 뜻에서 현재 건강하다고 뽐내는 사람들에게 더욱 필요한 것이겠지만.

> 세상 살기에 곤란 없기를 바라지 말라. 세상 살기에 곤란이 없으면 남을 업신여기는 마음과 사치한 마음이 생기나니, 그래서 옛 성인은 "근심과 곤란으로 세상을 살라"고 하셨느니라.

4. 죽음

죽음은 인생의 희로애락을 모두 잠재우는 마지막 통과의례다. 이 통과의례 다음에는 정말 아무것도 없는 무(無)의 심연이 있을 뿐이다. 천하일색 클레오파트라도 죽었고, 양귀비도 죽었다. 영웅호걸도 예외는 아니다.

그럼에도 플라톤은 인생의 가장 고귀한 목표는 지혜를 추구하는 철학이라고 규정하고, 철학함이란 바로 '죽음을 연습하는 것' 즉 '매일 죽는 연습을 하는 것'이라고 규정했다.

나는 그 이유를 『길 위에서』라는 에세이집에서 이렇게 설명했다.

> 날이 지나면 밤이 오고, 여름이 지나면 겨울이 오듯이, 만남이 있으면 헤어짐이 있고, 시작이 있으면 끝이 있고, 삶이 있으면 죽음이 있다. 피었던 꽃은 사라지고 시작한 것은 끝나는 것이 자연의 섭리다.
>
> 그런데 사람들은 언제나 시작만 생각하고 그 시작의 끝은 생각하지 않는다. 그저 성장하기 시작하고, 공부하기 시작하고, 돈을 벌기 시작하고, 성공하기 시작할 뿐이다.
>
> 그러나 이 모든 시작들도 끝이라는 관점을 염두에 두었을 때만 의미가 있는 것이다. 학생들의 공부는 졸업이라는 미래의 시간에 비추어 볼 때 의미가 있으며, 돈벌이와 성공도 죽음을 편안하게 맞이하겠다는 마음가짐이 동반될 때 그 의미가 있는 것이다.

인간은 언제나 끝을 생각하면서 살아야 한다. 종교적으로 말하면 인간은 모두 종말론적 삶을 영위해야 한다.

죽음을 아는 사람만이 삶을 알 수 있으며, 죽음을 연습하는 사람만이 진정한 삶을 영위할 수 있다.

2. 앙코르 와트의 비밀

1.

“사람은 보는 만큼 알고, 사물은 아는 만큼 존재한다”는 말이 있다. 예를 들어서 외계인을 한 번도 본 일이 없는 사람은 외계인을 안다고 할 수 없을 것이며, 외계인에 대하여 아무것도 모르는 사람에게 있어서 외계인은 존재하지 않는 것과 마찬가지가 된다. 그래서 버클리라는 서양철학자는 “존재한다는 것은 지각되는 것(To be is to be perceived)”이라는 유명한 명제를 남겼다.

예를 들어 태평양 바다 속에 아주 귀한 보석이 있다고 하자. 그러나 아무도 그것을 본 일이 없고, 아무도 그 보석에 대하여 생각조차 하지 않고 있다면, 우리는 차라리 그 보석은 존재하지 않는다고 말해야 할 것이다. 성서가 돼지에게 진주를 주지 말라고 충고한 이유도 여기에 있다. 돼지는 보석의 가치를 절대로 알 수 없기 때문이다.

그러나 더욱 정확히 말하면, 사람은 보는 만큼 아는 것이 아니라 아는 만큼 보는 것이다. 만약 아무도 태평양 속에 있는 보석을 알지 못하며, 더 나아가서 그 보석에 대하여 생각조차 하지 않다가 우연히 그 보석을 보았다면, 그는 그것이 바로 보석이라는 것을 어찌 알 수 있겠는가. 또한 인간이 알고 있는 것만 존재한다고 말한다면, 내가 평생 한 번도 본 일이 없는 수많은 것들은 전부 존재하지 않는단 말인가. 버클리가 앞의 명제를 고수하기 위해 "사람이 그것을 지각하지 않을 때는 하느님이 그것을 지각하고 있다"고 말할 수밖에 없었던 이유도 여기에 있다.

2.

우리는 우리가 알 수 없는 것을 '불가사의'라고 부른다. 우리는 그런 경우를 생각할 수도 없고 상상할 수도 없다는 뜻이다. 세계 7대 불가사의 후보에 속하는 앙코르 문명도 여기에 속한다. 현재 우리가 가지고 있는 과학적 지식으로는 전혀 그것의 과거와 현재를 설명할 수 없으므로 우리는 그것을 영원히 알 수 없는 것이라고 단정하는 것이다. 그러나 유재경은 이런 태도를 비과학적이라고 말한다.

> 현대 인류 문명의 실체는 불가사의 문명에 대한 명확한 구명이 없이는 규정될 수 없는 것은, 수학 문제에서 풀이의 과정을 무시하거나 엉뚱한 공식을 대입했을 때 정확한 답을 얻을 수 없는 것과 같다. 불가사의 문명이란 전(前) 문명이라고 할 수 있다. 이는 너무 오랜 시간 방치되어 그 원인을 알 수 없을 뿐인 실체의 문명이다.
>
> 이 문명에 대해서 불가사의란 낙인을 찍게 된 이유는 여러 가지가 있겠지만 그 원인 중 하나는 고정관념이다. 만일 인류의 문명이 우리의 교과서 속에 있는 원시시대 내지는 구석기 문명이 그 시작의 전부라는 고정관념으로 규정하고 나면, 그 이전의 것은 부정적으로 바라볼 수밖에 없기 때문이다.
>
> 불가사의 문명이란 어휘는 인간의 모르는 것에 대한 불안 심리를 '모르는 것은 없는 것'이라고 규정함으로써 안심할 수 있는 입장을 만들기 위한 한 방편이기도 하고, 불확실한 것에 대한 모호한 입장을 종교적 입장에서 그 입지를 위해 신화적으로 얼버무리듯 가정한 탓도 있는 것 같다.

3.

과학적 태도란 무엇인가? 과학자들은 어떤 새로운 현상이 나타날 때 '그것은 신의 영역'이라고 말하지 않는다. 오히려 이 현상에는 지금까지의 과학적 지식으로 설명할 수 없는 전혀 새로운 원칙이 있을 것이라고 가정한다. 아무리 훌륭한 상대성 원리라도 그것이 반증되면 즉시 그 원칙을 포기하는 것이 과학적인 태도다. 천지가 변해도 이를테면 신의 존재는 절대로 부정할 수 없다는 태도는 종교적 입장일 뿐이다.

여기서 우리는 두 가지 측면에서 실수할 수 있다. 첫째는 만약 우리가 어느 명제를 논리적·과학적으로 증명할 수 없다면 우리는 그 명제를 받아들이지 말아야 한다는 과학만능주의고, 둘째는 모든 종교적 명제는 지식의 한계를 초월하기 때문에 비논리적·반과학적일 수밖에 없다는 감성만능주의다. 그러나 유재경은 제3의 길을 제시한다. 여기서 그가 제시한 크메르 문명의 여러 요소들은 엄연히 구글의 인공위성 사진에 나타나 있기 때문이다. 그 사진들을 과연 어떻게 설명해야 하느냐는 문제는 더욱 골치 아픈 작업이 되겠지만.

나는 유재경이 크메르 문명에 대하여 제시한 여러 가지 결론의 진위를 주장할 수 있는 지식을 갖지 못하고 있다. 예를 들어서, 우선 앙코르 제국의 본거지는 현재 우리가 생각하고 있는 곳이 아니라 "아직까지 듣지도 보지도 못했던 신비한 실체들, 불모지의 대평원에 조성된 고대의 경작지, 그 안에 반점처럼 산재한 파편의 돌덩어리들"이라는 주장의 근거를— 동일한 인공위성 사진을 보면서도— 나는 전혀 납득할 수 없다. 왜 수많은 해석들 중에서 그의 해석이 가장 타당하단 말인가. 그러나 이것은 전적으로 나의 무지의 탓이라고 할 수도 있겠다.

4.

하여간 유재경이 크메르 문명에 대하여 잠정적으로 내리고 있는 "현실적 과학과 같은 문명의 테두리 안에서는 이해할 수 없는" 결론과 의문은 실로 엄청난 것이다. 만약 그것들이 사실로 확인된다면, 우리는 인류 문명사를 전혀 새로운 시각에서 다시 써야 할 것이다. 그는 이렇게 말한다.

> 첫째, 어떻게 그렇게 넓은 방대한 평야가 경지로 정리된 채로 지금은 불모지가 되어 캄보디아 전역에 걸쳐 산재할 수 있으며,
>
> 둘째, 어떻게 이들 경작지에 구획된 경계선이 수십 킬로미터에 걸쳐 완벽한 직선으로 축조될 수 있었던 것인지,
>
> 셋째, 어떻게 그 넓은 경작지가 수백 년 혹은 수천 년에 걸쳐 밀림에 덮이지 않고 황량한 상태로 지금까지 유지되고 있는지,
>
> 넷째, 어떻게 일부 경작지에 나타나 있는 대형 농기계에 의한 경작의 흔적이 나타날 수 있는지,
>
> 다섯째, 어떻게 크메르 문명 본거지로 추정되는 중심 유적으로부터 약 20-30킬로미터에 이르는 반경 주위의 경작지, 밀림 또는 호수 안에 수많은 반점처럼 나타나는 집더미만한 돌덩이 파편이 산재할 수 있는지,
>
> 여섯째, 어떻게 호수에 수장되었던 크메르 문명 본거지로 추정되는 수백만 평 규모의 넓은 지역이 풀 한 포기 나지 않는 불모지로 변했으며, 그 파괴된 흔적의 정형화된 축조물은 무엇이었는지,
>
> 일곱째, 오랜 동안 유지되어 온 폰레삽 분지가 어떤 이유로 메콩 강의 물이 들어와 호수로 변했으며, 그 시기는 언제인지,
>
> 여덟째, 호수 안에 수장되어 있는 듯한 흔적으로 보이는 크메르 문명의 실체는 사실인지,
>
> 아홉째, 대평원과 밀림 그리고 호수 연안에 산재한 호수 중앙으로 향한 수많은 화살표 문양의 축조물의 용도 혹은 그 의미는 무엇인지,
>
> 열째, 앙코르 와트를 비롯한 수없이 많은 석조물을 위한 돌(사암)을

캄보디아 동쪽 수백 킬로미터 떨어진 돌산으로부터 어떻게 앙코르 와트로 운반할 수 있었는지, 또한 이들을 어떻게 축조 및 조각할 수 있었는지.

더 나아가서 그는 크메르 문명이 "UFO와 같은 초자연적 에너지를 이용한 운송 수단, 핵융합 발전 시설 같은 무한 에너지의 동력원, 레이저 절단기와 같은 정교한 가공 설비 및 장치, 원자탄 혹은 중성자탄과 같은 가공할 폭발물, 고도로 발달한 유전공학과 정보통신기술" 등의 초현대식 문명의 이기를 소유하고 있었을 것이라고 주장한다. 그리고 그는 앙코르 와트가 현재 누군가에 의해 비밀리에 발굴되고 있다고까지 주장한다.

그러면 현재의 크메르 문명은 어떻게 발생하게 되었는가? 그의 구글 사진들과 그 사진들에 근거한 상상력은 크메르인들의 역사를 이렇게 재현시킨다.

그들은 캄보디아 동쪽의 무한정 널려 있는 사암을 이들 장비를 이용하여 채취해서 수백 킬로미터 떨어진 폰레삽 호수로 옮기어 그 연안에 그들의 본거지를 세우고 그곳을 중심으로 거대한 도시를 축조해 나갔을 것이다. 또한 캄보디아를 중심으로 인도차이나 반도의 대평원에 방대한 경작지를 조성하고 기계화 방법으로 영농했던 것 같다.

그렇게 오랜 동안 살다가 문명의 종말을 맞이할 수밖에 없는 중대한 사건을 만났을 것이다. 그것은 외부의 어떤 세력과의 전쟁이었을 것이다. 그 외부 세력이란 역시 그 세상 속의 다른 한 세력일 수도 있고 외계의 세력일 수도 있겠다. 즉 엄청난 기술력과 화력의 전쟁에서 참패하고 괴멸을 당했을 것이다. 혹은 그 전쟁의 결과로 문명을 포기하고 그곳을 떠날 수밖에 없는 입장에서 그 근거를 없애기 위해서 자폭의 파괴를 벌였는지도 모르겠다. 그리고 이 경우에는 본거지를 막대한 양의 폭발물에 의해서 폭파했을 것이다. 그 폭발의 위력은 대단할 정도의 위력이었을 것이다. 중성자탄이나 원자탄 같은 폭발의 위력이었을 것이다.

그 여파로 본거지의 성곽을 비롯한 모든 시설물은 완전히 폐허가 되고, 그 자리는 오염되어, 지금까지 아무것도 살지 않는 불모지가 된 것 같다. 그리고 지금의 폰레삽 호수는 그 당시에 그들 문명에 의해서 그들의 문명의 흔적을 감출 목적으로 메콩 강을 이 지역으로 범람시켜 호수 주변을 수장시킨 것 같다.

5.

그러면 이제 우리가 할 일은 무엇인가? 우리는 우선 이 문제가 '남의 문제'가 아닌 '나의 문제'라는 관심을 가져야 한다. 내 배 부르고 등 따스하면 그만이라는 사조가 팽배한 현실에서 문명의 올바른 정립을 위해 고군분투하고 있는 사람이 우리나라에 존재한다는 것 자체가 가상한 일이 아닌가. 유재경은 이렇게 말한다. "비록 경제적으로 어려운 이 시대에 돈 버는 일은 못될지언정 혹자가 관심을 갖고 이 수수께끼를 풀어 단절된 문명이라는 불가사의 문명에 대한 진실을 밝혀내어 이 시대 이 문명이 안고 있는 종말론적 딜레마를 해결할 수 있다면, 이는 그것으로 대단한 가치가 있다고 생각한다."

귀 있는 자들은 광야에서 홀로 외치고 있는 그의 목소리를 심각하게 경청해야 할 것이다.

3. 피천득의 「수필」이 한국 수필계에 끼친 영향

1. 정목일의 견해

『현대수필』은 최근호에서 2007년에 세상을 떠난 피천득의 「수필」이 우리나라 수필계에 끼친 영향을 토론하는 특집을 마련했다. 이 특집에서 피천득의 「수필」을 극찬한 정목일은 이렇게 말한다. "수필을 최상, 고결, 청초의 경지로 끌어올린 기념비적인 이 작품이 수필을 고정관념화시켜 수필의 발전에 악영향을 미친 작품으로 폄훼(貶毁)되는 듯한 비난은 묵과할 수 없는 일이며, 사리에도 맞지 않는다."[1)]

정목일이 이렇게 주장하는 이유는 무엇인가? 우선 그는 「수필」의 첫째 문장인 "수필은 청자연적(靑瓷硯滴)이다"를 다음과 같이 해석한다.

> 청자(靑瓷)는 우리 민족이 세계에 자랑할 수 있는 최고 경지의 도자기를 말한다. 가을 하늘의 청명은 신비와 동경의 대상이었고, 이 빛깔과 마음을 영원의 빛깔로 탐구하여 피어낸 깨달음의 꽃이 청자가 아닐까.
>
> 연적(硯滴)은 벼루를 갈 때 쓰는 물을 담아두는 용기를 말한다. 연적의 물은 곧 생각이므로 단순하게 물을 담아두는 그릇이 아니며, 연적은 생각을 담아둔 그릇이 된다.

어중이떠중이가 닥치는 대로 함부로 쓴 글이 수필이 될 수 있느냐는 질문을 한마디로 척결해 버린 이 은유법은 수필의 진면목을 알리는 빛나는 문구(文句)가 되었다. '피천득 = 수필 = 청자연적'의 이미지는 수필에 대한 무지와 편견을 벗겨버린 놀라운 발견의 보석이었기에 공감을 얻었다. 피천득 선생의 「수필」은 진흙 속에서 발견해 낸 연꽃이었다. 이 한 편의 글이 수필에 대한 잘못된 인식과 천대의 그늘에서 벗어나 오늘날 당당한 삶의 중심 문학으로 자리 잡게 하는 힘이 되었다.[2)]

이어서 정목일은 「수필」의 둘째 문장인 "수필은 난이요 학이요 청초하고 몸맵시 날렵한 여인이다"를 다음과 같이 해석한다.

> 화초에 비유한다면 수필은 난이며, 새에 비유하면 학이며, 여인에 비유하면 청초하고 몸맵시 날렵한 여인이라는 말은 그냥 수사법에 그친 것이 아니다. 수필은 자신의 삶을 통한 인생의 거짓 없는 토로요 반영이다. 작자는 난과 같은 삶, 학과 같은 삶을 갖고자 하며 추구한다. 인생에 대한 사상과 인품이 보인다. 수필은 쓰고 나면 그만인 글이 아니라, 그 글에 책임을 져야 하기 때문에 경지(境地)의 문학인 것이다. 자신의 삶과 인생이 난초와 학과 동떨어진 것이라면 이 글이 향기를 지닐 수가 없다.
>
> 피천득 선생의 「수필」이 명문인 것은 고결한 인품과 경지가 문장과 일치하는 데서 오는 감동인 것이다. 옛 선비들이 지향했던 난과 학 같은 삶을 평생 동안 보여준다는 것은 지극히 어려운 일이 아닐 수 없다. 자신의 글에 책임을 진다는 것은 수필을 쓰는 어려움이 아닐 수 없다.[3)]

물론 비판론자들은 「수필」이 수필을 고정화시켜서 수필의 다양성과 개성을 해치는 요인이 되었다고 말한다. 그러나 이런 태도는 우리가 피천득의 글을 너무 문자적으로 받아들이려고 하는 데서 나온 폐단일 뿐이며, 우리가 앞으로 해야 할 일은 "「수필」을 전범(典範)으로 삼아 자신에게 맞는 그릇, 화초, 새, 여인을 찾아내야 하는 것"이며,

반드시 청자연적, 난, 학, 청초하고 몸맵시 날렵한 여인을 닮으라는 것은 아니라고 정목일은 주장한다.[4)]

> 물론 피천득의 글에는 좀 납득하기 어려운 구절들도 있다. "수필은 청춘의 글이 아니요, 서른여섯 고개를 넘어선 사람의 글이며, 정열이나 심오한 지성을 내포한 문학이 아니요, 그저 수필가가 쓴 단순한 글이다." 그러나 이런 표현도 수필가의 연령과 성격을 제한하려는 의도가 아니고, 수필을 쓰기 위한 성숙한 경지와 자유스러움과 삶을 반영한 소박한 글임을 말한 것이다.
>
> '누에의 입에서 나오는 액(液)이 고치를 만들 듯이'라는 표현에도 '붓 가는 대로'와 같은 비난이 있다. 그러나 아무렇게나 닥치는 대로 쓴다는 개념으로 해석해선 안 된다. 오랜 습작 과정을 거친 끝에, 고도의 질서와 자유로움을 얻은 막힘이 없는 글이 작가가 말하고자 하는 어의(語義)가 아니었을까.[5)]

나는 정목일의 이런 주장에 대체로 동의한다. 앞으로 말하겠지만, 훌륭한 문학작품은 언제나 수사학적 표현과 철학적 내용을 동시에 강조하고 그들을 잘 조화시킨 글이지만, 대부분의 경우에는 그 중에서 한쪽만을 강조하게 되며, 이 과정에서 수사학 쪽을 강조하면 서정수필 혹은 '가벼운 수필'이 되며, 철학 쪽을 강조하면 철학수필 혹은 '무거운 수필'이 된다. 그리고 이 두 종류의 수필은 절대로 가치 판단의 대상이 될 수 없다. 서정수필이나 철학수필을 쓴다는 사실 자체가 칭찬이나 비판의 이유가 될 수는 없다. 오직 누가 독자에게 더욱 많은 감동을 줄 수 있느냐는 것만이 중요하다.

여기서 서정성의 입장에서 철학수필을 비판하거나 철학성의 입장에서 서정수필을 비판하는 것은 별로 의미가 없는 작업이다. 그것은 마치 대통령제의 입장에서 내각제를 비판하고, 내각제의 입장에서 대통령제를 비판하는 경우와 다름이 없다. 다시 말하지만, 중요한 것은 서정성과 철학성 중에서 어떤 것을 선택하느냐가 아니라 그들을 통해 어떻게 인생의 문제를 조명해 주느냐는 것이다.

정목일의 글에서 가장 중요한 부분은, 우리가 「수필」을 전범으로 삼아 자신에게 맞는 그릇, 화초, 새, 여인을 만들어야 한다는 주장이다. 내가 여기서 '자신에게 맞는'을 특별히 강조하는 이유는 간단하다. 예를 들어서 우리는 고전이나 종교의 경전을 읽으면서 문자주의(文字主義)에 빠지지 말아야 한다. 이와 마찬가지로, 피천득은 여기서 우리에게 반드시 청자연적, 난, 학, 청초하고 몸맵시 날렵한 여인을 그대로 닮으라고 말하는 것이 아니다. 이것은 상식이지만 참으로 중요한 교훈이다.

그럼에도 나는 정목일의 이런 주장에 대하여 조그만 의구심을 떨쳐버릴 수 없다. 그것은 우리가 어느 사상가의 글을 아무리 비문자적 · 실존적 · 현재적 시각으로 본다고 해도, 그것이 그 사상가의 모든 주장을 정당화시킬 수는 없기 때문이다. 쉽게 말해서, 피천득에 대한 우리들의 '새로 읽기'가 그의 지나친 귀족 취향과 반민중적인 시각과 서구 팽창주의에 대한 찬사를 비켜갈 수는 없을 것이다. 인정할 것은 인정하는 것이 참된 도리다.

예를 들어서, 최근 교황청은 과거 천동설을 배척하고 지동설을 주장했다가 화형을 당한 브루노에 대한 종교인들의 잘못을 전 세계에 사과했다. 이것이 바로 가톨릭이 아직도 살아 있는 종교라는 사실을 증명하는 것이다. 어느 사상가를 존경한다는 것은 결코 그의 잘못까지 변호해야 되는 것은 아니다.

2. 임헌영, 장세진, 이세연의 견해

임헌영은 피천득의 수필을 '곱다'고 평한다. "태양, 장미, 봄, 신록이 아름답듯이 피천득의 수필은 곱다. 그의 문장은 루쉰(魯迅)의 간결체에서 익힌 듯이 절도가 있고, 수사법은 빅토리아 시대의 낭만파 시처럼 화려 고아(高雅)한 이미지로 넘치며, 구성은 소네트처럼 균산을 뺀 서사 구조가 그 골격을 이루고 있다. 이런 관점에서 평한다면 미학적 사대주의자들이 우러러보는 찰스 램보다야 오히려 피천득이 몇 끗발 위라고 서슴없이 주장하겠다."[6] 그럼에도 임헌영은 피천득의 수필을 여러 가지로 비판하는데, 그의 비판은 다음과 같은 몇 갈래로 정리될 수 있다.

첫째, 피천득의 글은 너무 귀족적이어서 보통사람의 애환을 충분히 담아내지 못하고 있다. 물론 피천득의 글에도 "우아한 귀족 취향과 형식주의에 빠진 속물적 윤리의식을 비아냥거리는 대목이 나오기는 하지만, 그건 매튜 아놀드가 퇴자를 놓은 속물적 귀족주의를 향한 비판이지, 그 본질은 몸맵시 날렵한 청자연적의 여유로운 삶에 대한 동경심을 유발하는 데 있음을 부인하기 어렵다."[7]

도대체 문학이란 무엇인가? 그것은 예를 들면 "해박한 교양과 세련된 신사도(紳士道)로 화사하고 담담한 사랑만이 연애라고 믿는 사람에게 처절한 비련(悲戀)이나 격정적인 열애(熱愛)가 얼마나 인간적 인지를 보여주고, 사계절이 온통 5월처럼 온화한 인생보다 태풍과 폭염, 폭우, 폭설과 혹한의 시련이 얼마나 사람의 향기를 뿜어내는지를 보여주는 것이다." 그럼에도 피천득의 수필은 언제나 연미복 신사만 초대하며, 하루하루를 눈코 뜰 새도 없이 살아가는 필부필부(匹夫匹婦)를 제외시킨다. 다시 말하지만, 문학의 기능은 인도주의의 원칙에 입각해서 보통사람들의 희로애락을 적절히 풀어주는 것이다. 그래서 임헌영은 '향수 냄새 물씬 풍기는 글'보다는 '땀과 피와 눈물이 스며 있는 글'이 더 좋다고 말한다.[8]

둘째, 피천득의 글은 서구의 팽창주의적 시각을 그냥 묵인하는 단계를 넘어서서 오히려 찬양할 정도로 제국주의적이다. 피천득이 「가든파티」에서 "나는 영국과 같이 왕위에 계시되 친히 정치는 아니하는 임금은 국민이 모셔도 좋다고 생각한다. 영국에 왕이 계심으로써 여러 자치령들은 본국과 한 나라라는 생각을 갖게 된다"고 말한 이유가 여기에 있으며, 그래서 그가 아끼는 인물 목록에는 발전주의자인

아인슈타인과 친일파인 춘원 이광수가 공존할 수도 있는 것이다.[9)]

셋째, 결과적으로 피천득의 '완벽한 감각적 순수 신변잡기'는 오늘날의 한국 수필문학의 지평을 은연중 한계 짓게 만드는 왜소화의 요인이 되었다. 즉 '피천득의 작품세계가 수필문학의 전범이자 본령이며, 정통이고 주류요 본류인 양 강요당하는 풍토'가 문제라는 뜻이다.

차라리 이 시대에 그와 쌍벽을 이룰 만한 신채호나 김소운 같은 작가가 있어 수필의 다양성을 확보했다면 그의 존재는 오히려 안정적일 수 있으련만, 한 가지 들꽃으로만 그득한 드넓은 들판이 지닌 단조로움이 그를 향한 투덜거림을 독촉하는지도 모른다. 들꽃이라면 그나마 조금의 위안은 될 텐데 그나마 영락없는 장미, 그것도 들장미가 아닌 화원에서 잘 손질된 장미임에랴.[10)]

일반적으로 피천득의 수필이 사회성을 결여하고 있다는 사실은 아마 정목일도 인정할 것이다. 그럼에도 우리 사회에서는 그에 대한 비판이 별로 눈에 띄지 않는다. 그만치 그는 빼어난 문장의 수필을 쓰고 있으며, 또한 그의 삶이 그의 수필을 담보하고 있기 때문이다. 더구나 우리나라에서는 글에 대한 비판을 사람에 대한 비판으로 받아들이기 때문이기도 하다.

이런 상황에서 우리는 이미 10여 년 전에 피천득의 수필을 지나친 소시민적 낙관주의와 안주, 민족정신을 배반한 이국적 취미, 반민중적 역사의식이라는 세 측면에서 비판한 장세진의 선구자적 글을 눈여겨봐야 할 것이다.

첫째, "피천득의 수필은 지배체제 수호 차원에서 '교과서'의 역할을 충실히 해온 셈"이라고 말할 정도로 지나치게 낙관주의적이고 소시민적인 안주욕에 사로잡혀 있다. 「인연」을 썼을 때 지은이의 나이가 64세였던 점을 감안한다면, 이순(耳順)의 연륜으로 무언가 달관된 경지의, 그러면서도 허망하지만은 않은 '무거운' 주제의식이 드러날 법도 한데, 그건 희망사항일 뿐이다. 즉 지은이는 일본 여자와의 인연을 위해서 "십 년쯤 미리 전쟁이 나고 그만큼 일찍 한국이 독립되었더라면 좋았을 것"이라고 아쉬워한다. 물론 "부질없는 생각이 스치고 지나갔다"고 꼬리를 달긴 했지만. "그의 낙관주의가 독자들에게 얼마나 유해한지를 알기는 그리 어렵지 않다. 호사취미 성향도 결국은 이런 낙관주의의 몫이다."[11)]

둘째, "피천득의 연보를 살펴보면 영문학이 전공으로 되어 있다. 그래서인지 그의 수필에는 이국취미, 특히 영국에 대한 동경이 진하게 스며 있다. 물론 수필의 제재가 다양하다는 점에서 그런 이야기가 나쁠 이유는 전혀 없다. 문제는, 그렇지 않아도 모화사상이니 사대주의니 하여 민족성 자체에 중대한 질타가 가해지고 있는데, 맹목적 동경만이 낭만적으로 드러난다는 데 있다. 「가든파티」, 「반사적 영광」, 「찰스 램」, 「보스턴 심포니」, 「플루트 플레이어」 등이 대개 그런 것들이다. 특히 「가든파티」는 가장 최악의 '현대판 사대주의'의 한 표본을 보는 듯하다."[12)]

셋째, 피천득의 수필은 반민중적인 역사의식을 가지고 있다. 그의 수필에는 "이야기는 있는데 메시지가 없고, 개인적 체험은 적나라하게 드러나지만 대다수 사람들의 삶에 조화롭게 어필하지 못하는 것이다."[13)]

그러나 장세진의 이런 비판은 좀 지나친 점이 없지 않다. 우선 우리가, 수필이 어떤 형태로든 사회와 관련을 맺어야 한다는 그의 전제조건을 받아들인다고 해도, "수필에는 유머와 위트 감각이 있어야 하고, 머리 무거운 주제가 아니라도 괜찮다"는 생각을 반드시 "지극히 위험한 생각일 수밖에 없다"고 결론내릴 필요는 없기 때문이다. 그 이유는 무엇인가?

수필은 크게 정적인 수필과 지적인 수필, 서정수필과 이성수필, 가벼운 수필과 무거운 수필로 나눌 수 있다. 그러므로 서정수필도 분명한 수필의 한 분야다. 다만 우리나라에서 문제가 되는 것은 서정수필만 수필로 인정받고 있다는 데 있는 것이며, 서정수필 자체가 모두 이데올로기적이거나 사회지향적일 필요는 없는 것이다. 그러므로 우리는 한국 수필의 문제점들을 서정수필의 대가인 금아에서 찾는 대신에 그의 수필이 우리나라 수필계에 끼친 영향에서 찾아야 할 것이다.[14)]

나는 지금까지 피천득의 수필세계의 문제점을 주로 사회성의 결여라는 측면에서 간단히 고찰했다. 임헌영에 의하면, 피천득의 수필은 너무 귀족적이며 너무 제국주의적이며, 그래서 그의 수필은 우리나라 수필계의 영역을 서정성으로 한정시키는 요인이 되었다는 것이다. 장세진도 이와 비슷한 주장을 한다. 그러나 이세연은 사회성의 결여보다는 철학성의 결여라는 측면에서 그의 결점을 지적한다.

그리스 시대에는 "철학으로 대표되는 논리학과 문학으로 대표되는 수사학은 별개의 것이 아니었다. 진리를 탐구하는 논리학과 그것을 표현하는 수사학 사이에는 어떤 간극도 없었으며, 분리되어 생각하면 양쪽 모두 불완전해질 수밖에 없다고 생각되었다."[15)] 이와 마찬가지로, 훌륭한 문학작품은 철학적 깊이와 수사학적 능력을 모두 가지고 있어야 한다. 그럼에도 피천득의 수필은 완전히 수사학 쪽으로만 기울어져 있다. 그 이유는 무엇인가?

"수필은 정열이나 심오한 지성을 내포한 문학이 아니요, 그저 수필가가 쓴 단순한 글이다"라는 문장은 수필을 마치 논리학에서 완전히 분리되어 수사학의 저 끝 편에 서 있는 아름다운 언어들의 집합 정도로 착각하게 만든다. 수필이 심오한 지성을 내포한 문학이 아니라고 정언(定言)한 것은, 마치 나와 같은 독자에게는, 수필은 다른 문학작품과 동등한 취급을 받아서는 안 되는 태생적인 결함이 있는 것처럼 느껴지게 한다.

"그리고 수필은, 세월이 주는 여러 고통을 이겨낸 사람이라면 누구든지 한 번쯤 도전해 볼 수 있는 글이며, 그 글은 끊임없이 공부하는 내용에서 비롯되는 것이 아니라 흔히 겪는 경험의 단상에서 글이 시작되는 것처럼 여기게 한다. 내 경험의 언저리에서 시작된 단상이 꼬리에 꼬리를 물고 이어져 「수필」에 쓰여 있듯이 붓 가는 대로 가는 글이 수필이라면, 독자가 수필을 읽는 것은 수필가의 경험을 같이 느끼고 그의 단상과 감상에 잠시 젖어 보는 일 이외의 더 이상은 없는 것처럼 느껴진다."[16]

많은 사람들이 수필을 '읽기 쉬운 글', '교훈적인 글', '예찬하는 글'이라고 생각한다. 물론 "수필이 가지고 있는 이런 선입견은 어쩌면 수필이 지금까지 많은 사람들에게 사랑받으며 존재하고 있는 이유이기도 하다. 하지만 수필 읽기를 전혀 부담스러워 하지 않는 이러한 젊은 독자층을 가지고 있다는 사실은, 역설적이지만 때론 수필이 그만큼 어떤 분야의 글보다 독자에게 고민거리나 문제의식을 느끼게 하지 못한다는 의미를 동시에 가지고 있다."[17] 결국 수필은 표현적으로는 '읽기 쉬운 글'이지만 내용적으로는 '이해하기 쉬운 글'이 되지 말아야 한다고 말하는 이세연은 이렇게 결론 내린다.

> 수필을 읽고 아름다움을 느끼고 감동을 받는 데서 그치는 것이 아니라 머리가 묵직해지는 철학적 고민의 여운을 남기는 것, 그리고 그 고민으로 고통스럽지만 의미 있는 사고의 시간을 갖게 만드는 것이 더 가치 있게 여겨진다. 어쩌면 감동과 아름다움의 예찬을 독자로부터 이끌어내는 수필가는 게으른 준마인 필자와 같은 미숙한 독자를 더욱더 게으르게 만드는 안타까운 상황에 처해 있는지도 모른다.[18]

원칙적으로, "좋은 글은 가슴과 머리, 이상과 현실, 긍정과 부정, 따스함과 냉혹함, 평화와 투쟁의 두 날개를 갖는다."[19] 그래서 우리는 흔히 서정성과 철학성이 잘 조화된 글이 훌륭한 수필이라고 믿는다. 이옥자는 이렇게 말한다. "수필은 감정에 호소하여 감동을 전달하는 경우와 객관적 사실을 근원으로 이성에 의탁하여 지식을 전달하는 경우로 구분할 수 있는데, 어느 것이 더 값진 것이냐 하는 문제는 저마다의 기준에 따라 달라질 수 있지만, 이 두 가지가 적절히 조화되어 하나의 구조를 형성하여 진실에 기인한 감동과 인간의 삶에서 추출된 보편적 가치가 조화를 이룰 때 문학성 짙은 수필이 창작될 수 있다."[20]

이것은 원칙적으로 옳은 말이다. 그러나 현실적으로 나는 그렇게 생각하지 않는다. 서정수필은 완전히 정적이고 이성수필은 완전히 지적일 때 오히려 '문학성 짙은 수필'이 된다고 믿는다. 이것은 오늘날 우리가 이 두 분야에서 명문으로 인정받고 있는 수필들을 읽으면 쉽게 알 수 있다. 우리에게 필요한 것은, 그 중에서 한쪽을 택하는 것도 아니며 두루뭉수리의 혼합도 아니다. 우리에게 진정 필요한 것은, 명백히 다른 두 개의 병렬이다.[21]

3. 나의 견해

나는 앞에서 수필의 문제점들을 서정수필의 대가인 피천득의 수필 자체에서 찾는 대신에 그의 수필이 우리나라 수필계에 끼친 영향에서 찾아야 한다고 말했다. 이런 입장은 물론 어떤 사람의 글에 대한 평가와 그의 글이 후세에 끼친 영향에 대한 평가는 동일하지 않다는 전제를 가지고 있다. 웬일인지는 몰라도, 대부분의 위대한 지도자들의 사상은 세월이 지나면서 왜곡되게 마련이다.

예를 들어서 신플라톤주의는 플라톤의 사상을 전혀 새로운 각도로 해석한 것이며, 하다못해 기독교와 불교도 엄밀히 말하면 예수나 석가가 창립한 것이 아니다. 다만 예수와 석가의 사상을 사도 바울과 용수가 자신의 철학적 입장에서 재해석하는 과정에서 오늘날 우리가 알고 있는 기독교와 불교가 탄생된 것이다.

내가 지금까지 고찰한 네 비평가들은 피천득의 수필이 미친 영향보다는 그의 수필 자체에 대하여 비평하였다. 그리하여 정목일은 우리가 피천득의 「수필」을 우리들의 실정에 맞도록 재해석할 수 있는 방향을 제시한다. 단지 이 과정에서 우리가 그의 귀족주의, 반민중성,

결벽증, 작은 것들에 대한 지나친 사랑 등을 전부 정당화시킬 수 있느냐는 문제는 그대로 남는다.

임헌영과 장세진은 모든 문학이 어떤 형태로든지 현실적인 영향을 줄 수 있다는 입장에서 그의 사회성의 결여를 신랄하게 비판한다. 그러나 사회성의 입장에서 어느 수필의 비사회성이나 반사회성을 비판하는 것은 다시 말하지만 대통령제와 내각제의 우위 다툼과 별반 다르지 않다. 대통령제의 장점은 내각제의 단점이 될 것이며, 내각제의 장점은 대통령제의 단점이 될 것이다.

그리고 이세연은 내용의 입장에서 철학성의 필요성을 강력히 주장하는데, 이것도 대통령제와 내각제의 우위 다툼과 다름이 없다. 철학성을 강조하다 보면 문학성이 약하게 되기 쉽고 수사학성을 강조하다 보면 철학성을 상실하기가 쉽기 때문이다. 우리가 피천득의 수필 자체보다는 그것이 한국 수필계에 남긴 영향을 더욱 신중히 고려해야 되는 이유가 여기에 있다.

그러면 피천득의 수필은 어떤 영향을 남겼는가? 불행하게도 그 중에는 긍정적인 것보다는 부정적인 것이 더욱 많은 듯이 보인다.

첫째, 피천득의 수필은 정말 빼어난 수사(修辭)로 구성되어 있다. 그래서 수필을 쓰려면 꼭 이렇게 아름다운 수사를 사용해야 되는 듯한 풍조를 만들었다. 물론 수필가이기보다는 시인인 그로서는 당연한 일이기도 하며, 또한 실제로 그만큼 수필에 시를 많이 인용한 사람도 별로 없다.

분명히 아름다운 수사는 문장의 평범함과 건조함을 벗겨낸다. 그런데 모든 수필 지망생이 금아만큼 아름다운 수사를 사용할 수 없다는 데 문제가 있다. 그 결과로 많은 사람들이 아름다운 수사와 미문(美文)을 혼동하고 있다. "미문이란 한마디로 미사여구로 쓰인 문장을 말한다. 그리고 이런 미문의 특징은 전달성이 약하다는 것이다. 꾸밈이 너무 화려한 나머지 나타내고자 하는 진실성이 가려지고 희석되기 때문이다."[22] 특히 오늘날에는 시인들이 쓴 미문들, 아름다운 형용

사로 짜깁기한 글들이 담담한 미소를 자아내는 수필보다 더욱 인기가 있는 실정이다. 이런 경향에 피천득의 수필이 간접적으로나마 일조(一助)를 했다고 하면 지나친 주장일까.

둘째, 피천득의 수필을 말하면서 그의 과작(寡作)을 지적하지 않을 수 없다. 엄격히 말하면 그는 평생 『금아 시문선(琴兒時文選)』이라는 단 한 권의 책을 출판했을 뿐이다. 1959년에 나온 이 책은 제목을 바꾸어 『산호와 진주: 금아 시문선』으로 나왔으며, 1980년에는 여기에 들어 있는 시와 수필을 분류하여 『금아 시선』과 『금아 문선』으로 따로 따로 나왔고, 『금아 문선』에는 77편의 수필이 수록되어 있다. 그러니까 그는 거의 40년 동안 1백 편 이내의 수필을 쓴 것이다. 최근에 펴낸 『인연』(1996)에 몇 편이 더 추가되어 있긴 하지만.

수필에도 야구에서 말하는 홈런과 장타와 안타가 있다면, 피천득은 분명히 타율에 있어서는 타인의 추종을 불허하며, 실제로 『금아 문선』에 실린 수필 중에는 태작(駄作)이 별로 없다. 그러나 이것은 분명히 특별한 사람의 경우고, 보통사람의 경우에는 끝없는 노력과 수많은 때리기 연습을 통해서만 한 번의 장타나 홈런을 날릴 수 있으며, 역사상 유명한 천재들의 발명들도 모두 '무한한 태작의 실험'을 통해서 획득된 것이다.

이렇게 보면, 피천득은 — 역시 본인의 의도와는 상관없이 — 무조건 적게 써야 좋다는 일반적인 관념을 우리나라 수필가, 시인, 문인에게 심어준 것이다. 나는 여기서 다작이 과작보다 좋다고 주장하려는 것이 아니다. 오늘날과 같이 책의 공해가 심한 시절에는 절필하거나 조금 쓰는 작가의 존재가 밤하늘의 별같이 빛나기도 한다. 다만 끝없는 태작을 거쳐서 한 편의 수작(秀作)을 얻을 수 있다는 일반적인 법칙을 강조하려는 것이다. 대어(大漁)만 낚으려는 낚시꾼이 어디 있겠는가.[23)]

셋째, 피천득은 결국 우리나라 수필계가 온통 서정수필로만 명맥을 유지하도록 만드는 데 일조를 했다. 물론 이것도 그가 의도한 것은 아니지만.

이상의 고찰에서 중요한 것은, 만약 피천득의 수필이 우리나라 수필계에 어떤 부정적 역할을 했다면, 그것은 그가 직접 의도한 것이 아니라 결과적으로 그렇게 되었다는 것이다. 임헌영이 앞에서 피천득의 수필이 한국 수필문학의 지평을 은연중 한계 짓게 만드는 왜소화의 요인이 되었다고 말한 이유도 여기에 있을 것이다.

여기서 나오는 결론은 무엇인가? 그것은 피천득 수필이 끼친 부정적인 영향의 책임은 그가 아니라 바로 우리 수필가들에게 있다는 것이다. 지금까지 우리는 피천득 류의 수필을 유일한 수필로 믿어 왔으며, 그 과정에서 우리는 서정수필과 반대되는 철학수필이나 개인수필에 반대되는 사회수필을 전혀 생산하지 못했으며, 결국 피천득만큼의 서정수필도 생산하지 못한 것이다. 이것은 우리들의 불행일 뿐만 아니라 우리나라 수필계와 피천득에게도 상당히 불행한 일이다.

이제 우리 수필계에는 피천득을 따라가려는 사람들뿐만 아니라 한 사코 그쪽으로 가지 않으려는 사람들도 나와야 된다. 그래야 우리나라 수필계가 정상적인 궤도에 서게 된다.[24)]

[주(註)]

1) 정목일, 「피천득 선생의 <수필>이 보인 전범과 경지」, 『현대수필』, 2004년 봄호, p.29.
2) 같은 글, pp.27-28.
3) 같은 글, pp.28-29.
4) 같은 글, p.29.
5) 같은 글, p.30.
6) 임헌영, 「연미복 신사의 무도회: 피천득의 수필 만상」, 『현대수필』, 2004년 봄호, pp.24-25.
7) 같은 글, p.24.
8) 같은 글, p.26.
9) 같은 글, p.26.

10) 같은 글, p.25.
11) 장세진, 「낙관주의와 이국 취미의 반민중성: 피천득론」, 『수필과 비평』, 1994년 9-10월호, p.264.
12) 같은 글, p.266.
13) 같은 글, p.274.
14) 황필호, 『우리 수필 평론』, 집문당, 1997. pp.98-99.
15) 이세연, 「게으른 준마를 채찍질하는 수필이었으면」, 『현대수필』, 2004년 봄호, pp.31-32. Cf. 더욱 정확히 말하면, 모든 위대한 사상가들의 경우에 문학과 철학의 명확한 구분은 존재하지 않는다. 내가 플라톤, 아리스토파네스, 파스칼, 키에르케고르의 사상을 문학도 아니고 철학도 아닌 문학철학으로 고찰한 이유도 여기에 있다. 황필호, 『문학철학산책』, 집문당, 1996, pp.155-310.
16) 이세연, 앞의 글, pp.32-33.
17) 같은 글, p.33.
18) 같은 글, p.34.
19) 황필호, 『우리 수필 평론』, 앞의 책, p.213.
20) 이옥자, 「수필의 문학적 형상화」, 수필문우회 편, 『수필』, 제2집, 1995, p.36.
21) 황필호, 『우리 수필 평론』, 앞의 책, p.109.
22) 이정림, 「수필과 미문」, 김태길 편, 『수필문학의 이론』, 춘추사, 1991, p.212.
23) 황필호, 『우리 수필 평론』, 앞의 책, p.102.
24) 같은 책, p.105.

4. 길항의 의미와 유토피아의 실험 : 김형경, 『성에』를 읽고

1. 머리말

이 소설의 첫 번째 키워드는 길항(拮抗)이다. 길항이란 '동등한 힘으로 서로 버티고 대항하는 것'을 말하는데, 예를 들어서 그것은 굴근과 신근의 관계나 환상근(環狀筋)과 종주근(綜走筋)의 관계 등과 같이 서로 반대되는 작용을 동시에 하는 한 쌍을 말하며, 이런 뜻에서 그것은 공력근(共力筋)이나 협력근(協力筋)의 반대가 된다. 한마디로 세상만사는 서로 보완적이면서도 — 더욱 정확히 말하면, 서로 보완적인 듯이 보이지만 — 실제로는 서로 대항적인 두 개의 실체로 구성되어 있다는 것이다. 인간과 자연, 사랑과 미움, 이상과 현실은 언제나 '상대적'일 수밖에 없으며, 이런 상대성을 떠나서는 이 세상을 이해할 수 없다는 것이다.

이렇게 세계가 하나의 절대적 원칙에 의해 움직이는 것이 아니라 최소한 상반된 두 개의 원칙에 의해 움직인다는 주장은 긍정적으로 해석될 수도 있고 부정적으로 해석될 수도 있다. 남녀가 결합하여 완전한 가족을 만들 수 있다는 주장, 전체는 언제나 부분의 총화(總和) 이상이라는 주장, 언젠가는 인간과 자연이 완전히 합일되는 세상이 오게 될 것이라는 주장 등은 모두 전자에 속한다. 그러나 완전한 가정이란 자본주의나 사회주의를 막론하고 인간이 내세운 비현실적 환상에 불과하다는 주장, 일반적으로 인간은 삼원론보다는 이원론을 선호하고 이원론보다는 일원론을 선호하는 '단순성의 원리'를 따르게 마련이므로 이원론적 인생관은 언제나 갈등을 일으킬 수밖에 없다는 주장, 인간과 자연은 영원히 투쟁할 수밖에 없다는 주장 등은 모두 후자에 속한다. 작가는 이 소설에서 후자의 입장을 취하는데, 나는 2절에서 이런 길항의 의미를 더욱 상세히 토론하겠다.

길항의 원칙에 의하면, 인간은 두 세계를 살 수밖에 없는 '중간적인 존재'다. 성(聖)과 속(俗)을 넘나들면서 살 수밖에 없는 '뜨겁지도 않고 차지도 않은 존재'다. 우리는 이런 사실을 역설적으로 "인간은 천사가 될 수도 있고 악마가 될 수도 있다"고 표현한다. 파스칼이 인간은 '완전한 없음'이나 '영원한 무한'을 알 수 없으며 그러므로 인간은 어떤 경우에도 절대적 확실성과 영원한 안정성을 추구하지 말아야 한다고 충고한 이유가 여기에 있다.

> 인간에게는 아무것도 그대로 있지 않다. 이것이 바로 인간의 자연스러운 상태다. 그럼에도 인간은 이런 상태와는 정반대로 무한에 도달할 수 있는 탑을 쌓을 단단한 땅과 궁극적인 확실한 기초를 찾으려는 욕망에 불타고 있다. 그러나 인간의 모든 기초 작업은 금이 가게 마련이며, 지구는 깊은 심연으로 열려 있다. 그러므로 우리는 확실성과 안전성을 추구하지 말아야 한다. 인간의 이성은 언제나 변덕스러운 그림자에 속임을 당한다.[1)]

이런 상황에서 인간은 어떻게 확실성과 안정성이 보장된 사회, 기화요초(琪花瑤草)가 만발한 유토피아의 세계를 추구하는가? 그는 바로 우리가 지금까지 토론해 온 길항의 원칙을 부정하는 방식으로 추구한다. 사랑과 미움, 인간과 자연, 삶과 죽음 중에서 한쪽만 붙잡고 그것으로 다른 쪽까지 설명하려고 한다. 절대로 그렇게 할 수 없다는 것을 잘 알면서도. 여기서 우리는 유토피아란 결국 유토피아가 절대로 존재할 수 없다는 사실을 우렁차게 반증하고 있다는 역설과 만나게 된다. 마치 "사람이 빵으로만 살 수 없다"는 주장이 빵의 중요성을 역설적으로 웅변하듯이.

이제 우리는 이렇게 결론 내릴 수 있다. 길항의 원칙의 부인이 바로 유토피아 추구의 원인이라고. 그러나 우리는 결국 길항의 원칙을 수용할 수밖에 없기 때문에 인간의 모든 유토피아 실험은 실패할 수밖에 없다. 이런 뜻에서, 이 소설의 두 번째 키워드는 유토피아의 실험인데, 나는 3절에서 실험의 성격을 간단히 분석한 다음에 4절과 5절에서 두 가지 실험의 내용을 더욱 상세히 토론하겠다.

2. 길항의 의미와 환상 유토피아

작가는 길항의 의미를 세중의 입을 통해 '갈등 자초론'으로 설명한다.

"인간뿐만 아니라 지구상의 모든 생물, 심지어 저 숲이나 바람이나 지층조차 잠시도 안정된 상태를 견디지 못하는 속성을 타고난 것 같다. 온 세상은 늘 길항하고 대립하고 불화한 상태에서만 생명력을 지닌 채 존재하며, 심지어 세상 만물은 역동성과 활기를 얻기 위해 의도적으로 갈등을 자초하는 게 아닌가 싶다. 금리나 주식이나 패션까지도."[2)]

"자연계가 폭풍, 가뭄, 산불 같은 갈등을 통해 자연의 내적 질서를 회복하고 에너지를 얻는다고는 이미 말했지? 마찬가지로 이 세상은 서로 견제하고 대립하는 두 힘들에 의해 구성되어 있는 것 같아. 선과 악뿐만 아니라 건강과 질병, 풍요와 기아, 평화와 전쟁, 질서와 혼돈 …, 그것들이 번갈아가며 인류를 방문해 왔고, 바로 그 힘들의 갈등 사이에서 인류 문명이 발전해 온 게 아닌가 싶어." (중략)

"아담과 이브가 에덴에서 죄를 지었을 때 그것은 곧 갈등을 자초했다

> 는 뜻이잖아. 에덴에서 쫓겨나면서 인간의 삶이 시작되었다는 것은 갈등이 생명체의 본질이고 삶의 에너지가 생기는 근원이라는 뜻일 거야. 갈등은 틀림없이 연구해 볼 만한 과학적 대상이야."[3]

여기서 나오는 결론은 '갈등을 사랑하라!'는 것이다. 어차피 갈등이라는 것이 인간이 피할 수 없는 어떤 실체라면, 인간은 그것을 회피하려고 비겁하게 옆걸음질하지 말고 그것을 당당하게 맞이하려고 할 수밖에 없기 때문이다. 그리고 인간의 이런 태도는 이미 그리스인의 운명관에 잘 나타나 있다. 그들이 보기에, 인간의 가장 중요한 임무는 인간의 운명을 초월하는 것이며, 그러나 인간의 운명을 초월하려는 인간의 모든 노력은 결국 운명의 불가피성을 또 한 번 증명할 뿐이지만, 그럼에도 인간은 운명을 초월하려고 노력하지 않을 수도 없는 것이다.

그러면 인간은 어떻게 갈등의 원칙, 길항의 원칙이 사라진 사회를 추구하는가? 그것은 바로 유토피아라는 환상을 통한 길이다. 한마디로 환상이란 신기루에 불과한 것이지만 그럼에도 그것은 인생의 필수품인데, 여기에는 두 가지 이유가 있다. 우선 환상은 — 그것이 엄연한 환상임에도 불구하고 — 그 환상의 소유자에게 어떤 치료적 기능을 부여한다. 작가는 이렇게 말한다.

> 연희는 자신의 세 가족도 저마다 다른 환상을 살고 있음을 알아보았다. 아들은 틈만 나면 몰입하는 컴퓨터 게임 속에서 환상의 세계를 구현하고 있었고, 남편은 인터넷 포르노 사이트를 드나들며 연희가 접근할 수 없는 환상을 향유하고 있었다. 물론 연희도 텔레비전 드라마를 볼 때 남편이 배제된 환상을 누렸다. 텔레비전 드라마에 시선을 둔 채, 오직 정신과 환상만으로 존재하는 그 비현실의 순간이면 연희는 환상이 가진 힐링 픽션(healing fiction)의 기능에 대해 짐작할 수 있는 것 같았다. 옛 사랑의 환상이든 멜로드라마든 포르노그라피든, 그것이 있어 외면하고 억압해 둔 욕망을 돌볼 수 있고, 마약이나 도박에 중독되지 않

고, 세상이 광기로 치닫지 않는 것 같았다.[4)]

환상을 벗어나는 그 지점에 고통의 현실이 기다리고 있는 것이다. 손바닥이 닳아 없어진다는 느낌이 들 때까지 세상과 타협하면서, 시간의 마모감을 모욕적으로 견디면서, 일상의 진흙탕에서 온 몸으로 뒹구는 방법 외에는, 간단없이 노예성의 시기와 맞닥뜨려야 하는 것, 그것이 바로 환상을 벗어낸 냉혹한 현실의 원칙일 것이다. 그럼에도 불구하고, 만약 연희가 다시 세중을 만난다면 그것은 다만 환상의 문제와 관계있을 것이다. 고된 일상에 대한 위무(慰憮)의 기능을 하고, 현실과 길항하는 기제로서 생의 에너지원이 되고, 창조력의 근간이 되는 촉매로서의 환상이 필요하기 때문일 것이다.[5)]

그러나 우리가 환상을 완전히 떨쳐버릴 수 없는 더욱 중요한 이유는, 환상까지도 완전히 허무맹랑한 것이 아니라 어떤 의미에서는 '현실'에 근거하고 있기 때문이다. 세중이 세계일주를 꿈꾼 남자나 산등성이를 훑으며 무엇인가를 찾던 사내도 모두 환상에 속은 사람이라고 단정하는 이유도 여기에 있다.

그들이 환상에 속은 가장 큰 이유는 환상의 속성을 몰랐다는 데 있었다. 세중이 규정하는 환상의 속성이란, 그것이 엄연히 현실적 경험에 근거를 두고 있고, 물질적 조건에 구속되어 있다는 점이었다. 환상은 실제적인 토대 위에서 꿈꿔야 한다는 것, 물질적인 삶 속에서만 성취 가능하다는 것, 결코 현실에서 패배한 자의 도피처나 자기변명 같은 게 아니라는 것이었다.[6)]

환상은 어디까지나 환상이다. 그럼에도 그것은 '현실적 경험'에 근거하고 있으며, '물질적 조건'에 구속되어 있다. 우리가 영원히 환상을 저버릴 수 없는 이유가 여기에 있다. 예를 들어서 연희는 "인간은 환상 없이 살 수 있는가라는 질문에 대해 스스로 '아니다'라고 명쾌히 답변하면서도 그 대답의 명쾌함과 일상의 진부함 사이에는 결코 해소될 수 없는 틈이 있는 듯했다"고 말하는데,[7] 여기서 일상과 환상 사이에 틈이 있다는 것은 역설적으로 그들이 절대로 떨어져 존재할 수 없다는 뜻이다.[8]

김형중은 이 소설을 평하는 글에서 "환상은 갈등을 유발한다"고 말한다. "실현될 수 없는 환상은 현실과의 갈등을 자초하고 그 갈등으로부터 생의 에너지가 생겨"난다고 말한다.[9] 그러나 이것은 선후 관계를 잘못 본 것이다. 환상이 갈등을 유발하는 것이 아니다. 현실의 갈등이 환상을 유발하는 것이다. 실현될 수 없는 환상이 현실과의 갈등을 초래하는 것이 아니다. 오히려 환상은— 비록 잠시나마 — 인간의 현실적 갈등에 대한 일종의 위무책, 치료제를 제공한다. 예를 들어서 우리가 이상화된 연인을 현실로 끌어내리면 사랑의 환상이 파괴되는 일종의 저항감을 느끼는 이유도 여기에 있다.[10]

3. 실험의 성격

그러면 작가는 이 소설에서 어떤 종류의 환상 유토피아를 실험하는가? 김형중이 정확히 진단했듯이, 작가는 두 가지 실험을 감행한다. 첫째는 마르쿠제(H. Marcuse)로 대표되는 에로스적 유토피아의 실험이며, 둘째는 바타이유(G. Bataille)로 대표되는 타나토스적 유토피아의 실험이다.

> 마르쿠제로 대표되는 프로이트 마르크스주의적 사유가 죽음 충동에 대항해 삶의 충동을 어떻게 사회적으로 강화하고 현실화할 것인가(평등 분배를 통한 과잉 억압의 제거, 가부장적 현실 원칙의 약화, 그리고 그 결과로서 모성적 에로스에 의한 타나토스의 통합)를 고민했다면, 바타이유는 충동의 그 부정적 이미지에도 불구하고 생산과 축적 중심의 근대 사회에 대한 일종의 대안적 사유 방식(소모의 일반 경제학 수립, 죽

음과 성의 복권)이 될 수 있지 않겠는가를 고민했다. 말하자면 이 양자는 프로이트 후기 이론을 떠받치고 있는 두 기둥인 에로스와 타나토스를 각각 한 끝에서 부여잡고, 그것들을 새로운 유토피아적 사유 구성의 매개로 삼고자 했던바, 이들의 가설은 곧바로 작가가 자신의 소설적 실험에서 택한 바로 그 가설이기도 하다.

상호 대립적이면서 동시에 후기 프로이트에 같은 뿌리를 둔 마르쿠제와 바타이유의 가설, 에로스적 유토피아와 타나토스적 유토피아는 실현 가능한가? 전기 프로이트로부터 후기 프로이트로 이동하면서, 작가가 『성에』를 통해 묻고자 하는 질문이 바로 이것이다.[11]

이제 우리는 이 두 실험을 심층적으로 토론할 차례가 되었다. 그러나 우리는 이 작업을 시작하기 전에 왜 모든 환상과 유토피아는 실험의 대상이 되는가를 좀 심각하게 고려할 필요가 있다. 왜 그것은 발견의 대상이 될 수 없는 인간의 발명품일 뿐인가? 이 질문에 대한 답변을 찾기 위해, 나는 좀 엉뚱한 얘기가 되겠지만 간디의 자서전을 간단히 고찰하겠다.

우리 모두 알다시피, 간디의 자서전은 '나의 진리와의 실험들에 대한 이야기(The Story of My Experiments with Truth)'라는 부제를 달고 있는데, 그는 이 책의 「머리말」에서 이렇게 말한다.

진짜 자서전을 쓰려는 시도는 나의 목적이 아니다. 나는 단순히 진리와의 여러 가지 나의 실험들에 대한 이야기를 하려는 것이며, 나의 삶은 바로 이런 실험들로만 구성되어 있기 때문에 그것은 자서전의 형태를 갖게 될 것이다. (중략)

현재 정치적 영역에서의 나의 실험들은 인디아뿐만 아니라 소위 '문명화된 사회'에도 잘 알려져 있다. 그러나 그것은 나에게 별로 가치가 없는 일이다. 사람들이 나를 '마하트마'라고 부르는 일은 더욱 그렇다. 그런 호칭은 종종 나에게 고통을 주며, 나는 그 호칭이 언제나 나를 웃긴다고 생각한다.

그러나 나는, 나만이 알고 있으며 또한 내가 정치적인 분야에서 일할 때 커다란 힘을 얻는 정신적 영역에서의 나의 실험들을 서술하고 싶다. 만약 그 실험들이 진정 정신적이라면, 나에 대한 칭찬의 여지는 전혀 있을 수 없다. 그것은 나의 겸손함을 더욱 부추길 뿐이다. 이런 뜻에서, 나는 지난 과거를 반성하고 돌아보면 볼수록, 나의 한계를 더욱 실감하게 된다.[12)]

왜 '실험'인가? 그 이유는 간단하다. 간디가 꿈꾸는 유토피아는 아직 실현되지 않고 있기 때문이다. 그는 '하느님이 진리'인 세상이 아니라 '진리가 하느님'이 되는 세상을 꿈꾼다. 즉 대문자로 표현된 진리 자체가 지배하는 세상을 꿈꾼다. 그러나 그런 세상은 아직 오지 않았다. 그래서 그것은 아직도 실험일 수밖에 없는 것이다. 간디가 "나는 진리로서의 하느님(God as Truth)만을 경배하지만, 나는 아직 그를 발견하지 못했으며, 나는 그를 계속 추구하고 있다"고 고백한 이유도 여기에 있다.[13)]

이와 마찬가지로, 소설의 작가에게도 유토피아는 아직 실현되지 않고 있다. 사랑과 성은 아직도 분리되어 있으며, 인간이 고안해 낸 결혼제도 중에서 가장 비자연적인 일부일처제는 아직도 폐지되지 않고 있으며, 남한과 북한은 여전히 도토리 키 재기의 대립을 하고 있으며, 자연과 다른 사람들에 대한 인간의 폭력성은 오히려 증대되고 있다. 그래서 그의 시도는 실험일 수밖에 없는 것이다.

그러면 우리는 어떻게 유토피아를 실험할 수 있는가? 우선 간디는 그것이 자서전의 형태를 띠게 된다고 말한다. 간디에게 있어서 진정한 유토피아는 정치적 분야에서의 실험이 아니라 정신적 분야에서의 실험이 될 수밖에 없기 때문이다.

『성에』를 정확하게 '실험소설'로 규정한 김형중은 작가가 "자신의 이야기보다는 타인들의 이야기를, 고백보다는 탐구를 제 소설의 소재와 방법으로 취하겠구나"라고 예상했으며, 결국 작가는 "고백보다는 탐구, 직접 경험보다는 독서 체험을 택할 것이라는 그때의 내 예상이 그다지 어긋나지 않았음을 확인하는 경험은 각별했다"고 말한다.[14) 그러나 유토피아에 대한 모든 실험은 본질적으로 자서전적 · 고백적 · 내면적일 수밖에 없으며, 그래서 이런 시도는 필연적으로 제 눈의 안경 식으로 될 수밖에 없다. 작가가 프로이트의 거울이론을 그대로 받아들이는 이유도 여기에 있다.

> 사룸이는 그 거울을 통해 자기가 원하는 대로 받아들이는 듯했다. 청설모가 보기에 뱀이나 쥐는 구조상 뱀이나 쥐일 뿐인데 인간은 뱀처럼 사악하다느니, 쥐새끼처럼 모멸스럽다느니, 여우처럼 교활하다느니, 늑대처럼 음험하다느니, 원숭이처럼 재수 없다느니… 라고 말했다. 청설모가 알기에 그 말은 뱀이나 원숭이와는 무관한 인간의 생각일 뿐이고, 무엇보다도 중요한 점은 쥐나 여우는 동족을 비난할 때 인간을 비유 대상으로 삼지 않는다는 점이었다. 그러니까 청설모가 이해되지 않는 점은 인간의 내면에 있는 굴곡 심한 거울이었다.[15)

더 나아가서 모든 실험은, 그것이 고도의 자연과학적 엄밀성을 표방하는 경우에도, 종국적이 아니다. 하나의 파도가 전체 바다를 설명할 수 없듯이, 어떤 실험이 성공했다고 해서 그 실험의 내용이 완벽하게 증명된 것은 아니다. 그래서 간디는 이렇게 말한다. "나는 이 실험들에 대한 어느 정도의 완전성도 주장하지 않는다. 나는 오직 최고의 정확성과 선견성과 정밀성을 가지고 실험에 임하면서도 절대로 그 결론에 대한 종국성(finality)을 주장하지 않고, 다만 열린 마음을 유지하는 과학자 이상의 주장을 하지 않겠다."[16) 여기서 과학자는 사물과 인간에 대한 마지막 결론을 내리는 사람이 아니라 '다만 열린 마음을 유지하는 과학자'가 된다.

그럼에도 김형중은 작가가 '자연의 시점'을 채택함으로써 '자연과학적 엄밀성'을 확보한다고 말한다. "인간적 가치를 완전히 탈각한 자연의 시점은 자연과학적 거리 두기를 통해 인간사를 관찰하고 기록하는데, 바로 이러한 시점을 통해 여자, 남자, 그리고 사내가 참여한 첫 번째 실험의 전모가 드러난다. 당연히 사건에 대한 기술은 과학적 언술 특유의 거리를 확보하고(가령 참나무는 그들에게서 일어난 비극적 사건의 연원을 아무런 감정이입 없이 암컷에 대한 수컷 동물들의 독점욕에서 비롯된 것이라고 말한다. 참나무는 생물학자다), 여타 자연 대상들과 엄밀하게 비교되며(가령 박새는 그들의 비극적 죽음을 여러 동물들과 비교해 가며 일반적으로 생식 행위가 포함하고 있게 마련인 죽음으로의 경도와 관련된 것으로 파악한다. 박새 역시 생물학자다), 실험의 기록자에게 필수적인 객관성을 확보한다."[17)]

이렇게 우리는 흔히 자연과학의 실험은 인문과학이나 사회과학의 실험과는 달리 엄격한 중립성과 객관성을 유지한다고 생각한다. 그러나 우리는 여기서 모든 사실은 오직 설명된 사실(interpreted facts)일 뿐이라는 점을 잊지 말아야 한다. 이런 뜻에서 작가가 "얼마나 탐구적이었는가 하면, 거의 자연과학적 실험소설을 방불케 할 정도였다"는 김형중의 표현은 실험의 한계성과 고정성을 무시하는 발언이다.[18)] 이제 우리는 작가의 두 가지 유토피아 실험을 좀더 구체적으로 토론해 보자.

4. 에로스 유토피아의 실험

에로스를 통한 유토피아의 건설은 가능한가? 이 실험에 참여하는 사람들은 세계일주를 꿈으로 간직한 '남자'와 완벽한 스위트 홈을 꿈으로 간직한 '사내'와 자연을 꼭 닮은 삶을 꿈으로 간직한 '여자'다. 남자와 사내는 성격이 판이하지만 고립된 산속에서 그런대로 공동체 생활에 서로 만족하고 있다. 그 후에 여자가 들어온 다음에도 그들은 성을 서로 공유(共有)할 정도로 공동체 생활에 만족하고 있다. 두 남성은 이런 일처다부제의 생활에 커다란 불만이 없다.

아직 지배는 없다. 오로지 사회 통합 원리로서의 모성적 에로스(마르쿠제는 에로스를 모성 원리로 타나토스를 부성 원리로 이해한다)가 세 사람의 공동체를 묶는 끈이다. 사적 소유도 존재하지 않는다.

축적이 없기 때문이다. 축적이 없으므로 계급 분화도 없다. 축적하지 않아도 세 사람이 먹고 살기에는 아무런 어려움이 없을 정도의 식량은 자연에 의해 항상적으로 공급된다. 축적과 소유가 없으므로 아직 분란이 없고, 분란이 없으므로 최소한의 노동을 위한 필요 억압 이외의 과잉 억압은 필요치 않다. 따라서 현실 원칙에 의해 그들의 욕망을 억압할 하등의 이유도 없다. 그래서 그들은 성도 공유한다.[19)]

문제는 여자가 임신한 다음부터 시작된다. 새로 태어날 아이는 누구의 아이인가? 여기서 소유의 문제가 발생한다. 결국 그들은 이 갈등을 해결하지 못해 서로 죽이는 과정을 통해 모두 싸늘한 시신이 된다. 에로스를 통한 유토피아는 실패로 끝난 것이다. 그러면 이 실험은 어떤 특성을 가지고 있는가? 실험 실패의 책임은 누구에게 있는가? 그리고 이 실험은 에로스에 대한 오늘날의 관점을 어떻게 공격하며, 끝으로 에로스의 실험은 왜 타나토스의 실험으로 이양되는가?

첫째, 실험의 대상은 정신적인 사랑이 아니라 육체적인 사랑이며, 그래서 여기서 말하는 에로스는 '사랑'보다는 차라리 '성'이라고 말할 수 있다.

뜨거운 숨결, 혼곤한 감각, 살갗에 흐르는 미세한 전율…. 그것들이 발끝까지 퍼져나가면서 심장이 더 빨리 뛰고 허리가 비틀리고 체온이 높아졌다. 절로 손이 올라가 세중의 뺨을 쓰다듬을 때, 다시 손이 내려가 그의 손을 찾아 쥘 때, 그의 손이 기다렸다는 듯 연희의 손을 맞잡을 때, 인간의 감정이란 그 전율하는 신체 기관으로부터 비롯된다는 사실을 완전하게 수용할 것 같았다.[20)]

틀림없이 성은 히스테리의 고비를 넘게 하고, 바늘 한 끝도 들이밀 수 없게 경직된 몸과 마음을 이완시키며, 가파른 감정의 고비를 스스로

넘어서게 하는 기능이 있었다.[21)]

연희는 생각이나 언어보다 몸이 더 정직하다는 사실을 알았다. 입으로는 괜찮다고 말하고, 마음도 진심으로 그렇게 생각하는데, 몸은 다른 진실을 표현하고 있었다. 심장쯤에서 시작된 통증이 어깨를 거쳐 머리 쪽으로 올라오면서 기어이 눈가로 투명한 액체를 내밀었다.[22)]

연희는 자신들이 그 고립된 산속에서 차례차례 사체를 발견해 나갈 때, 경악과 단절감과 분열 속에서 미치지 않을 수 있었던 것은 성이 있어서 가능했음을 나중에야 짐작했다. 돌이켜 보면 극단적인 상황에 처할 때마다 서로의 몸을 탐했고, 그때마다 성은 누적된 불안의 강도만큼, 체감되는 단절감의 깊이만큼, 참아온 광기의 폭발만큼 광포해지고 분열적인 것이 되었다.[23)]

둘째, 김형중이 정확히 지적한 대로, "이 공동체를 파국으로 몰아가는 것은 세 사람 중에서도 유독 사내의 책임이 크다. 셋 모두 각각 환상을 가지고 있었지만 나머지 두 사람의 환상은 이 공동체에 파국을 불러올 만큼 폭력적인 것은 아니었기 때문이다. 여자의 환상은 자연과의 동화다. 이 환상은 비록 청설모나 바람에 의해 인간적인 이데올로기에 불과함이 드러나지만, 그렇다 하더라도 이들의 공동체를 유지하기 위해서는 필수적인 환상이기도 하다. 남자의 환상은 세계일주다. 그러나 그 환상의 실현은 한없이 유보되면서 남자 역시 자연을 닮아간다. 그런고로 남자의 환상이 이들의 공동체와 적대적일 이유는 별로 없어 보인다. 남자는 사내와 여자의 정사 장면을 목격하고도 치밀어 오르는 질투심을 잘 참아내지 않았던가. 마치 자연이 그러한 것처럼. 그러나 사내의 환상은 이 두 사람의 환상과 성질이 다르다. 사내의 환상은 스위트 홈이다. 아이러니하게도 완벽한 가족에의 꿈이 완벽한 공동체를 박살낸다. 그리고 이 비극은 (『가족, 사유재산, 그리고 국가의 기원』에 나타난) 엥겔스적인 성질의 것이기도 하다."[24)]

사실 독자는 작가가 두 남성을 '남자'와 '사내'로 부를 때부터 실패의 기미를 눈치 채고 있었다(소설에서 두 호칭은 참나무가 붙인 것으로 되어 있지만). 우리는 '여자'와 '계집'을 구별하듯이 '남자'와 '사내'를 구별해서 사용한다. 남자와 여자는 각각 '사내 남'자와 '계집 여'자로 되어 있으면서도 가치중립적이지만, 사내와 계집은 가치 판단적 호칭이기 때문이다. 남자와 여자는 유토피아 전설에 지독한 파괴자가 아닐 수도 있다. 그러나 사내와 계집은 그렇지 않다. (그렇다면 이제 모든 사내는 남자가 되고, 모든 계집은 여자가 되어야 할 것이다.)

셋째, 이 실험은 일부일처제를 지구상에서 완전히 제거하려는 실험이다. 그것이 가장 비자연적이고 가장 비인간적인 결혼제도이기 때문이다.

사실 박새는 인간들이 자신과 기러기를 한데 묶어 암수의 금슬이 좋고 죽을 때까지 일부일처제를 유지한다고 추앙할 때부터 그 사실이 우습고 불편했다. 아니나 다를까. 어느 때부턴가 사람들은 태도를 바꾸어 자신들을 비난하기 시작했다. 사람들은 박새와 기러기 새끼들의 유전자를 검사해서 절반 이상이 아버지와 다른 유전자를 가졌다는 사실을 밝혀냈다고 했다. 그들은 기러기가 매년 짝을 바꾼다는 사실, 박새가 매년 짝을 바꾸지는 않아도 자주 배우자 몰래 다른 이성과 짝짓기를 한다는 사실까지 알아냈다면서 실망감과 분노를 드러냈다. 박새는 그 모든 소란이 다 우스웠지만 그 중에서 특히 우스운 것은 인간들이 박새가 그토록 주도면밀하게, 종일토록 관찰하는 과학자들의 눈까지 속이면서 감쪽같이 외도를 해치웠다는 사실에 대해 분노한다는 점이었다.

그런 때 박새는 인간들이 안쓰러웠다. 어떤 생물의 본성에도 맞지 않는 일부일처제라는 제도를 만들어놓고 야생의 생물들에게 그 잣대를 들이대는 행위는 일종의 보상심리나 히스테리처럼 보였다. 일부일처제는 인간들의 본성에도 맞지 않는 제도임에 틀림없었고, 그것을 지켜야 하는 억압과 분노, 당장이라도 그것을 때려치우고 싶은 욕망, 자신들에게 금지된 것을 스스럼없이 해치우는 박새에 대한 시기심 같은 것을 그런

식으로 표현하는 게 아닌가 싶었다. 그럼에도 인간들은 기러기와 박새를 추앙했던 자리에 다시 해마를 올려놓고, 해마가 죽을 때까지 일부일처제를 유지하는 생물이라는 사실에 대해 기뻐하고 있었다.[25)]

인간에게는, 특히 가부장적 일부일처제를 신봉하는 이들 중에는 수컷만이 여러 암컷과 짝짓기를 하며 암컷은 하나의 수컷으로 만족한다는 고정관념이 있는 듯했다. 그러나 청설모가 알기에 그런 관념은 자연계의 어떤 생물들의 생식 습관과도 동떨어진 것이었다. 그것은 아마도 지나치게 감정 영역이 복잡한 인간만의 특성이고, 특히 남성 과학자들의 욕망이 투사된 연구 결과거나, 남성 중심 사회가 여성을 지배하기 위해 만들어낸 신화에 가까워 보였다.[26)]

넷째, 에로스의 실험은 자연히 — 혹은 필연적으로 — 타나토스의 실험으로 이양된다. 에로스의 극치는 성이며, 성의 극치는 오르가슴이며, 오르가슴에 오른 사람은 성 행위의 중간에서 차라리 죽음을 선호하게 되기 때문이다. 아마도 프로이트가 말년에 인간의 욕망을 에로스와 타나토스의 대결로 설명한 이유도 여기에 있을 것이다.

5. 타나토스 유토피아의 실험

여기서 우리는 이런 질문을 던질 수 있다. 과연 모든 생명체는 성의 정점에서 죽음을 원하는가? 그것은 변태 성욕자들의 행위에 국한된 것이 아닐까? 그러나 작가는 이것이 가장 자연스러운 현상이라고 말한다. 우선 자연의 경우를 보자.

짝짓기 행위 자체가 죽음으로 이르는 과정인 경우도 많았다. 거미와 사마귀 수컷은 짝짓기 하는 동안 머리부터 암컷에게 먹혔고, 수벌들은 여왕벌과의 단 한 번의 짝짓기에 서슴없이 목숨을 내놓았다. 모기 암컷은 짝짓기 중에 주둥이를 수컷의 머릿속으로 찔러 넣어 침을 주사한 다음 수컷의 내장이 액화되면 후루룩 빨아먹었다. 짝짓기를 끝낸 암컷은 빈 껍질만 남은 수컷을 훅 불어버리고 떠났다. 어떤 귀뚜라미 암컷은 짝짓기 중에 수컷의 날개를 한두 입 정도 물어뜯고 거기서 새어나오는 피를 핥아먹었다. 짝짓기가 끝나고 피가 마르면 날개의 그 부분이 떨어져 나가기 때문에 수컷 귀뚜라미는 짝짓기를 할수록 날개가 너덜너덜해지면서 생을 마감하게 되었다.[27)]

짝짓기는 틀림없이 죽음과 가까이 있었다. 짝짓기 중에 포식자에게 먹히는 생명체는 아주 많았다. 이리나 침팬지는 더 많은 먹이를 가져와 더 많은 짝짓기 기회를 얻기 위해 죽음의 위험을 무릅쓰고 흔쾌히 사냥에 앞장서곤 했다. 공작새처럼 화려한 깃털, 사슴처럼 아름다운 뿔로 암컷을 유혹하는 생물들은 바로 그 깃털과 뿔 때문에 재빨리 달아나지 못해 포식자에게 먹히곤 했다. 어둠 속에서 암컷을 유혹하기 위해 불빛을 빛내다가 소쩍새에게 잡아먹히는 반딧불이나, 암컷을 부르기 위해 큰 소리로 노래하다가 뱀에게 먹히는 개구리도 역시 목숨과 짝짓기 행위를 바꾸는 셈이었다.[28)]

그러면 인간도 자연과 마찬가지로 에로스의 정상에 서면 타나토스의 유혹을 받게 되는가? 일본 영화인 「감각의 제국」과 마찬가지로, 작가는 그렇다고 답변한다. 그러면 언제 이런 일이 일어나는가? 작가는 성과 행위가 분리되는 지점에 도달할 때, 즉 "성과 분리된 행위가 그 형식과 의미를 막다른 지점까지 밀어붙일 때, 바로 그 지점에서 죽음과의 접면(接面)이 형성"된다고 말한다.[29)]

제발, 나를 결박해 줘. 그때 인희가 자각할 수 있는 유일한 감정은 결속에의 욕구였다. 자기 존재의 뿌리부터 빈틈없이 세중에게 밀착해서 결박당하고 싶다는 욕망, 자발적으로 몸을 낮춰 그에게 속박당하고 싶다는 갈망, 전속력으로 그에게 돌진해서 낱낱이 해체당하고 싶다는 열망이었다.[30)]

결국 타나토스에 의한 유토피아 실험도 실패로 끝나고 만다. 그러나 작가는 그 이유를 정확히 설명하지 않는다. 그래서 김형중도 이렇게 말할 뿐이다. "연희와 세중의 실험 또한 성공하지 못한다. 사실 작가가 이들을 각각 남자친구와 약혼자가 있는 사람들, 직장에 얽매여 있는 사람들, 그래서 반드시 돌아가야 할 곳이 있는 사람들로 설정했을 때부터 실패는 예정된 것이었다.

게다가 이들이 이곳 바타이유적인 낙원에 머무는 기간을 신화적 규칙에 따라 7일로 설정했을 때, 이들이 일상으로 복귀할 것이라는 예견은 충분히 가능한 것이었다. 제7일은 안식일이나, 다음 날은 월요일이다. 그들은 다시 일상으로 복귀하고 12년을 현실에 적응하면서 살아가게 된다. 바타이유적 낙원에 대한 실험 역시, 며칠간의 일탈로 마무리되면서 실패로 끝난다."[31]

참으로 설득력 없는 설명이다. 그러므로 여기에는 그것이 실패할 수밖에 없는 어떤 본질적 이유가 도사리고 있을 것이다. 나는 그것을 '실험의 실패'라기보다는 차라리 '실험의 불가능성'으로 설명하고 싶다.

에로스는 실험의 대상이 될 수 있다. 그러나 타나토스는 실험의 대상이 될 수 없다. 그야말로 "죽음은 다만 체험할 수 있을 뿐이며, 그것도 삶의 마지막 순간에 단 한 번, 아주 잠깐 동안만 체험할 수 있을 뿐이다."[32] 타나토스를 실험하는 사람은 다시 태어나서 자신의 죽음을 객관적으로 기록해야 그것도 실험이 될 수 있다. 그러나 죽음은 이런 기록을 허용하지 않는다. 죽음은 단 일회적이고 영원히 다시 오지 않는다. 우리가 흔히 "죽은 자는 말이 없다"고 표현하는 이유도 여기에 있다.

좀 다른 얘기가 되겠지만, 우리는 흔히 선과 악을 동일한 차원의 개념으로 생각한다. 선의 반대가 악이며, 악의 반대가 선이라고 생각한다. 그러나 아우구스티누스에 의하면, 원래는 선만 존재했으며, 이런 뜻에서 악은 선에 기생(寄生)한다고 말할 수 있다. 쉽게 말해서,

선은 악이 없어도 존재할 수 있지만, 악은 선이 없으면 존재할 수 없다. 선과 악은 동일한 개념이 아니다.[33]

또한 우리는 흔히 폭력과 비폭력을 동일한 차원의 개념이라고 생각한다. 폭력의 반대가 비폭력이며, 비폭력의 반대가 폭력이라고 생각한다. 그러나 간디에 의하면, 비폭력은 어디까지나 진리의 영역에 속한 덕목이며, 폭력이나 무폭력(비겁)은 비진리의 영역에 속한 속성일 뿐이다. 그래서 간디는 "비폭력은 약자(弱者)의 무기가 아니라 강자(强者)의 무기"라고 외친다. "폭력과 비폭력은 단순한 정책적 반대 개념이 아니다. 비폭력은 원칙이고, 폭력은 원칙의 후퇴다. 비폭력은 진리며, 폭력은 진리의 부정이다."[34]

이와 마찬가지로, 우리는 삶과 죽음을 단순한 반대 개념으로 생각한다. 삶의 반대는 죽음이고 죽음의 반대는 삶이라고 생각한다. 상식적으로 옳은 생각이다. 그러나 삶은 몇 번이라도 되풀이될 수 있지만 죽음은 딱 한 번뿐이다. 그래서 죽음은 실험의 대상이 될 수 없다. 그러므로 타나토스에 의한 유토피아 실험은 실패한 것이 아니라 실험이 될 수 없는 것을 실험으로 사용한 것이며, 그래서 작가는 그 실패의 원인을 정확히 제시할 수 없었던 것이다.

만약 우리가 작가의 소설을 호의적으로 읽는다면, 우리는 에로스의 실험이 실패로 끝날 수밖에 없었던 여러 가지 이유를 상상할 수 있다. 이를테면 그것은 필연적으로 타나토스의 실험으로 넘어갈 수밖에 없기 때문이라고 말할 수도 있다. 그러나 — 다시 말하지만 — 타나토스는 실험의 대상이 아니다. 사르트르가 말하듯이, 죽음은 문자 그대로 순수한 우연이기 때문이다.

그러면 순수한 우연이란 어떤 의미를 가지고 있는가? 그것은 죽음이 인간에게 어떤 가능성을 주는 것이 아니라 인간의 모든 가능성을 일시에 말살한다는 뜻이다. 그래서 사르트르는 이렇게 말한다. "죽음은 가능성이 아니다. 반대로 그것은 모든 가능성의 무효화일 뿐이다. 그리고 그

무효화는 나의 가능성의 일부분이 아니다."

여기서 죽음은, 하이데거의 경우와 같이, 용기 있게 맞이하려는 사람에게 진정한 삶의 의미를 줄 수 있는 것이 아니다. 오히려 죽음은 삶을 우연으로 바꾸어놓음으로써 삶의 모든 의미를 말살하고 만다. 인간이 꼭 죽어야 한다면, 인간의 삶은 아무런 의미가 없다. 삶의 가장 중요한 의미는 죽음에 의하여 아무렇게도 결정될 수 없기 때문이다. 삶에는 의미가 있어야 한다. 그러나 죽음 때문에 삶은 부조리할 뿐이다.[35)]

죽음에 대한 사르트르의 이런 진단은 과연 옳은가? 이런 질문은 여기서 별로 중요하지 않다. 중요한 것은, 죽음은 딱 한 번밖에 없기 때문에 영원히 반복될 수 없으며, 그래서 죽음은 절대로 실험의 대상이 될 수 없다는 사실이다. 다시 실험할 수 없는 것은 진정한 실험이 아니기 때문이다. 작가도 이 사실을 부인하지는 못할 것이다.

6. 맺음말

이제 우리에게는 두 가지 질문이 남아 있다. 왜 인간은—그것이 극히 허망한 것이라는 사실을 잘 알고 있으면서도—환상과 유토피아를 꿈꾸는가? 그리고 이런 꿈은—그것이 현실화될 것이라는 믿음은 필연코 환멸을 낳는다는 사실을 잘 알고 있는 경우에도—과연 인간의 삶에 꼭 필요한 것인가?

첫째 질문에 대한 작가의 답변은 한마디로 인간의 유한성이다. 인간은 유한하다. 그래서 그는 무한을 꿈꾼다. "유한하지 않다면 영원히 살고자 하는 욕망은 품지 않았을 것이고, 불멸에의 욕망이 없다면 그토록 초조하게 자식을 갖고 싶어 하지 않았을 것이다. 새끼에 대한 욕심이 없다면 그토록 절박하게 짝짓기를 향한 욕망을 드러내지 않았을 것이고, 짝짓기에의 욕망이 없다면 그토록 깊은 애착이나 질투도 느끼지 않았을 것이다."[36)] 영원을 사는 '바람'은 오히려 인간의 이

런 유한성을 부러워하기도 한다.[37)]

유한하지 않다는 사실은 자주 끔찍하다. 불멸을 꿈꾸는 모든 생명체에게 바람은 그것이 얼마나 지루하고 막막하고 숨 막히는 일인지 말해주고 싶었다. 불멸하는 바람에게는 아무 일도 일어나지 않았다. 바람은 넘어져 쓰러지고 싶고, 무릎에 피도 나고 싶고, 통증을 느끼며 울부짖고도 싶었다. 땅을 파고 들어가 죽은 듯한 상태로 겨울을 보내는 의사 죽음이라도 체험하고 싶었고, 참나무가 그토록 엄살을 피우며 지겨워하는 지루한 자연사의 길이라도 걸어보고 싶었다.

그것들 중 어떤 것도 선물 받지 못한 바람은 백사장에 누워 이쪽 끝에서 저쪽 끝까지 몸을 굴리면서 시간을 보냈다. 그럴 때 바람에게 세상에서 누가 제일 부러운가 묻는다면 서슴없이 노을이라고 대답했을 것이다. 이제 막 서편 하늘로 투신(投身)하여 온몸을 핏빛으로 물들인 채 사위어가는 노을의 그 현재 진행형인 죽음의 상태 말이다.[38)]

그러나 이런 고백은 영원히 존재할 수 있는 바람의 배부른 투정일 뿐이다. 유한한 삶을 살아야 하는 인간에게 유한성은 축복이 아니라 정죄다. 그래서 인간은, 그가 숨을 쉬고 있는 한, 극히 비현실적인 환상과 유토피아를 건설하는 것이다.

둘째 질문에 대한 작가의 답변은 한마디로 유토피아의 축복이다. 인간은 유토피아를 통해 자신의 삶을 더욱 풍요롭게 할 수 있으며, 유토피아의 환상이 다시 그 환상을 증진시킨다. 이렇게 보면, 우리는 유토피아를 마술로 비유할 수 있을 것이다. "마술의 논리는 일상의 논리로 무장하며 살아가고 있는 우리에게 통쾌한 일탈을 맛보게 한다. 영화 「바그다드 카페」에서 황량한 카페를 매혹적인 장소로 바꾸어놓은 것은 마술 쇼였다. 그리고 소박맞은 자스민이 펼치는 마술 쇼는 캘리포니아 사막을 떠도는 트럭 운전사들에게 그동안 잊고 있던 천진스런 놀라움의 경험을 불러일으킨다. 마치 사막에 단비가 내려 온갖 생명이 활기를 되찾은 듯한 풍경이 이뤄진 것이다."[39)]

그러나 마술은 어디까지나 마술이다. 그것은 온갖 생명이 활기를 되찾은 풍경이 아니라 단지 되찾은 듯한 풍경일 뿐이다. 우리들의 유토피아도 이런 기능을 우리에게 선사한다. 단지 마술과 유토피아의 차이점이 있다면, 마술에서는 다른 사람이 만들어놓은 세계로 우리가 들어가지만 유토피아에서는 우리가 만들어놓은 세계로 우리 스스로가 들어간다는 것이다.

지금도 환상은 우리를 유혹하고 있다. 그 환상의 허구성을 잘 알고 있는 사람까지도 도저히 가시에 찢기지 않을 수 없을 정도로. 그 중에서도 가장 강력한 환상은 사랑에 대한 환상일 것이다. 겨울 유리창에 낀 성에처럼 곧 사라지고 말 것임에도 불구하고. 사라 티즈데일(Sara Teasdale)은 「물물교환」에서 이렇게 속삭인다.

금빛 줄기처럼 휘어지는 음악소리
비에 젖은 솔 내음새
당신을 사랑하는 눈매, 보듬어 안는 팔들,
전재산을 털어 아름다움을 사세요.
사고 나서는 값을 따지지 마세요.
한순간의 환희를 위해
당신의 모든 것을 바치세요.[40)]

[주(註)]

1) B. Pascal, *Pensée*, 72절.
2) 김형경, 『성에』, 푸른숲, 2004, p.24.
3) 같은 책, p.216.
4) 같은 책, p.361. Cf. 환상이 치료적 기능을 가지고 있다는 주장은 작가의 소설관에도 그대로 나타난다. "소설에는 또한 치유의 기능이 있습니다. 소설을 읽을 때 우리가 그것을 받아들이는 공간은 무의식의 영역입니다. 그곳에서 그동안 알고 있던 이야기와 새롭게 받아들인 이야기가 통합되고, 이야기를 통해 받아들인 사랑, 분노, 관용, 질투의 감정들이 그곳에 억압되어 있는 감

정들을 조절해 줍니다. 되도록 많은 이야기를 통합할 수 있도록 시련에 대한 저항력을 높여줍니다." 김형경, 「소설들 좀 읽읍시다」, 『조선일보』, 2004년 7월 14일.

5) 김형경, 앞의 책, pp.389-390.

6) 같은 책, p.307.

7) 같은 책, p.359.

8) 그러면 우리는 환상을 어떻게 대해야 하는가? 작가는 이렇게 충고한다. "환상을 대할 때 가장 조심해야 하는 것은 맹목적으로 그것에 끌려가거나 일방적으로 그것을 쫓아가서는 안 된다는 점이다. 자신의 내면에 어리석은 환상 따위는 키우지 않는다고 큰소리쳐서도 안 되며, 재수 없는 환상이라는 놈을 기어이 때려잡아 박멸하고야 말겠다고 기염을 토해서도 안 될 것이다. 그 중에서 가장 조심할 일은 환상을 현실 속에서 성취해서는 안 된다는 점이다. 환상은 손에 넣는 순간 즉시 필히 환멸로 바뀌고 말 것이기 때문이다. 달콤한 행복을 기대했던 결혼생활이 피 터지는 갈등으로 변하고, 일상을 털어내듯 출발한 여행에서 더 곤고한 일상을 맞닥뜨린 경험이 누구나 있을 것이다. 만약 불행하게도 환상이 현실이 되어 환멸이 찾아온다면 그 환멸을 또 하나의 현실로 인정한 다음 결코 실현될 수 없는 멀고 먼 환상을 새롭게 영접하는 편이 나을 것이다. 마음껏 빛나고 아름다운 것, 현실과 무관하며 허황된 것, 가장 충만해서 서러운 것으로 다시 환상을 골라잡는 일이 필요한 것이다."(같은 책, p.392)

9) 같은 책, pp.410-411.

10) 같은 책, p.209. Cf. 세중은 환상, 파라다이스, 유토피아를 '인류가 발명한 두 번째 히트 상품'이라고 말한다. "유토피아란 전쟁과 궁핍으로 고통받아 온 인류의 발명품 중 두 번째 히트 상품이다."(같은 책, p.29) "인류가 발명한 두 번째 히트 상품은 틀림없이 유토피아야. 무릉도원이나 양산박이나 파라다이스 같은 곳이야."(같은 책, p.297)

11) 같은 책, p.397.

12) M. Gandhi, *Autobiography: The Story of My Experiments with Truth*, Beacon Press, 1957, p.xii.

13) 같은 책, p.xiv.

14) 김형중, 「환상을 선택하는 특별한 기준」, 김형경, 앞의 책, p.395.

15) 김형경, 앞의 책, p.248.

16) M. Gandhi, 앞의 책, p.xiii.

17) 김형중, 앞의 글, p.402.

18) 같은 글, p.395.

19) 김형경, 앞의 책, p.404.

20) 같은 책, p.33.

21) 같은 책, p.76.
22) 같은 책, p.152.
23) 같은 책, p.226.
24) 같은 책, p.405.
25) 같은 책, pp.182-183.
26) 같은 책, p.264.
27) 같은 책, p.170.
28) 같은 책, p.184.
29) 같은 책, p.302. Cf. 여기서 작가는 '젖무덤'이라는 말이 에로스와 타나토스의 결합을 정확히 표현한다고 말한다. 그러나 젖무덤이란 무덤같이 봉우리가 되었다는 뜻일 뿐이다. 그것을 죽음(무덤)으로까지 연장해서 해석할 수는 없을 것이다.
30) 같은 책, pp.310-311.
31) 김형중, 앞의 글, p.409.
32) 김형경, 앞의 책, p.282.
33) John Hick, 황필호 역, 『종교철학 개론』, 종로서적, 1980, p.75.
34) 황필호, 「비폭력은 폭력의 반대가 아니다」, 『종교철학 에세이』, 철학과현실사, 2002, p.200.
35) 황필호, 「죽음에 대한 서양인과 한국인의 견해」, 『인문학 · 과학 에세이』, 철학과현실사, 2002.
36) 김형경, 앞의 책, p.325.
37) 같은 책, p.330.
38) 같은 책, p.348.
39) 장석만, 「마술과 공부」, 『교수신문』, 2004년 6월 28일.
40) Sara Teasdale, "Barter"의 일부분.

5. 대중스타, 대중매체, 종교교육 *

1. 머리말

우리나라에서 과거의 대중스타는 주로 영화배우에 국한되어 있었다. 또한 영화에 종사하는 사람들 중에서도 정작 스타를 만들어내는 제작자나 감독의 이름은 전혀 알려지지 않았다. 그러나 이제 대중스타는 영화뿐만 아니라 텔레비전이나 라디오에서도 나올 수 있으며, 종목별로도 연기자 이외에 감독, 촬영감독, 무용가, 성악가, DJ, 연주가, 작곡가, 화가, 대학교수, 운동선수, 방송 MC, 코미디언 등 매우 다양하게 되었다. 특히 요즘에는 시인, 소설가, 철학자도 대중스타가 될 수 있게 되었다.

이제 대중스타의 영역은 거의 모든 분야를 포함한다. 물 위를 걸어가는 사람도 대중스타가 될 수 있고, 설악산에서 10년 묵은 산삼을 발견한 사람도 대중스타가 될 수 있으며, 평생 문명을 등지고 전기도 라디오도 없는 오지에 살던 사람도 대중스타가 될 수 있다. 우리는 이러한 사실을 '현대는 스타가 없는 시대'라고 표현하는데, 이 말은 실제로 모든 사람이 — 예외 없이 — 스타가 될 수 있는 시대라는 뜻이다.

어떤 사람은 이런 사실을 과거의 '영웅시대'가 반체제적인 '반영웅

시대'를 거쳐서 오늘날의 '비영웅시대'로 돌입했다고 말한다. 하여간 씨름과 같은 스포츠가 대중스타를 배출할 수 있는 이유도 모든 사람이 스타가 될 수 있는 스타의 영역 확대가 선행되었기에 가능한 것이다.[1)]

그러면 무엇이 대중스타를 만드는가? 물론 여기에는 여러 가지 답변이 있을 수 있다. 그러나 정답은 역시 대중매체가 대중스타를 만든다는 것이다. 예를 들어서 우리나라에서 씨름의 역사는 꽤 오래된다. 내가 어렸을 때도 송아지를 몰고 오는 씨름대회가 동네에 있었다. 그러나 현대판 씨름의 역사는 그리 오래되지 않았다. 1980년대 당시 이만기가 예상을 뒤엎고 이준희와 이봉걸을 깨고 우승하여 첫 타이틀을 갖게 된 것이 바로 그때였다. 아무리 대중스타가 빨리 뜨거워졌다가 빨리 식는 방과 같다고 해도, 이것은 너무 짧은 기간이다.

만약 텔레비전이라는 대중매체의 도움이 없었다면, 특히 텔레비전의 슬로우 모션이 없었다면, 씨름의 프로화가 몇 번 성취되었다고 해도 오늘날의 인기는 얻지 못했을 것이다. 하여간 나는 2절에서 대중스타의 성격, 대중스타의 탄생 과정, 그리고 대중스타에 대한 우리들의 잘못된 시각을 간단히 설명하겠다.

한편 우리는 대중의 순수한 지지 혹은 대중매체의 일방적인 조작이 대중스타를 만든다고 믿고 있다. 그러나 모든 대중스타는 대중의 지지와 대중매체의 협조라는 쌍두마차에 의하여 탄생한다. 그러나 대중스타와 대중매체의 관계가 어떤 것이냐는 문제는 참으로 쉽게 답변할 수 없다. 그래서 나는 3절에서 대중매체의 기능을 좀더 상세히 토론하겠다.

그러면 종교교육과 대중문화의 관계는 무엇인가? 종교교육은 오늘날 선정성과 폭력성으로 빠져들고 있는 대중문화를 완전히 무시해야 하는가? 그렇지 않으면 대중문화의 길을 그대로 따라가야 하는가? 대중문화와 종교교육은 서로 만날 수 있는가? 나는 4절에서 종교교육을 교양교육의 일부로 소개하고, 대중문화는— 수많은 문제점에도

불구하고 — 여전히 우리들의 교양의 일부라는 입장에서 그들의 만남의 가능성을 시사하겠다.[2)]

2. 대중스타의 탄생

누가 대중스타인가? 한마디로 그는 돈을 많이 버는 사람이며, 그가 돈을 많이 벌 수 있는 이유는 그가 인기 있는 사람이기 때문이다. 대중스타는 인기라는 파도를 타고 나타났다가 인기가 없으면 그대로 사라지는 물거품과 같다. 그는 인기로 밥 먹고 사는 사람이다.

그러나 '인기 있는 사람'과 '유명한 사람'은 동일하지 않다. 인기 있는 사람은 모두 유명한 사람이지만, 유명한 사람이 모두 인기가 있는 것은 아니다. 아인슈타인의 상대성 원리를 부정하는 물리학의 공식을 발견한 사람은 아마도 노벨상을 받을 정도로 유명한 사람일 것이다 그러나 그는 여전히 인기 없는 사람으로 남을 수 있다. 인기 있는 사람은 모두 돈을 잘 벌지만, 돈을 잘 버는 사람이 모두 인기 있는 사람은 아니다.

또한 '인기 있는 사람'과 '존경받는 사람'도 동일하지 않다. 물론 인기 있는 사람도 대중의 뜨거운 사랑을 받을 수 있다. 그러나 인기인 중에는 대중으로부터 사랑과 미움을 동시에 받는 사람도 있다. 언제나 시비의 대상이 되었던 호와드 코셀이 전자에 속한다면, 고의로 반칙을 범함으로써 상대방에게 상처를 입히는 프로레슬러는 후자에 속한다.

결론은 무엇인가? 대중스타는 분명히 인기 있는 사람이지만 그가 꼭 유명한 사람이나 존경받는 사람이 되는 것은 아니다. 오히려 그는 시기의 대상, 조소의 대상, 증오의 대상이 될 수 있다. 그럼에도 왜 우리 보통사람들은 스타에 그다지도 열광하는가? 그래서 대중문화의 선구자인 맥루한은 "스타는 너무나 위대하고 지구는 너무나 왜소하다"고까지 말하는가?[3)] 김열규는 그 이유를 이렇게 설명한다.

오늘날 사람들은 평범하게 마련되어 있다. 그저 그렇고 그런 사람, 이름이 있어도 호적에 있는 정도의 사람들이 오늘의 일반 시민이다. 흔하게 쓰는 말로 실명(失名)한 사람들, 무명(無名)의 대중이 되도록 오늘의 상황은 우리를 옥죄고 있다. 그런데 자신이 '있으나마나한 존재'란 생각을 갖는 것은 괴로운 일이다. 그러나 이 너저분한, 답답한 숙명을 스스로 이기기에는 자신들이 너무나 약하다는 것을 그들은 알고 있다. 그래서 그들은 대중스타에 의지한다. 아주 별난 사람, 아주 두드러진 사람, 잡초더미 속의 장미 같은 사람에게 기대는 것이다.

그러기에 대중스타는 오늘날 대중의 운명에 대해 저지르는 도전의 힘, 바로 그것이다. 무명성을 내던지고 실존재성(實存在性)을 획득하기 위한 길라잡이의 거대한 별로 그들은 빛나고 있다.[4)]

우리는 이미 대중스타가 반드시 유명한 사람이나 대중으로부터 사랑받는 사람이 아님을 고찰했다. 그러므로 대중스타는 우리들이 전통적으로 존경해 온 훌륭한 사람, 사람다운 사람, 공자님과 같은 사람과는 전혀 관계가 없다. 오늘날의 대중스타는 대중을 지고선(至高善)의 세계로 이끌려는 전통적인 영웅도 아니며, 대중이 확고한 원칙에 의하여 자발적으로 선택한 인격자도 아니며, 고독한 단독자의 길을 걷는 부조리의 영웅도 아니다. 그야말로 그는 "어느 날 아침에 일어나 보니 스타가 되었더라"고 고백할 수 있을 정도로 대중매체를 교묘하게 이용하여 '떠오르는 샛별'이 된 사람이다.

그렇다고 우리는 대중스타를 단순히 마이크 체질을 가진 사람, 탤런트 기질이 있는 사람, 딴따라 소질이 있는 사람이라고 말할 수도 없다. 일반적으로 우리는 이런 사람들을 '바람끼'나 '잡끼'라는 표현에 나타나는 '끼 있는 사람'이라고 말한다. 그리하여 어떤 사람은 '인끼'가 '인기'를 만든다고 말하기도 한다. 그러나 우리가 '끼'를 한마디로 허영이라고 말할 수 있다면, 허영심이 조금도 없는 인간이 이 세상에 어디 있겠는가.

모든 사람은 허영심을 가지고 있다. 모든 사람에게는 '끼'가 있다.

모든 사람은 대중의 사랑을 받는 대중스타가 되고 싶어 한다. 하다못해 산중에서 명상하는 수도승까지도 훌륭한 선사라는 말을 듣고 싶어 한다. 그러므로 대중스타에 대한 무조건적인 비판의 태도에서 벗어나서 좀더 객관적인 태도를 가질 필요가 있다.

첫째, 우리는 유명한 대중스타를 진심으로 선망하면서도 다른 한편으로는 무조건 무시하고 욕하는 경우가 있다. 그들을 문란한 사생활의 대명사로, 환각제를 피우는 반윤리적 및 반사회적 존재로 매도하는 경우가 있다. 물론 우리는 그런 연예인들을 주위에서 쉽게 볼 수 있다. 그리고 엘리자베스 테일러의 경우와 같이, 어떤 스타는 오히려 인기 하락을 방지하는 수단으로 다른 남성과 결혼을 계속하는 경우도 없지 않다. 그들은 어떤 수단을 써서라도 대중의 화제에 오르기만 하면 된다는 생각으로 어떤 일이라도 서슴지 않고 해내기도 한다.

그러나 우리는 여기서 모든 대중스타는 — 적어도 원칙적으로는 — 대중이 만들어내는 것이라는 소박한 진리를 잊지 말아야 한다. 대중의 기반이 없는 대중스타란 마치 '둥그런 사각형'과 같은 모순된 개념에 불과하다. 그것은 마치 독재자가 존재하려면 그 독재자를 묵인하는 국민을 전제해야 되는 경우와 다름이 없다.[5)]

둘째, 더 나아가서 우리는 대중스타로부터 어떤 대리만족을 가질 뿐만 아니라 대부분의 경우에는 그들을 통하여 일종의 카타르시스를 얻게 된다. 이런 사실은 특히 코미디의 경우에 잘 나타난다. 이리 채이고 저리 채여서 곧 쓰러질 것 같으면서도 쓰러지지 않는 채플린의 허약한 체구, 여성상위시대에 짓눌려서 사는 소심한 남성의 표상인 만화 「블론디」의 남자 주인공, 똑똑하지 못한 병신노릇으로 실소를 자아내는 이주일, 우리는 그들을 통하여 우리 자신의 허약함과 무력함과 소시민성을 발견하게 된다. 그리고 이러한 자각은 다시 우리로 하여금 그들을 동정할 수밖에 없는 일치감을 제공하며, 결국 우리는 그들에 '대하여' 웃지 않고 그들과 '같이' 웃게 된다.[6)] 이런 대중스타에게 우리는 어떻게 돌을 던질 수 있겠는가?[7)]

나는 이미 대중스타는 원칙적으로 대중에 의하여 만들어진다는 사실을 지적했다. 그런데 여기서 중요한 것은 '원칙적으로'라는 표현이 삽입되어 있다는 것이다. 원칙적으로 대중스타는 대중의 순수한 선택에 의하여 탄생되어야 하지만, 현실적으로는 반드시 그렇지 않을 수도 있다. 그리고 독자는 여기서 50퍼센트 대중의 지지와 50퍼센트 대중매체의 지지로 대중스타가 탄생한다고 생각할 수도 있을 것이다. 그러나 이런 생각은 지나친 단순화의 오류를 범하는 것이다. 대중스타와 대중매체의 관계는 이보다 훨씬 복잡하다. 우리가 대중매체의 순기능과 역기능을 세밀히 관찰해야 되는 이유가 여기에 있다.

3. 대중매체의 기능

일반적으로 우리는 대중매체를 문자매체와 전자매체로 분류하고, 전자매체를 다시 듣는 매체(라디오)와 듣고 보는 매체(텔레비전)로 구분하고, 그들을 각각 '뜨거운 매체'와 '서늘한 매체'로 설명한다.

그러나 실제로 텔레비전은 보고, 듣고, 맛보고, 냄새 맡고, 만지는 오관 전체의 활용을 요구한다. 이런 뜻에서 텔레비전의 화면을 쳐다보는 시각적 효과는 여러 감각기관의 상호작용의 한 요소에 불과하다고 말할 수 있다. 텔레비전이 시청자들의 인간 전체의 참여를 요구할 수 있는 이유도 여기에 있다. 맥루한은 이렇게 말한다.

> 텔레비전은 전 존재의 내면으로부터의 참여와 관련을 요구한다. 그것은 단순한 배경으로서의 역할에 만족하지 않는다. 그것은 우리를 사로잡는다. 우리들이 텔레비전 앞에서 우리의 정체성을 위협당하고 있다고 느끼는 이유도 여기에 있다.[8)]

그러면 대중매체의 이 강력한 힘은 어디서 오는가? 도대체 대중매체는 왜 현대판 공룡이 될 수 있는가? 맥루한은 그 이유를, 모든 매체는 인간의 육체적 및 정신적 능력의 연장이기 때문이라고 말한다.[9] 예를 들어서, 자동차 바퀴는 인간의 다리의 연장이며, 라디오와 텔레비전의 전기회로는 인간의 신경세포의 연장이라는 것이다.

그럼에도 일부의 사람들은, 마치 대중스타를 무조건 비판하듯이, 대중스타를 만들어내는 대중매체를 무조건 저질문화라고 비판한다. 물론 대중문화는 베토벤의 9번 교향곡을 디스코 리듬으로 바꾸고, 니체의 "신은 죽었다"는 명제를 단순한 하나의 슬로건으로 둔갑시키고, 아인슈타인의 "신은 주사위를 던지지 않는다"는 명제를 선전용 구호로 변경시키기도 한다. 이런 뜻에서 대중문화야말로 강력한 논증을 약한 논증으로 바꾸고 약한 논증을 강력한 논증으로 둔갑시키는 그리스의 궤변론자들과 다름이 없는 듯이 보인다.

그리하여 워너(W. Warner)는 문화를 고급문화, 중급문화, 하급문화로 구분하며, 갠스(H. Gans)는 더욱 정교하게 고급문화, 중상급문화, 중하급문화, 하급문화, 민속과 비슷한 문화로 구분한다.

그러나 우리는 여기서 '대중'이란 '민중'이나 '무산계급'과는 달리 가치중립적인 계층이며, 학생이나 군인과는 달리 그 계층이 확실히 고정되어 있는 것도 아니라는 사실을 잊지 말아야 한다. 대중에는 엘리트도 포함될 수 있으며 대중문화의 대상인 대중의 외연(外延)은 주제에 따라서 각기 다르게 마련이다. 예를 들어서 어느 연속극을 애청하는 대중과 최신 유행가를 좋아하는 대중은 전혀 상이할 수도 있다. 그러므로 대중문화를 무조건 하급문화로 매도하는 심리는 언젠가는 자신도 그 문화의 비판 대상이 될 수 있다는 사실을 간과한 것이다.

더 나아가서 유사 이래 인간은 '빵과 서커스'를 동시에 추구하는 존재다. 먹이와 오락을 동시에 추구하는 존재다. 그러므로 오락에 대한 추구는 '대중'만의 것이 아니라 모든 인간의 것이다. 그것은 — 니체의 표현을 빌리면 — '인간적인 너무나 인간적인' 욕구다. 대중적 오락을 무조건 경멸하는 사람은 '교육받은 속물주의'의 노예에 불과한 사람이다. 최정호는 이렇게 말한다.

스스로는 대중 '밖'이나 '위'에 있다고 자처하는 사람이라고 해서 언제나 고급 오락만을 즐기는 것은 아니다. 채플린의 「모던 타임즈」를 보면 자연스럽게 웃음이 나오지만 한국 코미디를 보면 웃음이 사라진다는 말은, 「엘렉트라」를 보면 눈물이 쏟아져도 「미워도 다시 한 번」을 보면 눈물이 나오지 않는다는 거짓말과 같다. 웃음과 눈물을 자아내는 데는 그것이 반드시 고급이거나 저급이어야 할 필요가 없다.

오락에의 욕구가 이렇게 대중만의 것이 아니라 모든 인간의 본질에 내재하는 욕구라는 사실은, 바꿔 말하면, 오락에의 욕구는 이른바 '문화적' 욕구이기에 앞서서 인간의 '생리적' 욕구라는 것이다. 그것은 '문화'에 앞선 '생명'의 욕구며, 인간적인 삶 자체의 본원적인 욕구다. 인간적인 삶을 유지하기 위해서는 빵뿐만 아니라 노동 이후의 여가를 즐기는 서커스가 동시에 필요한 것이다.[10)]

또한 대중문화는 대중문화에 대한 저질 시비에는 눈도 깜짝하지 않고 자기의 정해진 궤도를 그대로 달려간다. 대중은 대중문화를 오락의 차원에서 수용하기 때문에 고급과 저급의 차이는 아무런 문제가 되지 않는다. 오직 중요한 문제는, 그것이 오락성을 가지고 있느냐는 것이다. 그것이 노리는 것은 외부로부터의 공격에 노출되지 않으면서 오직 오락적인 효과를 증대시키는 작업이다. 그러므로 대중문화에 대한 저질 시비는 원칙적인 인간의 본성적 측면뿐만 아니라 현실적인 차원에서도 아무런 효과를 가지고 올 수 없다. 대중문화는 고급문화도 저급문화도 아니다. 그저 다수의 문화일 뿐이다.

매체의 위력은 대단하다. 그것은 닉슨 대통령을 축출한 입법부, 행정부, 사법부 다음의 제4부가 될 수 있으며, 다른 한편으로는 이 세상을 조지 오웰의 『1984년』으로 만들어놓을 수도 있다. 그러므로 현재를 사는 사람은 아무도 매스미디어를 무시하고 살 수 없다. 맥루한이 그의 유명한 『미디어는 메시지다』라는 책에서, 그가 새로운 진리를 설파하는 것이 아니라 단지 현재 진행되고 있는 사실을 점검하고 있을 뿐이라고 주장한 이유도 여기에 있다. "이 책은 단순히 현재 일어나고 있는 현상을 바라보는 것이다. 그것은 현재 상호 직면하고 있는 상황들을 보는 충돌 망원경(a collidescope of interfaced situations)일 뿐이다."[11)]

그러나 우리는 대중매체의 '위력'을 잘 알고 있으면서도 그것의 독특한 '속성'을 모르기 쉽다. 즉 우리 현대인은 모두 대중매체 속에서 살고 있기 때문에 우리는 그저 텔레비전이 바보상자가 될 수 있다는 사실만 알고 있으면 대중매체를 잘 알고 있는 것이라고 믿는다. 그러나 대중매체의 속성은 그보다 훨씬 복잡하다.

첫째, 대중매체는 매체 자체로 중요하다. 예를 들어서, 어느 날 점쟁이를 비판하는 텔레비전 특집을 방영했다고 하자. 이 프로그램의 출연자들은 점의 비과학성과 비진실성을 잔인하게 폭로했다. 인간이 달나라에 왔다 갔다 하는 시기에 성행하는 생년월일에 의한 사주팔자는 엉터리일 수밖에 없다고 통박했다. 더 나아가서 그 프로그램에 출연한 소위 처녀 역술인은 말이 막혀서 답변을 못하고 얼굴을 붉혔다. 결과는 무엇인가? 담당자는 방송이 채 끝나기도 전에 그 점쟁이의 전화번호를 묻는 수많은 시청자들의 전화를 받게 될 것이다. "그래도 텔레비전에 나올 정도면 훌륭한 점쟁이가 아니겠는가?" 이것이 일반인의 일반적 상념이다. 결국 이 방송은 원래의 방송 취지와는 정반대의 결과를 초래하고 만다. 이런 사실은 심령 수술, 안수 기도, 최면술, 마술, 요술 등의 경우에도 그대로 적용된다.

무엇을 방송하느냐는 문제도 중요하긴 하다. 그러나 더욱 중요한 것은 방송을 한다는 사실 자체다. 그러므로 방송의 내용만 비판하는 사람은 아직도 방송의 속성을 이해하지 못한 사람이다. 그는 출연자들이 알맹이는 없으면서도 인상, 분위기, 무드, 방식, 과정만을 중요시한다고 비난한다. 옳은 말이다. 그러나 그들이야말로 방송의 속성 자체를 모르는 '반복적인 반응을 보이는 사람들'일 뿐이다.

둘째, 대중매체는 처음부터 사실을 왜곡하고 조작할 수도 있다. 원래 조작(操作)이란 '물리적인 강제력의 행사를 피하고 상징이나 선전

등과 같은 현대 특유의 통치술을 구사하여 대중의 자발성을 적절히 자극시킴으로써 지배자가 의도하는 방향으로 대중을 동원시키는 작업'을 말한다. 물론 선의의 대중 조작도 있을 수 있다. "그러나 지배자들의 대중 조작은 집권을 위한 내밀한 비인격적 권력의 행사며, 피지배자들은 자기들에게 도대체 무엇이 가해지는지를 분명히 의식하지 못한 채 지배자들의 의사에 복종하게 된다. 그리하여 밀즈는 지배자가 대중 다수로 하여금 스스로 어떤 결정을 내린 것처럼 현혹하게 하는 심리적 착취의 체계가 곧 대중 조작이라고 말한다."[12)]

문제는 이런 대중 조작이 정치적 차원과는 아무런 관련이 없는 듯이 보이는 오락적 차원에도 그대로 적용된다는 데 있다. 대중은 대중매체를 움직이는 소수의 엘리트가 제공한 선정적이면서도 단순한 오락을 섭취하게 되며, 이런 단계가 어느 정도 지나면 대중은 그들 스스로 각기 다른 오락 프로그램을 마음대로 선택할 수 있다는 환상을 갖게 된다. 실제로 그가 어떤 채널을 틀어도 결국 비슷한 프로그램을 보게 된다는 사실을 망각하고.

이런 뜻에서 대중매체의 전달은 근본적으로 '밑으로부터' 나온 내용이 아니라 '위로부터' 내려온 내용을 중심으로 삼게 된다. 여기서 대중은 단순히 '소비자'가 되면서 '생산자'의 위치를 상실한다. 대중은 대중문화의 주체가 아니라 객체가 된다. 끝까지 그가 주체라는 착각을 가지고 있으면서.[13)]

대중매체의 이런 조작은 영상매체뿐만 아니라 활자매체에서도 쉽게 찾아볼 수 있다. 그리하여 여성의 교양을 고취시킨다는 요즘의 여성지는 오히려 말초신경적 자극을 통해 '상품으로서의 교양'을 전달한다. 여기서 교양은 멋있게 선글라스를 쓰는 것으로 대체되고, 의식화 교육은 내가 진행을 맡았던 「사랑방 중계」로 대체된다.

실제로 오늘날 인기를 얻고 있는 여성지, 주간지, 명상집, 에세이의 글은 독자가 쉽게 읽을 수 있다. 극히 단순한 표현, 독특하고 교활한 미태, 경솔하게 인용된 원문, 여기저기 짜여 넣어진 어수선한 마무리,

조그만 익살, 그리고 교묘히 포장된 폭력성과 선정성 등으로 독자의 눈길을 끈다. 그리하여 실제로는 동일한 내용이 — 각기 다른 내용이라고 철석같이 믿고 있는 — 독자에게 전달된다. 그 결과는 무엇인가?

> 독자는 실제로 완전히 무식함에도 불구하고 모든 것을 이해하고 있으며, 그 문제에 대한 나름대로의 판단을 내릴 수 있다고 자부함으로써 자신이 잡지를 만들어내는 사람들과 다른 독자들의 이미지와 꼭 일치한다고 고백한다. 끝없이 속으면서도 누구에게도 속지 않고 있다는 신념을 갖는다. 결국 독자에게는 '행동하는 역할'이 아니라 '방관하는 역할'이 주어진다. 잡지가 보여주는 폭로 기사와 엿보기 기사가 그를 남의 사생활 따위나 알려고 하는 저질 인간으로 만든다.
>
> 여기서 그는 아무런 책임도 느끼지 않으면서 무대 뒤의 분장실을 엿볼 수 있다. 그것은 독자에게 제공되는 열쇠구멍 엿보기의 기능이며, 거기서 나오는 문제의 해결은 잡지사 측에서 맡아서 해준다. 그것은 미리 이야기 속에 짜여져 있다.[14)]

이제 우리는 대중스타와 대중매체의 관계를 더욱 세밀히 관찰할 수 있는 입장에 있다. 당연한 말이 되겠지만, 대중스타는 대중의 지지만으로 탄생하지 않으며 대중매체의 지지만으로 탄생하지도 않는다. 그것은 대중매체와 대중의 지지라는 '쌍두마차'에 의해 탄생한다. 그러나 대중매체는 자신의 굉장한 위력에도 불구하고 자체의 독특한 성격을 가지고 있다.

첫째로 그것은 내용과 관계없이 그 자체로 중요할 수 있으며, 둘째로 그것은 처음부터 조작될 수도 있다. 전자가 '의도하지 않은 결과'라면, 후자는 '의도한 결과'라고 말할 수 있다. 대중스타 중에 '자발적인 영웅'뿐만 아니라 '강요된 영웅'이 있을 수 있는 이유도 여기에 있다. 물론 우리는 대부분의 경우에 그 사실을 인식하지 못하겠지만.

다른 한편으로 우리가 강요된 영웅을 갖게 된 책임은 대중매체에게만 있는 것이 아니다. 그것은 대중매체의 조작에 놀아날 수 있는 대중이 있기에 가능한 것이다. 그런데 여기서 말하는 대중의 지지와 대중매체의 조작은 병아리와 달걀의 관계와 같이 쉽게 선후를 정할 수 없다. 그것은 마치 민주주의 의식을 가진 국민만이 민주주의 정치를 가질 수 있고, 민주주의 정치가 있는 곳에서만 민주주의적 국민이 존재할 수 있는 경우와 다름이 없다. 그래서 우리는 "모든 국민은 언제나 자신의 수준에 맞는 저널리즘을 갖게 된다"는 명제와 "모든 국민은 언제나 그들이 가지고 있는 저널리즘에 꼭 맞게 마련이다"라는 동전의 양면과 같은 두 명제를 동시에 받아들여야 할 것이다.[15)]

4. 종교교육의 방향

나는 종교교육을 교양교육의 일부로 생각하는데, 나의 이런 주장은 인간이 본질적으로 '종교적 동물'이라는 전제를 가지고 있다. 실제로 우리 사회에서 종교는 선택의 대상이다. 즉 우리 사회의 구성원 중에는 종교인도 있고 비종교인도 있다. 그러나 나는 모든 사람이 교양교육과 종교교육을 받아야 한다고 믿으며, 이런 점에서 인간은 사회적 동물 혹은 도구를 만드는 동물 등과 마찬가지로 종교적 동물이라고 생각한다.

그러면 교양교육은 어떻게 실시되어야 하는가? 우선 잘못된 과거의 교양교육부터 생각해 보자.

첫째, 전통적으로 교양교육은 '밑으로' 내려가는 교육이 아니라 '옆으로' 퍼지는 교육이었다. 그것은 근본적으로 스페셜리스트가 아닌 제너럴리스트를 위한 교육이었다. 그러나 현대사회는 우선 한 가지 분야에 일가견을 가진 기능공이나 전문가를 선호한다. 컴퓨터도 조금 할 줄 알고, 영어회화도 조금 하고, 상식도 있는 사람은 취직할 수도 없다. 그러나 아무것도 못하지만 키보드만 잘 두드리는 사람은 취직할 수 있다. 또한 동일한 자동차 수리공이라도 브레이크를 고치는 사람은 어떻게 엔진이 돌아가는지를 알 필요가 없으며, 엔진 튠업을 하는 사람은 브레이크 오일의 종류를 알 필요가 없다.

오늘날의 교육은 이런 사회의 전문화, 기능화, 분과화를 그대로 반영하고 있다. 대부분의 대학은 말로는 교양교육을 외치면서도 실제로는 생활인을 위한 특수한 기술의 전달을 그 목표로 삼고 있으며, 교양과목은 이제 취미과목으로 전락하고 있다.

예를 들어서 하버드대학교의 경우에 1964년에는 37개의 교양과목이 있었지만 1976년에는 93개로 늘어났고, 2001년에는 거의 200개로 늘어났다. 그래서 이제는 요가실습이 철학개론을 대신하게 되었고, 계산기 사용법이 수학개론을 대신하게 되었고, 성과학(sexuality)은 인문계, 사회계, 자연계의 모든 분야의 교양과목이 되었다.

물론 다양한 전문교육은 인간 문화에 다양성을 부여함으로써 전체주의적 문화의 탄생을 저지시킨다. 이런 의미에서 전문교육은 인간 문화를 더욱 풍요롭게 만든다. 그러나 통일성이 없이 그저 다양하기만 한 문화는 풍요한 문화가 아니라 카오스의 문화다. 교양교육은 바로 이런 잡다한 전문교육을 유기적으로 연관시키는 안목을 우리에게 주고, 그래서 진정한 교양교육을 받은 사람은 편협한 국지인의 울타리를 벗어나 세계인이 된다.[16] 앞으로 교양교육은 스페셜리스트와 제너럴리스트를 모두 만족시킬 수 있어야 한다.

둘째, 전통적으로 교양교육은 모든 사람이 받아야 할 만인 교육(everybody's business)이 아니라 소수의 엘리트에게만 허용된 일부 교육(somebody's business)이었다.[17] 그러나 오늘날 이런 주장은 결국 다수의 비교양인과 소수의 교양인을 구별하려는 어리석은 시도에 불과하게 되었다. 더구나 만인 평등을 주장하는 민주사회에서는 모든 사람이 동일한 권리와 의무를 가지며, 그래서 건전한 사회가 이룩되려면 모든 시민이 동시에 '유능한 사람'과 '훌륭한 사람'이 되어야 한다. 21세기의 교양과목은 필수과목이 되어야 한다.

셋째, 전통적으로 교양교육은 서로 다르지만 비슷한 두세 분야의 만남, 혹은 비슷한 분야의 두세 전문가들의 만남을 목표로 하고 있었다. 그래서 문학은 예술과 만나고, 철학은 종교와 만나고, 과학은 논리와 만날 수 있다는 사실을 강조했다. 그러나 21세기의 교양교육은 우리가 지금까지 전혀 이질적이라고 생각해 왔던 분야의 만남이 될 것이다. 앞으로 문학은 의학과 만나고, 철학은 동물학과 만나고, 종교는 논리와 만나야 할 것이다. 그것은 이제 비빔밥의 단계를 지나 전혀 상이한 것들로 구성된 퓨전 음식의 단계가 되어야 한다.

어떻게 보면, 각기 다른 분야의 만남을 주장했던 자유교육, 일반교육, 종합교육도 엄밀히 말하면 '하나의 연장'이라고 말할 수 있다. 그러나 21세기의 교양교육은 '하나를 알면 모든 것을 안다'는 입장이 아니라 문자 그대로 '모든 것을 알아야 하나를 안다'는 입장을 옹호할 것이다. 우리에게 철저한 발상의 전환이 필요한 이유가 여기에 있다. 21세기의 교양교육은 낡은 집의 보수가 아니다. 그것은 낡은 집을 파괴하고 각기 다른 재료를 동시에 사용해서 만드는 신축 건물이 될 것이다.

그러면 교양교육은 어떤 원칙에 의해 실시되어야 하는가? 나는 「21세기 교양교육의 성격과 방법」에서 세 가지 원칙을 제시한다.

첫째는 차별화(差別化)의 원칙이다. 이제 한 대학의 교양과목은 동일한 제목을 가진 다른 대학의 여느 교양과목과도 다른 특성을 가지고 있어야 한다. 그래서 '철학개론'은 '영화로 배우는 철학'이 될 수 있고, '조직신학'은 '소설로 배우는 기독교'가 될 수 있고, '세계종교'는 '만화로 배우는 불교'가 될 수 있다. 먼저 독특한 '나'를 만든 사람만이 '우리'를 도모할 수 있다. 한마디로 이제 모든 교양과목은 대학, 교수, 시대에 따라 각기 다른 메뉴를 제시해야 한다. 모든 과목이 동일한 메뉴를 천편일률적으로 제시한다면, 그 과목이 어찌 생존할 수 있겠는가. 교양과목도 이제는 튀어야 사는 시대가 된 것이다.

둘째는 협동(協同)의 원칙이다. 이것은 현실적으로 합동수업을 말하는데, 나는 가능한 한 모든 교양과목을 두 명 이상의 교수가 맡는 것이 좋다고 생각한다. 예를 들어서 종래의 '구약개론'은 구약 신학과 여성학을 전공한 두 교수가 '구약과 여성'이라는 과목으로 가르칠 수 있을 것이다. 일반적으로 구약의 사상은 여성 차별적이라고 인정되고 있기 때문이다.

여기서 대부분의 교수는 전공과목에 대한 중요성을 다시 역설할 것이다. 그러나 나는 이렇게 말하겠다. "전공은 없다." 우리는 이제 전공이라는 벽 쌓기에 갇힌 수인(囚人)의 상태로부터 벗어나야 한다.[18] 내가 평소에 진정한 교양교육은 '전공'을 주장하는 스페셜리스트와 '상식'을 주장하는 제너럴리스트를 동시에 만족시킬 수 있어야 한다고 주장하는 이유도 여기에 있다. 교양과목도 이제는 뭉쳐야 사는 시대가 된 것이다.

셋째는 통합(統合)의 원칙이다. 이것은 현실적으로 전공과목, 도구과목, 선택과목이 통합되는 원칙이다. 이제 나는 이런 통합의 실례로 내가 2001년 봄 학기에 강남대학교에 개설한 '영어로 배우는 철학'이라는 과목을 간단히 설명하겠다. 나는 우선 '영어'라는 도구과목과 '철학'이라는 전공과목의 통합을 추진하기로 하고 교재를 만들었다. 그리고 내용도 학생들에게 흥미가 있을 것으로 생각되는 마이클 조던, 비아그라, 지미 카터 등을 소개하면서, 다른 한편으로는 사형제도, 안락사, 자살 등의 윤리적인 문제를 첨부하고, 끝으로 사랑의 의미, 삶의 의미 등의 인생관의 문제까지 토론하고 싶었다.

솔직히 말해서 나는 과연 학생들이 이런 과목을 선택할 것인지 굉장히 고심했다. 그러나 뚜껑을 열고 보니 일단 성공이었다. 10명이 등록하지 않아서 폐강되는 사태가 있는 신학부에서 120명이 등록을 했으니까. 아마도 이 과목을 신학부의 과목으로 하지 않고 전교생이 수강할 수 있는 교양과목으로 지정했다면 더욱 인기가 있었을 것이다. 물론 수강생의 숫자와 인기가 바로 성공의 잣대가 되는 것은 아니겠지만.

우리는 이와 비슷한 퓨전 음식의 메뉴로서 구약성서와 페미니즘, 사회복지와 문학과 영화, 예술과 논리와 과학, 특수교육과 경영학, 지식정보학과 국제학, 컴퓨터와 사랑, 석가와 예수, 기독교와 이슬람교와 유교와 불교, 동서양의 신학 등을 생각해 볼 수 있다.[19)]

이제 나는 교양과목으로서의 종교교육과 대중문화의 관계를 지금까지 제시한 교양교육의 세 가지 원칙에 따라서 간단히 고찰하겠다.

첫째, 지금까지 종교교육은 '교육'보다 '종교'를 강조해 왔다. 그러다 보니, 모든 기독교 교육이나 불교 교육은 그 내용이 비슷하게 전개될 수밖에 없었다. 그들은 자신의 독특성을 내세우면서 스스로 자신을 차별화시킬 수 없었다. 그러나 우리는 이제 종교보다 교육을 강조해야 하며, 여기서 종교교육은 대중문화를 적극적으로 수용해야 한다. 아무래도 종교는 일부의 사람들(종교인들)이 관심을 갖기가 쉽지만 교육은 모든 사람이 받아야 하기 때문이며, 교양교육도 교양보다는 이제 교육을 강조해야 되기 때문이다. 내가 평소에 기독교 방송이나 불교 방송에서 기독교나 불교보다는 방송을 강조해야 된다고 말하는 이유도 여기에 있다.

한마디로, 대중문화는 소수문화가 아니라 다수문화며, 그래서 그것은 자연히 소수의 교양보다는 다수의 교육, 소수의 종교보다는 다수의 교육을 강조한다. 그런데 종교교육이 어찌 대중문화를 무시할 수 있겠는가. 지금까지 종교교육은 종교 쪽을 강조하면서 대중문화보다는 엘리트 문화를 강조해 왔으며, 교양교육은 교양 쪽을 강조하면서 교육 쪽을 무시할 수 있었다. 그러나 이제 시대가 변한 것이다.

또한 나는 조금 전에 종교교육이 대중문화를 적극적으로 수용하고 이용해야 한다고 말했다. 즉 종교교육이 주체가 되고 대중문화가 객체가 되는 양 설명했다. 그러나 이것은 잘못된 것이다. 이제는 종교가 교육 속으로 들어가야 한다. 대중문화를 단순히 처리해야 할 대상으로 간주하거나 극복해야 될 대상으로 믿는 종교교육은 오늘날 절대로 그 효과를 생산할 수 없을 것이다. 다시 말해서, 종교교육은 이제 자신을 차별화시키는 과정에서 무궁무진한 대중문화 속으로 들어가서 자신만의 목소리를 내려고 노력해야 한다. 이것이 차별화의 원칙이 우리에게 주는 교훈이다.

둘째, 지금까지 종교교육은 한 종교를 믿거나 아는 사람이 가르쳐 왔다. 그러다 보니, 종교교육자들은 자연히 서로 협동할 필요도 없었으며, 그래서 그들의 가르침은 엄연한 종교 복수주의를 끌어안고 살 수밖에 없는 한국인에게 아무런 도움을 줄 수 없었다. 내가 협동의 원칙을 설명하면서, 예를 들면 기독교 학자와 불교학자가 공통의 주제를 가르쳐야 한다고 주장한 이유도 여기에 있다.

우리나라에 불교적 기독교인과 기독교적 불교인이 한 사람도 없을 정도로 종교와 종교가 만나지 못하고 있는 오늘날의 현실은, 대중문화에 그대로 반영되어 있다. 대부분의 대중문화는 종교를 심층적으로 다루지 않으며, 그저 명백한 비윤리적 사이비 종교의 살인사건 등만을 흥미 위주로 다루고 있다. 텔레비전의 경우에, 현재 우리나라의 3대 방송국인 KBS, MBC, SBS는 종교문제를 공평하게 다루지 못하고 있을 뿐만 아니라 '종교문제는 아예 다루지 않는 것이 상책'이라는 생각을 갖고 있다. 종교문제는 어떻게 취급해도 격렬한 반대에 부딪치기 때문이다. 일전에 명백한 사기와 살인을 자행하는 신흥 종단의 문제를 방영한 방송국이 광신도들에 의해 침략까지 당한 이유도 여기에 있다.

그러면 독불장군 식으로 자신의 종교만이 진짜 종교라고 믿고 있는 종교인들의 철면피성과 인간 문화에 없어서는 안 될 종교문제를 아예 언급하지 않는 것이 상책이라는 대중문화의 철면피성은 어떻게 타파될 수 있는가? 아무래도 그런 파사현정의 태도는 종교인들이 먼저 시작해야 할 것 같다. 본래 대중문화는 문화보다는 돈에 의하여 유지되고, 불행하게도 오늘날 대부분의 대중문화는 광고 수입을 위해 프로그램을 편성하고 있기 때문이다.

요즘 우리들은 종교와 사회의 만남을 토론하고 있다. 그러나 종교와 사회가 만나려면 먼저 종교와 종교가 만나야 한다. 외국에서는 이미 교황청도 석가탄신일에 축하 메시지를 보낸다고 하지만,[20] 우리나라에서는 다른 사람의 종교를 어느 정도 열정적으로 비판하느냐에 따라서 자신의 종교에 대한 믿음이 증명된다고 믿고 있다. 이렇게 종교와 종교가 전혀 만나지 못하고 있는 현실, 이런 현실에서 어떻게 3 · 1 운동에 있었던 종교와 종교의 협동을 기대할 수 있겠는가? 이제 종교 간의 만남은 종교교육과 대중문화 속에서 구체적으로 실천되어야 한다. 이것이 협동의 원칙이 우리에게 주는 교훈이다.

셋째, 지금까지 종교교육은 오로지 전공과목으로만 제시되어 왔다. 그러나 21세기의 종교교육은 전공, 도구, 선택의 구분을 완전히 초월해야 하며, 모든 종교교육은 비종교교육까지 포함해야 한다. 이제 우리는 일반교육을 무시하고 종교교육만 역설할 수 있는 시기에 살고 있지 않다.

대중매체도 지금까지 상업방송은 '오락'을 다루고, '교육'이나 '종교'와 같은 무거운 주제들은 교육방송에서나 다루는 것으로 믿어 왔다. 그러나 오늘날 상업방송과 교육방송의 구별은 전혀 존재하지 않는다. 그들 사이에는 아무런 질적 차이가 없다. 그럼에도 대중매체는 존재하지도 않는 차이를 아직도 내세우면서 종교의 문제를 주변화시키거나 아예 생략하고 있다. 참으로 한심한 일이다. 이것이 통합의 원칙이 우리에게 주는 교훈이다.

5. 맺음말

나는 지금까지 대중문화를 무시할 수 있는 현대인은 존재하지 않는다는 전제 아래 대중스타, 대중매체, 종교교육의 문제를 토론했다. 이 과정에서 나는 종교교육이 절대로 대중문화를 회피하려고 하지 말고 오히려 적극적으로 수용해야 된다고 말했다.

그러나 우리는 이 자리에서 내가 앞에 토론한 대중매체의 두 가지 특이한 '속성'을 다시 생각해 볼 필요가 있다. 첫째로 대중매체의 위력은 그 매체가 전달하는 메시지의 내용에 의해서가 아니라 단지 그것이 대중에게 전달된다는 사실 자체에 존재한다. 즉 대중매체는 언제나 내용 없는 형식, 속빈 강정, 겉만 빛나는 위선을 동반할 수 있다. 종교교육은 여기에 속지 말아야 한다.

예를 들어서, 수단과 방법을 가리지 않고 돈을 벌어야 한다고 충고하는 종교인은 이 세상에 존재하지 않는다. 그들은 언제나 '소유' 중심의 삶을 '존재' 중심의 삶으로 전환해야 한다고 말한다. 가난이 축복이라고 말한다. 겉으로 보면, 대중매체도 동일한 메시지를 전달한다. 그러나 대중매체의 이런 메시지는 결국 돈벌이를 위한 한 가지 수단에 불과한 것이다. 종교교육은 이 위선을 읽을 수 있어야 한다.

둘째로 대중매체는 사주, 정치권력, 시대상황에 의해 처음부터 의도적으로 사실을 왜곡할 수 있는 조작 기능을 가지고 있다. 현재 진행되고 있는 이른바 조중동 신문의 딴죽 걸기가 이런 전례가 될 것이다. 종교교육은 이런 점에 대해서도 눈을 크게 떠야 한다.

종교교육은 절대로 대중문화를 무시할 수 없다. 오히려 종교교육은 자신의 고통을 무릅쓰고 대중문화 속으로 뛰어 들어가야 한다. 그러나 종교교육은 대중문화의 순기능과 역기능을 잘 구별할 수 있는 혜안을 갖고 있어야 한다. 그래야 종교교육도 살고 대중문화도 살게 된다. 결국 그들의 관계는 불가근 불가원이라고나 할까.

[주(註)]

* 나는 'mass'라는 단어를 '대중'보다는 '다수'로 번역해야 된다고 믿는다. '대중'의 반대는 '엘리트'일 수밖에 없어서 거기에는 이미 가치 판단이 들어가 있으며, 그래서 우리는 가치중립적인 '다수'나 '소수'를 사용해야 된다고 믿는다. 특히 민주주의 사회에서는 모든 일이 다수의 동의로 결정되지 않는가. 임헌영은 '대중문화'와 '민중문화'를 대비시키기도 한다. "대중문화 자체가 지닌 반민중성은 대중문화의 수용층인 민중들로 하여금 극단적인 저항감을 조장하기에 충분하다. 시인 박노해는 『노동의 새벽』에서 이렇게 노래한다. '훤한 대낮에 산동네 구멍가게 주저앉아 / 쇠주병을 비우고 / 정 형이 부탁

한 산재관계 책을 찾아 / 종로의 크다는 책방을 둘러봐도 / 염병할, 산더미 같은 책들 중에서 / 노동자가 읽을 책은 두 눈 까집어도 없고 / (중략) 선진 조국의 종로 거리를 / 나는 ET가 되어 / 얼마간 미친놈처럼 헤매이다 / 일당 4800원짜리 노동자로 돌아와 / 연장도장을 찍는다.' 그만치 민중은 대중문화를 향유할 만한 경제적 기반이 없다." 임헌영, 「민중문화와 대중문화」, 강현두 편, 『한국의 대중문화』, 나남, 1987, p.54.
그러나 나는 이 글에서 그냥 관행을 따라서 '다수매체'와 '다수문화' 대신에 '대중매체'와 '대중문화'로 표현하겠다. 습관은 제2의 천성이라고 하지 않는가.

1) 황필호, 「누가 대중스타인가」, 『인문학 · 과학 에세이』, 철학과현실사, 2002, p.143. 이 글은 경향신문사 편, 『사상과 정책』, 1986; 강현두 편, 『한국의 대중문화』, 나남, 1987; 황필호, 『사랑은 질투가 아니다』, 자유문학사, 1991; 황필호, 『누가 최고 스타인가』, 열린 문화, 1994 등에 발표되면서 조금씩 수정된 것을 다시 보완한 논문이다.
2) Cf. 강준만은 대중문화를 설명하면서 장정일의 '꽃의 패러디'를 인용한다. "내가 단추를 눌러 주기 전에는 / 그는 다만 / 하나의 라디오에 지나지 않았다 / 내가 그의 단추를 눌러 주었을 때 / 그는 나에게로 와서 / 전파가 되었다 / 내가 그의 단추를 눌러 준 것처럼 / 누가 와서 나의 / 굳어 버린 핏줄기와 황량한 가슴속 버튼을 / 눌러다오 / 그에게로 가서 / 켤 수 있는 / 라디오가 되고 싶다." 이어서 강준만은 이렇게 말한다. "단추만 누르는 정도의 노력만 기울이면 우리에게 쉽게 다가서는 것, 그게 바로 대중문화다. 괜히 어렵게 이야기할 것 없다. 내가 좋아하는 가수나 탤런트는 라디오나 TV의 단추만 누르면 나타난다. 어찌 생각하면 놀라운 일이 아닐 수 없다. 물론 영화관이나 공연장을 찾는 건 단 추를 누르는 것보다는 더 큰 노력이 필요하지만 그것 역시 공부를 하는 것보다 더 어려운 일은 아니다." 강준만, 『대중문화의 겉과 속』, 인물과사상사, 1999, p.17.
3) Marshall McLuhan, *The Medium is the Message: An Inventory of Effects*, Bantam Books, 1967, p.79: "The stars are so big, the earth is so small."
4) 김열규, 『대중스타론』, 세계사, 1992, p.4.
5) 황필호, 「누가 대중스타인가」, 앞의 글, p.153.
6) Theodore W. Hatlen, ed, *Drama: Principles and Plays*, Prentice Hall, 1967, p.44. Cf. 코미디의 또 다른 중요한 기능은 사회에 대한 비판적 태도다. 복부인, 외제 선호 사상, 점쟁이 등에 대한 콩트가 여기에 속한다. 프랑스 철학자인 베르그송은 이렇게 말한 다. "웃음은 우선 교정적(corrective)이다. 그것은 상대방을 희롱함으로써 관객에게 큰 인상을 남긴다. 그러므로 사회는 웃음으로 복수하는 것이다." 같은 책, p.43에서 재인용.

7) 대중스타에 대한 일방적인 매도는 그가 대학교수와 같은 지성인인 경우에 더욱 가혹하다. 그러나 나는 이런 비판에 대하여 이렇게 말했다. "아무도 이해할 수 없는 난해한 글을 써놓고 스스로 만족하는 대학교수는 이제 반성해야 한다. 자신이 못하는 일을 해내는 다른 사람을 부러워하기는커녕 도리어 비난하는 지성인은 이제 자신의 본분을 되찾아야 한다. 잡문만도 못한 논문을 써놓고 큰소리치는 엘리트는 이제 '보통사람의 말'을 다시 배워야 한다. 보통사람이 된 다음에만 특수사람이 될 수 있기 때문이다." 황필호, 「대학교수와 잡문」, 『삶이 무엇이냐고 묻는다면』, 자유문학사, 1991, p.299.

8) Marshall McLuhan, 앞의 책, p.125. Cf. "현대의 한국 대중문화는 매스 커뮤니케이션 문화며, 매스 커뮤니케이션 문화 중에서도 전파매체의 성격을 강하게 띠고 있다고 볼 때, 한국의 대중문화는 전파매체의 구조적 특성을 강하게 반영한다고 하겠다." 강현두, 「현대 한국사회와 대중문화」, 강현두 편, 『한국의 대중문화』, 앞의 책, p.25.

9) 원문: "All media are extensions of some human faculty, psychical or physical." MeLuhan, 앞의 책, p.26.

10) 최정호, 「대중사회와 대중문화」, 『월간조선』, 1980년 12월호, p.223. (나는 원문을 약간 고쳐서 인용한다.)

11) Marshall McLuhan, 앞의 책, p.10.

12) 차배근, 「대중문화의 대중 조작」, 『월간조선』, 1980년 2월호, p.226.

13) 황필호, 「누가 대중스타인가」, 앞의 글, pp.159-160, Cf. 여기서 대중매체는 단순한 문화 '전달'의 역할을 벗어난 문화 '산업'이 되는데, 이런 사실을 예리하게 지적한 사람으로는 오늘날 우리가 흔히 사용하는 '문화산업'이라는 표현을 한 걸음 더 발전시켜서 '의식산업'이라는 용어를 사용한 엔젠스베르거(Hans Magnus Enzensberger)를 들 수 있다. 같은 글, pp.160-161.

14) 같은 글, pp.163-164. Cf. "우리는 아직도 과거의 상념으로 대중매체를 대하고 있으며, 그래서 문자매체와 전자매체의 차이도 정확히 알지 못하고 있다. 문자매체는 민중(public)을 만들지만 전자매체는 대중(mass)을 만든다. 여기서 민중은 각기 다른 관점을 갖고 있는 각기 다른 개인들로 구성되어 있지만, 대중매체는 이제 그런 분파적인 민중의 존재를 허용하지 않는다. 오직 군중심리에 의해 움직일 수 있는 대중을 환영할 뿐이다. 여기에 바로 우리의 비극이 있다. 오늘날 우리가 찾는 것은 발명이 아니라 적응이며, 대화가 아니라 선전이며, 개성이 아니라 무개성이다. 우리가 이 비극을 극복하려면, 우리는 하루 빨리 대중매체의 속성을 이해해야 한다." 황필호, 「탤런트 교수에게 돌을 던지지 말라」, 『삶이 무엇이냐고 묻는다면』, 앞의 책, pp.291-292.

15) 황필호, 「누가 대중스타인가」, 앞의 글, pp.164-165.

16) 황필호, 「21세기 교양교육의 성격과 방법」, 『인문학 · 과학 에세이』, 앞의 책, p.290.

17) 여기에 사용된 '만인 교육'과 '일부 교육'이라는 표현은 다음의 글에서 힌트를 얻은 것이다. Mortimer Adler, "Everybody's Business," *The Integration of Knowledge: Discourses on Education*, University of Kansas, 1979, pp. 21-41.

18) Cf. 황필호, 『문학철학 산책』, 집문당, 1996, p.3.

19) 황필호, 「21세기 교양교육의 성격과 방법」, 앞의 글, p.299.

20) 같은 글, p.296.

6. 백남준, 영원한 질문자

1. 배움, 생각, 질문

사람만이 배울 수 있다. 물론 우리는 동물도 훈련시킬 수 있다. 그러나 그것은 언제나 타율적인 훈련일 뿐이다. 돼지가 3백 년 전에 했던 일을 그대로 반복하고 있는 이유도 여기에 있다. 1백 년 전의 일을 그대로 반복할 사람은 이 세상에 존재하지 않는다. 그는 더 배운 사람이 되든지, 덜 배운 사람이 될 수밖에 없다. 오직 인간만이 철학을 배우고 종교를 배울 수 있다.[1)] 그래서 아리스토텔레스는 그의 『형이상학』을 "모든 사람은 본능적으로 배우기를 원한다"는 문장으로 시작하며, 공자의 『논어』는 "배우고 그것을 때때로 익히면 기쁘지 않겠는가"라는 문장으로 시작한다. 그만치 삶에서 배움이 중요하다는 뜻이다. 살려면 배워야 하고, 배우려면 살고 있어야 한다.

우리 주위에는 아무것도 배우지 않는 천치로 살겠다고 주장하는 사람들이 없지는 않다. 그러나 그들도 나름대로의 배움의 결과로 그렇게 결정한 것이다. 그래서 우리는 배우지 않는 사람은 이미 사람이 아니라고까지 말할 수 있다. 물론 배움이 항상 기쁨을 주는 것은 아니다. 그것은 종종 우리들의 '무지의 위안'을 깨뜨리는 역할을 할 수도 있다. 예를 들어서, 우리는 우리와 가까운 사람이 저지른 비윤리적 비밀을 알게 될 때 얼마나 한탄하는가? 차라리 우리가 그 사실을 몰랐다면 얼마나 좋았을 것인가? 배움은, 특히 어설픈 배움은, 인간에게 커다란 불행을 줄 수도 있다. 식자우환(識字憂患)이 여기에 속한다.

그럼에도 우리가 배울 수 있다는 것은 참으로 신의 축복이 아닐 수 없다. 분명히 인간은 배운 것을 잊어버릴 수 있고, 배운 대로 실천하지 않을 수도 있다. 그리고 어느 경우에는 배웠다는 사람이 더욱 비인간적일 수도 있다. 그러나 이런 일들도 배움의 행복을 전제로 해서만 가능한 것이다. 배워야 사람이다. 우리는 이 명백한 진리를 잊지 말아야 한다.

그러면 인간은 어떻게 배우는가? 생각을 통해서 배운다. 그래서 파스칼은 인간을 '생각하는 갈대'로 규정하며, 데카르트는 "나는 생각하기 때문에 존재한다"고 말한다. 엄격히 말하면, 생각도 인간만이 할 수 있는 행위다. 물론 동물도 생각하는 듯한 표정을 지을 때가 있으나, 그것은 어디까지나 생각하는 듯한 표정일 뿐이며, 백보를 양보해서 그가 생각한다고 해도 그것은 어디까지나 생리적인 현상일 뿐이다. 다시 말하지만, 인간만이 철학이나 종교를 생각할 수 있고, 그래서 인간만이 진정 배울 수 있다. 밀(J. S. Mill)이 "만족한 돼지보다는 불만족한 인간이 되는 것이 더욱 좋다. 만족한 바보보다는 불만족한 소크라테스가 되는 것이 더욱 좋다"고 말한 이유도 여기에 있다. 물론 그것이 쓸데없는 생각이 아니라면 말이다.

그러면 배움을 위한 생각은 어떤 형태로 나타나는가? 그것은 질문의 형태로 나타난다. 간단히 말해서, 학문이란 배우고(學) 묻는(問) 행위다. 그만치 배움과 생각과 물음은 절대로 떨어질 수 없다는 뜻이다.

> 배우려면 물어야 하고, 물으면 배우게 된다. 묻지 않고 배우는 길은 없으며, 물어서 배우지 못할 수도 없다.

이런 뜻에서, 우리는 학문을 하나의 추상명사로 취급하지 말고 배움과 물음이라는 두 개의 동사가 합쳐진 동명사로 보아야 한다. 학문이라는 고상한 세계는 인간으로부터 멀리 떨어져 있는 것이 아니라 배우고 묻는 인간의 부단한 움직임 속에 있다.[2)]

그러면 백남준은 학문이 "배우고 묻는 인간의 부단한 움직임 속에 있다"는 사상을 어떻게 표현하는가? 그것은 바로 그의 유목민 사상이다.

유목민은 어느 일정한 장소에 정주하지 않고 끊임없이 이동한다. 이 이동은 더욱 좋은 환경을 찾아 떠나는 탐색이라 할 수 있다. 아득한 옛날 시베리아 대륙을 횡단해서 만주벌과 한반도로 진입해 온 한국인의 원조들이 보여주었다. 이동의 경력에서도 새로운 땅을 찾아 떠나는 개척정신이 배어 있다. 백남준의 끊임없는 새로운 영역에의 탐구는 바로 이 같은 유목민 특유의 개척정신에서 비롯된 것이라 할 수 있다.

유목민들은 한동안 정착했던 지역에 대한 특별한 미련을 갖지 않는다. 뒤에 남는 것에 애착을 갖지 않는다. 백남준이 자신이 이루어놓은 양식에 연연하지 않는 것도 유목민 의식과 닮았다.[3)]

만약 모든 사람이 알기를 원한다면, 모든 사람은 질문하지 않을 수 없다. 지자(知者)가 되려면 먼저 문자(問字)가 되고, 답변자가 되려면 먼저 질문자가 되어야 한다. 배움이란 오직 물음에 의해서만 성취될 수 있기 때문이다. 김흥호는 이렇게 말한다.

사람의 위대함은 그가 해놓은 일에 있는 것이 아니라 그가 내놓은 물음의 위대함에 있다. 에디슨이 발명왕이 되어 많은 문명의 이기를 발명한 것도 물론 위대하지만, 그가 어렸을 때 물었다는 수학 문제, 즉 하나에 하나를 더하면 어떻게 둘이 될 수 있느냐는 물음은 에디슨의 모든 발명을 합친 것보다 더 위대한 것 같다. 하나는 하나밖에 없어서 하나일 터인데, 어디 또 하나가 있어 더해질 수 있을까? 이 수수께끼는 에디

슨에게 도무지 알 수 없는 이상한 것이었다.

인간은 물음을 가져야 한다. 그 물음이 크면 클수록 좋다. 태초에 물음이 있었다. 물음이 위대함과 같이 있었다. 물음이 곧 위대함이다. 옛날 현인들은 위대한 물음이 있을 때는 그 물음에 대답하지 않고 그 물음을 되풀이함으로써 감탄의 깊은 뜻을 표시하기도 했다. 그것만이 그들이 할 수 있는 최선의 것이었기 때문이다.

물음은 대답할 수 있어서 위대한 것이 아니라 대답할 수 없는 데 그 위대함이 있다. 대답할 수 있는 물음은 물음이 아니다. 대답할 수 없는 물음이라야 참 물음이다. 대답할 수 없는 물음을 영원히 물어갈 때 인간은 한없이 위대해진다.[4)]

2. 백남준, 영원한 질문자

백남준을 잠시 동안 만난 사람들은 그가 질문의 천재라는 사실을 쉽게 알 수 있다. 그는 언제나 답변자보다는 질문자의 입장을 취한다. 그만치 그는 생각을 많이 하면서 언제나 배우려는 태도를 가지고 있기 때문이다. 예를 들어서 내가 진행하던 불교방송국(BBS)의 「아침저널」이라는 프로그램을 위한 인터뷰도 예외는 아니다.

실제로, 그가 나를 인터뷰한 것인지, 혹은 내가 그를 인터뷰한 것인지조차 모를 정도로 그는 나에게 질문을 퍼부었다. 나는 「백남준+굿+요셉 보이스 추모제」의 공식 명칭을 '우랄 알타이'로 한 이유를 질문했다. 그러자 그는 나의 질문을 듣지도 않은 양 딴청을 부렸다.

백 : 인연을 산스크리트어로 뭐라고 합니까?
황 : 잘 모르겠습니다.
백 : 어떤 사람은 카르마라고 하던데요.
황 : 카르마는 보통 업(業)이라고 번역합니다.
백 : 인연이라는 말이 참 재미있는 표현이거든요. 인은 중심이고, 연은 가장자리지요. 그러니까 인연이란 우연과 필연이 결부된 관계입니

다. 그런데 그것을 영어로 번역하면 문제가 생기지요.

황 : 영어로는 보통 인과법칙이라는 뜻으로 'Principle of Causation'이라고 말하고, 인과연기(因果緣起)의 약자인 인연에 의하여 생긴 삼라만상을 'Causally Conditioned Phenomena'라고 합니다. 그러나 제가 특별히 좋아하는— 또한 많은 학자들이 사용하는— 용어로는 'Dependent Co-Origination'이나 'Dependent Co-Arising'이라는 용어입니다. 모든 존재는 독불장군으로 생긴 것이 아니라 서로서로 의존해서 생겨났다는 뜻이지요. 제가 보기에, 이 번역은 "이것이 있으니 저것이 있고, 저것이 있으니 이것이 있다"는 연기의 개념을 잘 전달해 준다고 생각합니다.

백 : (거의 독백조로) 일즉다(一卽多) 다즉일(多卽一)이라는 뜻이군요.

황 : 네?

백 : 좌우간 좋은 말을 들었습니다. 여기에 적어놓겠습니다. 그런데 이 말은 누가 만든 영어에요?

황 : 모르겠습니다. 어쨌든 영어권에서는 대개 그렇게 공식화하고 있습니다. 그런데 왜 갑자기 인연 얘기를 하십니까?

백 : 보이스에 대한 추모제가 어떻게 발전했느냐고 물어서, 인연이 차츰차츰 발전한 것이라는 뜻이지요. 마치 밥을 먹다가 식욕이 나면 더 먹듯이 말입니다. 왜 우랄 알타이의 꿈이냐? 그것도 다 인연 아닙니까?[5)]

나는 인터뷰를 진행하면서 백남준이야말로 논리적인 사람이 아니라 직관적인 사람이라는 인상을 받았다. (그러나 그의 직관은 언제나 '논리적 직관'이 아닌가.) 또한 그는 대화 도중에 갑자기 딴 얘기를 시작해서 그를 따라가기가 대단히 어려웠으며, 더구나 그는 눌변인데다가 음성이 마치 변성기의 청소년 같아서 대담에 어려움이 많았다. 이런 일화가 있다. 시인 윌리엄스(Emmett Williams)가 처음 백남준을 만났을 때였다. "그가 나에게 무슨 말을 해서 나는 일본어를 모른다고 대답했다. 그랬더니 그는 독일어로 '나는 조금 전에 영어로 말했는데요'라고 해서 우리들은 무척 당황했다." 역시 그는 말하는 사람이 아니라 보여주는 사람이었다.

일반적으로는 인터뷰를 하는 사람이 묻고 인터뷰를 받는 사람이 답변하게 마련이다. 그러나 이런 상식은 백남준에게 통하지 않는다. 그는 언제나 — 답변자가 아닌 — 질문자가 되기 때문이다. 그 이유는 무엇인가?

백남준의 질문은 반드시 답변을 위한 것이 아니다. 그의 질문은 질문 그대로 남는다. 아니, 그는 완벽한 답변을 기대하지도 않는다. 그런 완벽한 답변이란 예술이나 철학이나 인생에서 존재할 수 없다고 믿기 때문이다.

백남준의 이런 질문관은 무수한 질문을 제기함으로써 소위 안다고 생각하고 있는 사람의 무지를 무차별적으로 폭로하면서도 어떤 답변도 주지 않았던 소크라테스의 경우와 비슷하다. 소크라테스에게 중요한 것은 질문 그 자체다. 그 질문이 또 다른 질문을 유도하고, 그 질문은 다시 또 다른 질문을 유도하는 연쇄 반응을 일으키기 때문이다.

많은 사람들이 소크라테스가 남의 무지를 만천하에 폭로하면서도 자신을 산파에 비유하면서 정작 본인은 진리를 탄생시킬 수 있는 은혜를 신으로부터 받지 못했다고 말할 때 사람들이 일종의 분노를 느낀 이유도 여기에 있다.[6)]

나도 백남준과의 인터뷰에서 분통을 터뜨렸다. 우선 당황한 사람은 내가 아니라 그가 되어야 했다. 그러나 실제로는 내가 당황하고 말았다. 그는 나의 무지를 만천하에 폭로시켰다. 그러면 백남준의 질문은 어떤 특성을 가지고 있는가?

첫째, 이미 말했지만 그의 질문은 답변을 필요로 하지 않는다. 질문은 언제나 그대로 남아 있다. 이런 뜻에서, 그의 질문은 '미완의 완성품'이다.

둘째, 수많은 질문을 제기하면서도 어떤 답변도 제시하지 않는 사람은 당연히 비난을 받게 되고, 소크라테스의 경우에는 그것이 죽음이 될 수도 있다. 질문만 하는 사람들은 이 사실을 잘 알고 있다. 그럼에도 그들은 질문 자체로 만족한다. 참으로 신기한 일이 아닐 수 없다.

이렇게 보면, 백남준의 질문은 해결(solution)보다는 해소(dissolution)를 추구한다고 말할 수 있다. 해결이란 질문에 대한 명확한—대개 논리적인—답변을 제시하는 것이지만, 해소란 질문 자체를 없애버리는 것이다. 예술과 인생에 관한 한 애초부터 단답형 답변이란 있을 수 없다고 믿기 때문이다.

백남준은 묻는 사람이다. 그러나 그는 그 질문에 대하여 답변을 주지 않는다. 소크라테스의 경우처럼, 그도 명확한 답변을 가지고 있지 않기 때문이다. 그러나 그는 질문을 통해 그 질문 자체를 해소시킨다. 이것이 백남준의 질문의 특성이다.

3. 백남준, 영원한 어린애

질문을 가장 많이 하는 사람은 어린애들이다. "엄마, 이게 뭐야?" "응, 그것은 책상이란다." "엄마, 이게 뭐야?" "응, 그것은 걸상이란다." 이렇게 어린애의 질문은 끝이 없다. 어느 경우에는 질문한 것을 다시 질문해서 주위 사람들을 화나게 한다. "엄마, 이게 뭐야?" "아까 책상이라고 말했잖아. 왜 신경질 나게 자꾸 묻니?" "응, 묻는 게 재미가 있어서."

어린애에게는 모든 것이 호기심의 대상이다. 그래서 모든 것이 질문의 대상이 된다. 그것이 실제로 무엇인가는 중요하지 않다. 묻는다는 사실 자체가 중요하다. 그러나 우리는 어른이 되면서 모든 존재에 대한 호기심을 잃어버리고 만다. 인생이란 그저 그렇고 그런 것일 뿐이라고 생각한다. 그러나 진정한 예술인과 종교인은 영원한 어린애다. 그는 어린애의 호기심과 순수성을 그대로 간직하고 있다. 성서가 어린애와 같지 않으면 천국에 들어갈 수 없다고 말한 이유가 여기에 있다. 앞에 인용한 인터뷰 기사에는 이런 구절이 있다.

황 : 선생님이 정형을 깨뜨리는 것은 단순히 의외성을 주기 위해서가 아니라 어떤 목적이 있는 게 아닙니까?

백 : 목적은 없어요. 난 원래 어리광을 부리면서 자란 놈이라, 그저 하고 싶은 대로 하거든요. 특히 1963년까지는 비교적 먹는 걱정은 없었어요. 그래서 그냥 하고픈 식으로 했지요. 좌우간 나는 내가 이렇게 유명하게 될지도 몰랐고, 또 유명해지려는 목적도 없었어요. 유명한 감정가들이 나에게 무엇인가 있구나 하니까 차츰차츰 팬들이 생겼지만, 그것도 대중적인 팬들은 아니지요. 더구나 나의 연주회나 퍼포먼스는 어떤 기록도 남기지 않습니다. 나중에 감정가들이 기록을 남기지요. 그저 나중에 박수가 나오면 그제서야 "아, 내가 할 일을 했구나"라고 생각하지요. 일종의 무상행(無常行)이지요. 그리고 그때는 많이 하지도 않았어요, 일 년에 한 번 정도였으니까요.

황 : 선생님의 말씀을 듣고 보니까 예술이야말로 순수에서 나온다는 사실을 새삼 느끼게 됩니다. 그런데 선생님은 음악, 미술, 비디오 아트 등을 모두 하시고 계십니다. 정말 모든 것을 다 하려고 하는 것입니까?

백 : 아까 말했지요. 난 어리광쟁이로 자라서, 그때 하고픈 일을 그냥 해요. 그러면 그것이 이것도 되고 저것도 됩니다.

황 : 정말 어리광을 부리면서 사는 것이 중요하군요. 많은 사람들이 어른이 되어서도 어리광을 부리면 남이 받아주지 않으니까 자꾸 이렇게 껍질을 갖게 되지요. 선생님의 어리광쟁이로서의 삶, 저도 큰 교훈으로 받아들이겠습니다.

백 : 유아성을 가진 사람만이 예술가가 되지요. 어른이 된 놈은 장사꾼이 되지요.[7)]

4. 맺음말을 대신하여

질문으로 시작해서 질문으로 끝나는 작업은 필연적으로 비결정성(indeterminacy)과 연관된다. 여기서 백남준의 영원한 질문은— 궁극적 목적보다는 — 영원한 과정의 예술이 될 수밖에 없다. 다시 말해서, 그의 예술은 존재(being)의 작업이 아니라 생성(becoming)의 작업이 된다. 김홍희는 플럭서스에서 중요한 활동을 전개했던 존 케이지(John Cage)의 사상을 통해 비결정성을 이렇게 설명한다.

> 케이지는 비결정성에 대한 철학적 정의는 내리고 있지 않지만, 유연성(flexibility), 가변성(changeability), 유동성(fluency)으로 비결정성의 성질을 설명하고, 작곡과 그 공연이 비결정성을 갖게 되는 음악의 이론적 및 실천적 작업을 통하여 그 의미를 가르치고 있다.
>
> 케이지에 의하면, 비결정성의 음악은 비의도적이려는 의도 이외에는 아무런 의도 없이 만든 '목적적 무목적성(purposeful purposelessness)'의 음악이기 때문에, 완성보다는 과정에 치우친다. 또한 그 공연이 비결정성을 띠는 음악작품은 미리 예측할 수 없기 때문에 필연적으로 실험적이며, 똑같이 반복될 수 없기 때문에 필연적으로 유일하다.[8)]

백남준은 영원한 질문자다. 묻지 않는 백남준은 존재할 수 없다. 또한 그는 영원한 어린애다. 모든 존재에 대한 호기심을 그대로 간직하고 있는 영원한 어린애다. 그래서 그의 작업은 끝까지 실험적이며 과정적일 수밖에 없다.[9)]

[주(註)]

1) 황필호, 『종교철학 11강좌』, 철학과현실사, 2006, p.31.
2) 같은 책, p.31.
3) 오광수, 「백남준의 예술과 유목민 의식」, 백남준미술관 건립추진회, 『백남준과의 대화』, 2006, 5, p.4.
4) 김홍호, 『생각 없는 생각』, 솔, 1999, pp.81-82.
5) 황필호, 「본능을 따르는 행위로서의 예술: 백남준 인터뷰」, 『문학철학 산책』, 집문당, 1996, pp.107-107.
6) Karl Jaspers, *Socrates, Buddha, Confucius, Jesus*, Ralph Manheim, tr.

Harvest Book, New York, 1957, p.7. Cf. 이 책은 필자에 의하여 『소크라테스, 공자, 석가, 예수, 모하메드』(강남대, 2001)라는 제목으로 편역되었다.

7) 황필호, 「본능을 따르는 행위로서의 예술: 백남준 인터뷰」, 앞의 글, p.111.

8) 김홍희, 『백남준과 그의 예술』, 디자인하우스, 1992, pp.26-27.

9) Cf. 2006년 3월 18일 오후 5시 50분 서울 봉은사에서는 1996년 미국에서 뇌졸중으로 쓰러졌다가 2006년 1월 29일에 세상을 떠난 백남준의 49재가 문화인과 일반인 1천여 명이 참가한 가운데 야외 추모 행사로 거행되었다. 바이올린을 부수고, 피아노의 건반을 넘어뜨리면서 우리는 백남준의 혼을 고향 땅으로 불러왔고, 그를 다시 떠나보냈다.

7. 국립중앙박물관 건물의 역사적 의미 :
김영삼 대통령께 드리는 긴급 건의

1. 지금까지의 논의 수준

지금까지 국립중앙박물관 건물의 철거 논의는 객관성과 포괄성을 결여하고 있다.

첫째, 모든 논의는 동일한 사실(전제)로부터 정반대의 결론을 내릴 수 있다. "결혼해도 후회할 것이며 결혼하지 않아도 후회할 것"이라는 키에르케고르의 전제로부터 한 사람은 "그렇다면 일단 결혼하겠다"고 결론을 내리지만, 다른 사람은 "그렇다면 결혼하지 않겠다"고 결론을 내릴 수 있다. 여기서 상대방의 논의를 듣지 않고 '후회할 것'이라는 단순한 사실로부터 무조건 '그러므로 결혼해야 한다'거나 '그러므로 결혼하지 않아야 한다'고 주장하는 사람은 논의의 객관성을 무시하는 것이다. 이와 마찬가지로, 우리는 이 건물의 역사적 사실로부터 철거 찬성과 철거 반대의 두 가지 결론을 내릴 수 있다.

알다시피 이 건물은 완벽한 대칭과 비례로 형성된 균형미의 극치를 이루고 있다. 찬성론자들은 부악산의 형상인 '대(大)'와 경성부현(현 서울시청)의 '본(本)'을 합하여 대일본(大日本)을 상징하는 '일(日)'자로 만들어진 것이라고 주장한다. 그러나 건축공학자들은 이것이 르네상스식 건축물의 공통된 형상이며, 이런 "균형미의 조화를 추구하기 위한 세계적인 건축양식을 '대일본의 상징'으로 해석하는 것은 피해망상적 발상"이라고 주장한다.[1)]

이 건물은 분명히 한때 조선총독부 건물이었다. 그래서 어떤 사람은 당장 철거해야 된다는 결론을 내리지만 다른 사람은 바로 그렇기 때문에 절대로 철거하지 말아야 한다는 논리를 주장할 수도 있다. 이 건물이야말로 일제 침략의 야만성뿐만 아니라 '일본이 우리나라를 침략할 수 있었던 것은 우리가 허약했기 때문'이라는 자국부강론의 필요성을 일깨워주는 영원한 교육장소가 될 수 있다. 그리하여 이난영은 부서진 성수대교까지 고스란히 보존해야 한다고 주장한다. "보기 싫다고, 부끄럽다고, 그래서 감추기 위해 헐어버리자고 서둘지 말자. 고통을 견디며 부끄러움을 딛고 우리가 이룩한 한강의 기적은 더 커다란 업적으로 역사에 남겨져야 한다."[2)]

나는 여기서 어느 한쪽의 주장이 옳다고 주장하려는 것이 아니다. 다만 무조건 건물 철거 반대론자를 친일파로 몰아치는 것은 논의의 객관성을 결여하는 태도라는 사실만을 밝히고 싶다.

일찍이 해방신학자 카마라(D. H. Camara)는 "분명히 공산주의자가 아닌 사람을 공산주의자로 매도할 때 공산주의 사상의 침투는 가장 쉽게 이루어질 수 있다"고 간파했다.[3)] 감상적인 배일사상(排日思想)이 판을 칠 때, 우리는 바로 그 순간 배일사상의 추종자로 전락하는 것이다. 찬성론자들은 상대방을 '유물을 볼모로 철거를 방해하는 친일세력'으로 몰아치는 얄팍한 배일감정에 의존하지 말고 이 논의를 객관적으로 접근해야 할 것이다.

그러므로 지난 8월 15일 국립중앙박물관 첨탑 절단 행사에서 주돈식 장관이 "친일파들의 온갖 방해를 물리치고 문민정부가 이 건물을 역사적으로 헐게 되었다"고 말하면서 반대론자들을 무조건 친일파로 몰아간 행위는 — 강원용 목사의 표현을 빌리면 — '용서받을 수 없는 망언'이 아닐 수 없다.

둘째, 지금까지의 철거 논의는 포괄성을 결여하고 있다. 우선 이 건물은 전 조선총독부, 전 미군정청, 전 중앙청, 현 국립중앙박물관 건물이라는 네 개의 이름을 가지고 있다. 요즘 언론에서는 주로 첫 번째 호칭만 사용한다. 이것은 이미 이 건물에 대한 포괄적인 접근 자세가 결여되어 있다는 증거다. 나는 이 건물의 역사적 의미를 다음 절에서 포괄적으로 밝히겠다.

셋째, 지금까지 이 문제는 일부의 양심적인 학자들이 건축사적 의미에서 의견을 내놓았을 뿐 주로 경제적인 측면에서만 토론한 감이 없지 않다. '선철거-임시 이전-후건설'에 드는 비용이 용산 가족공원 부지 매입비와 두 차례에 걸친 문화재 이전 비용을 빼고도 약 3천 6백억 원이 소요될 것이며, 실제로 공사를 진행하다 보면 이 금액의 두 배가 될 수도 있다는 주장이 여기에 속한다.[4)]

물론 이런 논의는 필요하다. 그러나 우리는 이 문제를 경제적 측면뿐만 아니라 건축사적 가치, 환경학적 측면, 문화재 관리의 측면, 법률적인 측면, 역사적 측면 등 우리가 어떻게 역사를 보아야 하느냐는 철학적 관점에서도 접근해야 된다. 인간은 아메바와 같은 단세포 동물이 아니며, 인간이 만드는 역사도 단선적인 접근을 거부한다.

2. 건물의 역사적 의미: 과거 청산의 문제점

김용삼 기자는 이 건물의 '현대사적 가치'를 이렇게 지적한다.

> 역대 정부는 이 건물을 대통령 집무실, 정부청사, 국회의사당으로 사용했기 때문에 한국 현대사의 발자취와 건국의 모든 영광이 고스란히 용해되어 있다.
>
> 일제가 조선총독부에서 물러난 것은 1945년 9월 9일이다. 이날 일본은 이 건물의 청사 제1회의실에서 하지 중장에게 항복 문서를 전달했고, 이로써 조선총독부 기능이 정지되는 것을 이 건물은 지켜보았다. 1948년 5월 30일엔 제헌국회가 이 건물 중앙홀에서 개원됐고, 7월 17

일 헌법 공포식, 7월 24일 초대 정·부통령 취임식, 8월 15일 대한민국 정부 수립식 등이 거행된 생생한 역사의 현장이다. 국회는 1950년 10월 7일까지 이 건물을 국회의사당으로 사용하다가 태평로 서울 시의회 자리로 옮겨 갔다. 그 후 중앙청은 이승만 대통령의 집무실, 3공-5공 시절엔 정부청사 등으로 사용되면서 격동의 현대사를 묵묵히 지켜보았다. 이 건물이 철거되면 대한민국 건국의 역사 현장을 잃게 될 것이며, 투철한 의회민주주의자였던 김영삼 대통령이 제헌국회 의사당을 허물었다는 평가를 받게 될 것이다.[5)]

확실히 이 건물은 치욕의 역사와 영광의 역사를 동시에 가지고 있다. 우리는 그 중에서 한쪽만 보는 사팔뜨기가 되지 말아야 한다. 강기원은 이렇게 말한다.

이 건물과 관련되어 연상되는 과거는 비통하고 고통스럽지만, 이 건물과 관련된 또 다른 종류의, 살아 있는 자들의 기억도 중요하다. 우리는 대한민국 정부 수립을 이 자리에서 선포했고, 초대 대통령부터 박정희 대통령까지 무려 4명이 이 자리에서 취임식을 가졌다. 그뿐만 아니라 6·25, 9·28 등—좋은 일이든 나쁜 일이든—우리는 이 건물을 배경으로 한 사진을 빼고는 기억할 수가 없다.

그뿐만 아니라 정부 수립 이후 많은 공무원들이 이 건물을 드나들며 일했고, 훌륭한 공복이 되도록 다짐하였다. 우리는 산 자들이 이 건물에 관련하여 가지고 있는 기억과 추억을 애초에 설계한 자들의 의도보다 가볍게 취급해야 할 이유가 없다.[6)]

이런 산 자들이 가지고 있는 기억 중에는 1950년 9월 27일 새벽 6시 10분에 해병 제1전투단(통칭 제1연대) 2대대 1소대장 박정모 소위가 인공치하 90일 만에 중앙청에 태극기를 올린 전투, 그리고 1951년 3월 15일 제1사단 15연대 3대대 9중대 제3소대장 이석원 중위가 이끄는 수색대가 중공군을 물리치고 다시 중앙청에 국기를 게양한 전투를 들 수 있다. 대한민국 국민이라면 어찌 이 감격적인 장면을 잊을 수 있겠는가?[7)]

그러나 이 건물은 슬픈 추억뿐만 아니라 아름답고 감격적인 추억을 가지고 있으며, 더구나 현재 생존해 있는 많은 사람들이 그런 감격적인 추억을 가지고 있거나 회상할 수 있기 때문에 이 건물을 보존해야 된다고 생각하는 것은 역사에 대한 너무 소극적인 자세다.

역사에 대한 더욱 적극적인 자세는, 패배의 역사도 엄연한 역사의 일부분이며 그래서 우리는 과거의 영광뿐만 아니라 치욕도 엄연한 역사의 일부로 포용해야 한다는 것이다. 가령 어떤 사람이 과거의 모든 실패와 좌절을 삭제하고 그가 성공한 일들만 나열한다면, 우리는 과연 그것을 그의 정당한 역사라고 판단하겠는가. 강원용 목사는 이렇게 말한다.

> 수치스러운 역사의 흔적은 다 무너뜨리고 해체해야 한다면, 일제시대의 유물들을 모조리 없애버려야 할 뿐만 아니라 이조시대의 수치스런 사건의 유적들이나 군사 통치 시대의 수치스런 유물들도 다 없애버려야 한다. 만일 그렇다면 이 나라의 역사는 과연 어떻게 될 것인가. 과거를 망각하는 것은 미래를 밝게 할 수 없다.[8)]

더 나아가서 역사는 단절이 아니라 연속이다. 고대가 없었다면 중세가 있을 수 없고, 중세가 없었다면 근대가 있을 수 없다. 이것은 개인의 경우나 국가의 경우도 마찬가지다. 이렇게 보면, 현 정부가 철거의 이유로 내걸고 있는 '정통성 없는 역대 정부의 청산'이라는 주장은 너무나 오만한 태도가 아닐 수 없다. 혹시 현 정부가 상해 임시정부의 정통을 직접 이어받는다고 생각한다면, 이것은 역사의 연속적 속성을 망각한 해괴한 발상이 아닐 수 없다.

우리는 이승만, 박정희, 전두환, 노태우 정권의 공과를 토론할 수 있다. 그러나 그 기간을 역사의 운행 과정에서 완전히 삭제할 수는 없는 일이다. 더구나 김영삼 정부는 6 · 29 선언의 결과로 탄생한 것이 아닌가. 또한 현재의 문민정부도 분명히 공과를 가지고 있을 것이다. 다음 정권, 혹은 후세의 정권이 그때까지의 모든 역사를 깡그리 무시하고 단군 할아버지의 정통을 직접 이어받는다고 주장한다면, 현 정부는 어떻게 답변하겠는가?

더 나아가서 과거의 청산이 어느 분야에서 필요하다고 하자. 그러나 청산이란 건물을 파괴해서 되는 것이 아니다. 일제의 만행 장소를 고스란히 보존하고 있는 중국, 영국 통치의 보금자리를 관광 자원으로 이용하는 인디아, 아우슈비츠를 오히려 국보로 여기는 폴란드의 경우를 생각해 보라. 건물을 파괴하는 일은 침략자에게 현장 말소의 기회를 주며, 그래서 그들에게 오히려 면죄부를 줄 수도 있다.

김영삼 대통령은 이미 파괴의 명수로 유명하다. 그는 외국인 아파트를 '파괴의 미학'이란 이유로 폭삭 내려앉혔다. 그리고 일제 때 총독 관저이자 미국 군정장관 관저였던 청와대의 옛 본관 건물도 철거했다. 이 건물은 만 6년 11개월 동안 미나미, 고이소, 아베로 이어지는 세 조선총독의 숙소였으며, 그 후에는 이승만, 윤보선, 박정희, 최규하, 전두환, 노태우 등 "역대 대통령의 삶의 현장이자 국가의 중요한 정책들이 입안되고 결정되었던 지상 2층 지하 1층 1천 80평짜리 콘크리트 건물"이었다.[9] 또한 그는 민족 역사의 영원한 교육 장소로 환영받을 박정희 대통령이 시해된 안가를 때려 부쉈다. 언제나 과거 청산이라는 미명 아래.

중국의 문화혁명을 생각해 보자. 당시 날뛰던 젊은이들은 지금까지 내려온 모든 가치체계를 부인하는 폭도들이었다. 그러나 그들도 노예의 피로 세워진 만리장성을 봉건시대 유물이라고 파괴해야 된다고 떠들지 않았다. 그런데 어찌 이런 일이 대한민국 문민정부 아래 허용될 수 있는가. 물론 당국은 파괴하는 역사적 건물의 징표를 따로 보관하거나 비디오로 남긴다고 변명할 수 있다. 그러나 만리장성을 헐고 비디오로 보는 것이 어찌 실제로 만리장성을 보는 것과 같을 수 있겠는가. 백문이 불여일견이다.

칼을 쓰는 사람은 칼로 망하듯이, 파괴하는 사람은 파괴당한다. 모든 역사적 징표는 정성껏 보호해야 하며, 여기에는 보수나 이전이 포함될 수 있다. 그러나 절대로 망치나 전기톱으로 없애지는 말아야 한다. 역사에 대한 가장 진지한 자세는 일단 그것을 그대로 남기는 것이다.

3. 건물 철거의 근거: 민족정기 회복의 문제점

이 건물을 철거해야 된다는 주장의 논리는 한마디로 '민족정기 회복'이라고 볼 수 있다. 여기에는 몇 가지 심각한 문제가 있다.

첫째, 이 주장은 현재 우리나라에 민족정기가 상실되어 있다는 전제를 가지고 있다. 그렇다면 과연 누가 민족정기를 제대로 갖지 못하고 있단 말인가. 그것은 분명히 일반 국민이 아니라 일부의 반역사적 정치인, 혹세 아부하는 지식인, 황당무계한 풍수지리가 등일 것이다. 우리 국민은 투철한 역사의식과 확고한 반공의식, 굳건한 삶의 의지를 갖고 있다. 그러므로 이 논리는 일부 몰지각한 사람들의 한심한 행동을 일반 국민의 책임으로 떠넘기는 것이다. 황정희는 이렇게 말한다. "건물 하나로 민족의 기가 꺾인다고 생각하는 것 자체가 우리 민족에 대한 모독이다. 대한민국은 그까짓 건물 수십 개가 있어도 민족의 기가 말살되지 않는다."[10)]

둘째, 민족정기 회복의 근거가 너무나 비과학적이다. 사실 요즘같이 기(氣), 맥(脈), 혈(穴), 풍수(風水), 명당(明堂) 등의 단어가 위력을 발휘한 적은 없다. 인공위성이 외계에서 도킹하는 것이 다반사일 정도로 과학이 발달된 오늘날임에도 불구하고. 임홍빈은 이렇게 말한다.

> 세상만사가 묘자리 잡기에 달린 듯이 그럴싸하게 꾸며대고, 일제가 남긴 건물은 모조리 파괴해야 통일이 된다고 하는 그런 터무니없는 잡

서(雜書)가 독자층 속으로 침투하고 있다. 그저 재미로 읽고 마는 것이라면, 그래도 큰 해독은 없을 것 같다. 그런데 명당 찾기 붐이 일고 갖가지 희비극이 연출되는가 하면, 소중한 관광 자원이요 역사적 기념물이 될 건물까지도 풍비박산을 내야 한다는 쪽으로 세상의 여론을 기울게 하며, 그래야 나라가 잘 되고 통일이 촉진된다는 미신을 전파하는 데 단단히 한몫을 하고 있다.

2천 년의 풍상과 역사의 한(恨)을 안은 유럽과 중동 각지에 아직도 우뚝 서 있는 로마의 유적처럼 영원무궁토록 외화(外貨)를 끌어들일 관광 자원이 되고 역사의 교훈을 일깨워 줄 옛 조선총독부 건물마저 다른 장소로 옮기지 않고 철거해 버리는 쪽으로 여론을 기울게 하는데, 그 잡소설들의 영향이 적지 않다고 알려져 있다.[11)]

이런 풍수지리의 비과학성은 그 방면의 권위자로 자타가 인정하는 최창조의 글에 잘 나타난다. 그는 지난 1995년 8월 7일 국립중앙박물관 건물의 철거를 위한 첫 단계로 중앙돔의 첨탑이 잘려 나간 사실과 8일에 내린 비를 이렇게 연결시킨다.

"다음날 중부 지방과 영동 지방에 집중호우가 쏟아졌다. 그뿐만 아니라 오랜 가뭄으로 시달리던 남부 지방에도 많지는 않지만 비가 내렸다. 이것은 물론 우연의 일치겠지만 풍수를 배우고 있는 나 같은 사람에게는 반드시 그렇게 생각되지만은 않는 측면이 있다. 조선총독부 건물의 철거는 요컨대 우리 국토라는 생명체의 틀어 막혔던 입을 열어준 것이 되기 때문에 이번 비가 그저 예사로울 수는 없다."

참으로 한심한 발상이다. 그것은 본인의 말대로 '우연의 일치'일 뿐이다. 만약 중앙돔의 — 전부도 아닌 — 일부를 철거하지 않았다면 비가 오지 않았을 것이란 말인가. 도대체 21세기 개명 천지에 누가 이런 미신을 믿을 수 있겠는가. 논리학에서는 이런 발상을 '우연의 오류'라고 말한다. 어느 미개인 부족이 해가 뜨기 전에 북을 둥둥 쳤다고 하자. 그렇다고 해서, 만약 우리가 그들이 북을 치는 것이 원인이고 그 결과로 해가 떴다고 생각한다면, 우리는 우연적인 두 개의 사건을 인과관계로 착각하는 것이다. 그는 이런 논리학의 기초 이론조차 무시하고 있는 것이다.

풍수지리의 비과학성은 최창조의 일본 대사관터에 대한 설명에서도 쉽게 발견할 수 있다. "일본 대사관은 그들의 과거 조선 지배의 대표적 상징물인 국립박물관 건물을 쉼 없이 바라보고 있다. 그 앞에는 끊임없이 일본인들의 인파가 몰리고 있다. 지금 대사관 앞에는 한국일보사의 새로운 건물이 들어섰기 때문에 박물관 쪽에서는 상당 부분이 가려져 대사관 건물이 부분적으로밖에는 보이지 않는다. 그래서 대사관 건물은 마치 숨어서 이곳을 엿보는 듯한 형세가 되어버렸다. 마치 풍수가 말하는 규봉(窺峰: 현장을 훔쳐보는 듯한 봉우리로 상당히 꺼리는 것)처럼 보이는데, 이는 상황이 더욱 나빠졌음을 의미하는 것이다. 즉 대사관 건물이 꼭 몰래 숨어서 범죄 현장을 훔쳐보는 범죄자의 눈길처럼 되어버렸다는 것이다."[12)]

참으로 공상과학소설에나 나올 수 있는 말이다. 이것은 오직 그가 상상력이 풍부하다는 사실을 증명할 뿐이다. 만약 풍수지리가 이런 것이라면, 그것은 "아하, 그렇게 볼 수도 있겠구나" 하면서 한 번 웃고 넘어갈 일은 되어도 절대로 학문이 될 수는 없을 것이다.

생각해 보라. 우리는 현재 미국을 세계 최대 강국으로 인정한다. 그들이 과연 백악관과 국회의사당과 모든 외국 대사관 건물을 풍수지리에 따라 배치해서 잘살게 되었단 말인가. 물론 상상력이 풍부한 사람들은 그들의 건물들이 모두 풍수지리에 맞게 (왜 그렇게 되었는지는 모르지만) 되어 있다고 변명할 것이다. 그러나 이런 변명은 모든 것을 자신이 결심한 정의(定義)에 따라 설명하는 정의적인 해석(interpretation by definition)의 궤변일 뿐이다.

나는 풍수지리가들의 주장이 전부 비과학적이라고 단언하고 싶지는 않다. 그러나 우리는 법보다 중요한 것이 법의 정신이듯이,[13)] 풍수지리에 의한 결정보다는 그 결정을 낳게 한 정신이 더욱 중요하다는 것을 잊지 말아야 한다.

부모를 명당자리에 묻으면 자손들이 복을 받는다는 명제를 생각해 보자. 이것은 묘자리 자체가 복을 준다는 뜻이 아니다. 만약 이것이 사실이라면, 호화 묘지로 자신의 재력을 과시하는 오늘날의 졸부들은 영원히 행복하게 살게 될 것이다.

중요한 것은, 돌아가신 부모님을 양지 바른 쪽에 모셔야 한다고 생각하여 거금을 쓸 수 있을 정도로 지극 정성의 효심이 있는 사람이라면, 그는 절대로 이 세상을 얼렁뚱땅 살지 않을 것이며, 돌아가신 부모님께 조석으로 문안을 드리면서 하루하루를 충실하게 살겠다고 맹세할 것이며, 이런 사람들은 내세뿐만 아니라 현세에서도 복 받고 살게 될 것이라는 교훈이다. 비싼 비석이 자손의 행복을 보장하는 것은 아니다. 이것은 상식이다. 이런 뜻에서 국립중앙박물관의 철거를 기, 맥, 혈 등으로 정당화시키려는 사람들은— 비록 그들이 신주같이 모시는 풍수지리가 엉터리 학문이 아니라고 하더라도— 사실에 대한 정확한 인식을 결여하고 있다.[14)]

우리는 이제 철거론자들이 내세운 이유가 전혀 정당한 근거가 되지 않는다는 사실을 잊지 말아야 한다. '정통성 없는 역대 정부의 청산'은 역사에 대한 기본적인 시각조차 무시한 오만한 발상이며, 이른바 '민족정기 회복'도 겨우 미신적인 풍수지리설에 근거하고 있다. 건물을 헐어서 경관이 더욱 시원하게 느껴진다는 사실은 틀림이 없겠으나, 이것은 역사적 건물의 철거 이유로는 너무 빈약한 이유가 아닐 수 없다. 황인용은 이렇게 말한다.

> 동양에서는 예로부터 역사를 통감(痛鑑)이라 불러왔다. 시공을 초월해서 통용할 수 있는 거울이라는 의미니까 모든 역사적인 사실은 그대로 우리 자신을 비춰주는 거울이라는 뜻이다. 좋은 일이든 나쁜 일이든 모두 우리 자신에게 소중한 거울이다. 그런데 그 거울이 마음에 들지 않는다 하여 깨뜨려버려도 좋은 일인가. 그렇다면 추녀가 거울을 탓하여 깨뜨리려 하는 어리석음과 무엇이 다르랴. 죄는 우리에게 있지 거울

에 있지 않다. 잘못은 우리에게 있지 총독부 건물은 아무 죄도 없다. 아니, 총독부 건물로 말하면 그 자체로도 하나의 역사며 우리 근대사의 중심 무대이자 산 증인인 것이다.

더구나 일본은 지금 전쟁 물증 없애기에 혈안이 되어 있는 마당이니, 저들이 내심 바라고 있는 총독부 건물 철거를 우리가 자진해서 해주면 얼마나 기뻐할 것인가. 철거론자들은 매양 말할 것이다. 경복궁은 국맥(國脈)의 중심이므로 민족정기를 누르고 있는 이 건물은 철거가 마땅하다고. 그렇다면 총독부 건물이 들어서기 전에 왜 나라가 망했으며, 여전히 버티고 서 있는 지금은 이만큼이라도 발전하고 있는지를 그들은 대답해야 할 것이다.[15)]

이선복은 이렇게 말한다. "올바른 역사관이나 민족정기의 수립은 말이나 정치적 쇼를 통해 이루어지는 것이 아니다. 치욕의 역사의 물증을 없애는 것은 쉬운 일이다. 그러나 그렇다고 그 치욕마저 사라지는 것은 아니다. 하물며 치욕의 역사의 흔적을 없애는 과정에서 그것과 더불어 우리가 어려서부터 귀에 못이 박히도록 들은 '찬란했던 반만 년의 역사'의 흔적도 없어지려는 위기를 맞고 있다면, 과연 우리에게 무엇이 시급한 일인지 자명해진다."[16)]

4. 역사를 보는 시각: 치욕의 역사는 한풀이의 대상이 아니다

나는 이제 우리가 역사를 어떻게 보아야 하느냐는 철학적 입장에서 결론을 내리겠다. 생활철학연구회는 줄기차게 "역사를 망각한 국민은 잘못된 역사를 되풀이할 뿐이다"라고 주장해 왔다. 이것은 역사가 단순한 지나간 시절의 화석으로 남지 않고 현실을 살아가는 우리들에게 구체적인 교훈을 줄 수 있다는 뜻이다.

우리는 어떻게 역사를 '현재의 선생님'으로 만들 수 있는가? 이것은 크게 '훌륭한 역사'를 계승하고 발전시키는 일과 '잘못된 역사'를 청산하는 일의 두 가지로 나눌 수 있다. 여기서 전자는 역사를 무조건 매도하는 극단론을 극복하고, 후자는 역사를 무조건 미화시키는 극단론을 극복하는 것이다.

이 중에서 우리는 잘못된 역사를 극복해야 된다는 사실에 너무 매달려서 훌륭한 역사까지 도외시하는 실수를 범하지 말아야 한다. "우리들의 훌륭한 유산을 망각하지 않는 것은 잘못된 역사에 대한 기억보다 훨씬 중요한 일"이기 때문이다.[17] 그럼에도 김영삼 정부는 말로는 훌륭한 역사적 전통의 유산을 계승한다고 떠들면서도 실제로는 잘못된 역사의 청산에만 치중하고 있으며, 말로는 미래 지향적이라고 떠들면서도 과거에만 매달리고 있는 실정이다.

그러나 훌륭한 역사의 계승과 발전은 잘못된 역사의 청산과 병행되어야 완벽하게 수행될 수 있다. 해방 직후에 결성된 반민특위가 제대로 활약도 하지 못하고 해산되어 결국 친일파들이 계속 정권의 심장부에 자리 잡게 되었다는 사실을 우리는 잘 알고 있다. 그러면 우리는 어떻게 잘못된 역사를 청산 및 극복할 수 있는가?

그것은 크게 치욕의 역사에 대한 정확한 인식, 정당한 평가, 올바른 극복의 세 단계를 거쳐야 한다. 우리는 우선 치욕의 역사에 대하여 정확한 사실적 인식을 해야 하며, 다음에는 그 역사에 대한 냉정한 객관적 평가를 하고, 끝으로 단순히 감상적인 반일(反日)이 아니라 진정한 극일(克日)의 단계로 넘어서야 한다. 정확한 인식이 없을 때 정당한 평가는 있을 수 없으며, 정당한 평가가 없을 때 진정한 극복은 있을 수 없다.[18]

그러면 정부는 치욕의 역사의 상징인 국립중앙박물관 건물을 어떻게 바라보고 있는가?

첫째, 이미 지적한 대로 정부는 이 건물의 철거 근거를 비과학적인 풍수지리에 의존함으로써 이 역사적 건물에 대한 정확한 인식을 결여하고 있다.

둘째, 역시 이미 지적한 대로 정부는 이 건물의 현대사적 가치를 무시함으로써 정당한 평가를 내리지 못하고 있다.

셋째, 그러나 내가 이 건물의 철거를 반대하는 가장 중요한 이유는, 이런 상징의 해체가 절대로 치욕의 역사에 대한 올바른 극복이 될 수 없다는 것이다.

우선 이것을 철거한다고 해서 일본이 진정 참회의 마음을 갖겠는가. 아마 이런 처사는 앞으로 그들의 망언을 더욱 조장하게 될 것이다. 우리가 일본으로 하여금 전후 독일과 같은 순수한 참회를 하게 만드는 길은 전기톱의 사용이 아니라 위대한 국력을 바탕으로 한 꾸준한 설득과 협상이다.

또한 한 번의 8·15 경축쇼가 과연 우리 사회에 만연되어 있는 일제의 잔재를 청산하는 데 무슨 도움이 되겠는가. 압구정동엘 가보라. 그곳은 현재 동경 시내가 되어 가고 있다. 극일은 행사보다는 문화, 슬로건보다는 실천, 정치 개혁이나 경제 개혁보다는 생활 개혁을 통해서만 우리 국민 모두에게 정착될 수 있다. 황정희는 이렇게 말한다.

> 우리를 괴롭힌 원수가 있을 때 그 원수를 복수해야 한다며 누군가 그 감정을 충동질하면 당연히 많은 지지를 받을 것이다. 그런데 그 감정만을 따라 대장부의 길을 포기한다는 것은 슬픈 일이 아닐 수 없다. 감정대로 행동하는 것은 졸장부들이나 하는 짓이지 대장부가 할 일은 아니다. 일본이 졸장부라 해서 우리마저 졸장부가 되어야 할 필요는 없는 것이다.
>
> 일본인들이 그들의 총독부 건물을 보고 우월감을 가질 때, 우리가 넓은 아량으로 수용하지 못하고 그것을 아파하거나 꼴 보기 싫다는 감정을 가지고 있는 한, 우리는 영원히 패배자요 열등국임을 면치 못할 것이다. 그들이 이 건물을 자랑으로 여길 때, 우리는 그것을 파괴하는 데 비용을 낭비할 것이 아니라 오히려 더욱 훌륭하고 가치 있는 데 투자하여 우리 후손들이 자자손손 자랑스럽게 여길 수 있는 문화유산을 남기는 편이 일본을 이기는 방법이다.
>
> 감정의 상처가 심하다고 해서 보복이 정당화될 수 있다기보다는 오히려 용서할 가치가 그만큼 있다는 것이 된다. 별로 감정이 상하지 않

은 상태에서 용서하는 것은 쉬운 일이지만 감정이 많이 상했음에도 불구하고 용서하는 것은 어려운 일이기 때문이다. 용서하기 어려운 일을 용서하는 것이야말로 용서할 만한 가치가 있는 것이며, 우리는 큰 용서를 통해 대장부의 기쁨을 맛볼 수 있는 것이다.[19)]

국립중앙박물관 건물의 철거 결정은 이상의 여러 가지 문제점 이외에도 폭넓은 국민의 의견을 수렴하지 않고 밀실에서 갑자기 결정된 것으로써, 민주주의의 기본 원칙인 '절차의 민주화 과정'을 완전히 무시하고 있다. 물론 그동안 여론조사를 정부에서 몇 번 실시하기는 했다. 그러나 그것은 이미 매스컴을 통한 대중 조작을 완전히 끝낸 다음의 일이며, 전문가들의 반대 의견은 무조건 무시하고 찬성자들의 의견만을 반영하는 것이었다. 객관성을 입증받을 수 있는 공청회도 없었고, 국회에서 정식으로 토론된 적도 없다. 이렇게 민감한 문제는 반드시 국민투표를 해서 결정해야 함에도 불구하고.[20)]

또한 철거 결정이 옳은 결정이고 국민 다수가 찬성했다고 가정하자. 그러나 그것이 너무 갑자기 결정되었다는 사실은 정부 측에서도 부정하지 못할 것이다. 파괴하려면 전부 파괴해야 할 것이다. 그런데 달랑 머리 부분만 들어낼 이유가 무엇인가. 멀쩡한 피뢰침을 제거하고 다시 낙뢰(落雷)의 위험을 방지하기 위해 보조 피뢰침을 세우면서까지.[21)]

백보를 양보해서 중앙돔의 꼭대기만 없애는 상징적인 행위가 필요하다고 가정하자. 그러나 왜 이런 일이 지금 여기서 당장 해야 하는가? 왜 다음 대통령에게 그런 기회를 넘겨주지 않고, 남북통일이 된 다음에 가장 적당한 장소에 가장 이상적인 국립박물관을 건축한 다음에 이사를 하지 말아야 한단 말인가? 왜 그리 조급한가? 한 번의 신부 화장이 평생의 행복을 보장하지 못하듯이,[22)] 한 번의 정치쇼가 영원한 영광의 역사를 보장하지 못함에도 불구하고, 분명히 이번의 철거는 문화적인 문제를 정치적으로 결정한 것이다. 이것은 크게 잘못된 일이다. 또한 이번 결정이 정당하다면, 우리는 대한민국을 완전히 다시 건설해야 될 것이다. 이난영은 말한다.

> 일제가 휘젓고 지나간 자리를 제거한다면 삼천리 강토를 한바탕 파뒤집어야 마땅하지 않은가. 서울시청도 헐고, 서울역도 헐고, 한국은행도 헐고, 종로 바닥도 헐어서 다시 깔고, 한국을 점령하고 중국으로의 진로를 위해 철도를 놓았으니 철길도 모두 파 뒤집어 새로 깔아야 한다. 한강 다리도 새로 놓고, 이렇게 4천 년 역사의 서울은 일제 36년의 망상(妄想)에 쫓겨 다 헐고 새 서울을 지어야 한단 말인가.
>
> 일제 36년과 군사정권 30년은 누구의 역사였던가. 헐고 부순다고 아픈 역사가 없어지고 부끄러움이 사라지는가. 아플수록 더 역사를 배우며 간직하여 후세의 귀감이 되어야 하지 않을까.[23)]

민족정기의 회복은 쇠말뚝을 몇 개 뽑거나 건물을 몇 채 헐어서 되는 것이 아니다. 그것은 먼저 우리들의 마음속에 자리 잡고 있는 사대의식을 몰아내고, 그 다음에는 우리들의 생활 속에 스며든 사대주의 문화를 척결하고, 끝으로 문화적으로나 경제적으로 상대방 국가를 넘어설 때 가능한 것이다.

우리는 지금까지 일본에게 우리의 의지를 여러 번 상징적으로 보여주었다. 이제 김영삼 정부는 자신이 상해 임시정부의 정통을 직접 이어받는다는 오만에서 벗어나서 명분이 빈약하고 실리도 전혀 없는 국립중앙박물관 철거를 즉시 중단하고 좀 천천히 먼 미래를 바라보면서 국정에 임하기를 바란다. 왜?

김용삼은 그 이유를 이렇게 말한다. “권력은 순간이고 문화는 영원하다. 한순간의 민족감정을 삭이지 못해 수백 년, 아니 수천 년을 전해 가며 일제침략의 상징물로 기능해야 할 모습이 어이없게도 5년의 임기를 담당한 정권 책임자의 무모한 결정으로 인해 파괴된다면, 그 책임은 누가 질 것인가?”[24)] 그러나 나는 이렇게 말하겠다. “치욕의 역사는 한풀이의 대상이 아니라 극복의 대상이다.”

[주(註)]

1) 김용삼, 『건물은 사라져도 역사는 남는다』, 움직이는책, 1995, p.172.
2) 이난영, 「부숴버리기는 이제 그만」, 『월간조선』, 1994년 12월호, p.255.
3) 황필호 편, 『비폭력이란 무엇인가』, 종로서적, 1990, pp.209-262.
4) 김용삼, 앞의 책, p.39.
5) 같은 책, p.23.
6) 같은 책, p.114.
7) 두 번에 걸친 태극기 게양 전투의 생생한 기록으로는 같은 책, pp.189-198을 참조할 것.
8) 강원용, 「중앙박물관, 꼭 헐어야 하나」, 『경향신문』, 1994년 12월 2일.
9) 김용삼, 앞의 책, p.18.
10) 황정희, 「왜 박물관 철거는 부당한가」, p.7.
11) 임홍빈, 「혹세무민하는 소설의 범람」, 『문학사상』, 1994년 11월호. Cf. 임홍빈, 「국립중앙박물관 건물은 기어코 헐리고 마는가」, 같은 책, 1993년 9월호; 「민족적 문화재 보존의 중대 위기를 방관할 것인가」, 같은 책, 1994년 12월호.
12) 최창조, 「총독부건물 철거, 국토의 막힌 입 여는 것」, 『중앙일보』, 1995년 8월 14일.
13) Cf. 칼 야스퍼스, 황필호 역, 『소크라테스, 불타, 공자, 예수, 모하메드』, 종로서적, 1991, pp.78-79.
14) 황필호, 「잘못된 역사는 한풀이의 대상이 아니라 극복의 대상이다」, 『어느 철학자의 편지』, 제18호, 1995년 10월 1일, pp.52-53.
15) 황인용, 「헐려진 한 건축물을 위하여」, 『어느 철학자의 편지』, 앞의 책, p.47.
16) 이선복, 「김영삼 정권의 수준을 짐작케 한다」, 『월간조선』, 1994년 12월호, p.219.
17) 황필호, 「잘못된 역사는 한풀이의 대상이 아니라 극복의 대상이다」, 앞의 책, p.48.
18) 같은 글, p.51.
19) 황정희, 앞의 글, pp.4-6.
20) Cf. 복거일, 「구조선총독부 건물 철거의 득실」, 『중앙경제신문』, 1993년 9월 17일. "우리 사회의 토론문화는 좀처럼 나아지는 기색이 없다. 그런 진단을 떠받치는 증상으로 '전화 부대'의 위협에서 공청회를 짓밟는 이해집단의 횡포에 이르기까지 사회문제에 관한 토의가 제대로 이뤄지는 것을 막는 폭력의 기승을 꼽을 수 있다. 그런 폭력은 여론이 자연스럽게 이뤄지는 것을 막아서 사회가 합리적 결정을 내리는 것을 방해한다. 정부가 그런 일을 줄이는 일에 별다른 관심을 기울이지 않는 것은 잘못이다."

그러나 이번 경우에는 정부가 '관심을 기울이지 않은 것'이 아니라 오히려 매스컴을 통해 그런 폭력을 조장했다고 생각한다.

21) 졸속 철거결정에 대하여는 다음을 참조할 것. 김용삼, 앞의 책, pp.20, 30-31, 46, 49, 79, 217; 이선복, 앞의 글, p.216.

22) 황필호, 『철학적 여성학: 꽃과 별의 만남을 위하여』, 종로서적, 1994, pp.125-136.

23) 이난영, 앞의 글, p.222.

24) 김용삼, 앞의 책, p.234.

제 2 장

사회철학 · 과학철학

1. 키와니스의 철학

1. 사람은 빵으로만 살 수 없다: 정신문화의 필요성

인간은 육체와 영혼으로 구성되어 있다. 그리고 육체가 빵으로 대표되는 물질문명을 필요로 한다면, 영혼은 윤리와 철학과 종교로 대표되는 정신문화를 필요로 한다. 그러므로 가장 바람직한 삶이란 바로 이 물질적인 문명과 정신적인 문화의 조화에서 나오는 것이다.

이와 마찬가지로, 사회가 정상적으로 기능하려면 경제와 정치로 대표되는 물질적인 양식과 사랑과 정(情)과 의리와 선의지(善意志)로 대표되는 정신적인 양식이 잘 조화되어야 한다. 물질문명만을 앞세우는 사회는 풍요 속의 빈곤을 경험할 것이며, 정신문화만을 앞세우는 사회는 역사와 현실에 대한 아무런 개혁 의지도 실천할 수 없는 체념의 종속이 있을 뿐이다.

이러한 사실을 플라톤은 그의 영혼삼분설(靈魂三分說)로 설명한다. 그에 의하면, 모든 인간은 지혜를 사랑하는 이성적(理性的)인 영혼과 명예를 추구하는 기개적(氣槪的)인 영혼과 물질을 추구하는 욕정적(欲情的)인 영혼으로 구성되어 있다. 그리고 이 세 부분의 영혼이 조화를 이루고 있을 때 개인은 바로 덕(德)을 추구하는 삶을 영위할 수 있다.

이와 마찬가지로, 사회나 국가도 이성적인 영혼에 해당하는 철학자가 통치 계급을 이루고, 기개적인 영혼에 해당하는 군인들이 수호(守護) 계급을 이루고, 욕정적인 영혼에 해당하는 농공상인들이 영양(營養) 계급을 구성하고 있어야 이상적인 사회나 국가가 된다. 그렇지 않고, 한 영혼만 우세한 개인이나 한 계급이 지배하는 사회는 조화를 이루지 못한 개인과 사회일 뿐이다.[1)]

물론 오늘날 플라톤의 이런 사상은 폐쇄된 사회의 패러다임이라는 비난을 받고 있다. 겉으로는 평등을 내세우면서도 실제로는 인간 고유의 창조력을 무시한 인간관과 국가관을 그가 제창하고 있기 때문이다.[2)] 그러나 우리는 그의 이론으로부터 가장 단순하면서도 심오한 진리를 발견할 수 있다. 그것은 바로 모든 사람은 육체와 영혼을 동시에 살찌우는 삶을 영위해야 되며, 사회도 이와 같이 물질문명과 정신문화를 조화 있게 실천해야 된다는 것이다.

2. 정신이 물질보다 더욱 중요하다: 소수의 예외자로서의 키와니스 회원

성서는 사람이 빵으로만 살 수 없다고 말한다. 어떻게 보면, 성서의 이 구절은 빵의 중요성을 역설적으로 증명한다고 말할 수 있다. 모든 사람은 육체를 가지고 태어나며, 육체를 가진 사람은 먹어야 살고, 먹으려면 일해야 하며, 일을 하면 자연히 여러 가지 물질적인 성취를 추구할 수밖에 없기 때문이다. 대부분의 사람들이 내 배 부르고 등 따스하면 그만이라고 생각하는 이유도 여기에 있다.

특히 현대인은 돈, 명예, 권력과 같은 보이는 것들만 추구하고, 사랑, 우정, 의리와 같이 보이지 않는 것들의 가치까지도 외형적으로 나타나는 가치로 판단하고 있는 실정이다. 그리하여 그는 현실을 직시하는 현실주의(現實主義)가 아니라 무조건 현재만을 중요시하는 현세주의(現世主義)를 따르고 있다. 그러면 오늘날 우리나라 국민의 현세주의는 어떤 형태로 나타나는가? 나는 그것을 금전만능주의, 권력지향주의, 결과제일주의라는 세 가지 병폐로 설명하겠다.

첫째, 과거의 한국인들은 금전이나 물질에 대하여 극히 비타산적이었다. 특히 선비에게 있어서 제물은 삼강오륜을 직접 해치는 요인이었다. 일반 부녀자의 경우에도 거지에게 보리쌀 한 줌 집어 준 것까지 헤아리는 며느리는 박복하다고 말했고, 아예 계집은 그릇 한 죽 헤아릴 줄 몰라야 복 받고 산다고 믿었다. 타산하는 단위마저 몰라야 복을 받는다는 뜻이었다. 그러나 요즘 우리나라 사람들은 완전히 돈 버는 기계의 역할에 만족해 있다. 옛날에는 그래도 출세나 권력을 잡기 위하여 재물을 벌었지만, 요즘에는 돈을 벌기 위하여 출세를 하는 것이다. 예를 들어서 '우리도 잘살 수 있다'는 표현은 정신과 육체가 조화를 이룬 이상적인 삶이 아니라, 우리도 돈을 벌어서 남과 같이 흥청망청 쓸 수 있다는 개념으로 타락되어 있다.

더 나아가서 우리의 금전만능사상은 차근차근 노력해서 얻으려는 것이 아니라, 단번에 끝장을 보려는 한탕주의로 기울어지고 있다. 사다리를 한 계단씩 오르는 대신에 몇 계단씩 뛰어 오르려고 하고, 가능하면 단 한 번의 승부로 끝장을 내려고 했던 것이 바로 금당 사건이었다. 단 한 번의 모험으로 덩굴채로 떨어지는 호박을 기대한 사건이었다. 그러므로 현금만능주의, 현찰주의, 한방주의로 표현된 현세주의는 내세보다는 현세를 중요시하고, 내일보다는 오늘을 중요시하고, 나중에 보자는 놈보다는 지금 당장 보자는 놈을 무서워한다.

둘째, 현금만을 숭배하는 현세주의는 권력지향주의로 나타난다. 우리는 권력의 허무함을 절실하게 체험했다. 그럼에도 돈을 벌려면 우선 출세를 해야 되고, 뭐니 뭐니 해도 끗발이 세야 돈을 번다고 믿는다. 권력에 대한 비굴한 태도는 다음과 같은 표현에 잘 나타나 있다. '한번 맛을 보여주겠다', '칼자루 잡은 놈이 제일이다', '반드시 죄가 있어서 욕을 보나?', '털어서 먼지 안 나오는 사람은 없다', '코에 걸면 코걸이, 귀에 걸면 귀걸이' 등등. 그리고 악착같이 하는 입시 공부나 고시 공부도 순수한 공부라기보다는 출세를 하려는 것이고, 요즘의 여성지는 온통 남편 출세시키는 법으로 꽉 차 있다.

셋째, 돈을 벌기 위한 수단으로서만 권력을 지향하는 현세주의는 결과제일주의를 신봉한다. 모든 것은 결과에 달려 있다. 나무는 그 열매를 보고 판단할 일이다. 아무리 열심히 공부를 했어도 대학에 입학하지 못한 고등학생과 취직을 하지 못한 대학생은 낙제생이 된다. 대학교수인 것이 문제가 아니라, 자가용을 굴리느냐가 문제다. 결과를 생산하지 못하는 학문은 마치 생산품을 제조하지 못하는 공장과 다름이 없다. 범죄자를 다스리는 경우에도 '왜?'라는 동기가 아니라, 그가 어떤 행위를 실제로 했느냐는 결과만을 중요시한다. 그러므로 결과제일주의는 보이는 것만을 숭상하는 극단적인 공리주의다.[3)]

이런 상황에서 누군가는 물질문명의 중요성뿐만 아니라 정신문화의 중요성을 동시에 강조하는 깨어 있는 지성의 역할을 담당해야 된다. 이런 상황에서 우리는 아테네 시민을 향한 소크라테스의 외침을 다시 경청할 필요가 있다.

> 이 세상에서 가장 위대한 아테네의 시민인 나의 친구들이여, 그대들은 지성과 권력에 있어서는 그렇게도 훌륭합니다. 그러나 그대들은 돈을 벌고 명성과 특권을 신장시키기 위해서는 온갖 노력을 경주하면서도, 진리와 지혜를 위하여 그리고 당신의 영혼의 향상을 위하여서는 작은 관심도 없거나 걱정조차 하지 않고 있다는 것을 부끄럽게 생각하지 않습니까?[4)]

누군가는 정신의 중요성과 영혼의 고귀함을 외쳐야 한다. 성서가 분명히 말했듯이 사람이 온 세상을 얻고도 그의 영혼을 잃으면 무슨 소용이 있겠는가? 일부의 철학자들이 소크라테스의 외침을 단순한 철학적 명제(命題)가 아니라 소크라테스적 복음(福音)이라고 말하는 이유도 여기에 있다.[5)]

그러나 솔직히 말하자. 대부분의 사람들이 이렇게 깨어 있는 지성으로 살 수는 없는 일이다. 어차피 대중은 그저 일상적인 삶에 파묻혀서 영혼의 고상함에 대하여 별로 생각하지도 않으면서 살게 마련이다. 그러므로 개인과 국가가 정말 육체와 영혼의 조화를 이루려면, 단순히 영혼도 육체만큼의 가치가 있다는 주장에서 한 걸음 더 나아가서 영혼이 육체보다 더욱 중요하다고 외칠 수 있는 소수의 예외자가 존재해야 한다. 그리고 인류 역사는 이런 소수의 예외자들의 외침과 희생에 의하여 발전되는 것이다.

키와니스의 첫 번째 목적은 인생의 가치관에서 물질적인 것보다 인간적이고 정신적인 면에 치중한다는 것이다. 육체와 영혼의 등가치(等價値)의 단계가 아니라 육체에 대한 영혼의 우위성을 주장할 수 있는 키와니스 회원, 해방신학자인 카마라(D. H. Camara) 대주교는 그런 사람을 아브라함적인 소수(Abrahamic minority)라고 불렀다. 이런 뜻에서 키와니스 회원은 보통사람이 아니라 특수한 사람이다.

3. 정신문화는 도덕, 철학, 종교를 통해 전개된다: 키와니스의 윤리강령

그러면 인간의 삶에 그렇게도 필요한 정신문화는 구체적으로 어떻게 꽃필 수 있는가?

첫째, 사람이란 아무렇게나 사는 동물이 아니다. 인간이란 일정한 방향으로 생각하고 일정한 방향으로 행동해야 된다고 믿는 동물이다. 인간은 언제나 사실성(事實性)뿐만 아니라 당위성(當爲性)을 의식하고 사는 동물이다.

그리하여 맹자는 먼저 어떤 일을 하지 않겠다고 작정한 다음에는 어떤 일을 꼭 해야 되겠다고 작정해야 된다고 말했으며, 프랜시스 베이컨은 사람에게는 그가 실제로 어떤 일을 하느냐가 아니라 어떤 일을 해야 되느냐가 더욱 중요한 문제라고 말했으며, 마틴 루터 킹

(Martin L. King) 박사는 1964년 12월 11일 노벨 평화상을 수락하는 연설에서 인간의 현재 상태가 인간의 당위성을 결정할 수 없다고 말했던 것이다. 윤리성을 망각한 인간은 동물과 다름이 없다.

둘째, 인간은 철학을 버리고 살 수 없다. 만족한 돼지로 살기보다는 차라리 고민하는 소크라테스로 살아야 하며, 사회와 역사를 단순히 주어진 것으로 받아들이는 대신에 그것을 비관적으로 판단하면서 살고, 자신과 자신이 속해 있는 사회에 대하여 영원한 반성을 계속하면서 살아야 한다. 그러므로 철학이 살아 있는 사회는 비판을 더욱 커다란 비판으로 봉쇄하는 대신에 그 비판을 수용할 수 있는 열린사회다. 비판적인 기능을 완전히 상실한 국민은 국민 총화를 이룬 백성이 아니라 전체주의적 발상에 대해서도 아무런 저항도 할 수 없는 로봇일 뿐이다.

반성하는 사람만이 진정한 사람이다. 소크라테스가 "반성하지 않는 삶이란 살 가치조차 없다"고 말한 이유도 여기에 있다. 그러나 반성은 비판과 그 비판에 대한 이성적인 토론의 과정을 통해서만 성취될 수 있다. 그러므로 이 사회가 반성하면서 발전하는 사회가 되려면 먼저 비판적인 기능으로 대표되는 철학이 소생해야 된다.

셋째, 인간은 당위성을 의식할 뿐만 아니라 언제나 그 자신 이외의 존재를 믿으면서 살아가는 존재다. 인간은 불완전하기 때문에 강력한 존재를 희구한다. 인간은 무상하기 때문에 영원을 갈망하고, 자유롭지 못하기 때문에 자유를 찾는다. "밤이 되면 무신론자까지도 절반은 하느님을 찾는다"는 영(Edward Young)의 말과 "곤경 속에서는 무신론자가 있을 수 없다"는 커밍스(William Cummings)의 말도 인간이 가지는 신앙의 보편성을 지적하는 표현이다.[6)]

물론 모든 사람이 종교인이 되어야 한다는 것은 아니다. 모든 사람이 종교를 가져야 한다거나 절대로 가질 수 없다는 생각이야말로 극히 비종교적인 발상일 뿐이다. 그럼에도 우리는 종교가 부패하면 나라가 망한다는 사실을 역사적으로 경험했다. 불교의 부패와 고려의 망함, 그리고 유교의 부패와 조선의 멸망이 바로 그것이다.

물론 고려의 패망의 원인이 오로지 당시 불교의 패망에만 있다고 말할 수는 없다. 여러 가지 복합적인 이유가 있겠지만, 나라의 패망과 종교의 부패는 마치 동전의 앞뒤와 같이 서로 떼어놓을 수가 없는 것이다. 그 까닭은 분명하다. 종교는 사람의 사람됨을 지키는 마지막 보루이기 때문이다. 그 보루가 무너지면 사람들은 참된 사람으로서의 삶을 잃게 되고 그것은 곧장 사회의 붕괴로 이어지게 마련이다.

나라를 이끌어 가는 정치 권력자들이 잘못될 때 그것을 바로잡아 주고, 그래도 자꾸만 잘못할 때는 목숨을 걸고 그 길을 가로막아서야 할 종교인들이, 오히려 그들과 손발을 맞추어 가며 부정부패를 조장한다면, 그 나라가 무너지지 않을 도리가 없는 일이다.[7)]

키와니스의 윤리강령은 정신문화의 창달을 위해 현실 속에서 실천될 수 있는 도덕, 철학, 종교를 강조한다. 그리고 그들에 대한 키와니스의 강조는 단순히 도덕, 철학, 종교에 대한 배움에서 끝나지 않는 도덕함(moralizing)과 철학함(philosophizing)과 종교함(religionizing)을 뜻한다.

- 부모님과 청소년들에게 습관성 의약의 결과에 관해 교육시킨다.
- 모든 사람으로 하여금 법률을 준수하고 질서를 유지하도록 권유한다.
- 자연이나 대기의 오염을 방지하기 위한 활동 계획을 수립하고 지원한다.
- 하느님에 대한 믿음을 갖고 그 믿음을 사회봉사에 적응한다.

이러한 도덕적 · 철학적 · 종교적 실천은 키와니스의 목적에도 잘 나타나 있다.

- 모든 일상생활에 있어서 황금률에 의한 일상생활을 장려한다.

- 클럽을 통하여 확고한 우정과 참된 봉사로 훌륭한 사회를 건설하기 위한 실제적인 방법을 강구한다.

4. 소경은 소경을 인도할 수 없다: 키와니스 회원의 자격 조건

그러면 누가 이 영혼의 사업에 전념할 수 있는가? 이 어려운 일을 해내려는 키와니스 회원의 자격 조건은 무엇인가?

첫째, 수신(修身)을 한 사람만이 제가(齊家)를 할 수 있다. 자신의 영혼이 순수하지 못한 사람은 절대로 다른 사람의 영혼을 정화시킬 수 없다. 그것은 마치 소경이 소경을 인도하려는 만용에 불과한 것이다. 키와니스는 먼저 회원 자신의 수신을 굉장히 강조한다. 그리하여 키와니스 윤리강령은 더 높은 사회적 · 사업적 · 전문적인 수준을 채택하고 이를 적용토록 격려한다고 말함으로써 회원의 목적은 교훈과 실례를 통하여 더 지적이며 진취적인 봉사적 시민정신을 향상시키며, 정의와 도의 그리고 애국심과 선량한 의지를 증진하기 위한 건전한 여론과 높은 이상을 창조 · 유지하는 데 있다고 말한다.

특히 키와니스는 치국(治國)이 잘못되어 국가이기주의에 빠지지 않기 위해 국제적인 교류와 협력을 굉장히 강조한다. 그리하여 윤리강령은 외국에서 키와니스의 지속적인 성장에 특히 힘써 국제친선과 상호 이해를 증진시킨다고 못 박고 있으며, 이런 국제교류를 위해 특히 젊은이들의 지도에 특별한 관심을 쏟는다. 서클 케이 클럽(Circle K Club)과 키 클럽(Key Club) 및 젊은이들의 단체와의 공동생활을 진지한 지도와 뒷받침으로 증진시킨다는 어느 학자의 말대로, 지구는 아직도 젊다고 말할 수밖에 없기 때문이다.

한마디로 키와니스는 현실사회에 만족하지 않고 이상사회 건설을 지향한다. 그리고 이 목적의 높은 뜻을 실천하려고 노력하며, 일상생활에서는 황금률을 따르려고 노력한다. 이런 뜻에서 키와니스는 넓은 문이 아니라 좁은 문을 두드린다.

[주(註)]

1) 황필호, 『자기철학을 가지고 살려는 사람에게: 삶의 철학, 일의 철학』, 산호, 1993, pp.18f.
2) 플라톤의 영혼삼분설은 임금은 임금이 되고, 아버지는 아버지가 되고, 신하는 신하가 되어야 한다는 공자의 정명(正名) 사상과 일치하는 듯이 보인다. 그러나 플라톤의 사상은 인간의 삶이 출생에 의하여 결정된다는 결정론에 근거한다는 점에서 공자의 사상과는 전혀 다르다. 포퍼(Karl Popper)와 같은 학자들이 플라톤의 사상이 열린사회가 아니라 닫힌사회를 옹호할 뿐이라고 맹렬히 공격하는 이유도 여기에 있다.
3) 황필호, 『이데올로기, 해방신학, 의식화 교육』, 종로서적, 1985, pp.184-186.
4) 플라톤, 「변론」.
5) 황필호, 「만족한 돼지와 불만족한 인간」, 『사랑은 질투가 아니다』, 자유문학사, 1991, p.237.
6) 황필호, 『생각하는 여성을 위한 명상록』, 기린원, 1986, pp.99-101.
7) Cf. 이현주, 『나의 어머니, 나의 교회여』, 종로서적, 1984, p.57.

2. 역사의 무게에 대하여 :
생활철학연구회가 청와대로 띄우는 편지

1. 어느 재야 출신 대통령 비서관의 고백

재야 출신인 정관용 대통령 교문사회 비서실 행정관이 “비서는 입이 없다”는 자신의 말을 스스로 깨뜨리고 입을 열었다. 그는 「역사의 무게와 시대의 책무」라는 글에서 자신이 과거에 가지고 있던 지적 자만심과 허영심을 이렇게 고백했다.

> 나는 나 자신 가장 현실을 투철하게 인식하고 있다고 생각했다. 많은 사람들에게 우상을 버리고 현실을 직시하라고 말해 주곤 했다. 그러나 내가 그때 인식한 현실은 현실 그 자체가 아니라 내가 그 당시 가지고 있었던 관념일 뿐이었다. 그런 고정관념이랄까 선입관에 기초했던 나의 발언은 어쩌면 그렇게 철없고 무책임한 것이었던지 새삼스럽게 절감하는 나날을 보내고 있다.[1)]

그러면 그의 이런 양심선언의 구체적인 내용은 무엇인가? 우리는 그것을 단계적으로 정리할 수 있다.

첫째, 개혁이란 과거의 잘못된 규칙과 관행들을 고치고 바로잡는 것이다. 그것은 과거 권위주의 정권이 자율 역량을 침해해 온 사회

곳곳의 불합리한 제도와 왜곡된 질서를 바로잡아, 우리 사회의 자율 조절 기능이 하루 빨리 정착되도록, 그리하여 민주주의의 기본 질서가 자리 잡히도록 하는 일련의 과정이다.[2)]

둘째, 그러나 개혁의 길은 역시 길고 힘겨운 것이다. 우선 개혁은 누군가에게는 기존의 것을 빼앗기는 아픔을 주어야 하며, 시간이 걸리는 작업이기에 신중해지지 않을 수 없고, 섣부른 지식으로 무모하게 손을 댈 수 없다.[3)]

셋째, 그런데 재야 세력은 아직도 비판 그 자체를 즐기는 데 머물고 있다. 그리하여 그들은 섣불리 '개혁은 끝났다'고 선언함으로써 과거의 관습으로 빨리 돌아가고 싶은 조급증에 사로잡혀 있으며, 정부의 한계에 대한 비판을 내세워 재야 스스로의 한계와 문제점에 대해서는 눈을 감고 있는 실정이다.

넷째, 그러므로 재야 세력은 이제 한편으로 대통령이 모든 개혁을 혼자서 한다는 '인치 논쟁'을 벌이면서 다른 한편으로는 대통령이 모든 일에 책임을 져야 한다는 이중성에서 벗어나서 김영삼 정부의 개혁을 밑받침하고, 필요하다면 이끌어갈 수 있는 그런 노력을 해야 한다.[4)]

그러면 그는 왜 이렇게 새로운 시국관을 갖게 되었는가? 그는 그 이유를 한마디로 '역사의 무게'에서 찾았다.

> 이렇게 나의 해석 방법이 달라진 것은 문민정부가 맞닥뜨리게 되는 모든 개혁의 과제가, 그것이 아무리 사소하고 하찮아 보이는 것일지라도, 모두 수십 년 세월의 무게를 간직하고 있는 일들이라는 것을 깨달으면서부터다. 설익은 정치 평론가였던 시절, 이 사회의 문제는 단순했고, 해결 방향은 명확했으며, 이렇게 저렇게만 하면 금방 해결할 수 있다고 생각했고, 그렇게 주장했다.
>
> 하지만 막상 개혁을 추진하는 문민정부 청와대에 들어와 내게 주어지는 아주 작은 문제 하나라도 붙들고 씨름해 보니, 그 문제 하나하나에는 우리의 역사가 있었고, 많은 사람들의 생생한 삶이 있었으며, 이미

우리 모두에게 익숙해져 버린 관행과 문화가 있었다. 고치고 바로잡기에 어느 것 하나 쉬운 일이 없었고, 쉽게 처리해선 안 되는 일뿐이었다.[5)]

나는 정관용의 위 네 가지 주장에 대체로 동의한다. 첫 번째와 두 번째 주장은 원칙적인 것이라 모든 사람이 동의할 것이다. 세 번째 주장에 대하여는 모든 사람이 동의하지 않겠지만, 나는 재야 세력이 현실의 복잡함에 적응해야 한다는 그의 주장에는 분명히 일말의 진리가 있다고 믿는다. 네 번째 주장은 옳을 수도 있고 틀릴 수도 있지만, 처음 세 가지 주장으로부터 연역적으로 나온 결론은 아니며, 그래서 이 주장은 논리적인 정당성을 결여하고 있다.

2. 두 가지 아쉬운 점

이제 나는 정관용의 글에 대한 두 가지 아쉬운 점, 한 가지 논리적인 모순, 한 가지 본질적인 문제를 설명하겠다.

첫째, 그가 이런 글을 청와대로 입성(入城)하기 전에 썼다면 훨씬 큰 효과가 있었을 것이라는 아쉬움이 있다. 물론 우리는 그의 이런 '실체적인 변화'의 동기를 의심할 만한 자료를 가지고 있지 않으며, 또한 그의 고백대로 그의 변신은 개혁의 현장에 직접 투신하면서 얻은 것이라는 점도 잘 알고 있다.

그러나 오비이락 격일지도 모르지만 그의 갑작스런 '변신'을 '변명'으로 받아들이는 사람들이 많이 있을 것이라는 점에서 그의 고백은 너무 늦거나 너무 빠른 감이 있다. 그리고 이런 시기론(時期論)은 고해성사를 한 본인과 그를 지지하는 사람들에게 공연한(?) 의심의 눈초리를 돌리게 한다. 현실 개혁에 직접 참여하려는 사람은 이런 시기론에 대해서도 예민한 판단력을 가지고 있어야 한다.

둘째, 우리의 두 번째 아쉬움은 그의 이런 돌연변이가 동양적인 것이라기보다는 다분히 서양적이라는 사실이다. 우리는 일반적으로 서양인이 '이것이냐 저것이냐'의 양자택일적 심성을 가지고 있다면 동양인은 '이것도 저것도'의 포용적인 심성을 가지고 있다고 말하는데, 우리는 이 차이점을 종교에서 쉽게 발견할 수 있다.

서양인들은 언제나 천사와 악마, 선과 악, 하느님과 세상, 이성과 감성 중에서 한 쪽을 선택해야 된다고 믿어왔다. 그리하여 기독교가 진리의 종교라면 다른 종교는 자연히 사이비 종교가 된다. 그러나 동양의 군자는 전통적으로 유불선(儒佛仙) 3교에 능통한 사람이었다. 그리하여 『중국철학의 원류』의 저자인 진영첩은 이렇게 말한다.

> 서양인들은 한 사람의 중국인이 유교, 불교, 도교에 동시에 소속될 수 있다는 사실에 경악을 금할 수 없었다. 그러나 그들은 결국 중국인은 이 세 종교를 각기 다른 대안(代案)으로 보지 않고 중국인의 지속적인 종교적인 삶에 상호 침투하는 세 개의 영역으로 이해하고 있다는 사실을 깨닫게 되었다.
>
> 그리하여 그들은 중국철학의 가장 훌륭한 점이 바로 이렇게 이질적인 것들을 '통합시키려는 경향과 능력'임을 알게 되었다.[6)]

서양의 기독교인들은 선조 때부터 내려온 불교나 힌두교의 모든 전통을 하루아침에 헌신짝처럼 버리게 하는 것을 선교사의 의무로 생각했으며, 분명히 '신앙은 강요될 수 없다'는 내용을 가진 코란을 믿는 사람을 개종시키는 성전(聖戰)을 주장하기도 한다.

그러나 한국인의 전통은 이런 양자택일의 선택이 아니라 누적적(累積的, cumulative)인 전통이다. 모든 한국의 종교인은 무교(巫教)적인 성격을 가지고 있으며, 그것을 버리지 않고 다시 그 위에 유교적인 가르침을 받아들이고, 그 후에 불교인이나 기독교인이 되어서도 무교적 및 유교적 심성을 그대로 간직하고 있다. 그리하여 나는 동양인의 종교에는 개종(改宗, conversion)이 아니라 가종(加宗, addversion)이 있을 뿐이라고 주장한다.[7)]

예를 들어서, 까치소리 전화 응답과 같은 기발한 아이디어를 제창한 우리나라 초대 문화부장관이었던 문필가를 모르는 사람은 별로 없을 것이다. 한때 그는 열렬한 서양 예찬론자였다. 그리하여 그는 서양에는 차라리 결투의 문화가 있지만 한국에는 겨우 나를 버리고 가신 님이 발병이 나서 돌아오기만을 기다리는 한심한 문화밖에 없다고 공언하기도 했다. 그런데 어느 날 그는 갑자기 완벽한 한국 찬양론자로 변했다.

나는 이렇게 '발 빠른 사람들'이 지닌 미래를 미리 점칠 수 있는 혜안, 그리고 그 혜안을 당장 실천할 수 있는 용기를 부러워한다. 그래야 출세도 할 수 있는 것이다. 그러나 나는 이런 사람들을 별로 존경하지는 않는다. 나는 주로 서양에서 교육을 받았으면서도 갑자기 성령의 은혜를 충만히 받은 사람, 개차반이었던 친구가 어느 날 갑자기 성자로 변하는 사실, 10년 이상 삶의 목표로 삼았던 것을 갑자기 내팽개치는 사람들에게는 우선 의심의 눈초리를 보낸다. 갑자기 변신하지 못해 출세하지 못한 나의 콤플렉스이기를 바란다.

더 나아가서 나는 이런 갑작스러운 변화는 동서양에 관계없이 모든 사람에게 불가능하다고 믿는다. 프로이트의 사상이 아니라 하더라도, 인간은 역사의 무게를 차츰차츰 쌓아가면서 살 수밖에 없는 존재이기 때문이다.

물론 나의 이런 주장이 정관용의 주장들이 틀렸다는 것을 증명하지 못한다. 이 세상에는 황소걸음으로 사는 사람도 있고 발 빠른 다람쥐의 삶을 영위하는 사람도 있게 마련이다. 단지 그의 이런 갑작스런 변화가 나같이 발이 느린 사람에게는 마치 외계인의 행동같이 보인다는 아쉬움을 갖게 한다는 것이다.

3. 논리적인 모순: 역사의 무게에 대하여

이제 나는 정관용의 글에 나타난 논리적인 모순을 지적하겠다. 그의 첫 번째, 두 번째, 세 번째 주장들이 전부 옳다고 하자. 그러나 여기서 나오는 결론은 "진정한 개혁을 해야 한다"는 극히 상식적인 주장일 뿐이며, 반드시 재야 세력의 정치적 움직임이 "김영삼 정부의 개혁을 발전시키는 방향이어야 한다"는 결론, 군의 개혁은 "김영삼 대통령이 아니면 할 수 없는 일"이라는 결론, "진정한 개혁 세력이라면 김영삼 정부의 개혁을 밑받침해야 한다"는 결론은 나오지 않는다. 물론 진정한 개혁은 김영삼 식의 개혁일 수도 있고, 반 김영삼 식의 개혁일 수도 있다. 그러므로 정관용의 마지막 결론도 옳을 수 있지만, 다만 그 결론은 논리적인 타당성을 결여하고 있다.

그는 왜 이런 논리적인 모순을 범했는가? 너무 소박하고 낭만적인 생각을 가지고 있기 때문에 나온 듯하다. 우선 우리는 역사의 중요성을 인식해야 한다. 그래서 나는 「역사를 망각하지 않는 철학」이라는 글에서 이렇게 말했다.

> 모든 사람은 그가 속해 있는 땅에 두 발을 딛고 살아갑니다. 그래서 철학자들은 인간을 '세계 내의 존재'로 규정하기도 했습니다. 수양산으로 들어간 백이와 숙제도 그들이 살던 현실을 완전히 떠난 것은 아니었습니다. 그러므로 현실을 개혁하려는 사람은 우선 현실을 정확히 알아야 합니다. 현실을 무시한 개혁은 굉장히 낭만적으로 들리겠지만 결국 물거품으로 끝나게 됩니다.
>
> 그러나 현실은 고정된 실체가 아니라 끊임없이 변하는 과정입니다. 우리가 현실을 단순한 물체로 전락시키는 기계론적 객관주의와 현실을 자아의식의 창조물로 전락시키는 유아론적 관념론을 동시에 배척해야 되는 이유가 여기에 있습니다.
>
> 더 나아가서 현실을 파악하고 만들어가는 인간에게는 언제나 한계가 있게 마련이며, 그래서 우리는 마치 장님이 코끼리를 만지듯이 현실의

어느 단면만을 보게 됩니다. 인간이란 본질적으로 모든 것을 한눈으로 꿰뚫어 볼 수 있는 전지전능의 존재가 아니기 때문입니다.

이런 상황에서 우리가 현실을 정확히 파악하는 가장 빠른 길은 바로 그 현실의 역사를 파악하는 것입니다. 어제가 없는 오늘은 존재할 수 없기 때문입니다. 그래서 나는 "철학하는 국민은 역사를 망각하지 않는다"라고 결론을 내렸습니다.[8)]

그러면 정관용은 이런 역사의 중요성에 대한 인식으로부터 어떤 결론을 내리는가? 그것은 그저 '모든 개혁의 과제가 수십 년 세월의 무게'를 가지고 있으며, 그래서 '고치고 바로잡기에 어느 것 하나 쉬운 일이 없었고, 쉽게 처리해선 안 되는 일뿐'이라는 것이다. 이것은 역사의 무게에 대한 너무 소박한 결론이 아닐 수 없다.

그러면 우리는 역사의 무게를 어떻게 받아들여야 하는가? 나는 앞의 글에서 이렇게 말했다.

첫째, 우리는 흔히 이 문제를 다음과 같이 두 가지 양극단의 질문으로 접근합니다. 하나는 잘못된 역사의 청산은 필연적으로 개인이나 단체에 대한 보복을 동반해야 된다는 것이고, 다른 하나는 역사에 대한 진정한 청산은 마치 "원수를 사랑하라"는 성서의 말과 같이 그들을 무조건 용서해야 된다는 입장입니다.

그리하여 전자는 해방 직후에 설립된 반민특위가 제 기능을 하지 못해서 일본의 잔재가 오늘날까지 지속되고 있다고 말하며, 후자는 광주항쟁에서 시작된 아픈 상처의 치유는 승자와 패자를 구별하려는 보복적인 발상 자체를 버려야 된다고 말합니다.

물론 이 두 가지 입장은 제각기 일말의 진리를 담고 있겠지요. 그러나 나는 이런 식의 접근 자체에 의문을 제기합니다. 잘못된 역사는 '청산'의 대상이기보다는 '극복'의 대상이기 때문입니다. 예를 들어서, 우리나라 신문학사의 거장인 춘원 이광수는 한때 공공연히 "일본 정신이 곧 진리"라고 주장하기도 했으며, "조선인은 그 민족 감정과 전통의 발전적 해소를 단행하고, 아주 피와 살과 뼈가 일본인이 되어 버려야 하기 때문에 금후 조선의 민족운동은 황민화 즉 일본인화 운동으로 집약되어야 한다"고 공언하기도 했습니다. 그래서 우리는 아직도 평론이나 연속 방송극을 통해 그의 친일 행각의 깊이와 동기, 그리고 당시의 사회상황 등을 조명하고 있습니다.

그러나 이런 개인에 대한 평가 작업보다 훨씬 중요한 사실은, 그의 소설이 해방 직후에도 베스트셀러로 자리 잡고 있었으며, 이런 일본의 잔재는 현재 10대의 선풍적인 우상인 '서태지와 아이들'로까지 이어지고 있다는 사실입니다. 그리하여 우리 사회는 아직도 일본의 제국주의에 대한 청산은 소리 높이 외치면서도 일본을 극복하지 못하고 있으며, 반일(反日)은 있어도 극일(克日)은 못하고 있는 실정입니다. 그러므로 우리는 이제 일본의 제국주의, 5공의 독재, 미국의 내정 간섭, 일본의 새로운 경제 침략 등은 청산의 대상이 아니라 극복의 대상임을 다시 상기해야 할 것입니다.

둘째, 그러나 역사를 망각하지 않는 일은 단순히 잘못된 역사의 극복에만 국한되지 않습니다. 오히려 여기서 더욱 중요한 것은 훌륭한 역사를 계승하고 발전시키는 일입니다. 우리들의 훌륭한 유산을 망각하는 것은 잘못된 역사에 대한 기억보다 훨씬 중요한 일이기 때문입니다.

예를 들어서, (지금은 많이 변색되었다고 주장하는 사람들이 많지만) 『새벽을 깨우리로다』의 저자로 우리에게 잘 알려진 김진홍(金鎭洪) 목사는 전통적인 두레 정신을 이어받아서 현재 두레마을공동체를 운영하고 있으며, 그가 운영하는 교회도 허균의 『홍길동전』에 나오는 활빈당(活貧黨)의 이름을 빌려서 — 복음으로 가난을 이기자는 뜻으로 — 활빈교회라고 부르고 있습니다. 이 얼마나 훌륭한 일입니까.

건전한 사회는 언제나 긍정과 부정이 공존합니다. 긍정만 있는 사회는 전체주의 국가일 것이며, 부정만 있는 사회는 인권이 짓밟히는 국가일 것입니다.

한마디로, 역사를 망각하지 않는다는 것은 역사를 흘러간 옛날이야기로만 보지 않고 그것을 현실에서 긍정하고 부정하는 것입니다. 의식화 교육의 선구자인 파울로 프레이리가 아리스토텔레스의 '이성적 동물'이라는 인간관을 이제는 '반성적 동물(a reflective animal)'이라는 인간관으로 바꿔야 한다고 주장한 이유도 여기에 있습니다.[9)]

그러므로 정관용의 "김영삼 정부의 개혁이 성공하기를 바라느냐, 바라지 않느냐를 분명히 하지 않은 채, 또 다른 개혁을 이야기하는 것이 과연 현실에 책임을 지는 자세인지 반문하지 않을 수 없다"는 주장, "이제 새로운 상황 속에서 모두는 자신의 실체를 스스로 드러내고 개혁에 동참할 것인가, 아니면 개혁을 이야기하면서 실상은 정치적으로 다른 생각을 하고 있는 것은 아닌가 분명히 가릴 때"라는 주장, 그리고 재야권은 오히려 김영삼 정부의 개혁이 잘 안 되기를 바라는 편에 서고 있다는 주장 등은 논리적인 결론이 아닐 뿐만 아니라 — 비록 재야권에 그런 사람이 다소 있다고 하더라도 — 대통령 비서관의 입을 통해서 나왔다면, 그것은 다분히 위협이거나 공갈같이 들린다.

4. 본질적인 문제: 생활철학연구회가 청와대로 띄우는 편지

새 생활 새 질서, 새 희망 새 출발, 신한국 건설, 21세기, 미래의 청사진… 요즘 우리 사회에서 가장 많이 사용하는 어휘다. 그러나 우리가 진정 바라는 '새 하늘, 새 땅'은 단순한 정치 개혁이나 경제 개혁으로만 성취될 수 없다. 그것은 우리가 지금까지 가지고 있던 생각, 고정관념, 가치관, 국가관, 세계관, 인생관이 모두 — 양적으로가 아니라 — 질적으로 변하는 의식 개혁이 동반되어야 한다.

여기서 의식 개혁과 제도 개혁의 우선순위를 따지는 일은 별로 의미가 없다. 그들은 진정한 사회 변혁의 두 축이기 때문이다. 그러나 제도 개혁은 당장 효과는 있어도 결국 실패하게 마련이다. 요즘 우리 사회에 만연된 공무원들의 복지부동 자세나 '준법 파업'과 같은 해괴한 일들이 벌어지는 이유도 여기에 있다. 그러나 진정한 의식 개혁은 언젠가는 제도 개혁을 요구할 수밖에 없다는 점에서 우리는 제도 개혁에 대한 의식 개혁의 중요성을 무시하지 말아야 한다.

그러면 진정한 의식 개혁은 어떻게 달성할 수 있는가? 물론 여기에는 여러 가지 방법이 있겠으나, 나는 철학과 종교가 가장 큰 역할을 할 수 있다고 생각한다.

첫째, 진정한 의식 개혁은 '철학의 생활화와 생활의 철학화'를 목표로 하는 생활철학운동에 달려 있다. 여기서 철학의 생활화는 쉽게 철학의 풀어쓰기로 볼 수 있으며, 이 단계를 넘어서 우리가 계속 노력하면 생활 자체를 논리적 · 비판적 · 개방적 · 본질적으로 영위하는 생활의 철학화 단계로 진입할 것이다. 그러나 여기서 말하는 철학은 배우는 '앎'으로서의 철학이 아니다. 그것은 '함'으로서의 철학으로 우리의 삶을 정신적으로 더욱 풍요롭게 만드는 모든 것을 지칭한다. '철학'보다는 '철학함'이 훨씬 중요하기 때문이다.[10)]

둘째, 진정한 의식 개혁은 종교의 도움 없이는 절대적으로 용이하지 않다. 모든 종교는 인간성 상실의 근본적인 원인을 욕망이라는 차원에서 본질적으로 규명하고, 거기에 대한 구체적인 방법을 제시하기 때문이다.[11)]

오늘날 대한민국은 '총체적인 부패 공화국'이 되었다. 그리하여 정사협은 그 내용을 부동산 투기꾼의 대명사인 정치계, 부패 공화국의 꽃인 행정계, 법도 양심도 없는 세무 공무원, 역사와 국민 앞에 참담한 심정으로 속죄해야 할 법조계, 분단의 빙벽 뒤에 쌓아 올린 비리 복마전인 군대, 소금이기를 거부한 언론계, 돈의 노예로 전락한 의료계, 돈의 생산지인 경제계, 오직 큰 손을 위해 존재하는 금융계, 부조리 빌딩을 짓는 건설업계, 상술을 빙자한 사술(邪術)의 대명사인 유통업계의 열두 마당으로 정리했다.[12)]

그러면 이런 '총체적인 부패 공화국'이라는 구조적인 모순은 어디서 나온 것인가? 결국 그 분야에 근무하는 지도적인 인물들이 아직 '사람'이 되지 못해서 이렇게 되었으며, 그런 뜻에서 우리는 국민 각자의 의식 개혁의 중요성을 다시 한 번 깨닫게 된다. 물론 나의 이런 주장은 개인윤리를 조금 확대하면 사회윤리가 된다는 뜻은 아니다. 다만 제도 개혁과 의식 개혁이 동시에 성취될 때만 진정한 개혁이 성취될 수 있다는 뜻이다.

그러나 솔직히 말해서 나는 우리나라에서 진정한 생활철학운동과 생활종교운동을 별로 보지 못했다. 철학운동은 아직도 이를테면 혼전 순결의 문제는 철학적인 문제가 되지 않는다는 현대판 권위주의에 머물고 있으며, 종교운동은 그저 자파의 세력 확장만 도모하는 신보수주의가 요즘의 정치적인 극우화 현상과 맥을 같이하고 있는 실정이다.

물론 정부도 이제는 의식 개혁의 중요성을 주장하며, 신바람 나는 정치와 생활 경제를 주장한다. 그러나 그런 주장의 구체적인 실천 방향은 한 가지도 제시하지 못하고 있는 실정이며, 정관용의 글도 예외는 아니다. 나는 이제 정부가 앵무새처럼 원칙의 반복만을 외치지 말고 의식 개혁을 위한 구체적인 방안, 철학과 종교에 바탕을 둔 방안을 제시하기 바란다. 이런 바람을 담은 생활철학연구회가 청와대로 띄우는 이 편지의 답장은 언제 받을 수 있을까?

[주(註)]

1) 정관용, 「역사의 무게와 시대의 책무: 청와대로부터의 편지」, 나라정책연구원, 『21세기 나라의 길』, 1994. 5, p.120.
2) 같은 글, p.123.
3) 같은 글, p.122.
4) 같은 글. Cf. 예를 들어서 요즘 공무원들의 복지부동 자세의 궁극적 책임을 대통령에게 돌리는 식의 비판이야말로 모든 일을 대통령 혼자서 해야 된다는 발상이다. Cf. 장두환, 「또 하나의 역설, 대통령의 복지부동」, 나라정책연구원, 『21세기 나라의 길』, 1994. 6, pp.59-61.
5) 정관용, 앞의 글, p.121.
6) Wing-tsit Chan, "Syntheses in Chinese Metaphysics," ed. Charles A. Moore, *The Chinese Mind*, The University Press of Hawaii, 1974, p.132.
7) 황필호, "Conversion vs. Addversion," 국제아시아철학종교협의회가 주최한 제1회 국제 학술대회(1994년 5월 28일, 아카데미 하우스)에서 발표한 논문.
8) 생활철학연구회 편, 『어느 철학자의 편지』, 제6호, 1992년 10월 1일, p.13.

9) 같은 글, p.13.
10) 생활철학연구회, 「기획서」.
11) 황필호, 「인간성 회복과 종교」, 『이런 철학으로 살고 싶다』, 산호, 1994, pp. 191-207.
12) 정사협 편, 『우리들의 부끄러운 자화상』, 움직이는 책, 1993.

3. 역사의 재인식과 평가

이 글에서는 우선 한 독자의 편지 내용을 소개하고, 거기에 대한 답변의 형식으로 역사를 망각하지 않는 철학을 조금 더 설명하겠다.

황 교수님의 「역사를 망각하지 않는 철학」 시리즈를 재미있게 읽고 있습니다. 역시 교수님은 정열적이면서 굉장히 논리적이라는 인상을 받았습니다. 예를 들자면, 교수님은 "잘못된 역사에 대한 보복 없는 청산은 가능하지만 청산 없는 극복은 불가능하다"고 결론을 내렸는데, 아마 논리적으로는 그럴 것입니다.

우리의 목표가 단순한 보복이나 청산이 아니라 극복이라는 사실에도 동의합니다. 그러나 과연 역사를 의도적으로 왜곡한 사람들에 대한 아무런 보복적인 처사 없이 어떻게 진정한 청산이나 극복이 가능할까요? 선생님은 현실을 전부 논리적으로 설명할 수 있다고 생각하십니까? 제가 보기에 현실은 논리의 연장이 아닙니다. 6 · 25 동란과 3 · 1 운동에도 참여한 수많은 우국지사와 민초들, 국가를 위해 남의 땅 베트남에서 목숨을 바쳤거나 지금도 고엽제로 고생하는 군인들, 민주화에 앞장선 사람들, 이런 이들이 흘린 피에 대하여 우리는 아무런 보상도 하지 말아야 한단 말입니까?

원래 나는 논리학으로부터 철학을 시작한 사람이라 한때는 "철학은 논리학의 일종"이라는 에이어(A. J. Ayer)의 말에 동의한 적도 있다. 그러나 그것은 잠시 동안의 꿈이었으며, 현재 나는 "현실은 논리의 연장이 아니다"라는 독자의 주장에 전적으로 동의한다.

더 나아가서 현실을 전부 논리적으로 설명할 수도 없으며, 논리적으로 설명할 수 있는 현실은 그야말로 빙산의 일각일 뿐이라고 확신한다. (비록 감정적으로는 풍요로우면서도 논리적인 면에서 뒤떨어진 우리나라 사람들에게는 논리가 더욱 강조되어야 한다고 생각하기는 하지만.)

그러나 내가 '보복 없는 청산'과 '청산 없는 극복'을 구별한 것은 논리적인 결론으로 얻은 것이 아니다. 그 결론이 현실적으로 가장 훌륭한 방법이라고 생각했기 때문이다.

우리는 정말 역사를 모르고 있다. 시중에 베스트셀러로 나도는 이른바 '역사 소설'을 읽고 역사를 안다고 착각하고 있다. (사실 그것들은 역사 소설이라기보다는 전기 소설이라고 불러야 하며, 그것들의 저자는 역사 소설가라기보다는 전기 작가라고 불러야 한다.) 우선 우리는 역사를 알아야 한다. 아는 것만이 힘이 된다. 그러나 막연히 알지 말고 정확히 알아야 한다.

물론 여기서 역사를 정확히 안다는 것은 어떤 사건의 연대를 정확히 기억한다는 뜻이 아니다. 역사적인 사건의 원인과 결과, 그리고 그런 설명이 갖는 함축 의미까지 알아야 한다는 것이다. 더 나아가서 우리는 '만약 X라는 사건이 일어나지 않았다면…'이라거나 'Y라는 사람이 그렇게 하지 않았다면…'이라는 역지사지(易地思之)의 반성적인 태도도 가져보아야 한다. 그래야 잘못된 역사에 대한 올바른 평가가 가능하다.

그러므로 논리적으로 보면 역사에 대한 정확한 인식은 잘못된 역사에 대한 재평가의 선행 조건이다. 다시 말해서, 우리는 어느 역사적 사건의 전후 관계, 함축 의미, 가정법을 이용한 새로운 해석을 시도하는 '법칙적인 측면'뿐만 아니라 '내가 만약 그 사람이었다면…'

으로 시작되는 '인간적인 측면'까지 진지하게 고려한 다음에 그 사건에 대한 재평가를 할 수 있는 것이다.

그렇다고 해서 개인의 영달을 위해 우리나라 역사상 그렇게도 많았던 외세의 침입에 협조했거나 앞장선 사람들의 책임을 묻지도 말고 무조건 망각하자는 뜻은 아니다. 그것은 절대로 있을 수 없는 일이다. 내가 여러 번 반복했듯이, 역사를 망각한 국민은 잘못된 역사를 반복할 뿐이다. 그럼에도 내가 보복 없는 청산을 주장하는 데는 몇 가지 이유가 있다.

첫째, 우리는 우리가 그 시간 그 장소에 있지 않았다는 오직 한 가지 이유에 의하여 거기에 있었던 사람의 행동을 자유롭게 비판할 수 있는 자격을 갖게 되는 것은 아니다. 우리가 이광수의 변절을 비판하면서도 그가 남긴 훌륭한 점을 잊지 말아야 하는 이유도 여기에 있다.

둘째, 내가 주장하는 보복 없는 청산은 "죄는 미워하되 사람은 미워하지 말라"는 원칙에서 나온 것이다. 그리하여 성자 마하트마 간디는 그를 저격한 사람에게까지 비폭력으로 대했던 것이다. 나는 간디와는 비교도 되지 않는 보통사람이지만 그의 중심 사상인 비폭력주의를 따르려고 노력하고 있다.

셋째, 나는 모든 '죽일 놈'에 대한 보복 없는 청산을 주장하는 것이 아니다. 어떤 형태로든지 보복이 필요할 때가 대부분의 경우라는 사실을 솔직히 인정한다. 예를 들어서, 요즘 친일파 행적에 대한 본격적인 해부가 이루어지고 있는데, 한 보고서에 의하면 우리가 일반적으로 독립운동가로 알고 있는 사람들이 실제로는 친일 행각을 했으며, 이런 친일파 중에는 이미 정부가 주는 독립유공자 포상이나 민간 차원으로 권위 있는 3·1 문화상을 수상하기도 했다고 한다. 만약 이 보도가 사실이라면, 이것은 절대로 있을 수 없는 일이며, 그야말로 정부 차원의 획기적인 친일파 청산 정책이 절실히 필요하다.

그럼에도 나는 여기서 진정한 청산은 어떤 사람에 대한 보복으로

만 성취되는 것이 아니라 그런 일이 또다시 발생할 수 있는 모든 여건을 제거하는 작업에 의해서만 성취된다는 사실을 강조하고 싶다. 예를 들어서, 어느 공무원이 부정부패에 가담했다고 가정하자. 그러면 그는 곧 직위 해제가 된다. 그러나 그는 얼마 후에 또 다른 부서로 복귀한다. 해방 이후 지금까지 계속된, 이런 눈 가리고 아웅 하는 식의 보복 인사 처리는 청산이 아니라 악순환의 연속일 뿐이다.

여기서 나는 독자의 마지막 질문을 떠올린다. 그렇다면 국가를 위해 흘린 수많은 고귀한 영혼들의 피에 대하여 우리는 아무런 보상도 할 필요가 없단 말인가. 그야말로 죽은 사람만 억울할 뿐이란 말인가. 그리고 살아남은 사람만이 현명하단 말인가.

이 질문에 대한 나의 정확한 답변은 없다. 다만 나는 여기서 어떤 사람이나 사건에 대한 판단은 지금 당장 내려야 하는 것이 아니라는 점을 말하고 싶다. 예를 들어서 오랫동안 3·1 운동은 실패작으로 인식되었다. 그러나 오늘날 그렇게 생각하는 사람은 별로 없다.

우리는 흔히 '후세의 역사가 심판할 것'이라고 말한다. 나는 이 말에 담긴 역사의 인과응보적인 속성을 철저히 믿는 사람이다. 그러므로 그들이 흘린 피는 — 지금은 아니더라도 — 먼 훗날 언젠가는 분명히 거기에 걸맞는 예우를 받을 것이다. 긴 안목으로 보면, 콩 심은 데 콩이 나고 팥 심은 데 팥이 나는 것이 역사의 법칙이니까.

4. 생활철학운동이란 무엇인가

1. 새로운 운동의 필요성

정부는 새 시대를 맞이하기 위한 개혁운동을 추진하고 있으며, 오늘날 이 운동은 좀 기우뚱거리기는 하지만 그런대로 지속될 것으로 믿는다. 생활철학연구회는 정부 주도의 이 개혁운동이 성공하기를 기원한다. 그러나 우리는 현재 문민정부가 추진하는 개혁운동이 비록 성공한다고 해도 진정 우리가 바라는 '새 하늘, 새 땅'은 도래하지 않을 것이라고 생각한다. 그 이유는 무엇일까?

현재 개혁운동은 정치와 경제에만 집중되어 있다. 물론 정치와 경제는 우리의 삶에서 정말 중요하다. 그러나 인간은 육체적이면서도 정신적인 존재다. 법이 그런대로 잘 지켜지고 돈이 많으면 모든 문제가 해결되는 것이 아니다. 오히려 더 많은 문제가 발생한다. 현재 인간으로서는 상상조차 할 수 없는 반인륜적인 사건들이 연속적으로 발생하는 사실이 이를 잘 증명해 준다.

우리가 앞으로 맞이할 21세기는 단순히 지금보다 양적으로 조금 발전한 시대가 아니라 현재와는 질적으로 다른 시대가 될 것이며, 우리는 이런 시대를 맞이하기 위해 지금까지 가지고 있던 일반적인 생각, 고정관념, 가정관, 국가관, 세계관, 인생관을 질적으로 변혁시켜야 할 것이다. 지금까지의 수동적인 삶에 대한 단순한 후회(後悔)가 아니라 뼈를 깎는 회개(悔改)를 해야 한다.[1)]

우리는 이런 운동의 주체를 철학으로 잡았다. 모든 사람은 나름대로 확고한 철학을 가지고 있어야 하며, 개혁도 정치적인 수단으로 전락하지 말고 확고한 철학에 따라 진행되어야 하며, 철학이 없는 개인, 단체, 정부는 조만간 무너지고 말 것이라고 믿기 때문이다.

2. 철학운동의 필요성

그러면 철학이 과연 이 거창한 작업을 수행할 수 있을까? 우리는 이 질문에 대한 답변을 찾기 위해, 먼저 인류 역사에 나타난 거대한 개혁의 주체를 시대별로 고찰할 필요가 있다. 우리는 그 주체를 시간적으로 힘을 바탕으로 한 군인의 시대, 이념을 바탕으로 한 정치인의 시대, 돈을 바탕으로 한 경제인의 시대, 철학이나 종교나 문화를 바탕으로 한 사상가의 시대로 나눌 수 있다.

첫째, 군인의 시대에는 영토 확장이 사회개혁의 주된 원인이었고, 그 변혁은 결국 군인들의 힘에 의존하고 있었다. 예를 들어서, 1938년 스탈린은 핀란드 정부에 정치적 양보를 요구하면서 "나는 지리적 문제에 대하여는 책임이 없다"고 말했는데, 이것은 역설적으로 지리적 문제가 그동안 대외정책의 중요한 변수였음을 입증한다. 서양은 제국주의적 확장도 영토를 둘러싼 경쟁의 형태였다. 유럽만 보더라도 국가정책은 합스부르크와 부르봉 왕가와의 영토 분쟁, 나폴레옹의 영토확장주의, 전 독일을 지배하고자 한 프러시아의 야심도 모두 여기에 속한다. 하여간 이 시대의 모든 분쟁과 변혁은 결국 힘이 지배했으며, 이것은 동양이나 우리나라도 예외는 아니었다.[2)]

그러나 오늘날 국가의 힘과 영향력은 더 이상 지리적 문제와 직접 연결되어 있지 않다. 물론 이 세상의 여러 나라들이 아직도 국가 영토를 넓히기 위해 전쟁을 하고 있다. 그러나 중동 분쟁이나 한반도의 남북한 대치는 물론이고 현재 진행되고 있는 지구상의 수많은 민족 분쟁과 종교 분쟁은 군인의 시대가 끝나고 있음을 증명한다.

둘째, 정치인의 시대에는 이념이 사회개혁의 주된 원인이었다. 그러나 이제 우리는 이런 이념의 시대가 서서히 막을 내리고 있다는 사실을 소련의 해체와 동유럽 국가들의 변화에서 실감하고 있다. 물론 이념이 쓰레기일 뿐인 '이데올로기 종언의 시대'가 도래한 것은 아니다. 그러나 그것이 가장 중요한 동기가 아니라는 사실은 이제 명백하게 되었는데, 여기에는 크게 두 가지 이유가 있다.

그 첫 번째 이유는 모든 이념이 자기 절대화의 과정을 거치면서 도그마로 변하고, 결국 그 도그마는 인간 해방을 역행하는 수단으로 타락할 수밖에 없기 때문이다. 해방신학자 숄(Richard Shaull)은 이런 실례로 베트남 전쟁에서의 미국 패배를 들고 있다.

> 베트남은 프랑스 식민주의자들에 대한 민족혁명이 그 불가피한 결론에 이르는 것을 허용하지 않으려는 미국의 자세를 극단적으로 보여준 한 사례다. 미국이 이 투쟁에 개입한 중심적인 동기는 미국이 해방전쟁의 성공을 거부한 데 있었다. 우리는 해방전쟁을 패배시킬 수 없었으며, 이 같은 시도를 하다가 우리는 국내의 평화와 미국 경제를 파탄으로 몰아넣었다.[3)]

이념이 퇴색하게 된 두 번째 이유는 미소 양국이 세계를 지배하던 이념 절정의 시기에서조차 '이익은 이념에 선행(先行)한다'는 원칙을 벗어날 수 없었다는 더욱 근본적인 사실에 있다. 미국과 소련은 이념적으로는 첨예하게 대립하면서도 이익이 맞아떨어지기만 하면 그들은 언제라도 손을 잡았던 것이다.

한때 우리나라에도 이념이 모든 것을 지배하는 요술 방망이로 행세한 적이 있었다. 그리하여 '초전박살'의 반공 명제가 우리 사회의 모든 것을 지배하고 있었다. 그러나 우리는 이제 이념이 역사상 그렇게 순수한 경우가 없었으며, 또한 이념이 그렇게 강한 것도 아니라는 사실을 체득하게 되었다. 이념과 정치가의 시대는 이제 서서히 경제인의 시대로 넘어가고 있다.

셋째, 경제인의 시대에는 돈이 사회개혁을 지배하게 되는데, 요즘 우리 사회에서 자주 강조되는 '국제 경쟁력'이 오로지 경제에만 국한되는 이유도 여기에 있으며, 하다못해 최근에는 '돈만 있으면 통일이 된다'는 발상까지 가끔 듣게 된다.

그러나 사람이 빵으로만 살 수 없다는 말은 영원한 진리다. 그리하여 숄은 경제대국인 미국이 바로 행복대국이 될 수 없다는 사실을 이렇게 표현한다.

> 세계에서 가장 강력한 경제체제가 기본적인 인간의 욕구를 충족시키는 데 실패함으로 인하여 초래된 고통은 이미 계시록적인 상황에까지 이르렀다. 국민의 5분의 1이 빈곤에 헤매고 있는 상황, 실업자들 및 인간의 기본 품위조차 지킬 수 없는 일에 종사하는 사람들, 미국의 주요 도시 중심지들이 붕괴된 데서 오는 피해를 입은 사람들, 그리고 중년층이 경험하는 공허감과 좌절감, 날로 더해 가는 불안감과 실의에 찬 노인층의 고통, 이들은 젊은 층의 가치관 및 삶의 목표에 대한 위기감과 맞장구를 치고 있다.[4)]

사정이 이쯤 되고 보니, 요즘에는 사회발전 이론가들도 물질적 조건이나 경제성장만 가지고 그 사회나 국가를 판단하지 않게 되었다.

> 경제성장이라 하더라도 국민 총생산을 인구수로 나눈 평균 개인소득이라는 것이 그 사회의 물질적 풍요를 나타내는 지표로 동일시되는 것은 모순이 많다고 지적되고 있다. 그것은 분배나 실업, 빈부 격차를 고려하지 않은 껍데기 숫자일 뿐이기 때문이다. 그래서 오늘의 비판적 이론가들은 '삶의 질'을 중심으로 평가하면서 평균 수명, 칼로리 섭취량, 영아 사망률, 의사 보급률, 의무교육의 연한, 에너지 소비량 등을 기준

으로 측정하는 방법을 쓰기도 한다.

그리고 삶의 질이 반드시 주택이나 교육, 의료, 영양과 같은 물적 조건에 의해서만 규정되는 것은 아니다. 정치적 자유, 경제적 평등, 사회적 복지, 문화적 혜택, 사회적 기능의 분화, 개인의 자발성과 같은 사회구조의 질적 발전이 함께 고려되어야 그 사회 전체의 발전도를 알 수 있다.[5)]

넷째, 우리는 이제 철학, 문화, 종교에 바탕을 둔 사상가의 시대로 돌입하고 있다. 물론 이런 주장은 군인의 시대, 정치인의 시대, 경제인의 시대가 완전히 끝났다는 뜻은 아니다. 그들은 아직도 수많은 경우에 사회개혁의 주역이 된다. 그리고 일부 학자들은 군인의 시대에 있었던 "지리적 경쟁관계는 한 편의 획득이 곧 다른 편의 손실을 의미한다는 점에서 제로섬 게임이었지만, 경제적 경쟁관계는 공동의 성장(혹은 공동의 후퇴)이란 맥락 속에서의 한계적 이익과 손해라는 문제를 제기한다"고 전망하기도 한다.[6)]

그러나 이제 우리는 힘, 이념, 돈의 그 어떤 것도 문화와 사상의 도움 없이는 사회개혁을 완전히 성취할 수 없다는 사실을 잊지 말아야 한다. 요즘 기업체들이 서로 경쟁적으로 '그린'에 바탕을 둔 광고를 내보내는 이유도 여기에 있다. 미래는 문화인의 시대, 철학자의 시대, 종교인의 시대가 될 것이다.

3. 생활철학운동의 필요성

한때 철학은 문자 그대로 학문의 여왕일 뿐만 아니라 삶 그 자체였다. "모든 인간은 선천적으로 지식을 추구한다"고 말한 아리스토텔레스와 "도(道)가 사람을 넓히는 것이 아니라 사람이 도를 넓히는 것"이라고 외친 공자가 살았던 시절에는 철학이 삶의 의미성과 방향성을 철저히 지배하고 있었다.[7)]

그러나 오늘날 이와 같은 철학의 영광은 지난날의 추억으로 사라지고 말았다. 그리하여 철학은 이제 — 칼 마르크스의 표현을 빌리면 — 지적인 자위행위로 전락하고 말았다. 여기서 철학은 삶에 아무런 보탬이 될 수 없는 한심한 사람들의 말장난일 뿐만 아니라 오히려 삶의 궤도를 충실히 걸어가는 보통사람들에게 쓸데없는 문제들, 처음부터 전혀 문제가 되지 않을 수도 있는 문제들을 제공하는 지성의 간교가 된다.[8] 그러면 철학은 왜 이 지경으로 타락했는가?

이 질문에 대한 첫 번째 책임은 물론 이 땅에서 철학을 업으로 삼고 있는 우리 철학자들이 삶과 유리된 방향에서 철학을 하나의 생계수단으로 생각해 왔기 때문이다. 그야말로 '법 따로, 관행 따로'가 아니라 '철학 따로, 인생 따로'가 되었기 때문이다.

원래 철학은 인간의 삶을 연구하는 학문이다. 인간과 삶을 떠난 철학은 공부할 필요도 없고, 지껄일 필요도 없다. 차라리 그 시간에 컴퓨터를 배우든지 그냥 노는 것이 훨씬 좋다. 지식을 위해 지식을 추구하는 사람은 결국 그 지식의 노예가 될 뿐이다.

철학이 생활과 떨어져서 겉돌지 않고 생활화된 나라로는 특히 프랑스를 들 수 있는데, 그들의 이런 모습은 매년 시행되는 대입 자격시험인 바칼로레아의 첫날에 치르는 철학 필수과목에 잘 나타난다. 대개 수험생이 세 가지 논제 중에서 한 개를 선택하여 무려 4시간 동안 분량에 관계없이 작성하게 하는 이 시험에는 그동안 다음과 같은 이론적인 문제들이 출제되었다.

- 진리는 항상 성공하는가?
- 종교에 대한 믿음은 이성과의 결별을 의미하는가?
- 루소의 인간 불평등 기원론을 논하라.
- 생각을 깊이 하려면 아무것도 사랑해서는 안 되는가?
- 인간은 왜 비인간적일 수 있는가?
- 과학의 발전은 왜 종교의 소멸을 초래하지 않는가?

- 일반 이익은 개별 이익의 총체인가?

그러나 1백 년 이상의 전통을 가진 이 시험에는 언제나 현실과 깊은 관련이 있는 문제들이 동시에 출제되었다.

- 인간 사회에 정당한 폭력은 존재할 수 있는가?
- 망각은 인간의 필수조건인가?
- 철학은 무엇에 봉사하는가?

우리는, 이 중에서 1989년에 출제된 첫 번째 문제는 중국의 천안문 사태와 관련이 있으며, 1990년에 출제된 두 번째 문제는 당시 프랑스 극우파들이 마치 제2차 세계대선 중에 일어난 유태인 학살을 잊은 듯이 유태인 묘소를 파헤치는 사건과 깊은 관련이 있으며, 1992년에 출제된 세 번째 문제는 지금까지 공산주의 체제를 이론적으로 뒷받침해 온 마르크스 철학이 동유럽과 소련의 사태와 더불어 몰락하는 현상을 염두에 두고 있다는 사실을 잘 알 수 있다.

그러므로 철학이 정말 우리들의 삶에 피가 되고 살이 되려면, 철학은 이제 구름 위에서 땅으로 내려와야 한다. 그래야 철학이 살고, 철학이 다루는 삶이 진솔하게 전개될 수 있다.[9] 그래서 김태길은 철학이 생활과 떨어지지 말아야 한다는 사실을, '철학'이라는 명사보다는 '철한한다'는 동사가 더욱 중요하다고 말하면서, 이제 우리는 "과거의 저명한 철학자들이 기록한 문서를 떠나서도 철학함은 성립할 수 있다는 사실"을 알아야 한다고까지 말한다.

> 문제와 부딪치며 살아가는 생활인의 견지에서 볼 때, '철학'이라는 명사보다는 '철학한다'는 동사가 더욱 중요하다. 우리의 실천생활과 더욱 밀접한 관계를 가진 것은 남이 생각해 놓은 철학의 이론이 아니라 나 스스로 철학하는 자세로 문제와 대결함이란 뜻이다.[10]

물론 탁월한 철학자들의 저서나 논문을 연구하는 것도 철학임을 부인하는 것은 아니다. 소크라테스나 석가 같은 독창적인 사색가만이 철학자라는 것은 더욱 아니다. 내가 강조하고 싶은 것은, 과거의 저명한 철학자들이 기록한 문서를 떠나서도 철학함은 성립할 수 있다는 사실이며, 민주주의 시대에 바람직한 사회발전이 실현되기 위해서는 소수의 전문가들만이 종사하는 강단철학만으로는 부족하며, 우리가 삶의 현장에서 부딪치는 실천적 문제에 대해서 일반 시민도 깊고 넓게 생각하는 태도로 임할 필요가 있다는 사실이다.[11]

> 개혁의 시대를 맞이하여 여러 어려운 문제와 직면하고 있는 오늘의 한국은 우리나라 철학자들이 강단 밖의 현실의 문제들에 대해서도 관심을 기울여주기를 바라며, 문제 해결을 위해서도 좋은 방향 제시가 있기를 요망하고 있다.
>
> 이 요망에 부응하기 위해서는 고전적 철학이론에 담긴 지혜와 오늘의 현실 문제를 바르게 연결시키는 통찰력이 발휘되고, 세부적 문제를 파고드는 현대철학의 미시적 탐구가 우리들의 거시적 현실 문제에 대해서 갖는 함축을 바르게 읽는 종합적 안목이 건재해야 한다.[12]

4. 생활철학운동의 내용

그러면 철학은 구체적으로 어떻게 우리나라 사회발전에 기여할 수 있는가?

첫째, 철학은 우리에게 논리의 중요성을 가르쳐준다. 이것은 인간에게 감정보다 논리가 중요하다는 뜻이 아니며, 개인은 몰라도 사회는 엄격한 법칙에 의하여 움직인다는 결정론자가 되라는 뜻도 아니다. 다만 논리보다는 감정이 훨씬 중요할 수밖에 없는 개인에 대한 윤리를 — 플라톤의 경우와 같이 — 조금 확대시키면 바로 사회에 적용시킬 수 있는 것이 아니라는 뜻이다. 한마디로 개인윤리의 확대가

바로 사회윤리는 아니다. 그러므로 사회진단과 사회처방에는 엄연한 논리적인 분석이 필요한 것이다.[13)]

둘째, 철학은 우리에게 비판정신을 가르쳐준다. 모든 권위, 관습, 사람에 대한 오류로부터 벗어날 수 있는 진정한 비판정신을 가르쳐준다. 힘이 있기 때문에 옳은 것이 아니라 옳기 때문에 힘이 있다는 비판적인 삶을 가르쳐준다.

셋째, 철학은 우리에게 어느 한 가지 명제에 매달리지 않는 가치의 다양성을 가르쳐준다. 물론 철학의 이런 임무는 여러 가치들의 상호 경쟁에 의하여 무정부적으로 보이기도 한다. 그러나 철학의 힘은 이렇게 오합지졸과 같이 보이는 가치들의 상호 경쟁에 있는 것이다.

넷째, 끝으로 철학은 우리에게 어느 문제를 그냥 표피적으로 보지 않고 본질 직관을 하도록 요청한다. 모든 문제를 깊고 넓고 멀리 생각하도록 요청한다. 그리하여 증상을 진단하면서도 그 증상의 진정한 원인을 간과하는 실수를 범하지 않게 만든다.

그러나 우리가 여기서 명심해야 될 일은, 철학이 우리에게 줄 수 있는 선물이 이렇게 많다고 해도, 철학적 명제가 바로 사회개혁의 모태가 될 수 있는 것은 아니라는 사실이다. 철학적 진실과 사회적 진실은 동일하지 않으며, 그래서 사회개혁의 주된 요인이 되려는 철학은 필연적으로 인근 사회학문의 도움을 필요로 하며, 여기에 바로 철학이 사회개혁에 대응하는 '방식'의 문제가 제기된다.

여기에는 크게 두 가지 방식이 있다. 첫째는 철학자가 직접 왕이 되어야 한다는 플라톤적인 방식이며, 둘째는 철학자가 직접 왕이 되기보다는 왕에게 건전한 철학적 충고를 주는 자문위원에 머물러야 한다는 공자적인 방식이다. 그러나 플라톤의 이런 주장도 사실은 "철학과 정치가 도덕적으로 완성되는 이상적인 상태에서 일치되는 경우를 말하는 것"이며, 실제적으로는 "정의로운 사회를 만들기 위해 무엇이 정의로운 것이냐를 아는 철인이 국가를 다스리는 데 참여하거나, 정치가가 이런 철학적 원리들을 알아야 한다고 생각했던 것"[14)]

이다.

이렇게 되면, 결국 우리에게 남는 것은 정치에 대한 철학의 직접 참여가 아니라 자문위원으로 기여하는 간접 참여이고, 이 공자적인 방식은 다시 그 정도에 따라서 칸트적인 입장과 헤겔적인 입장과 마르크스적인 입장으로 구분된다.

칸트는 왕이 철학자가 되거나 철학자가 왕이 되는 것은 불가능할 뿐만 아니라 바람직하지도 않다고 보았다. 철학자들이 권력을 갖게 되면 도리어 이성적 판단을 제대로 할 수 없게 되기 때문이다.

헤겔은 이성적인 것은 현실적이고 구체적이어야 한다는 입장에서 모든 정치문제와 사회문제에 대하여 적극적으로 발언했다. 그는 막연한 도덕적 원칙이나 추상적인 이론보다는 현실정치에 대한 구체적인 입장 표명이 사회발전에 기여할 수 있다고 보았다. 마르크스는 한 걸음 더 나아가서 철학적 반성에 의해 얻은 결론을 가지고 현실을 직접 개혁하려고 노력했다.[15] 이상의 세 입장은 모두 나름대로의 장단점을 가지고 있다.

칸트의 경우처럼, 철학자가 윤리적 원칙이나 이성적으로 반성된 사회의 방향에 대해서 정치가들에게 조언을 해주고 정치는 정치인들에게 맡기는 경우엔, 철학자의 본분인 이성적 한계를 지키는 장점이 있으나, 사회발전과 정치현실에 책임을 지지 않는 단점이 있게 된다.

반면 헤겔의 경우처럼, 철학자가 현실의 구체적인 문제와 정치적 권력관계까지 분명한 입장을 취하고 발언을 하게 되면, 사회적 · 정치적 발전에 책임감을 가지고 참여하는 장점이 있게 되나, 당파성을 가지며 이데올로기를 대변할 위험성과 단점을 갖게 된다. 아예 정치와 혁명을 철학의 실천으로 본 마르크스의 경우엔, 긍정적 의미에서든 부정적 의미에서든 철학이 이데올로기화하지 않을 수 없는 운명을 안게 된다.[16]

그러면 이상의 입장 중에서 어떤 것을 선택해야 하는가? 여기에 대한 정답은 없다. 다만 상황에 따라서 달리 적용해야 할 것이며, 가능하면 철학으로 현실을 개혁하려는 마르크스의 입장으로 나아가려고 부단히 노력해야 할 것이며, 또한 철학자가 직접 통치를 하는 경우도 받아들일 수 있는 가치의 다양성을 인정해야 할 것이다. 그들은 모두 영원히 옳을 수 없는 하나의 '방편들'일 뿐이다.

5. 생활철학운동의 방법

그러면 우리는 어떻게 이 거창한 의식개혁운동을 할 수 있을까?

첫째, 그것은 우선 대중적이어야 한다. 어떤 특수한 계층을 대상으로 한 잡지 발행이나 운동은 쉽기는 하겠지만 그것은 진정한 의미에서의 '국민운동'은 아닐 것이다. 한마디로 모든 국민의 몸과 마음과 영혼이 전부 거듭나게 하는 운동을 우리들은 감히 지향하고 있는 것이다. 어차피 인간은 모듬살이의 존재이기 때문이다.

둘째, 이 운동은 지속적이어야 한다. 그래서 우리는 절대로 서두르지 않을 것이다. 『중용』 제33장에는 이런 구절이 있다.

> 君子之道 暗然日章
> 小人之道 的然日亡
> 군자의 길은 어둡고 은은하지만 날이 갈수록 밝아지고,
> 소인의 길은 선명하지만 갈수록 망하게 되느니라.

우리들이 어찌 감히 군자의 길을 걷겠다고 말하겠는가. 그러나 우리 국민이 나름대로의 철학과 주체성을 가지려면 적어도 이 운동이 몇 세대까지 계속되어야 한다는 각오를 하고 있다.

셋째, 인간은 역시 망각의 동물이기에 이 운동은 정기적으로 수행되어야 한다. 그래서 우리는 현재의 문서 활동, 매스컴 활동, 강연 연수 활동, 연구발표회 활동 등을 매년 정기적으로 추진하고 싶다.

넷째, 이 운동은 민간 주도형이어야 한다. 정치나 정치가들의 '양

심'을 절대로 믿을 수 없어서가 아니라, 이런 운동은 시민의 자발적인 참여를 전제로 하기 때문이다.

다섯째, 이 운동은 각 지역의 특성을 살려야 한다. 보편화는 획일화가 되기 쉽고, 획일화는 중앙집권적으로 되기 쉽기 때문이다.

여섯째, 이 운동은 전인적(全人的)인 운동이므로 철학, 종교, 정치, 경제, 교육 등의 모든 분야가 포함되어야 한다. 인간은 아메바와 같은 단세포 동물이 아니기 때문이다.[17]

그래서 나는 1991년 1월 24일에 발표한 「새로운 시민단체의 필요성: '한모음회'의 상임운영위원 직책을 맡으면서」라는 글에서 이렇게 말했다.

> 우리는 나무를 보면서도 숲을 보지 못하고, 병의 증상을 보면서도 그 원인을 모르는 실수를 범하지 말아야 한다.
>
> 현재 우리나라는 엄청난 개혁기를 맞이하고 있다. 그리고 각 분야에 종사하는 사람들이 나름대로의 처방을 제시하고 있다. 그러나 이런 개인들(혹은 몇몇 단체들)의 목소리는 결국 "세포를 모르면 인생을 논하지 말라"는 생물학자나 "소크라테스를 모르면 삶을 판단하지 말라"는 철학자 식의 자기방어적인 발언이 되기 쉽다.
>
> 사람이 되지 못한 회원들로 구성된 사회개혁은 어느 한 문제에 대하여는 획기적일 수 있지만 결국 그것은 잠시 동안의 유행으로 끝날 수밖에 없다.[18]

[주(註)]

1) 생활철학연구회, 「기획서」.
2) 윌리엄 파프, 「경제 · 문화가 國力의 잣대」, 『동아일보』, 1994년 4월 22일.
3) Richard Shaull, 김쾌상 역, 『해방신학과 사회혁명』, 일월서각, p.5.
4) 같은 책, p.198.
5) 이삼열, 「민주화와 사회 발전의 방향」, 『철학과 현실』, 1992년 가을호, p.93.
6) 윌리엄 파프, 앞의 글.

7) Cf. 정사협 편, 『우리들의 부끄러운 자화상』, 움직이는 책, 1993.
8) 황필호, 『남자의 눈물, 여자의 웃음』, 샘터, 1989, p.284.
9) 생활철학연구회, 「생활이 바로 철학이다」, 『어느 철학자의 편지』, 제8호, 1993년 4월 1일, p.71.
10) 김태길, 「문제 상황과 철학적 사유」, 『철학과 현실』, 1992년 가을호, p.47.
11) 같은 글, p.47.
12) 같은 글, p.49.
13) Cf. "한국 사람들에게 논리적으로 따지는 기풍이 약하다는 것은 우리나라의 언어 구조에도 여실히 나타나 있다. 시간을 말할 때, 논리의 일관성을 살리자면 '지금은 구(九)시 십(十)분' 또는 '지금은 아홉시 열분'이라고 해야 옳을 것이나, 우리는 '지금은 아홉시 십분'이라고 말한다. '세겹살'이라고 말하지 않고 '삼겹살'이라고 말하는 것도 논리의 일관성에는 맞지 않는 표현이다. 좌석제가 아닌 극장이나 기차 안에서 빈자리를 보고 '여기 자리 있습니까?' 하는 것도 정확한 표현은 아니나, 우리는 그런 것을 따지지 않는다. 말이라는 것은 의사소통만 되면 족한 것이니 굳이 까다롭게 따질 필요가 없다는 것이 우리들의 전통적인 생각이다." 같은 글, pp.49-50.
14) 이삼열, 앞의 글, p.81.
15) 같은 글, p.82.
16) 같은 글, p.83.
17) 생활철학연구회, 「기획서」.
18) 황필호, 『나는 뛰는 여자가 좋다』, 풍경, 1993, p.205.

5. 한국인의 반미 감정

1. 머리말

나는 1990년 BBS 불교방송 「아침저널」을 진행하던 어느 날 미국에 대한 네 가지 소식을 전한 일이 있다.

첫째, 미국의 우주여행은 2000년대부터 상업화되는데, 사람들은 이제 시속 482킬로미터의 자기 부상 기차나 초음속 여객기뿐만 아니라 우주선을 타고 달나라 여행을 할 수도 있게 된다는 것이다. 아직 확실한 실용화 단계에 도달한 것은 아니지만, 이것은 미국의 끝없는 개척정신을 증명하는 또 하나의 실례다.

둘째, 파나마에 진출해 있는 외국 기업과 파나마 회사 등 60여 개 업체가 1989년 12월 20일에 단행된 미국의 파나마 침공 과정에서 일어난 만행으로 3천만 달러가 넘는 손해를 보았다고 주장하는 배상청구 소송을 제기했다. 맨해튼 연방지법에 제기된 이 소송은 미국이 노리에가를 잡기 위해 "무고한 파나마 국민들의 재산을 안중에 두지 않은 채 왜곡되고 무분별한 방식으로 침공했다"고 주장했는데, 우리나라의 삼성전자도 고소장을 제기한 기업체 중 하나였다. 국익을 위해서는 외국 침공도 불사할 수 있는 미국 제일주의의 전형적인 실례다.

셋째, 워터게이트 사건으로 사임한 닉슨 전 대통령은 그의 기념 도서관과 박물관의 개관식에 취재기자들을 초청하지 않을 것이라고 밝혀서 또 한 번 구설수에 오르고 있다. 그의 측근들은 닉슨이 원래 기자들의 질문 공세를 싫어해서 사진기자와 TV 카메라 기자만 허용했다고 한다. 그는 이미 워터게이트 사건을 파헤친— 그래서 결국 닉슨을 권좌로부터 물러나게 만든—『워싱턴 포스트』 지의 밥 우드워드 기자와 칼 번스타인 기자를 이 도서관에 접근하지 못하게 하겠다고 발표해서 물의를 빚은 일이 있다. 이런 외신은 권력자가 부패할 때 언론이 입법, 사법, 행정 다음의 제4부의 역할을 할 정도로 막강한 힘을 가지고 있다는 사실을 역력히 증명한다.

넷째, 미국 플로리다의 고등법원은 전기의자에 의한 사형 집행이 '이상한 방식의 범죄'이므로 잔인한 처벌을 금지하고 있는 헌법 제8 수정안에 위배되는지를 심의하기 위해 전기의자에 의한 사형 집행을 일단 보류하기로 결정했다. 법원의 이 결정은 전기의자로 처형될 예정이던 사형수 제리 화이트의 변호인들이 제출한 청원을 받아들여서 나온 것이며, 법원의 이 결정으로 플로리다 주에 있는 모든 사형수들의 형집행은 심사가 끝날 때까지 일단 연기되었다.

플로리다의 전기의자 처형은 지난 5월 초 제시 카페로라는 사형수가 두 번이나 전류를 받아도 절명하지 않다가 세 번째에 가서야 연기와 불길이 솟으면서 사망한 것으로 알려져 수많은 인권단체들로부터 항의를 받아왔다고 한다. 여기서 우리는 사형수의 인권까지도 지키려는 미국의 소수 양심인의 노력을 볼 수 있다.

우리는 이상의 네 가지 보도에서 다음과 같은 사실을 알 수 있다. 꾸준히 발전하는 개척정신의 나라, 그리하여 기선을 제압한 러시아의 우주 개척에 낙심하지 않고 따라잡을 정도로 쉬지 않고 발전하는 나라, 마치 속력을 늦추기만 하면 쓰러지기 때문에 계속 속력을 내야 하는 두발 자전거와 같은 나라, 이것이 바로 미국이다. 그러나 미국은 동시에 필요하면 외국까지 침공할 수 있는 국익 우선주의를 철저히 신봉하는 나라다. 이런 사실은 아프가니스탄이나 이라크 침공에서도 그대로 증명되었다. '이데올로기의 종언'을 예언했던 다니엘 벨(Daniel Bell)은 이 현상을 '미국 예외주의(American exceptionalism)'라고 표현한다. 다른 나라가 모두 망해도 미국은 예외가 될 것이라는 뜻이다.

2. 미국 예외주의

미국 예외주의는 오랜 역사를 가지고 있다. 19세기 서부 개척을 고무시켰던 '신이 명시한 명백한 운명(divine manifest destiny)'이라는 슬로건부터 우드로 윌슨 대통령의 '민주주의를 위한 세계를 만들자'는 슬로건도 모두 이런 실례에 속한다. 실로 미국에는 2백 년 동안 여러 가지 국가 이념이 있었다. 그리고 세상의 모든 나라는 이런 예외주의를 가지고 있다. 그러나 그 중에서도 미국은 이 예외주의를 직접 실천해 왔으며, 그 어느 나라보다 더욱 철저한 예외주의를 믿고 있다는 점에서 예외가 아닐 수 없다.

미국은 이렇게 국익을 위해서는 똘똘 뭉치지만, 그러나 개인의 사리사욕은 절대로 용서하지 않으려는 강력한 청교도 정신을 아직도 지키고 있다. 이것이 바로 대통령이 치외법권적 행위를 할 때 언론이 대통령을 하야시킬 수 있었던 힘의 근거가 된 것이다. 개인의 이익을 위해서는 똘똘 뭉치면서도 국익을 위해서는 전혀 사욕을 버리지 못하는 한국인과는 전혀 다른 나라다.

그러나 미국을 현재의 미국으로 있게 한 가장 큰 원동력은 인간 존엄성, 인간 평등성, 인권에 대한 끝없는 믿음이다. 도대체 우리나라가 베트남전에 참여하여 손해를 보았다고 주장하는 기업체의 고소장이 날아오면 접수나 하겠는가. 사형수의 사형 집행에 나타난 인권을 누가 감히 언급하겠는가. 인권에 관한 한 우리는 아직도 걸음마 단계를 벗어나지 못하고 있다.

미국은 참으로 복잡한 나라다. 끝없는 개척정신과 국익 우선주의, 그리고 살아 있는 언론과 인권의식, 역시 다원사회임에 틀림이 없다. 그러므로 우리는 그 중에서 한 면만 보고 전체를 말하는 코끼리 만지는 소경의 실수를 범하지 말아야 할 것이다.

그럼에도 현재 미국에 대한 우리들의 시각은 너무나 단세포적이다. 경제적으로 과거의 미국 일등주의는 현재 미국 이등주의로 변하고 있으며, 도덕적으로 미국 우방주의는 현재 미국 적대주의로 완전히 바뀌는 실정이다. 도무지 전체적인 시각이 결여되어 있다.

3. 복잡한 나라: 경제적 측면

미국이 경제적으로 망하고 있다는 진단은 외국에서도 흔히 볼 수 있는 현상이다. 『동아일보』는 이미 1992년에 이렇게 말한다.

> 색이 바래고 한쪽 귀퉁이가 해어져 초라하기 짝이 없어 보이는 성조기, 그런 성조기를 배경으로 부시 대통령이 물속에 빠져 목만 남겨놓은 채 허우적거리는 모습, 그 밑에 커다란 활자로 'SOS 아메리카.' 이것은 독일 시사주간지 『슈테른』의 최근호가 위기에 처한 미국 경제를 희화시켜 표지에 실은 타이틀 그림이다. 병든 거인(巨人) 아메리카, 세계 유일의 초강대국 미국이 중증(重症)의 중풍으로 쓰러져 가고 있다.
>
> 수많은 공장들이 문을 닫았고, 또 닫고 있는 중이다. 수많은 은행들이 파산하고 있다. 수백만 미국인들이 가난과 질병으로 고통을 겪고 있다. 미국 사회의 허리인 중산계층까지도 해가 갈수록 소득이 줄어 빈곤계층으로 떨어지고 있다. 국가 재정도 바닥이 난 지 오래다. 무한한 가능성의 나라였던 미국이 이제는 2등 국가로 전락하고 있다는 위기론이 대두되고 있다.[1)]

이렇게 미국 경제를 중증의 위기로 진단하는 것은 유럽 언론들만이 아니다. 미국의 유명한 권위지인 『포린 어페어스』의 편집장 윌리엄 하이랜드도 "지금 미국은 1929년의 세계공황 이래 최악의 경제적 및 사회적 위기를 맞고 있다"고 말한다.

위기의 신호는 사방에서 나타나고 있다. 대규모 기업체들에서는 전례 없는 대량 해고 바람이 불고 있다. 세계 최대 기업인 제너럴 모터스(GM)는 미국 내에 있는 25개 공장의 문을 닫고, 7만 5천 명의 직원을 해고하기로 했다. 컴퓨터의 거인 아이비엠(IBM)도 2만 명의 일자리를 축소할 방침이다. 미국 최대의 은행 시티코는 1만 명을, 군수산업의 거인 맥도널 더글러스는 1만 7천 명을 해고할 계획이다.

미국 정부 통계국에 따르면, 3,360만 명의 미국인이 '생존선 이하의 가난'에 허덕이고 있다고 한다. 전체 인구의 13.5퍼센트에 해당하는 숫자다. 또 의료보험의 혜택을 받지 못하는 사람이 자그마치 3,700만 명에 이르고 있는 것으로 나타나 있다. 지금까지 정부가 진 공공 채무는 4조 달러라는 천문학적 규모다. 그리고 국민 개개인이 지고 있는 빚은 평균 1만 5천 달러나 된다.

그러나 이와 반대로 미국의 대부분 지성인들은 아직도 '미국이 첫째'라는 구호를 힘차게 외치고 있는데, 이런 실례로는 『이코노미스트』의 어느 기사를 들 수 있다.

> 사실에 대한 미국인들의 무지는 놀랄 만하다. 최근의 한 여론조사에 의하면, 4.8퍼센트의 미국인들이 일본 경제가 미국 경제보다 규모가 큰 것으로 생각하고 있음이 밝혀졌다. 실제로 일본의 경제는 미국 경제의 겨우 절반 규모다. 즉 일본은 2조 8천억 달러 규모인 데 비해 미국은 5조 2천억 달러 규모다. 실질 구매력을 반영하도록 조종했을 경우, 미국인들의 평균소득은 그들의 가장 가까운 강력한 경쟁상대, 즉 일본인들이 아닌 따분한 캐나다인들의 평균소득보다 7퍼센트나 높다.
>
> 일본의 건설적인 생산성에 대해 말하자면, 미국의 생산성보다 빠른 속도로 지금까지 성장해 온 것이 사실이다. 그러나 평균적인 일본인 근로자는 그의 미국인 상대자라면 단 31분 만에 재빨리 해치울 수 있는 것을 생산하는 데 아직도 한 시간씩 걸린다.

> 그게 어쨌단 말인가. 세계 총생산에서 미국이 차지하는 몫이 1940년대 후반에는 50퍼센트였던 것이 오늘날에는 약 23퍼센트로 곤두박질친 것이 사실이 아닌가 하고 비관론자들은 반문한다. 그것은 사실이다. 그러나 그 수치만 가지고는 판단을 그르칠 수 있다. 1940년대 후반에는 대부분의 아시아 및 유럽의 산업이 전화(戰火)로 불타 쓰레기더미와 같은 상태였다는 사실을 알아야 한다. 세계 경제에서 미국 경제가 약점을 지니고 있다는 데에는 의문이 없다. 그러나 미국 경제는 감기에 걸린 것이지, 암에 걸린 피그미는 아니다.[2)]

이렇게 상반된 견해가 엄연히 존재함에도 불구하고, 우리나라의 일반 국민은 이미 경제적으로는 미국을 '감기에 걸린 거인'이 아니라 '암에 걸린 피그미'로 단정하는 듯하다. 그러나 이런 평가는 전혀 사실과 맞지 않는다.

4. 복잡한 나라: 도덕적 측면

미국에 대한 우리들의 도덕적인 평가는 경제적인 평가보다 더욱 한쪽으로 치우쳐 있다. 과거의 극단적인 찬미론이 완전한 반미론으로 변한 것이다. 물론 이 문제에 대해서도 서로 상반되는 견해가 있는데, 『한겨레신문』은 이 상반된 입장을 국내에 번역되어 소개된 두 권의 저서로 설명한다.

> 하버드대 교수 조셉 나이(Joseph S. Nigh, Jr.)가 쓴 『21세기 미국 파워』는 "로마는 1천 년 지속했고 대영제국은 2백 년 번영했는데, 미국의 세기가 50년으로 내리막일 수는 없다"고 주장한다. 미국의 경제력은 아직도 막강하고 여러 면에서 미국을 대체할 힘은 없으며, 정보화 및 상호 의존의 현대 세계에서 미국의 세기는 지속될 것으로 낙관한다. 그는 "5만 개 이상의 핵무기가 흩어져 있는 오늘날, 가장 강대한 나라가 흥망성쇠를 둘러싼 불안에 시달린다면, 다른 나라들에 큰 화가 미칠 수도

있음"을 상기시키고 있다.

그런가 하면 소련 해체로 정치무대에서 퇴장한 고르바초프 시대의 개혁가이자 외교가인 알렉산드르 야코블레프의 1985년판 저서인 『성조기의 폭력』(나중에 『바로 보는 미국』이란 제목으로 재출간)에서는 조셉 나이가 말하는 '세계를 지도해야 할 미국의 숭고한 사명'은 미국의 패권주의적 야망을 정당화하는 구세주 사상이며, "목적 달성을 위해서라면 직접 및 간접의 반혁명, 파괴 활동, 지도자 암살, 모든 종류의 전쟁을 서슴지 않는 일종의 파시즘"이라고 기록한다.[3)]

여기서 나는 미국에 대한 경제적 · 도덕적 평가는 독자의 판단에 맡기겠다. 다만 이런 평가의 전제조건인 사실 한 가지를 강조하고 싶다. 그것은 바로 미국이 양대 초강대국의 입장에서 유일한 세계 초강대국으로 변했으며, 그래서 우리는 이제 '소련 없는 미국을 다시 보자'는 주장을 심각하게 받아들여야 한다는 것이다. 개인적인 미국에 대한 감정을 떠나서.

오늘날 우리나라에는 미국 패망론과 이렇게 망하고 있는 미국에 대한 — 한때 우리의 혈맹의 국가에 대한 동정심보다는 — 반미 사상이 요원의 불길처럼 번지고 있다. 도덕 윤리가 땅에 떨어지고, 이혼율이 높아지고, 경제적 늪에 빠진 미국의 멸망은 이제 시간문제라는 것이다. 그리고 미국의 이런 단말적인 생존 본능은 우루과이 라운드와 FTA로 대표되는 경제 침략의 행태로 나타나기 때문에 한국은 더욱 반미를 주장하지 않을 수 없다는 것이다. 『한겨레신문』은 이렇게 말한다.

미국의 집 없는 부랑인들의 대부로 일컬어진 미치 슈나이더가 지난 6월 초 사회의 무관심에 절망을 느끼고 자살했을 때, 미국의 한 진보적 잡지는 그의 죽음을 '아메리칸 드림의 죽음'이라고 불렀다. 그는 거리의 부랑인들에 대한 정부와 사회의 관심을 모으기 위해 백악관 건너편과 의사당 건너편에서 40일 이상의 단식을 단행한 일도 있다. 이 사회운동가의 죽음은, 소외된 인간들의 삶을 함께 염려하고 그 삶의 질을 높이는 사회 또는 그런 세계를 지향하는 꿈이 끝내 냉랭한 미국 사회에서 피어나지 못하고 사라지고 말았음을 상징한다.

꿈의 마지막 불꽃이 사그라들고, 그 자리에 세계 경영의 탐욕, 그리고 그 체제를 이어가는 기능과 통치 기술이 판을 치는 메마른 정치가 오늘날 미국의 모습이라는 비판도 있다. 인간의 따스한 체온이 상실된 이 삭막한 모습은 웬만한 도시 어디에서든 쉽게 목격되는 부랑인들의 무표정, 백만장자에 대한 소득세율 인상 문제로 의회와 백악관이 치고 받는 정치 게임, 그리고 인신공격이 난무하는 11월 6일의 중간선거 과정에서 그 적나라한 알몸뚱이를 드러내 보인다.

미국 사회의 목 잘린 기린들, 즉 3백만 명으로 추산되는 거리의 부랑인들, 사회경제적 구조로 인해 백인보다 월등히 높은 실업률과 낮은 평균소득을 보이고 있는 흑인들, 1981년의 레이건 집권 이후 보조금 삭감으로 농토에서 축출된 소농들, 이들에게 미국은 정녕 꿈의 나라는 아닌 성싶다.[4)]

물론 이런 주장에 대한 반론이 없지는 않다. 예를 들어서 앞에 인용한 하버드대학교의 국제문제연구센터 소장인 조셉 나이 박사는 지난번 인촌(仁村) 기념 강좌에서 행한 「탈냉전 시대의 미국의 역할」이라는 강연에서, 미국은 현재 쇠퇴하고 있는 것이 아니라 민족주의적 각성으로 인한 군사력의 영향력 약화, 경제적 상호 의존 질서의 확산, 각종 기술의 급속한 세계 보급, 국제정치 의제의 변화 등으로 대표되는 '힘의 분산'을 경험하고 있을 뿐이라고 말했다.

그는 구체적으로 미국을 대체할 수 있는 나라 중에서 러시아와 중국은 인력과 영토 면에서 강하지만 경제적으로 뒤떨어져 있으며, 유럽은 경제적으로는 호황이지만 진정한 통일을 이루지 못하고 있으며, 일본은 경제 강국임에도 불구하고 집약적인 군사력과 이념적인 구심점이라는 면에서 아직도 취약점을 극복하지 못하고 있다고 선언했다. 그리고 이미 말했듯이, 우리가 이데올로기의 대결로 6·25라는 처절한 전쟁을 치르고 있을 때 이념의 종언을 주장했던 벨은 다시 미국 예외주의를 주장한다.

5. 한국인의 반미 감정

오늘날 한국인으로서 이런 미국 예외주의를 공개적으로 찬성하거나 옹호하는 사람은 하나도 없으며, 오히려 대부분의 사람들은 이제 '반미 = 지성'이라는 도식을 받아들이고 있는 실정이다.

이런 반미 감정은 경희대학교 평화연구소가 발표한 「한국민족주의 연구: 인식적 분석」에도 잘 나타나 있는데, 이 조사에 의하면 17세 이상 1,200명의 한국인들 중에서 친미 감정을 가진 사람이 19퍼센트, 반미가 30퍼센트, 중도적 입장이 50퍼센트로 나타났다. 그리고 반미 감정의 원인으로는 통상 마찰 등의 경제적 요인이 27퍼센트, 정치적 요인이 27퍼센트, 문화적 요인이 8퍼센트, 안보상의 요인이 4퍼센트로 나타났다. 그리고 부시의 '악의 축' 발언 이후 반미 감정은 더욱 상승되었다.

도대체 한국인의 반미 감정은 언제 발생한 것인가? 학자들은 대개 그 고비를 1980년대라고 말한다.

> 1980년대 이전 한국인들의 미국관은 '환상'과 '신화'로 가득 차 있었으며, 한국에서 반미 구호는 찾아볼 수가 없었다. 글자 그대로 미국이 '아름다운 나라[美國]'라는 생각은 하나의 신앙으로 한국인들의 사고방식을 지배했다. 한국에서 반미주의를 찾는다는 것은 나무에서 물고기를 찾는 것과 마찬가지로 보였다. 미국은 한국에게 단순한 친구 이상의 유일한 친구였으며, 세계는 한국과 미국 같은 열정적인 동맹국을 찾아볼 수가 없었다. 당시 미국에서는 "한국과 관련된 직장을 얻으면 평생직장을 얻는다"라는 말이 있었는데, 이 말은 바로 그동안의 한국 정부와 한국 언론, 그리고 대다수 한국인들의 미국에 대한 시각을 그대로 반영한 것이라고 할 수 있다.

그래서 미국을 절대적인 존재로 여겨온 한국인들의 인식 구조를 글라이스틴(William H. Gleysteen) 전 주한 미국 대사는 "1945년부터 1981년 내지 1982년까지의 오랜 기간 동안 한국의 외교는 1.5개국과의 관계로 구성되어 있었다. 즉 미국과의 관계가 1이며 일본과의 관계는 0.5였다"라고 적절하게 묘사하기도 했다.

그러나 1980년대에 들어와서 한국인들의 친미주의는 약화되고 그 대신 이전에는 결코 볼 수 없었던 반미주의가 대두하게 되었다. 그리하여 반정부 민주화를 위해 미국에 도움을 호소하고자 했던 야당 및 학생들의 시위 행진장이었던 미국 대사관과 미국 문화원은 1980년대에 들어와서 대학생들의 점거, 공격의 표적으로 변모하였다.[5)]

그러면 한국인의 반미 감정은 왜 발생한 것인가? 김진웅은 MBC가 1990년 8월 10일 방영한 「한국, 한국인」 프로그램에 나타난 한 여론조사를 인용하면서 이렇게 말한다.

한국에서의 반미 감정 확산의 원인으로 23.3퍼센트의 응답자들이 미국의 농산물 수입 개방 압력을 꼽았으며, 22.9퍼센트의 응답자는 미국의 정치적 간섭 즉 독재정권에 대한 지지를 들었고, 16.2퍼센트의 한국인들은 한미 양국 간의 무역 마찰을 그 원인으로 지적했고, 14.6퍼센트의 응답자는 한국인들의 자주의식의 성장을, 9.5퍼센트는 광주 민주화 운동을, 6.2퍼센트는 한국인들의 사대주의 경향을, 4.3퍼센트는 주한미군의 존재를 각각 반미주의의 원인으로 들고 있다.

요약컨대 한국인들의 반미 감정은 주한미군으로 대표되는 장기간에 걸친 한국에서의 미국의 존재와 영향력, 한국인들 사이에서 최근 일어나고 있는 민족 자긍심의 증대, 1980년대 한국에서의 민주화 과정에 있어서의 미국의 역할에 대한 한국인들의 불만, 미국의 한국 시장 개방 압력과 같은 통상정책에 대한 불만 등에서 기인했다고 생각되었고, 그 반미 감정은 한국의 대중들 사이에서 상당히 빠른 속도로 확산되어 가고 있다.[6)]

미국의 조속한 쇠퇴론과 미국의 지속적인 발전론, 이 두 개의 극단적인 논리는 분명히 모두 일말의 진리를 담고 있겠으나 그 중의 어느 것도 우리가 직시(直視)하여야 할 그림의 전부는 아닐 것이다. 아마도 진리는 그들의 중간 지점 근처에 있을 것이다. 옛말에도 부자는 망해도 최소한 3년은 걸린다고 하지 않았던가. 미국의 멸망은 아직 시기상조다.

그러나 나는 이런 시기상조론에서 한 걸음 더 나아가서 미국은 아직도 전 세계인에게 '가장 매력적인 종착역'으로 인정받고 있다고 믿는다. 물론 미국의 국제 경쟁력은 과거에 비하여 훨씬 떨어지고 있으며, 엄청난 무역적자에 허덕이고 있다. 특히 최근에는 '미국의 일본화 현상'이 두드러지게 진행되고 있다. 일본은 이미 1989년에 48억 달러가 되는 콜롬비아 영화사를 인수했으며, 1990년 11월 26일에는 단일 건수로는 금액이 가장 높은 75억 달러로 할리우드의 MGA를 매입했다. 그러나 우리가 이런 최근의 불황을 바로 미국의 조속한 쇠퇴론으로 연결시키려는 것은 아무래도 지나친 단순화의 오류가 아닐 수 없다. 「미국의 두 얼굴」이라는 글은 이렇게 말한다.

『워싱턴 포스트』는 두 손을 내려뜨린 채, 고개를 푹 숙이고 있는 자유의 여신상의 그림과 함께 다음과 같은 기사를 실었다. "지금의 미국 모습은 술 취한 주정뱅이들이 우글거리는 술집 같다. 한때 자신의 돈과 힘을 뻐기던 미국은 이제 실패와 절망으로 징징 울고 있다. 위대한 거인의 모습에서 참담하고 무기력한 거인으로 전락하고 말았다."

그러나 이 같은 불황의 음울한 이야기를 미국 경제의 파탄 또는 미국 사회의 몰락으로 보는 것은 잘못된 현실 인식이다. 미국이 가지고 있는 엄청난 자원과 기술 수준 그리고 대내외적인 경제구조를 보면, 미국 경제는 파탄하려야 할 수가 없다고 보는 것이 옳다. 미국인들이 비장한 심정으로 불황에 한숨짓는 진짜 이유는 그들의 소득이 뒷걸음쳐서가 아니라 소득이 늘어나고 있지 않기 때문이다. 게다가 1등 자리를 빼앗기는 것을 견디지 못하는 오만한 대국주의적 자존심이 일본 등의 경제력

에 의해 크게 손상을 입게 되었기 때문이다.[7)]

이렇게 보면, 미국인들의 우울과 초조감은 '상대적인 빈곤감'에서 온 것이 분명하며, 특히 부시 대통령이 한국을 방문한 이후의 미국은 친절과 여유의 얼굴 뒤에 담긴 냉혹한 모습의 또 다른 얼굴이 요즘 들어 크게 돋보이는 성싶다.

미국이 갖고 있는 두 개의 얼굴은 여러 곳에서 나타난다. "한국의 인권과 민주주의는 놀랍도록 진전됐다"고 찬사를 퍼붓던 미 관리들이 한미 행정협정 문제가 논의되자 느닷없이 한국의 인권 상황을 끄집어내기도 한다. 또한 필요에 의한 저들의 얼굴 바꾸기는 미국으로 하여금 미국의 파나마 침략과 이라크의 쿠웨이트 침략을 완전히 별개로 구별 짓게 하기도 한다. 이라크의 쿠웨이트 점령에 대해서는 '견딜 수 없는 야만적 침략'이라고 하면서도, 이스라엘의 팔레스타인 지구 점령 문제와 이를 둘러싼 긴장은 '아직 논의할 단계가 아니다'라고 말한다. 우리가 미국이 가지고 있는 이런 두 얼굴을 제대로 인식하지 못하고 있는 한, 우리는 미국을 올바르게 이해할 수 없다.

6. 미국의 이중성

내가 이상의 내용을 글로 발표한 것은 1996년이지만 처음 쓴 것은 1992년이었다.[8)] 이제 16년이 지난 오늘날의 세계정세는 완전히 내가 예견했던 대로 진행되고 있다. 미국은 세계 유일의 초강대국이 되었고, 유럽연합이 그 아성에 도전하고 있으나 역시 역부족인 듯하다. 『동아일보』는 이렇게 말한다.

> 미국의 경제적 헤게모니는 달러화가 말해 준다. 세계 경제 총생산의 27퍼센트를 차지하고 있지만 무역 거래에서 달러화가 차지하는 비중은 절반 이상이다. 세계 각국 중앙은행이 보유하고 있는 통화의 57퍼센트

가 달러화다.

미국은 매달 무역적자가 천문학적인 액수로 늘어나고 있다고 비명을 지르지만 언제든 자국 중앙은행이 찍어낼 수 있는 달러화로 수입 대금을 결제하기 때문에 차입 비용이 들지 않는다. 태국이나 한국과 같은 외환위기가 발생하려야 할 수 없다. 대미 수출국들은 미 재무부가 발행한 채권을 매입하고 있기 때문에 달러화는 다시 미국으로 돌아온다.

지난해 출범한 유로화도 이런 달러화의 독점적 위치를 위협하는 수준에 이르지 못하고 있다. 장기적으로는 세계의 긴축 통화가 달러화와 유로화로 양분될 것으로 전망된다. 하지만 달러화의 위치를 대체할 정도까지 유로화가 성장하기는 어렵다. 유로화에 참여한 11개국은 미국 국내 총생산의 77퍼센트밖에 안 된다. 이러니 미국 내에서 21세기에 대한 낙관론이 팽배한 것도 무리가 아니다. 지난해 9월 『월스트리트 저널』과 NBC 방송의 공동조사에 따르면 미국인 10명 중 7명이 다음 1백 년 동안에도 미국은 뭐든지 해낼 수 있다고 믿고 있으며, 66퍼센트는 훨씬 살기 좋아질 것으로 생각하는 것으로 나타났다.[9)]

그렇다고 해서 미국의 모든 문제가 사라진 것은 아니다.

첫째, 미국의 이런 지나친 자신감과 치졸한 자족감은 결국 미국으로 하여금 바깥에 주의를 기울이지 않게 만들며, 그래서 세계 각국의 연쇄적인 군비 경쟁을 부추기게 되고, 그 결과로 이 세계는 '고독한 초강국(the lonely superpower)'인 미국이 더 이상 통제 불가능한 상태로 될 것이라는 비판적 견해도 없지 않다.

둘째, 미국이 현존하는 유일한 초강대국이라고 해서 미국에 대한 비판이 모두 사라진 것은 아니다. 오히려 미국의 '소프트 파워'는 요즘 두 진영으로부터 심한 비판을 받고 있다. 우선 환경론자들은 미국이 유전자 조작 농산물을 통해 전 세계를 지배하려 한다고 주장한다. 미국은 세계 인구의 4퍼센트가 되지 않지만 전 세계 이산화탄소와 온실가스의 25퍼센트를 방출한다. 더 나아가서 그들은 미국의 이런 태도는 나머지 세계에 대한 무책임한 짓일 뿐만 아니라 아주 이기적이라고 주장한다. 미국인들은 그들의 마당에는 이런 쓰레기를 버리지 못하게 하는 법률을 엄격히 시행하고 있으면서도 외국에 대하여는 전혀 관심을 갖지 않는다.

셋째, 최근에 발생한 또 다른 미국에 대한 비판자들로는 미국의 사형제도 등을 비판하는 인권론자들을 들 수 있다. 미국은 아직도 사형제도를 실천하고 있는 유일한 초강국이며, 더구나 다른 나라 사람들이 보기에는 그 제도를 아주 즐거운 마음으로 실천하고 있다. 오죽하면 이탈리아 의류업자인 베네통이 미국에서 처형된 사람들의 사진을 공개하는 국제적 운동을 벌이겠다고 했겠는가.[10)]

그럼에도 미국을 완전히 무시할 정도로 미국을 증오할 수 있는 나라는 오늘날 이 세상에 존재하지 않는다. 그래서 어떤 사람은 "미국이라는 어리석은 나라를 미워하는 것은 또 하나의 어리석음(the stupidity of hating a stupid country)"이라고 말하며,[11)] 다른 사람은 "미국을 미워하는 사람들은 그들 자신을 미워한다(Those who hate America hate themselves)"고 말한다. 이 세계는 — 우리가 원하든 원하지 않든 간에 — 서서히 미국화되고 있다.

독일의 작가 요셉 요페는 "사람들은 죽음을 무릅쓰고라도 공해를 건너 미국으로 들어가려 하지, 중국으로 그렇게 가려는 사람은 없지 않느냐"고 말한다. 일각에서 21세기에 미국의 지위를 넘볼 잠재적 강대국으로 중국을 꼽지만 당치 않다는 얘기다.

역사상의 어떤 제국도 사람들이 그 울타리 안으로 들어오기 위해 죽음을 무릅쓰는 국가는 없었다. 해가 지지 않는다는 대영제국도, 로마제국도, 칭기즈칸의 몽골도 그렇지 않았다. 창이나 총칼로 사람들을 끌고는 갔어도 들어오는 사람을 총칼로 막았던 제국은 일찍이 없었다고 역사학자 내이던 로젠버그는 지적한다.

미국의 힘은 미는(push) 데 있지 않고 끌어당기는(pull) 데 있다. 거대한 자석과 같다. 저임 노동자와 싼 공산품은 물론 각국의 두뇌들도 끌어들인다. 미국에서 박사학위를 받은 이공 계통의 외국 고급 두뇌들은 심지어 영국처럼 선진국에서 온 사람들까지 미국에 절반 이상 (51.3퍼센트) 잔류한다. 미국의 잡아당기는 힘이 그들을 떠나보내지 않는 것이다. 그리고 그들이 미국에 남을수록 미국의 끌어당기는 힘은 더욱 강해진다. 자석의 이치가 그렇다. 실로 미국의 지적 헤게모니야말로 팍스 아메리카나의 핵심인 것이다.[12)]

여기서 우리는 미국의 고민과 다른 나라들의 고민은 질적으로 다르다는 사실을 알아야 한다. 다른 나라들의 고민은 어떻게 정치적·경제적·문화적으로 유일한 초강대국이 되느냐는 것이다. 그러나 미국은 이미 이 목표를 성취했다. 그러므로 미국의 현재 고민은 현재의 초강대국 상태를 어떻게 계속 유지하느냐는 것이며, 어떻게 "오늘도 내일도 세상은 미국을 중심으로 돈다"고 말하도록 만들 수 있느냐는 것이다. 그래서 유럽인 보드리야르는 미국을 '성취된 유토피아'라고 부른다.

> 우리는 그들의 위기를 우리 자신의 위기, 구유럽 나라들의 위기를 판단하듯이 판단해서는 안 된다. 우리의 위기는 실현 불가능성에 직면한 역사적 이상들의 위기다. 하지만 그들의 것은 성취한 유토피아의 위기, 즉 유토피아의 지속성과 영속성의 문제다.
>
> 미국인들이 자신들은 세계의 중심에 위치하며, 초강대국 국민이고, 모든 사람들의 절대적인 모델이라고 한가롭게 확신하는 것은 틀린 것이 아니다. 그리고 이러한 확신은 자연 자원, 테크놀로지, 그리고 군비에 정초하기보다는 오히려 현실이 된 유토피아는 기적 같은 전제, 참을 수 없을 정도로 뻔뻔하게 그 사회가 다른 사람들이 꿈꾸어 온 모든 것(정의, 풍요, 법, 부, 자유)을 실현했다고 생각하는 사회라는 기적 같은 전제 위에 정초되어 있다. 그 사회는 이것을 알고 있고, 그것을 믿고 있으며, 결국에는 다른 사람들도 그것을 믿게 된다.[13)]

물론 21세기에는 국경이 사라질 것이라는 견해가 있으며, 이런 견해는 이미 테크놀로지 분야에서 실현되고 있다. 새천년을 맞은 『뉴스

위크』의 특집란에는 이런 구절이 있다.

> 20세기 후반부는 전반기만치 그리 폭력적이지는 않았다. 공산주의, 민족주의, 군사주의에 대한 건전한 반대 세력이 발생했기 때문이다. 한때 자랑스러운 공격적 이념으로 인정받던 종족주의는 뒷전으로 밀려났다. 또한 20세기의 가장 중요한 운동인 여성주의는— 적어도 미국에서는— 주로 출세 제일주의로 변형되었으며, 프로이트주의는 인기가 떨어졌다. 이렇게 전 세계적으로 지난날의 중요한 이념들은 이제 퇴각하고 있다.
>
> 오늘날 러시아의 가장 중요한 이념은 알코올 중독주의와 냉소주의다. 그리고 우리가 이런 새로운 이념들을 그대로 방치한다면, 이 세계는 더욱 악의적 이념들로 돌아갈 것이다. 이 과정에서 우리는 회의주의와 이상주의라는 두 이념에서만 일종의 해독제를 발견할 수 있을 것이다. 우리가 이들을 잘 배합하기만 하면, 우리는 험난한 미래에도 균형 잡힌 중용의 길이라는 희망을 갖게 될 것이다.[14)]

그러면서도 이 글의 필자는 이렇게 말한다. "실제로 세계화 운동이 강력해지면 질수록 민족주의적 반동도 그만치 강력해질 것이다. 여기서 민족주의는 미국에 대한 가장 편리한 분노 표시의 방법일 뿐이다. 즉 중국부터 러시아와 중동에 이르는 지역에서의 민족주의적 열정에 대한 호소는 세계 최강국인 미국에 대항하는 훌륭한 전략이 될 것이다."[15)]

7. 맺음말

이제 우리는 선진국들의 민족주의는 이른바 세계주의라는 가면을 쓰고 등장할 것이며, 그래서 그들은 특히 제3세계의 민족주의 운동을 무조건 '미국에 대한 훌륭한 비판적 전략'이라고 매도할 것이라는 사실을 잊지 말아야 한다. 이것은 신판 미국 예외주의가 아닐 수 없다.

이런 상황에서 우리에게 가장 필요한 자세는 무엇인가?

첫째, 우리는 먼저 현실을 직시해야 한다. 현실을 따라가는 것이 문제의 해결책이 되는 것은 아니지만, 현실부터 출발하지 않는 모든 해결책은— 그것이 아무리 낭만적으로 보여도— 전혀 실현성이 없는 사이비 해결책일 뿐이다. "모든 사람은 그가 속해 있는 땅에 두 발을 딛고 살아간다. 그래서 철학자들은 인간을 '세계 내의 존재'로 규정한다. 그러므로 현실을 개혁하려는 사람은 우선 현실을 정확히 알아야 한다."[16)]

둘째, 우리는 현실 자체가 일면적(一面的)이 아니라 다면적(多面的)이라는 사실을 적시해야 한다. 인간이 원래 아메바와 같은 단세포 동물이 아니고, 그래서 인간이 연출하는 현실도 여러 가지 각기 다른 요소를 포함하고 있기 때문이다. 이것을 다른 말로 표현하면, 현실은 고정된 실체가 아니라 끊임없이 변화하는 과정이라는 것이다. 우리가 "현실을 단순한 물체로 전락시키는 기계론적 객관주의와 현실을 인간 의식의 창조물로 전락시키는 유아론적 관념론을 동시에 배척"해야 되는 이유가 여기에 있다.[17)]

이 두 가지 원칙은 현재 한국에 가장 큰 영향을 주고 있으며 또한 앞으로도 그렇게 될 미국이라는 현실에도 그대로 적용된다. 오늘날 우리에게 가장 필요한 안목은 코끼리를 만지는 식의 부분적인 시각이 아니라 우주를 조망하려는 전체적인 시각이다. 이런 시각이 없을 때, 우리에게는 감정적인 반일(反日)과 반미(反美)는 있어도 영원히 극일(克日)과 극미(克美)는 성취하지 못할 것이다.

자크 마리탱은 이렇게 말한다. "나는 진실을 심각하게 받아들인다. 그러나 나 자신을 심각하게 받아들이지 않는다."[18)]

[주(註)]

1) 『동아일보』, 1992년 1월 23일.
2) 『이코노미스트』, 1990.
3) 『한겨레신문』, 1992년 2월 21일.
4) 『한겨레신문』, 1992년 11월 3일.
5) 김진웅, 『한국인의 반미감정』, 일조각, 1992, pp.3-4.
6) 같은 책, p.6.
7) 『한겨레신문』, 1992년 12월 1일.
8) 『어느 철학자의 편지』, 제19호, 1996년 1월 1일.
9) 『동아일보』, 2000년 2월 10일.
10) *Newsweek*, 2000년 1월 21일, p.14.
11) 같은 책, p.13.
12) 『동아일보』, 2000년 2월 10일.
13) Jean Baudrillard, 주은우 역, 『아메리카』, 문예마당, 1994, p.144.
14) Jonathan Alter, "From the Prison of the I," *Newsweek*, 1999년 12월 27일 -2000년 1월 3일, p.33.
15) 같은 글, p.33.
16) 황필호, 『생활과 철학은 만날 수 있는가』, 종로서적, 1996, p.131.
17) 같은 책, p.131.
18) Jacques Maritain, *Reflections on America*, Charles Scribner's Sons, 1938.

6. 배아 줄기세포의 개발 및 응용에 대한 세 가지 종교적 대응:

한국과학기술한림원, 심포지엄(2004. 4. 30)

1. 머리말

좀 엉뚱한 얘기가 되겠지만, 나는 기독교의 여성관을 세 가지로 분류한다. 첫째는 남성이 모든 면에서 여성을 지배해야 된다는 전통적 견해며, 둘째는 성서를 문자주의적으로 해석하는 전통적 견해를 벗어나서 성서를 남녀평등의 입장에서 재해석할 수 있다는 해석학적 견해며, 셋째는 지금까지 여성 차별을 지지해 온 성서를 단순히 재해석하는 단계를 벗어나서 완전히 새롭게 재독해야 된다는 여성주의적 견해다. 여기서 우리는 가능한 한 첫째 단계보다는 둘째 단계를 지향하고, 둘째 단계보다는 셋째 단계를 지향해야 할 것이다.

이와 비슷하게, 배아 줄기세포의 개발 및 응용에 대해서도 종교는 세 가지 입장을 취할 수 있을 것이다. 첫째는 줄기세포의 개발을 포함한 모든 생명공학의 연구 자체를 무조건 반대하는 견해며, 둘째는 줄기세포의 개발이 몰고 올 수 있는 위험성들을 의식하면서도 개발 자체를 반대하지는 말아야 한다는 견해며, 셋째는 줄기세포의 개발은 어차피 인간복제로 이어질 수밖에 없다는 사실을 솔직히 인정하는 견해다. 현재 우리나라 대부분의 종교인은 첫째 견해를 지지하고 있으며, 소수의 종교인이 둘째 견해를 지지하고 있으며, 셋째 견해를 지지하는 종교인은 거의 없는 실정이다. 그러나 나는 첫째 견해보다는 둘째를 수용하고, 둘째 견해와 더불어 셋째까지 수용해야 된다고 믿는다. 그 이유는 무엇인가?

2. 첫째 견해에 대하여

생명공학의 연구 자체를 반대하는 사람들은 이제 세상이 변했다는 사실을 솔직히 인정해야 한다. 우선 앞으로 BT의 연구는 IT의 연구보다 더욱 많은 경제적 이익을 줄 것이다. 그래서 우리나라가 진정 선진국이 되려면 우리는 이 분야의 엄청난 경제적 혜택을 무시할 수 없을 것이다. 그러나 더욱 중요한 것은, 줄기세포 연구가 난치병 치료에 현실적 기여를 하리라는 사실이다. 예를 들어서, 여기에 부모의 잘못으로 태어나자마자 에이즈에 걸린 환자가 있다고 하자. 교통사고를 당해 척추를 사용하지 못하는 사람이 있다고 하자. 우리는 이들의 운명을 그저 전생(前生)의 탓이나 하느님의 저주라고 말할 수 있겠는가. 그도 우리와 동일한 인간이 아니겠는가.

생명공학의 연구는 바로 이런 사람들에게 희망을 준다. 그리하여 인간의 난자로 배아 줄기세포를 배양하여 세계 과학계에 비상한 관심을 끌고 있는 황우석 교수는 지난 2004년 3월 25일 연세대학교에서 행한 「생명복제 기술의 미래」라는 강연을 통해 그것의 장밋빛 미래를 "영화 「슈퍼맨」의 배우 크리스토퍼 리브가 다시 하늘을 날고, 댄스 그룹 클론의 강원래가 일어나 춤을 출 것"이라고 표현한다.[1)]

벌써 몇 년 전의 일화가 되겠지만, 미국 콜로라도에 사는 몰리(여, 6)의 부모는 '팬코니 빈혈'이라는 치명적 유전병을 앓고 있는 딸을 살리기 위해, 태어난 지 한 달도 되지 않은 그녀의 남동생의 세포를 이식했는데, 그 아들은 팬코니 유전자가 없으면서도 몰리와 체질이 일치하는 세포가 필요하다는 의사의 말을 듣고, 10여 개의 인공수정란 중에서 유전자 선별을 통해 팬코니 유전자가 없는 것을 골라 자궁에 착상시켜 태어난 아이였다. "바야흐로 이제 출생도 — 마치 우리가 가구와 집을 특별 주문하듯이 — 맞춤 시대가 된 것이다."[2)]

이제 나는 인간복제뿐만 아니라 배아복제를 포함한 모든 생명공학 기술의 연구를 무조건 신의 의지를 거역하는 것이라는 이유로 반대하는 종교인, 신학자, 종교학자, 종교철학자들에게 말하고 싶다. 세상은 급격히 변하고 있으며, 우리가 아무리 반대해도 이런 과학적 탐구는 계속될 것이라고. 오늘날 변화는 우리의 선택의 대상이 아니다. 이제는 변해야 산다.

3. 둘째 견해에 대하여

그러면 왜 대부분의 과학자들과 소수의 종교인들은 배아 줄기세포 개발에는 심각한 위험성이 있음에도 불구하고 그것의 개발은 지속되어야 한다고 생각하는가? 나는 이미 두 가지 이유를 제시했다. 첫째는 경제적 이익이며, 둘째는 난치병 치료다. 그래서 수많은 학자들은 이 두 가지 이익이 과연 생명공학 연구를 정당화시켜 줄 수 있느냐는 문제를 가지고 씨름하고 있다. 그런데 여기서 말하는 위험성이란 무엇인가? 그것은 한마디로 인간복제를 뜻한다.

그러나 우리는 여기서 인간복제가 성취된다고 해도, 그들은 절대로 '동일한 사람'이 될 수 없을 것이라고 주장할 수도 있겠는데, 이런 종교인의 대표자로는 피터스(Ted Peters)를 들 수 있다.

우리는 흔히 동일한 유전자를 가진 두 사람은 동일한 사람이 된다고 믿고 있다. 그러나 이런 견해는 비과학적이다. 동일한 유전형(fonotype)을 가지고 있다고 해서 그들이 언제나 동일한 표현형(phonotype)을 갖게 되는 것은 아니다. 동일한 유전자를 가지고 태어난 일란성 쌍둥이가 성장 환경에 따라서 서로 상이한 의식, 상이한 자아개념, 상이한 사고 과정, 상이한 윤리적 책임감을 갖게 되는 이유도 여기에 있다.

이렇게 보면, 우리는 복제인간을 '연기된 쌍둥이(delayed twins)'라고 말할 수 있다. 자연적 쌍둥이는 몇 분 간격으로 나오지만 복제인간은 형보다 수십 년 후에도 나올 수 있기 때문이다. 하여간 우리는 이렇게 결론내릴 수 있다. 유전자는 개인의 정체성 결정에 큰 영향을 주지만, 그렇다고 해서 유전자가 모든 것을 결정하는 것은 아니라고. 피터스는 이런 사실을 종교적으로 "두 사람의 유전자가 동일하다고 해서 그들의 영혼이 동일하다고 말할 수 없다"라고 표현한다.

피터스에 의하면, 영혼은 유전자로부터 형성되는 것이 아니라 하느님과의 관계로부터 형성되는 것이다. 그러므로 우리는 영혼을 인간의 육체나 정신 이상의 어떤 속성이나 실체로 보지 말고 '하느님과의 관계성'으로 보아야 한다. 그래서 피터스는 어떤 신학적 논증도 인간복제가 인간의 고유한 정체성, 그만이 가지고 있는 권위, 즉 우리가 흔히 말하는 영혼을 파괴한다는 사실을 증명할 수 없다고 말한다.

> 비록 우리는 평소에 그렇게 생각하지 않지만, 권위는 관계적이다. 일상적으로 우리는 권위를 타고나는 것, 본래적인 것, 육체를 가진 인간이 도덕과 법률에서 존경해야 할 자연이나 하느님이 준 어떤 속성으로 생각한다. 철학적으로 보면 이것은 옳다.
>
> 그러나 우리가 실제로 경험하는 권위는 관계적이다. 그것은 타인으로부터 가치 있다고 취급되는 경험이며, 그 다음에는 우리의 가치를 우리들에게 주입시키는 경험이다. 개인적으로 다른 사람이나 법률이 우리를 목적으로 취급할 때—더 큰 목적을 위한 수단으로만 취급하지 않을 때—우리는 인간으로서의 근본적인 가치를 갖게 된다.
>
> 우리의 윤리적 임무는 아직도 권위를 경험하지 못하고 있는 사람들에게 권위를 돌려주어서 그들도 일어나서 그들의 권위를 주장하도록 하는 것이다. 이렇게 사람을 가치 있는 사람으로 취급하는 행위가 바로 사랑이다. 이런 뜻에서 사랑은 개인의 가치를 증진시키는 관계적 힘이다.
>
> 인간의 권위를 구성하는 것은 개인성이나 정체성 자체가 아니다. 독특성은 권위를 결정하지 않는다. 오히려 가치에 대한 모든 다른 주장들

을 축하하는 것이 바로 가치의 의미다. 인간으로서의 가치는 경험적으로 우리를 사랑하는 사람들로부터 나오며, 종국적으로는 우리에 대한 하느님의 사랑으로부터 나온다.

4. 셋째 견해에 대하여

그러면 우리는 이제 현재 급속도로 진행되고 있는 유전자 공학을 그대로 방치해야 하는가? 이 마지막 질문에 대한 피터스의 답변은 이렇다. "나는 청색 등이나 영원한 적색 등보다는 안전성과 윤리적 문제들이 해결될 때까지 모든 탐구를 임시 금지하는 황색 등을 지지한다." 그의 이런 주장은 이 방면의 연구에 대하여 2000년부터 5년 동안 국가 지원을 하지 않을 것이며, 개인 연구소들도 자발적으로 이 임시 금지 조항에 협조해 주기를 바란다는 클린턴 행정부의 시책과 동일한 것이다. 그는 이렇게 말한다.

> 나는 말기 조항을—즉 5년 동안 재검토하고 재조사하라는 말기 조항을—가진 금지 조치를 제안한 대통령 위원회의 권고안을 지지한다. 여기서 나는 미국 감리교 유전학 특별위원회가 1997년 5월 9일에 발표한 성명이 도움을 줄 수 있다고 믿는다. "신앙인인 우리들은 인간으로서의 정체성이란 유전적 상속, 사회적 환경, 혹은 이 두 가지의 종합 이상이라고 믿는다. … 우리는 현재 복제에 대한 (심리적 · 사회적 · 유전적) 결과를 모두 알지 못하고 있다. 그러므로 새로운 정책을 만들 때, 우리는 인간 지식의 한계를 고려해야 한다. 이런 상태에서 우리는 당분간의 인간복제 금지를 요구한다."
>
> 그러나 만약 인간이 복제된다면, 그들도 다른 사람들과 마찬가지로 고유한 가치와 도덕적 신분을 가질 것이며, 그들도 동일한 시민권을 가져야 할 것이다. 어떤 사람도 출산 기원에 따라서 차별받지 말아야 한다.

그러나 당분간 무분별한 유전자 탐구와 조작을 금지해야 된다는 황색 등 이론은 정말 차갑지도 않고 뜨겁지도 않은 미지근한 태도가 아닐 수 없다. 인간은 호기심의 존재다. 인간이 할 수 있는 것은—그것이 무엇이든지 간에—누군가에 의해 저질러지게 마련이다. 이런 상황에서 5년이라는 금지 기간이 도대체 무슨 의미가 있는가. 복제인간은 내일 태어날 수도 있다. 여기에 바로 우리가 배아 줄기세포의 연구는 어차피 인간복제로 이어질 수밖에 없다는 셋째 견해를 심각히 고찰할 필요성이 있다.

나는 인간복제를 반대한다. 그러나 나는 이미 오래 전에 인간복제가 언젠가는 꼭 이루어질 것이라고 장담했다. 물론 대부분의 과학자들은 현재의 과학적 지식을 가지고 인간을 복제한다는 것은 대단히 위험하다고 경고한다. 그래서 황우석 교수도 "복제는 우량 가축을 대량으로 농가에 보급하거나, 거부 반응이 없는 이식용 장기를 동물에서 생산해 내기 위한 목적이나, 치료용 세포나 조직을 생산하기 위한 인간 배아 줄기세포의 복제까지만 허용해야 하며, 인간 자체의 복제는 법률로 금지해야 한다"고 말한다.

그러나 여기서 중요한 것은, 인간복제를 추진하는 사람들의 태도가 과연 도덕적·종교적·신학적·철학적으로 받아들일 수 있느냐는 것이 아니다. 중요한 것은—우리가 아무리 반대해도—인간복제가 언젠가는 실행될 것이라는 사실이다.

솔직히 말해서, 인간복제가 영원히 실행되지 않을 것이라고 장담할 수 있는 사람이 어디 있겠는가? 인간은 호기심의 동물이며, 인간은 자신의 호기심을 그대로 실천해 왔다. 아무도 이런 인간의 선천적 욕망을 제거할 수는 없을 것이다. 어차피 누군가에 의해 인간복제가 실현될 수밖에 없다면, 그리고 이것이 아무도 막을 수 없는 추세라면, 종교인과 인문학자는 이 과정에서 덜 나쁜 길(lesser evil)을 권유할 수 있을 정도로 과학을 연구하면서 자신의 도덕적 및 종교적 충고를 주어야 할 것이다. 대안 없는 반대는 공허할 뿐이다. 그리고 그 대안은 엄연한 현실로부터 출발해야 한다.

5. 맺음말

우리는 모든 생명공학 연구를 반대하는 보수론자가 되지 말아야 한다. 종교의 길과 과학의 길이 상반될 수밖에 없다는 주장은 오늘날 낡은 이론에 불과하다. 함석헌이 종교는 절대로 과학을 배척할 수 없다고 주장하며, 원불교가 "물질이 개벽되니 정신을 개벽하자"고 외치고, 통일교가 과학의 종교화와 종교의 과학화를 주장하는 이유가 여기에 있다. 그러므로 우리는 모든 과학적 탐구를 무조건 반윤리적 및 반종교적으로 보는 첫째 견해로부터 벗어나서 여러 가지 위험성을 자체 내에 갖고 있지만 인간의 질병과 생명을 위한 연구는 지속되어야 한다는 둘째 입장을 수용해야 한다.

구체적으로 말해서, 우리는 이제 배아도 역시 생명이기 때문에 실험용으로 다룰 수 없다는 입장을 벗어나서 치료용 복제(therapeutic cloning)의 가능성을 받아들여야 한다. 그러나 우리는 여기서 멈추지 말고, 언젠가는 보통 인간과 복제인간이 같은 거리를 걸어 다니는 시기가 올 수도 있다는 엄연한 현실을 받아들여야 한다.

오늘날 생명공학의 연구는 하루가 빠르게 진행되고 있다. 일년만 눈을 딱 감고 있으면 선진국의 연구를 따라갈 수 없을 정도로 빨리 진전되고 있다. 그럼에도 황우석 교수는 1년 동안 복제 실험을 중단하겠다고 선언했다. 당분간 자신이 이번에 개발한 기술이 사회적으로나 정책적으로 어떻게 반응할 것인지를 지켜보고, 또한 2005년에 생명윤리법이 발효되면 정부에 정식으로 연구 허가를 얻기 위해서란다.

여기에 바로 생명공학 연구의 딜레마가 있다. 그것은 밤낮을 쉬지 않고 연구하여 최첨단을 걸어야 한다. 그러나 생명공학 연구는 수많은 윤리적 문제를 제기한다. 이것을 염두에 두면 좀 천천히 나아가야 하고, 좀 천천히 나아가면 선두 자리를 빼기게 된다. 그래서 어느 의학 전문 기자는 이렇게 말한다.

생명공학계의 3개월은 10년 후엔 10년의 차이를 낳는다는 것이 일반적인 평가다. 그만큼 연구의 발전 속도가 빠르다는 뜻이다. 이 때문에 현재 생명공학 선진국들은 인간 배아복제 연구를 공식적으로 반대하는 뉘앙스를 풍기면서도 속으로는 연구를 지원하는 정책을 펴고 있다. 그런데 우리는 어떤가. 세계에서 가장 우수한 연구진과 기술력을 가지고 있으면서 1년을 손놓고 기다려야 할 판이다.

황 교수는 이에 대하여 "속으로는 분통이 터지지만 사회적 합의도 중요하기 때문에 나 자신의 인내심을 시험하는 기간으로 삼겠다"고 말했다.

어느 교수는 이 심각한 딜레마에 대하여 이렇게 말한다. "하루가 다르게 경쟁적으로 발전하고 있는 생명기술을 바라볼 때 과학계와 일반 사회 간의 긴밀한 대화가 그 이느 때보다 절실해지고 있다. 과학기술자들은 사회가 요구하는 윤리적 잣대가 과연 어느 수준인가를 항상 염두에 두면서, 가능한 한 투명하게 자신의 연구를 추진하도록 노력해야 한다. 사회 역시 과학기술에 대한 포괄적 통제보다는 세심한 개별적 제한을 통해 과학기술을 올바른 방향으로 육성해야 한다." 옳은 말이다. 그러나 이것도 어디까지나 원론적인 주장이다. 도대체 어떻게 사회와 과학계는 '긴밀한 대화'를 할 수 있단 말인가? 내가 보통 인간과 복제인간의 동거(同居)의 가능성까지 인정할 수 있는 셋째 견해를 받아들여야 한다고 주장하는 이유가 여기에 있다.

가장 미국적인 영화로 알려진 「맨 인 블랙(Men in Black)」에는 우리가 평소에는 모르고 있지만 수많은 외계인과 동일한 사회에서 살고 있는 장면이 나온다. 우리가 매일 만났던 시골 마을의 우체국장도 외계인이었고 다른 사람들도 실제로는 외계인이었다. 여기서 외계인과 내계인의 동거는 불가피한 듯이 보인다. 누가 알겠는가? 언젠가는 우리 사회에서도 보통 인간과 복제인간이 손을 잡고 활보할 수도 있다. 나는 절대로 이런 일이 일어나지 않기를 바란다. 그러나 우리는 이 가능성까지 염두에 두고 이 문제를 토론해야 할 것이다. 그러나 우리는 아직도 '원론적인 수준'의 논의만 계속하고 있다. 즉 복제인간이 실제로 탄생하게 된다는 전제에서 출발한 논의는 아직도 나타나지 않고 있는 실정이다. 새 술은 새 통에 담아야 함에도 불구하고.

[주(註)]

1) Cf. 황우석 · 문신용 교수팀의 이전 개가는 크게 두 가지로 설명할 수 있다. 첫째, 이번 실험은 환자의 체세포로 만든 복제 배아로부터 줄기세포를 얻는 방식이기 때문에 면역 거부 반응이 없게 되었다. 지금까지는 주로 불임 수술 후에 남은 냉동 수정란, 유산된 태아의 조직, 성인의 골수세포 등에서 줄기세포를 얻었다. 그러나 이 경우에는 환자와 유전자가 일치하지 않아서 이식 이후의 면역 거부 반응이 있었다. 둘째, 이번 실험은 복제에 필요한 재료인 체세포와 난자를 모두 같은 여성에게서 채취한 것이었다. 그래서 그들은 앞으로 남성의 경우에는 어떤 체세포를 이용해야 복제 성공률을 높일 수 있는지를 연구할 것이라고 한다. 『동아일보』, 2004년 2월 13일.
2) 황필호, 「인간 복제, 어떻게 볼 것인가」, 『인문학 · 과학 에세이』, 철학과현실사, 2002, p.20.

제 3 장

신종교철학

1. 왜 대순진리회는 한국적 기독교와 같아야 하는가

최동희 교수의 「민족통일의 종교적인 신념과 대순종단의 신앙」은 크게 두 부분으로 구성되어 있다. 첫째는 "우리 겨레는 아득한 옛날부터 하늘을 여러 신들 가운데서 가장 높은 신, 즉 최고신(最高神)으로 믿어왔다"[1)]는 사실을 단군신화의 경우, 성읍국가의 경우, 삼국시대의 경우로 나누어 아주 문헌적으로 세밀하게 고찰하며, 끝으로 그 최고신을 나타내는 표준말까지 언급한다. 여기서는 아주 잘 그려진 수채화를 보는 듯하다. 둘째는 이 최고신에 얽힌 여러 가지 문제점을 — 첫 번째의 상세한 토론과는 정반대로 — 아주 간헐적으로 언급하고 있다. 여기서 나는 둘째 부분에 대해서만 간단히 토론하겠다.

우선 문제가 되는 것은, 우리 한민족이 오랫동안 믿어온 하늘님, 하느님, 하날님이 종교학 일반에서 주장하는 하늘 상징과 어떻게 다르냐는 것이다. 하늘에 대한 신앙은 한민족에게만 고유한 것이 아니라 모든 종족의 공통적인 상징이기 때문이다. 종교학의 대가인 엘리아데는 그의 유명한 주저에서 하늘 상징의 영속성(perenniality)을 이렇게 설명한다.

> 우리는 하늘 신(sky god)이 더 이상 종교 생활을 지배하지 않을 때조차도 별의 영역, 하늘 상징, 상승의 신화와 제의 등은 거룩한 것의 질서

가운데서 탁월한 위치를 유지한다는 사실을 주목해야 한다. '위에 있는 것'과 '높이 있는 것'은 모든 종교적 복합체 가운데서 초월을 계속해서 지시한다.

결국 하늘은 예배에서 배제되고 신화 속에서도 다른 테마들로 대체되지만, 그것은 상징의 덕분으로 종교 생활 가운데 여전히 현존한다. 그리고 이 하늘 상징은 다시 수많은 (상승, 사다리 타기, 입하식, 즉위식 등의) 제의와 (우주의 나무, 우주의 산, 대지와 천상을 잇는 화살의 열쇠 등의) 신화, 그리고 (마술적 비상 등의) 전설에 생명을 부여하고, 그것을 떠받쳐 준다. 세계 중심의 상징도 또한 하늘 상징의 중요성을 드러내준다. 하늘과의 교섭이 시작되는 것은 중심에서이며, 하늘은 언제나 초월의 모범적 이미지를 구성하기 때문이다.[2)]

이렇게 보면, 최동희 교수는 우선 한민족의 하늘 신과 종교학에서 주장하는 하늘 신이 동일한 것인지 혹은 서로 다른 것인지, 그리고 다르다면 어떻게 다른 것인지를 먼저 토론했어야 했다. 그래야 한민족의 종교성의 특성이 밝혀질 수 있기 때문이다.

또 다른 문제점은 한민족이 믿어온 하늘 신의 정확한 성격 규정에 있다. 최동희 교수는 그것이 비록 최고신이지만 그렇다고 해서 일신교에서 주장하는 '절대적인 신앙의 대상'이나 '본격적인 종교집단에서 믿는 신앙의 대상'은 아니라는 점을 명확히 밝힌다. 종교학적으로 표현하면, 한민족에게 하늘은 부재신(不在神) 혹은 '멀리 사라져간 신'이란 뜻이겠다. 그는 이렇게 말한다.

우리는 『삼국유사』에 있는 단군신화에 나타난 환인을 우리 겨레가 믿는 하늘이라고 보았다. 곧 고조선 때 우리 겨레가 옛날부터 믿어온 것은 하늘(하느님)을 받들었다고 보았다. 그러나 이 하늘은 일신교(一神教)에서 믿는 절대적인 신앙 대상이 아니고 그저 여러 신들 가운데서 가장 높은 자리에 있고 가장 권위가 있는 최고 존재라고 이해했다. 종교학에서 말하는 최고신이라고 이해했다.

이것은 본격적인 종교집단에서 믿는 신앙의 대상과는 다른, 다소 원

시적인 민중이 신봉하는 대상이었다.[3)]

그러면 우리는 이제 어떻게 해야 하는가? 이 질문에 대한 최동희 교수의 답변은 명확하지 않다. 그러나 전체적인 맥락에서 보면, 지금까지의 비인격적 하늘은 이제 인격적인 절대 신앙으로 바뀌어야 한다고 말하는 듯하다. 비인격적인 하늘은 '다소 원시적'이기 때문이다. 예를 들어서, 우리나라에서 위세를 떨치고 있는 기독교의 경우를 살펴보자. 왜 그렇게 많은 한민족이 기독교에 열광했는가? 그는 이렇게 말한다.

> 기독교가 믿는 데우스(Deus)를 우리 민족은 하늘과 같은 것이라고 믿게 되었다. 하늘을 믿는 종교라고 하여, 우리 민중은 기독교를 그렇게 많이 그렇게 열성으로 믿게 되었다. 정말 한국적 기독교라고 할 만하다. 어떤 의미에서는 우리 민족이 죽 믿어오던 하늘이 일신교적 신앙 대상으로 진입한 현상이 한국적 기독교가 아닐까. 다른 측면으로, 우리 겨레가 청동기 시대에 대대적으로 하늘에 제사를 받들어 오다가 삼국시대에는 유교적으로 하늘을 믿게 되었고, 마침내 기독교의 영향으로 하늘을 일신교적으로 믿어야 한다는 종교 운동이 우리 사회에서 일어나게 되었다. 이것이 동학(東學)의 종교 활동이었다. 대순종단은 우리 민족의 하늘을 일신교적으로 믿는 새로운 종단을 추진하고 있다.[4)]

여기서 나는 특히 위 인용문의 마지막 구절을 생각해 보겠다. 즉 대순진리회는 '하늘을 일신교적으로 믿는 새로운 종단', 그래서 한국적 기독교와 비슷한 새로운 종단을 추진하고 있다는 주장이다. 우선 여기에는 여러 가지 중요한 문제들이 도사리고 있다. 이제 우리는 한국인의 전통 신앙인 하늘을 인격적 · 절대적 대상으로 변신시켜야 하는가? 그리고 그것이 가능하다면 그 방법은 어떤 것인가? 이 중요한 질문들에 대하여 최동희 교수는 대단히 중요한 몇 가지를 제시하는데, 우리는 그의 제시를 좀더 신중히 토론할 필요가 있다.

첫째, 대순진리회의 신앙의 대상은 구천상제(九天上帝)인 강증산(姜甑山) 성사(聖師)다. 논리적으로 따지면, 구천상제가 있고, 그는 이 세상에 태어났다가 돌아가신 것이다. 그렇다면 하늘에 있는 구천상제와 육화(肉化)된 모습인 강증산의 관계는 무엇인가?

둘째, 대순진리회의 기본 교리는 음양합덕(陰陽合德), 신인조화(神人調化), 해원상생(解寃相生), 도통진경(道通眞境)이다. 그렇다면 이 네 가지 종지와 구천상제인 강증산의 관계는 무엇인가?

> 먼저 강증산 성사(곧 구천상제)가 세상을 손수 구원하기 위한 방식이 곧 네 가지 진리인가? 이 경우에는 상제 자신의 천지공사(天地公事)를 위한 설계도가 바로 종지일 것이다.
>
> 다음으로 상제가 인간에게 네 가지 진리를 가르쳐 인간이 스스로 이들을 실천함으로써 이상적인 세계를 실현하게 하는가? 혹은 네 가지 진리는 상제 자신의 구원 기준이기도 하고, 인간이 스스로 이상세계를 실현하는 덕목(德目)이기도 한가? 이러한 상제와 종지의 관계에 대한 기초적인 연구가 신중하고도 광범위하게 이루어져야 할 것이다.[5)]

셋째, 이상의 네 가지 진리의 기본 의미와 그들의 상화 관계는 무엇인가? 이 문제에 대해서도 여러 가지로 생각할 수 있다.[6)]

그러나 이상의 문제들보다 더욱 본질적인 질문이 있다. 그것은 도대체 왜 대순진리회는 한국적 기독교와 같이 되어야 하느냐는 질문이다. 분명히 기독교는 그들의 궁극적 실재를 인격적・절대적으로 제시함으로써 한국 사회에서 위세를 떨치고 있다. 기독교의 하느님은 이제 단순한 '봉헌'의 대상이 아니라 '신앙'의 대상이 되고 있다.[7)] 그렇다고 해서 대순진리회도 동일한 길을 밟아야 하는가? 그리고 그 길만이 '한국적'인 종교가 되는 길인가?

[주(註)]

1) 최동희, 「민족통일의 종교적인 신념과 대순종단의 신앙」, p.1.
2) Mircea Eliade, *The Sacred and the Profane: The Nature of Religion*, tr. Willard Trask, A Harvest Book, 1957, pp.128-129.
3) 최동희, 앞의 글, p.13.
4) 같은 글, p.15.
5) 같은 글, p.16.
6) 같은 글, p.16.
7) Cf. 여기서 우리는 한 걸음 더 나아가서 불교는 봉헌은 있으나 대상이 없는 종교라고 말할 수 있다. 황필호, 『종교변호학 · 종교학 · 종교철학』, 철학과현실사, 2004, pp.287-291.

2. 해방신학과 민중불교 *

1. 머리말

다음 문장을 생각해 보자.

용수(龍樹, Nagarjuna)는 "부처님은 모든 중생을 자유인으로 만드셨다"고 말한다. 부처님이 자신의 이익만을 추구하는 무명(無明)으로부터 우리를 자유롭게 했다는 뜻이다. 무명에 가리어 있다는 것은 중생에 대한 자비심을 거절한다는 것이며, 이런 뜻에서 그것은 부처님 자신을 배척하는 것이다. 경전에 의하면, 부처님을 배척하고 중생에 대한 자비심을 배척하는 것이 바로 인간이 당하고 있는 가난, 불의, 억압의 궁극적인 원인이다.

물론 우리가 무명을 이러한 부조리의 궁극적인 원인이라고 말한다고 해서, 부조리한 상황을 만들어내는 구조적인 이유들과 객관적인 요인들을 무시하려는 것은 아니다. 다만 모든 일은 순수한 우연이 아니라 철저한 인과법칙에 의하여 발생한다는 사실, 그리고 불의한 구조 뒤에는 부처님과 중생을 배척하려는 개인적 및 집단적 의지가 숨어 있다는 사실을 강조하려는 것이다. 또한 아무리 과격한 사회 변혁도 부처님과 중생에 대한 자비심이 없이는 자동적으로 제거할 수 없다는 사실을 강조하려는 것이다.

더 나아가서, 용수는 부처님이 인간을 자유인으로 만들었을 뿐만 아니라 인간을 자유인으로 만들었다는 사실을 우리에게 직접 말하고 있다고 주장한다. 무엇을 위한 자유인가? 그것은 바로 중생에 대한 자유를 위한 자유다.

자유롭다는 것은 다른 사람들을 위하여 자유롭다는 뜻이다. 그러므로 우리가 추구하는 자유는 자신으로부터 벗어나서 우리들의 이기심과 그 이기심을 지속시켜 주는 모든 구조의 파괴를 전제로 한다. 이 자유와 근거는 다른 사람들에 대한 개방이다. 부처님의 선물인 자유의 완성은 부처님과의 교제며 중생과의 교제다.

이상의 글은 해방신학의 창시자라고 말할 수 있는 구티에레즈(Gustavo Gutierrez)의 『해방신학』에 나오는 문장을 불교화시킨 것이다.[1] '그리스도'를 '부처님'으로 고치고, '죄'를 '무명'으로 고치고, '이웃'을 '중생'으로 고치고, '사랑'을 '자비'로 고치고, 예수님의 가르침을 기독교라는 종교로 만드는 데 결정적인 역할을 한 사도 바울의 이름을 역시 부처님의 가르침을 불교라는 종교로 만드는 데 결정적인 역할을 한 용수로 바꾼 것이다.

이렇게 보면, 이웃 사랑을 목표로 하는 해방신학과 중생 구제를 목적으로 하는 민중불교가 지향하는 점이 거의 완전히 동일한 듯이 보인다. 그들은 다같이 구원과 깨달음이 개인의 차원에 머물지 말고 공적인 차원으로 발전해야 된다고 믿으며, 그 과정에서 개인의 정화보다 더욱 중요한 것은 구조적 모순을 깨뜨리는 것이라고 믿으며, 또한 이러한 이웃 사랑과 중생 구제가 바로 예수와 석가의 가르침을 진실로 따르는 것이라고 주장한다.

그렇다고 해서, 해방신학과 민중불교가 출현 배경과 전개 과정, 교리적인 근거, 앞으로의 전망에 있어서 완전히 동일한 것은 아니다. 그리하여 우리는 이 글에서 해방신학과 민중불교의 유사점과 차이점을 동시에 고찰할 것이다. 그러나 이 글을 시작하기 전에 몇 가지 지적할 것들이 있다.

첫째, 우선 해방신학과 민중불교를 비교하기보다는 한국에서 탄생한 민중신학과 민중불교를 비교하는 것이 더욱 바람직한 듯이 보인다. 그러나 여기에는 해방신학과 민중신학의 정확한 구별이 전제되어야 한다. 물론 대부분의 민중신학자들은 민중신학이 단순한 해방신학의 아류나 한국판 해방신학이 아니라 고유한 한국적 상황에서 출발했으며, 해방신학과는 상이한 방법론을 가지고 있다고 말한다.

그러나 다른 해방신학자들은 근본적으로 양자의 차이점을 지적할 수 없다고 말한다. 다만 한 가지 명확한 사실은 민중신학이 해방신학으로부터 결정적인 영향을 입고 태어났으며, 또한 해방신학의 중요한 교리를 — 비록 한국적인 형식으로 표현하면서도 — 그대로 계승하고 있다는 사실이다. 그러므로 민중신학과 민중불교를 객관적으로 비교하려는 사람은 자연히 해방신학과 민중불교를 비교하는 단계를 거치게 될 것이다.

둘째, 우리나라에 있어서 해방신학과 민중신학은 이미 이론적인 면에서나 실천적인 면에서 상당한 평가를 받고 있다. 특히 외국의 진보주의 학자들은 이미 민중신학(Minjung Theology)이라는 표현만 듣고도 그것이 해방신학의 주제를 수입하여 한국에서 독특하게 자생된 신학임을 상식적으로 알고 있다. 그 실례로 내가 참석했던 1987년 여름 버클리대학이 주최한 「기독교와 불교의 대화」를 주제로 한 국제회의에는 '민중신학과 불교'라는 하나의 분과까지 있었다는 사실을 들 수 있다.

그러나 우리나라의 민중불교는 아직까지 정치적인 슬로건으로만 취급되고 있는 경향이며, 거기에 대한 교리적 및 학문적 찬성이나 비판조차 초보 단계에 머물고 있는 실정이다. 그 이유는 어디에 있는가?

2. 올깎이와 늦깎이

해방 이후 우리나라 불교는 — 기독교의 경우와 마찬가지로 — 현실 개혁을 주장하는 소수와 현실 안주를 목적으로 하는 다수로 구성되어 왔다. 전자는 언제나 호국불교를 주장했으며, 후자는 흔히 산중불교, 초세간불교, 극락왕생불교를 지지했다. 이런 점에서 불교는 현실을 개혁하려는 소수와 기득권을 그대로 유지하려는 다수로 구성된 기독교와 아무런 차이가 없다.

그럼에도 해방 후 기독교인과 불교인 사이에는 커다란 차이점이 있다. 현실참여를 외치는 소수의 불교인들이 내세워 온 '호국불교'라는 기치가 실제로는 현실에 안주하려는 다수 기독교인들의 태도와 별 차이가 없었기 때문이다. 이런 점에서, 해방 이후의 불교는 겨우 1987년에 와서야 진정한 의미에서의 민주화 운동에 참여했다고 말할 수 있다. 물론 1970년대와 1980년대 초에도 중생 구제에 관심을 둔 몇몇 불교 지도자들이 없었던 것은 아니다. 그러나 이것은 어디까지나 개인적인 차원이었으며, 불교가 집단적으로 현실에 참여한 것은 1987년이라고 말할 수 있다. 다시 말해서, 불교는 기독교보다 우리나라에서 훨씬 오랜 역사를 가지고 있으면서도 우리 현대사에 나타난 민주화 운동에서는 늦깎이의 신세를 면하지 못하고 있다.

오늘날 민중불교운동의 구심점을 이루고 있는 조직으로는 정토구현전국승가회, 민족불교연구소, 민중불교연합회, 대학생불교연합회 등을 들 수 있다. 그리고 이 단체들의 회원은 주로 승가대학 학승들과 대불련 학생들도 구성되어 있다. 그러나 이 모든 단체들은 대학생불교연합회를 제외하고는 창립된 지가 2-3년밖에 되지 않는다. 기독교운동과 불교운동의 이러한 올깎이와 늦깎이의 관계는 해방신학의 역사를 보면 더욱 쉽게 알 수 있다.

해방신학이 우리나라에서 처음으로 부각된 계기로는 1982년에 발생한 부산 미국문화원 방화 사건을 들 수 있다. 마침 나는 그해 4월에 「지하대학과 해방신학」이란 글을 발표했다. 그때가 바로 문화원 방화 사건이 발생한 직후였고, 또한 내가 우리나라에서 '지하대학'이라는 표현을 최초로 사용했다는 점에서 그 글이 당시에는 비상한 관심을 모았다. 당시 정보기관들이 제출한 보고서에 내 글이 많이 인용되었다는 사실이 이를 잘 증명한다.

물론 이 사건 이전에도 일부의 대학생들이 해방신학의 서적들을 몰래 탐독하기는 했다. 그러나 이러한 현상은 어디까지나 일부에 국한된 일이었으며, 그런 뜻에서 나는 당시의 해방신학이 우리나라 지하대학에서 '서서히 자리를 잡아가고 있다'고 진단했던 것이다.

그러면 이미 서유럽, 북미의 백인 사회, 북미와 아프리카의 흑인 사회, 라틴 아메리카, 일부 아시아 지역에서 굉장한 위세를 떨치고 있던 해방신학이 그 당시까지 아직도 우리나라에 완전히 뿌리를 내리지 못했던 이유는 무엇인가?

첫째, 해방신학은 사회 전반에 걸친 완전 해방(full liberation)을 주장한다. 그러나 그것은 어디까지나 기독교 신학의 한 종류이기 때문에 비기독교인은 쉽게 접근할 수 없었으며, 기독교인이라도 신학이나 현실에 관심이 없는 사람은 쉽게 접근할 수 없었다.

둘째, 해방신학은 방화 사건이 일어나기 10여 년 전부터 새로운 희망의 신학으로 각광을 받게 되었기 때문에 당시에는 아직도 우리나라에 그 전모가 소개될 시간적 여유가 없었다.

셋째, 불교와 마찬가지로, 우리나라 기독교는 사회개혁보다는 개인의 행복만을 추구하는 기복신앙(祈福信仰) 쪽으로 기울어져 있어서 사회정의, 해방, 혁명적 개혁 등의 개념을 구체적으로 토론해 보지도 않고 무조건 배척하는 경향이 있었다.

넷째, 유교적인 전통에서 살아온 우리들은 말로는 개혁을 외치면서도 실제로는 현실에 그대로 안주하려는 무사안일주의와 보수주의에 젖어 있었다.

다섯째, 물질만능주의에 사로잡힌 현대인은 자신과 자신의 가족만의 안일을 도모하는 가족이기주의에 젖어 있었으며, '내 등 따스하고 배부르면 그만'이라는 현실주의에 아직도 젖어 있었다.[2)]

물론 이상의 다섯 가지 현상은 오늘날에도 완전히 사라진 것은 아니다. 그러나 해방신학은 이제 '서서히 자리를 잡아가고 있는 단계'가 아니라, '완전히 뿌리를 내린 단계'로 돌입했다. 이러한 사실은 도시산업 선교를 위시한 운동 현장과 해방신학을 좌경용공 사상으로 매도하려는 정부주도형 이론 전개에 잘 나타나 있다. YH 사건과 "도산이 들어오면 기업이 도산한다"는 주장이 전자에 속한다면, 해방신학을 보수신앙의 입장에서 공산주의의 아류쯤으로 단정하는 교수들의 주장은 후자에 속한다.[3)] 하여간 국민윤리라는 5공화국이 만들어낸 희귀한(?) 과목을 가르치는 모든 교수가 좌경급진 사상으로서의 해방신학을 종속이론이나 네오마르크시즘과 동일선상에서 받아들여야 하는 연수에 필수적으로 참여해야 한다는 사실은, 해방신학이 이제 지하실에 숨어 있는 것이 아니라 밝은 대낮에 — 욕을 먹으면서도 — 대로를 활보하고 있다는 사실을 증명한다.

무릇 해방신학, 민중신학, 민중불교와 같은 진보적인 종교운동은 막연한 이론적인 작업에서 탄생하는 것이 아니라 지금 여기에서 벌어지고 있는 구체적 및 역사적 사실에 대한 비판적 반성(critical reflection)으로부터 나온 것이다. 여기서 우리는 민중불교가 '교리적 및 학문적 찬성이나 비판조차 초보 단계'에 머물러 있는 이유를 쉽게 알 수 있다. 1987년의 6월 항쟁에 와서야 민주화 운동에 처음으로 집단적으로 참여한 민중불교가 아직도 초보 단계에 머물러 있다는 것은 어떻게 보면 어쩔 수 없는 현상일 것이다.

그러면 올깎이로서의 해방신학과 늦깎이로서의 민중불교가 갖는 의미는 무엇인가? 기독교인의 사회참여와 불교인의 사회참여에는 어떤 차이점이 있는가?

첫째, 운동에 참여하는 기독교인에는 신부, 수녀, 목사와 같은 성직자층과 평신도층의 차이가 전혀 없다. 오히려 성직자와 일반 신도는 이론적 및 현실적인 도움을 서로 주고받으면서 다같이 참여하고 있다. 그러나 늦깎이로 시작한 불교의 운동은 주로 성직자에 국한되어 있다. 물론 여기서 우리는 말없는 재가 신도의 참여폭을 쉽게 간과하고 있을 수도 있다. 그러나 민중불교운동이 재가 신도보다는 젊은 승려들에 의하여—적어도 최초 단계에서는—시작되었다는 사실을 숨길 수는 없다. 그리하여 어떤 불교인은 이제 이 운동의 완성을 위하여서는 불교도 기독교와 마찬가지로 성직자와 평신도가 연합 전선을 펼 수 있도록 확장해야 한다고 주장한다.

둘째, 운동에 참여하는 기독교인의 경우에는 성직자와 평신도의 차이가 없을 뿐만 아니라 지성인과 일반인 사이에도 별반 간격이 없다. 그러나 불교의 경우 민중운동은 전혀 지성인들의 이론적인 뒷받침이 없는 현실참여라는 인상이 짙다.

예를 들어서, 한국에서 가장 큰 불교종단인 조계종에서 운영하는 동국대학교 불교대학에는 약 30명에 달하는 쟁쟁한 불교학자들이 있다. 그러나 그 중에서 민중불교를 찬양하지는 못할지라도 나쁘다고 주장하는 교수는 단 한 사람도 없다. 엄연히 벌어지고 있는 엄청난 현실에 대하여 가부조차 언급하지 않고 있는 교수들, 이것이 바로 우리나라 불교 지성인의 현주소다.

그리하여 민중불교를 공개적으로 옹호하는 『실천불교』(1987년 10월 20일)의 편집자들도 "항시 마음 한 구석에는, 현장에서 몸을 부딪치는 실천적 자세도 중요하지만 그에 못지않게 불교운동의 이론화 작업(민중불교운동론) 또한 무엇보다 중요한 것으로 동시에 추구해 나가야 한다는 이중의 부담을 느껴오는 터였다"고 고백했으며, 실제로 이 무크지에도 불교를 전공한 대학교수, 사계에서 일반적으로 인정받고 있는 엘리트, 불교학자는 단 한 사람도 없는 형편이다.

우리나라 민중불교의 선구자인 여익구(呂益九)는 당시 40세 전후의 자습 학도며, 『실천불교』에 「민중불교운동의 이념과 전개」라는 글을 쓴 목우(木偶) 스님은—백기완의 표현을 빌리면—'겨우 삼십을 넘었을 성싶은 젊은 스님'이며, 또 다른 편집위원인 윤구병 교수는 서양 고대 철학을 전공한 교수다.

그러면 불교가 현실을 외면해 오다가 최근에 갑자기 현실참여 쪽으로 방향을 돌리게 된 이유는 무엇인가? 아직도 기독교에 비해서는 열세를 면하지 못하고 있는 형편이지만, 불교가 새삼스레 현실정치에 뛰어들게 된 이유는 무엇인가?

물론 여기에는 여러 가지 역사적 · 정치적 · 경제적 · 사회적 이유가 있을 것이다. 특히 억불정책에 시달린 조선시대를 지나서 정부 수립 이후의 친유교 및 친기독교 정책에 대하여 이제는 타결을 보게 된 불교재산관리법에 대한 오랜 시비도 작용했을 것이며, 사회적으로는 서양문명을 그대로 모방하는 현대인들이 불교를 현재 살아 있는 종교라기보다는 과거의 종교로만 보려는 편견에 대한 대처 방안을 강구해야 되겠다는 자각도 작용했을 것이다.

그러나 그 중에서도 불교가 갑자기 현실개혁에 관심을 갖게 된 이유 중의 하나는, 이미 하느님의 왕국을 지상의 왕국으로 환생시켜야 된다고 믿는 기독교인들로부터의 자극이 분명히 있을 것이다. 확실히 최근에 나타난 불교운동의 배경에는 사회구원을 위한 현실참여를 강조하면서 사회 제도악과 구조적 모순으로부터 인간을 해방시키려는 기독교 진보신학의 영향이 크게 작용한 것으로 보인다.

다시 말해서, 전체적으로 뭉치기만 하면 무엇이든지 할 수 있다는 '메이저리티 콤플렉스'에 빠져 있는 기독교인들에게 대하여 조그만 일에도 공연히 깜짝깜짝 놀라는 과잉반응을 보이는 '마이너리티 콤플렉스'에 걸려 있는 불교인들이 체면이라도 지켜야 되겠다는 심리가 상당히 작용한 것으로 보인다.

지금까지 우리는 해방신학과 민중불교가 동일한 목표를 가진 운동이라고 성격 지으면서 양자의 차이점을 그들의 탄생과정과 전개과정을 중심으로 고찰했다. 이제 우리는 그들의 정치적 · 사회적 · 경제적 · 종교적 출현 배경을 고찰함으로써 양자의 유사점과 차이점을 더욱 잘 알게 될 것이다.

3. 빵과 정치

원래 해방신학은 인간의 어느 한 측면의 해방을 주장하지 않는다. 그리하여 구티에레즈는 해방을 육체적 · 역사적 · 종교적 세 단계로 분류한다.

첫째, 해방이란 경제적 · 사회적 · 정치적으로 억압하는 계층과 부유한 나라의 지배를 받지 않을 수 없는 억압당하는 민중과 사회계층의 해방을 지시한다. 여기서 해방신학자들은 특히 '개혁'을 내세우면서 잠시 동안의 경제적 · 사회적 · 정치적 자유를 유보시키려는 발전론자들의 논리를 정면으로 배격한다.

둘째, 해방은 인간과 역사에 대한 새로운 비전을 지시한다. 지금까지 인간은 역사의 지배를 받는 피동적인 존재였으며, 역사는 강자라는 '보이지 않는 손'에 의하여 조작되는 것이었다. 그러나 해방신학이 주장하는 새로운 인간은 '역사와 자신의 삶을 통하여 자신을 창조하는 인간'이 된다.

셋째, 해방은 완전히 자유롭게 만들며, 그리스도를 통하여 인간은 다시 하느님의 자녀가 되며, 하느님의 자녀가 됨으로써 인간은 형제애를 실현시킬 수 있다.[4)] 그러므로 해방신학의 목표는 단순한 육체적 해방만이 아니라 역사적 및 종교적 해방을 포함한다. 그리고 육체적 해방도 — 이미 지적한 바와 같이 — 경제적 · 사회적 · 정치적 해방을 전부 포함한다. 더 나아가서, 구티에레즈는 이상의 세 가지 측면의 해방들이 상호 평등적인 것도 아니며 시간적인 단계도 아니라고 말한다.

> 그들은 그리스도의 구원하는 역사에서 완전한 의미를 발견할 수 있으며, 또한 그 속에서만 완전히 실현될 수 있는 복잡하면서도 하나인 과정(a single, complex process)의 세 측면의 의미일 뿐이다. 그러므로 이 세 가지 의미는 상호 의존하고 있다. 사태에 대한 모든 포괄적인 견

해는 이 세 가지 측면을 필연적으로 전부 고려해야 되는 이유가 여기에 있다. 이런 방식을 통해서만 우리는 두 가지 위험을 벗어날 수 있다. 첫째는 냉혹한 현실을 외면하는 이상주의 혹은 정신주의적 접근 방법과 둘째는 당장 필요한 욕구만을 충족시켜 주는 단기적 효과의 계획과 분석이다.[5)]

그럼에도 남미의 해방신학은 역사적 해방이나 종교적 해방보다는 육체적 해방으로부터 더욱 직접적인 동기를 갖게 되었으며, 육체적인 해방 중에서도 사회적 및 정치적 해방보다는 경제적 해방이라는 현실적 문제로부터 출발했다는 사실에는 의심의 여지가 없다.

남미 국가의 평균소득은 미국과 같은 제1세계에 비교될 수는 없다. 그러나 생존을 위한 최소한의 영양분도 섭취하지 못하는 아프리카 국가들에 비교하면 훨씬 좋은 편이다. 그러므로 남미에서 문제가 되는 가난은 단순한 통계적 경제가 아니라 분배의 불균형에서 오는 문제다.

예를 들어서, 국민의 10퍼센트의 고소득자들이 영국에서는 총소득의 30퍼센트, 미국에서는 31퍼센트를 차지하는 반면에, 아르헨티나에서는 39.1퍼센트, 브라질과 멕시코는 41.5퍼센트나 차지하고 있다. 칠레와 멕시코의 최하위 20퍼센트의 평균소득은 국민 전체 평균소득의 18.9퍼센트, 멕시코와 베네수엘라에서는 15퍼센트밖에 되지 않으며, 칠레의 최상위 5퍼센트의 평균소득은 국민 전체 평균소득의 6.1배, 멕시코에서는 5.8배, 그리고 베네수엘라에서는 5.3배나 된다. 남미 전체의 소득 분배 상황을 자본주의 국가인 노르웨이와 비교하면, 노르웨이의 최상위권 5퍼센트의 평균소득이 중간층 60퍼센트의 평균소득의 3배가 조금 넘는 반면, 남미에서는 거의 9배가 된다.[6)]

우리는 여기서 한국의 민중신학도 남미의 해방신학의 경우와 마찬가지로 절대빈곤에서 나온 것이 아니라 고도의 경제성장을 자랑하던 1960년대에 출발했다는 사실을 상기할 필요가 있다. 그러므로 해방신학과 민중신학은 다같이 "사람이 빵으로만 살 수는 없다"는 성서의 진리를 바탕으로 하고 있다고 말할 수 있으며, 빵 자체의 문제가 아니라 빵의 분배의 문제에서 출발했다는 공통점을 가지고 있다. 다시 말해서, 그들은 모두 '빵의 문제'가 아니라 '빵과 정치의 문제'로부터 출발했던 것이다. 그럼에도 남미와 한국 사이에는 두 가지 차이점이 있다.

첫째, 남미의 빈부 격차는 시간이 지나면서 줄어들기는커녕 더욱 심화되고 있는 실정이다. 예를 들어, 브라질의 최하 소득자 40퍼센트가 전체수입에서 차지하는 비율이 1960년에는 11.2퍼센트였던 것이 1970년에는 9.0퍼센트로 감소된 반면, 최상위권 5퍼센트는 1960년의 27.4퍼센트에서 1970년에는 36.3퍼센트로 증가되었다. 이것을 달러로 표시하면, 하위권 40퍼센트 평균소득이 1960년의 84달러에서 겨우 1970년의 90달러로 증가된 반면에, 최상위권 5퍼센트의 소득은 1960년의 1,645달러에서 1970년의 2,940달러로 증가되었다.[7)]

그러나 한국은 — 적어도 통계적으로 보면 — 경제가 지속적으로 향상되고, 중산층도 크게 대두되었다. 그러므로 한국의 경우는, 빵과 정치의 문제에 있어서, 남미의 경우보다 정치에 더욱 큰 책임이 있다는 것을 알 수 있다.

둘째, 남미의 빈부 차이는 인종과 연결되어 있다. 남미는 대개 이베리아 반도에서 건너 온 백인의 후예인 크레올(Creole) 44.7퍼센트, 흑인(Negroes) 약 8.5퍼센트, 인디언 8.5퍼센트, 그리고 백인과 인디언 혼혈로 태어난 메스티조(Mestizo) 및 백인과 흑인의 혼혈로 태어난 물라토(Mulato) 38.3퍼센트로 구성되어 있다. 그런데 백인이 상위소득층을 이루고, 흑인과 인디언이 주로 농장 및 기타 육체노동에 종사하며, 혼혈계가 중간 계층을 이루고 있다. 비교적 인종차별이 심하지 않은 남미에서 이렇게 분배가 인종과 연결되어 있다는 것은 그들에게 특별한 의미를 부여하고 있으며, 한국과 같은 단일 민족으로는 상상도 할 수 없는 좌절감과 패배감을 주기도 한다.[8)]

하여간 남미의 해방신학과 한국의 민중신학은 다같이 완전 해방을 주장하면서도 육체의 해방에서 — 그 중에서도 경제의 불공평한 분배로부터의 해방에서 — 그 직접적인 동기를 찾았다. 그럼에도 해방신학이 빵과 정치 중에서 빵에 더욱 역점을 두었다면, 한국의 민중신학은 빵에 대한 정치적 측면에 더욱 역점을 두고 발전했다는 것을 알 수 있다.

민중불교는 빵의 문제보다는 독재라는 정치 구조에 대한 반대로부터 출발했다고 볼 수 있다. 이렇게 보면, 민중신학은 빵을 강조하는 해방신학과 정치를 강조하는 민중불교의 중간에 자리 잡고 있다고 볼 수 있으며, 이러한 견해는 민중불교가 민중신학으로부터 강력한 영향을 받고 탄생하게 되었다는 앞 절의 견해를 더욱 뒷받침하게 된다.

물론 민중불교도 해방신학이나 민중신학과 마찬가지로 인간의 총체적인 해탈을 주장한다. 그리하여 우리나라 민중불교의 선구자인 여익구는 민중불교를 비판주의, 인문주의, 평등주의, 민주주의, 평화주의라는 다섯 가지 원칙으로 설명하고, 그 목표를 "비판주의적 입장에서 자본주의의 병폐와 공산주의의 도그마를 부수며, 인문주의적 입장에서 이 세상에 존재하는 모든 계급적 불평등과 억압을 척결하고, 민주주의적 입장에서 독재정권과 부패정권을 타도하고, 평화주의적 입장에서 침략전쟁을 저지하고 신식민주의를 타파하여 모든 민족, 이념, 피부색, 종교, 빈부에 관계없이 행복을 누릴 수 있는 길로 매진하는 것"으로 설정했다.[9)]

그러나 대부분의 민중신학자들이 민중신학을 남미나 아시아의 다른 나라에서 진행되고 있는 해방신학과는 달리 한국에서 자생한 독특한 신학이라고 주장하듯이, 민중불교란 일본이나 아시아의 다른 불교국가에서 전개되는 불교운동과 차원이 전혀 다른 한국에서 자생한 독특한 종교라고 가정했을 때, 현재까지 진행된 민중불교운동은 경제적이라기보다는 다분히 정치적이다. 경제에 관한 한 우리나라의 불교인은 자본주의 국가에 대한 아노미 현상을 비판하기 이전에 사찰 싸움으로 나타난 자체 비판을 먼저 할 필요가 있는 단계에 머물러 있다.

지금까지의 설명을 도표로 설명하면 다음과 같다. 이것은 해방신학, 민중신학, 민중불교의 현주소라기보다는 어디까지나 출현 배경을 중심으로 한 것이다.

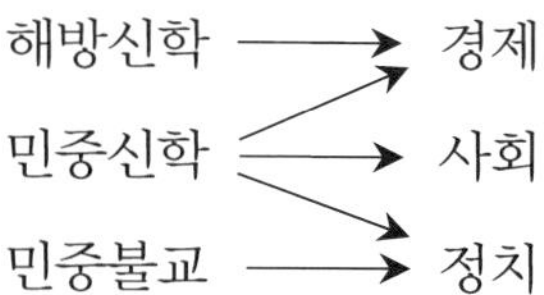

해방신학과 민중불교는 각기 경제문제와 정치문제로부터 출발했다. 거기에 비하여 1960년대에 본격화된 민중신학은 경제, 사회, 정치의 전 분야에 대한 관심으로부터 출발했다. 민중신학에서 우리나라 민담에 나오는 한(恨)의 문제를 중요하게 다루는 이유도 여기에 있다. 그리고 경제, 사회, 정치는 모두 구티에레즈의 세 측면 중에서 육체의 해방에 해당된다. 이 육체적 측면이 해방신학과 민중불교에서 어떻게 역사적 측면과 종교적 측면으로 연결되는지는 교리를 다루는 다음 절에서 설명하겠다.

끝으로 종교적인 출현 배경을 보면 해방신학과 민중불교가 전혀 다르다는 것을 지적할 필요가 있다. 해방신학은 국민의 절대 다수가 가톨릭인 상황에서 출발했으며, 우리나라의 민중신학과 민중불교는 엄연한 현상인 다종교(多宗敎) 상황에서 출발했다. 해방신학자들이 자본주의 국가에 대한 비판에 대하여는 예리하면서도 그들이 몸담고 있는 교회가 바로 민중 억압의 주체였다는 것은 한참 시간이 지난 다음에 깨달은 데 반하여, 우리나라의 민중신학자들과 민중불교학자들이 해방 이후의 기독교와 불교에 대하여 처음부터 비판적인 안목으로 출발하게 된 이유도 여기에 있다. 민중불교에 있어서 이러한 시도는 호국불교에 대한 비판적 시각에서 쉽게 볼 수 있다.

종교적 출현 배경과 현재의 종교적 상황이 이렇게 서로 다르다는 사실은, 해방신학과 민중불교의 운동에 각기 다른 의미를 준다. 남미의 해방운동은 해방신학과 민중의 연합으로 성취될 수 있을 것이다. 그러나 한국에서 해방운동이 성과를 거두려면 민중과 연합전선을 펴기 전에 우선 종교인과 종교인이 만나고, 민중불교와 민중신학이 만나고, 민중불교의 이념과 민중신학의 이념이 완전히 동일하지는 않으면서도 상호 보완적이라는 사실을 인식할 필요가 있다. 민중신학을 배척하는 민중불교와 민중불교를 이단시하는 민중신학은 절대로 성공할 수 없다. 이 명백한 진리를 우리는 결코 잊지 말아야 한다.

4. 전통과 개혁

해방신학은 '역사를 초월한 그리스도'와 더불어 '역사 속의 그리스도'를 믿는 신학이다.[10] 하느님에 대한 신앙과 더불어 하느님을 믿는 신앙을 따르는 신학이다. 인간과 역사를 초월한 하느님과 더불어 역사 속에서 실제로 활동하는 하느님을 믿음으로써 억압받는 사람들, 가지지 못한 사람들, 상속받지 못한 사람들이 겪고 있는 성차별, 인종차별, 계급차별, 경제적 착취, 정치적 탄압, 문화적 제국주의로부터 해방시키는 것을 크리스천의 참된 의무라고 믿는 신학이다.[11]

이와 마찬가지로, 민중불교도 지금까지의 출세간에서 다시 속세로 돌아와서 고통받는 민중을 자유롭게 하는 것을 목표로 삼고 있다.

> 해탈은 개인 수도의 결과로 증득되는 소아적인 개인 수양의 차원을 넘어서 사회 전체의 모순 해결로 체험되는 보편적 및 공유적 복지로 환원되어야 한다. 즉 개인의 해탈보다는 사회 전체의 성불, 개인의 복락보다는 모두의 복지를 위하여 싸우는 것이 불자의 도리며, 또한 불교운동

의 실천적 행동 양식이다. 이것은 지옥이 일공(一空)하기 전에는 자신의 치성을 멈추고 중생 구제에 온 힘을 기울이겠다는 보살의 대비 원력이 파사현정(破邪顯正)의 실천적 논리로 사회에 나타나서 온 중생이 이고득락(離苦得樂)하는 것이 바로 불정토라는 진보적이며 진취적인 원대한 진리라고 말할 수 있다.[12)]

이렇게 보면, 우리는 해방신학과 민중불교가 다같이 이론보다는 실천, 내세보다는 현세, 하늘나라보다는 땅의 나라, 진공 속의 순수한 진리보다는 현실 속에 나타난 진리를 더욱 추구한다는 사실을 쉽게 알 수 있다. 그리하여 구티에레즈는 해방신학을 '해방시키는 실천으로서의 신앙에 대한 반성(a reflection in and on faith as liberating parxis)'[13)] 혹은 간단히 '실천에 대한 비판적 반성(a critical reflection on praxis)'이라고 말하고,[14)] 민중불교학자들도 한결같이 해탈이 현실 속에서 실현되어야 한다고 주장한다.[15)] 그러므로 해방신학과 민중불교는 다같이 개혁 정신에 투철한 이론이기에 언제나 현실과 역사를 중요시한다.

그러나 여기에 새롭게 출발하는 모든 이론과 운동이 해결해야 할 본질적인 문제가 있다. 그것은 바로 전통에 대한 문제인데, 이 문제에는 크게 세 가지 접근 방법이 있다.

첫째, 일부의 개혁가들은 전통을 완전히 무시하고 새 출발을 해야 한다고 주장한다. 그리하여 기독교와 불교의 본질은 예수와 석가의 사상 자체에서 찾아야 하며, 예수와 석가를 따른다고 고백해 온 과거의 기독교와 불교의 역사에서 찾지 말아야 한다고 말한다.[16)]

둘째, 일부의 사람들은 전통을 전적으로 배척하기보다는 프락시스라는 관점에서 새롭게 해석해야 한다고 주장한다. 첫 번째 방법이 — 여성신학의 표현을 빌리면[17)] — 전통을 완전히 재독(re-reading)해야 한다는 입장이라면, 두 번째 방법은 전통을 재해석(re-interpretation)해야 한다는 입장이다. 해방신학에서 성서에 대한 '예언적 및 묵시적 해석학(a prophetic and apocalyptic hermeneutics)'을 주장하는 이유도 여기에 있다.

셋째, 아주 온건한 사람들은 전통 속에서 묵인되었거나 덜 강조된 부분을 새삼스럽게 재강조(re-emphasis)해야 한다고 말한다. 여기서 전통은 재해석될 필요도 없고 배격될 필요도 없다. 단지 한쪽으로 치우쳐 있던 전통에 대하여 제자리 찾기 운동을 벌이면 되는 것이다. 그리하여 일부의 해방신학자들은 하느님의 초월성만을 강조했던 과거에다가 내재성을 새삼스레 부각시킬 필요가 있다고 주장하고, 일부의 민중불교인은 상구보리(上求菩提)만을 강조했던 과거에다가 하화중생(下化衆生)을 새삼스레 부각시킬 필요가 있다고 주장한다.

물론 이상의 세 가지 입장이 현실적으로 확연히 구별되는 것은 아니다. 그들은 서로 엎치고 뒤치는 방향으로 전개되기가 쉬우며, 특히 두 번째와 세 번째 접근 방법은 동시에 발생할 수도 있다. 그러나 우리는 일단 이상과 같은 세 가지 각기 다른 전통에 대한 태도를 들 수 있겠다.

해방신학에도 온건파로부터 과격파가 있기에 이 문제에 대한 단일한 답변을 찾을 수는 없다. 그러나 적어도 해방신학의 원조라고 할 수 있는 구티에레즈는 이상의 세 가지 접근 방법을 전부 수용하면서도 두 번째 방법을 가장 중요시한다고 볼 수 있다.

먼저 구티에레즈는 신학을 고전적인 신학과 프락시스에 대한 비판적인 반성으로서의 신학으로 나누고, 고전적인 신학의 내용을 다시 지혜로서의 신학(theology as wisdom)과 합리적 지식으로서의 신학(theology as rational knowledge)으로 나눈다. 그리고 그는 지혜로서의 신학은 플라톤을 비롯한 그리스 철학을 수용했던 초대 교회 시절에 성행했으며, 합리적 지식으로서의 신학은 토마스 아퀴나스로부터 시작되었으며, 비판적인 반성으로서의 신학은 — 아우구스티누스의 『하느님의 도시』에서 그 연원을 찾을 수는 있으나 — 현실적으로는 최근에 대두된 신학이라고 말한다. 그러면서도 그는 새로운 신학이 절대로 신학의 고전적인 기능을 대체하는 것이 아님을 분명히 한다.

> 하느님의 말씀에 따르는 크리스천의 프락시스에 대하여 비판적으로 반성하는 신학이 지혜와 합리적 지식으로서의 신학을 대체하는 것은 아니다. 그것은 신학의 다른 기능인 지혜와 합리적 지식을 전제로 한다.[18]

그러면서도 구티에레즈는 신학의 세 가지 기능을 그냥 병렬시키는 것이 아니라, 신학의 비판적인 기능이 다른 기능들을 재정의(redefinition)시켜야 한다고 말한다.

> 우리의 관심은 단순한 병렬이 아니다. 신학의 비판적인 기능은 다른 기능들을 필연적으로 재정의시켜야 한다. 그리하여 지혜와 합리적 지식은 교회의 프락시스를 그들의 출발점과 내용으로 삼게 해야 한다. 이 프락시스를 통하여 성서에 근거를 둔 영적인 성장에 대한 이해가 발전할 수 있으며, 이 프락시스를 통하여 신앙은 인간 이성이 제기한 문제들을 직접 대면하게 된다.[19]

전통의 문제에 대한 민중불교의 답변은 별로 정리되어 있지도 않으며 또한 일정하지도 않다. 다만 다수의 해방신학자들이 전통을 완전히 배격해야 한다는 첫 번째 입장과 그것을 재해석해야 한다는 두 번째 입장을 지지하고 있다면, 대부분의 민중불교인들은 두 번째 입장과 전통에서 소외되었던 부분을 부각시키면 충분하다는 세 번째 입장을 지지한다고 볼 수 있다. 후자에 해당하는 실례로는 '민중'이라는 어휘 자체가 계급적인 의미를 포함하고 있기 때문에 '민중불교'라고 부르기보다는 그냥 '중생불교'라고 불러야 한다는 일부의 불교인을 들 수 있다. 그러나 이러한 주장은 결국 '만인 기독교'나 '인류 기독교'라는 말과 별로 다름이 없게 될 것이며, 이런 입장에서의 민중불교가 진정한 민중불교일 수 있느냐는 질문에 대하여는 회의를 갖지 않을 수 없다.

하여간 해방신학과 민중불교는 다같이 이론보다는 프락시스를 중요시하며, 프락시스를 중요시하기 때문에 기독교와 불교가 걸어온 전통에 대하여 비판적인 시각을 갖게 된다. 이러한 실례로는 한때 우리나라 매스컴에서 대대적으로 보도되었다가 용두사미로 끝난 해방신학에 대한 교황청의 이른바 '종교재판'과 지금까지의 '호국불교'라는 개념을 새롭게 해석하려는 민중불교의 시도를 들 수 있다.

이른바 '종교재판'의 장본인은 구티에레즈와 같은 시기에 해방신학의 이론을 전개한 보프(Leonardo Boff) 신부다. 원래 『해방자 예수 그리스도』(1972)의 저자인 보프는 1981년에 『교회: 은총과 권력』이라는 책을 출판했는데,[20] 그는 여기서 교회가 가난한 사람들의 투쟁에 등을 돌렸으며, 교회 안에서도 수많은 인권유린의 현상이 발생했으며, 그러므로 이제 교회는 은총을 구성 원칙으로 삼아야 한다고 주장했다. 그런데 교황청은 계급투쟁 이론, 폭력혁명에 대한 이론, 교황청의 절대권에 대한 이론 등에 강력한 이의를 제기했던 것이다. 그러나 '재판' 운운했던 것이 '대화'로 끝났다는 사실에서 알 수 있듯이, 해방신학이 우리나라 보수주의적 기독교인들이 생각하듯이 하루아침에 교황청으로부터 이단의 판결을 받은 것이 아니었다. 아직도 남미의 해방신학은 "제3세계 신학으로서 바티칸의 공식적인 인정을 받고 있는 실정이다."[21]

그러나 나는 이제 전통에 대한 이러한 해방신학의 재해석에 대한 토론을 생략하고 불교의 경우를 호국불교에 한정시켜서 토론하겠다. 우리는 "한국 불교는 호국불교다"라는 주장을 흔히 듣는다. 물론 우리가 이 명제를 그대로 받아들이지는 않는다고 해도, "과거 한국 불교의 특성은 호국적인 성격이었다"는 명제를 배척할 수는 없을 것이다. 그러므로 호국불교에 대한 민중불교의 재해석 시도는 바로 전통에 대한 민중불교의 비판적 시각을 단적으로 드러내는 것이라고 말할 수 있다.

5. 호국불교에 대한 비판적 반성

원래 삼국시대 초기에 수입된 불교는 주로 지배계층을 중심으로 전래되고 수용되었다. 물론 이차돈의 순교와 같은 사건이 전혀 없었던 것은 아니다. 그러나 수많은 순교자의 피를 통하여 이 땅에 수용된 기독교와 비교할 때, 불교는 밑으로부터 올라간 종교가 아니라 왕권으로부터 민초(民草)에게 강요되는 형식으로 이 땅에 들어왔다. 이런 뜻에서 당시의 불교 수용은 "왕권을 중심으로 한 중앙집권적인 귀족국가 형성에 제도적 측면에서 관념적 이데올로기를 제공했다"고 볼 수도 있다.[22]

그러면서도 우리는 불교 수용이 당시 중국의 문화를 그대로 받아들이지 않고 우리 민족의 자주적이고 주체적인 토대 위에 재창조해간 흔적을 쉽게 발견할 수 있다. 이러한 실례로는 단군신화에도 나타나는 불국토 사상을 들 수 있다. 즉 우리 민족 재래의 생활터전인 국토 자체가 바로 전불(前佛)시대부터 인연이 있었고, 또한 불성의 본말(本末)이 여기서 완성된다는 불국토 사상이다. 하여간 이러한 불국토 사상, 중국적인 관념 불교, 그리고 무속의 영향을 짙게 받아서 탄생한 미륵신앙과 관음신앙, 이런 것들이 종합되어 호국불교라는 독특한 사상이 생기게 되었다.[23]

그런데 일부의 학자들에 의하면, 이러한 호국불교가 민족사에 역기능을 행사하게 된 것은, 이미 신라가 당나라를 끌어들여서 삼국을 통일했을 때부터 시작되었다는 것이다. 그리고 왕권을 뒷받침으로 해서 국가 권력과 밀착하며 교세를 확장시켰던 불교는 고려에 와서 더욱 극성을 부렸으며, 조선시대에 들어와서 불교는 권력의 지지 기반을 상실함으로써 그 뿌리까지 흔들리게 되어 '이때는 이미 종교의 최대 역기능인 서비스 기능 정도로 전락할 정도'가 되었다. 그러나 조선 후기에 들어와서, 불교는 장길산의 미륵신앙 운동이나 천민을 중심으로 하는 민중적 저항운동을 통하여 민중성을 다시 인식하게 되었고,

일제하에서는 제국주의에 대항했던 승려들과 3·1 운동을 통하여 불교가 제자리 찾기에 더욱 노력을 하기도 했다.

그러나 나는—적어도 해방 이후 불교인의 현실참여 상태를 근거로 판단하면—이제 이러한 '호국불교'의 깃발은 더 이상 실효성이 없다고 단정하고 싶다. 이것은 나만의 생각은 아니다. 김병곤은 이렇게 말했다.

> 불교는 해방 이후 권력의 계속적인 공작에 의하여 그 자주성을 상실하고, 역사의 주체인 민중을 망각하고, 권력이 규정해 준 테두리 안에서 안주했다. 민중과 유리된 불교는 필연적으로 교세 확장이 가능하지 않았음은 물론, 민중을 억압하는 지배자의 편으로 될 가능성조차 있었다. 불교가 잃어버렸던 민중을 다시 찾는 작업은 불교의 민중적 역사성을 재발견하고 민중의 모순을 체화(體化)하는 과정이었으므로 필연적으로 민중을 억압 착취하고 민중과 단절시킨 채, 안에 가두어 불교를 왜곡시킨 권력에 대한 투쟁으로 발전하지 않을 수 없었다. 이러한 투쟁은 바로 권력에 대한 불교의 자주 선언이요, 민중과 튼튼히 결합하여 우리 역사가 안고 있는 모순의 해결에 동참하겠다는 선언인 것이다.[24)]

진상(珍常)은 이렇게 말했다.

> 솔직히 불교는 그동안 민중화 실천 과정에 대대적이고 적극적인 자세를 보였다고 긍정하기 어렵다. 최근에 불교계의 일부 진보적 승려와 대학생 불자가 적극적으로 참여하였을 뿐 실질적으로 종단의 대표적 기구인 총무원과 종단의 지도자급인 원로 스님과 중진 스님들은 민주화 의지를 표명하고 실천적 자세를 나타내기는커녕 오히려 국민의 뜻과 역사에 거역하는 추한 모습만 드러냈을 뿐이다. 현 종단의 너무나도 허약한 역사의식과 현실 인식은 일부 원로·중진 스님들이 대통령과의 면담 때 행한 발언에서 극명하게 드러났다.[25)]

그리고 지승(智勝)은 「한국 불교 이대로 좋은가: 호국불교의 시대는 지났다」라는 글에서, 역사의 북극성을 찾다가 당황한 정치가 겨우 반공(反共) 정도를 국시로 들고 나오자 "불교가 그것에 대응할 명분을 찾다가 내놓은 것이 바로 호국불교라는 기치"라고 말하고, 이러한 깃발은 완전히 실패했다고 진단한다. "불교가 정치의 폭력을 두려워하여 호국불교 같은 진부한 명분을 내놓았을 때, 정치는 속을지 몰라도 역사는 속지 않았다. 그리하여 호국불교는 실컷 이용만 당한 결과였다." 더 나아가서 그는 "뒤늦게 서둔 승군단의 창설로 나타난 호국불교라는 기치는 임진왜란과 병자호란을 한계로 시효가 매듭되었다"고 단정한다.[26] 고은(高銀)이 「승려대회」라는 시에서 해인사 승려대회를 "임진왜란 승병 이래 비로소 잠깨어 일어난 사건이며, 이제야 호국불교를 바로잡았다"고 노래한 이유도 여기에 있다.

너무나 당연한 말이겠지만, 호국불교 자체가 나쁜 것은 아니다. 제 아무리 보편적인 진리를 추구하는 종교라도 그 종교를 따르는 인간은 이 땅에 두 발을 딛고 사는 존재다. 그러므로 그는 그가 속해 있는 사회, 국가, 민족에 대하여 특별한 애정과 특별한 의무를 가지고 있다. 보편성을 무시한 특수만의 강조는 편협한 국수주의를 만들지만, 특수성이 없는 넓은 진리란 공허한 보편주의에 불과하다.

그러므로 '호국불교'라는 깃발에 대한 실효성을 의심한다는 일은 호국불교 자체를 배격한다는 뜻은 아니다. 그것은 "반공을 반대하고 호국을 그만두자고 해서가 아니다. 해야 한다. 이 오그라진 반도의 국토나마 지키지 않으면 안 될 이유가 우리에게는 있으므로 남보다 더한 마음으로 철저하게 해야 한다. 아무리 세계가 한 집안이 되고 인류가 한 형제로 된다 하더라도, 거기에 우리의 국토와 우리의 자존(自尊)이 없고서야 그것이 어떻게 우리 자리가 되겠는가."[27]

그럼에도 적어도 해방 이후 불교인의 현실참여 상태를 근거로 판단하여 '호국불교'라는 슬로건의 시효를 의심하는 이유는 무엇인가? 찬란했던 불교의 역사를 비판하면서까지 우리에게 이렇게도 익숙하고 고상하게 들리는 슬로건을 배척하는 이유는 과연 무엇인가?

첫째, 모든 종교가 가진 공통점 중의 하나는 그들의 보편성이라고 말할 수 있다. 하다못해 계룡산 밑에서 10여 명의 신도를 가진 신흥 종교까지도 그들만 구원받을 수 있다고 말하지는 않는다. 비록 허황되게 들리더라도 천하 만민을 구제해야 된다고 말한다. 특히 불교는 이 세상의 모든 인간뿐만 아니라 모든 생물까지도 — 아니 무생물까지도 — 불성(佛性)을 가지고 있다고 말한다. 그러므로 모든 종교는 수신, 제가, 치국의 단계를 지나서 평천하의 큰 목표를 이상으로 삼고 있다. 우리가 불교의 궁극 이상을 민족이나 국가라는 테두리에 제한시킬 수 없는 이유가 여기에 있다.

구체적인 예를 들자. 제2차 세계대전이 발발했을 때, 독일의 기독교인들은 독일이 승리하도록 하느님께 기도를 드리고, 영국의 성공회 교인들은 영국의 승리를 하느님께 간청했다고 한다. 여기서 종교의 보편성은 국가라는 구체성에 얽매어서 완전히 왜곡되고 있다.

이런 맥락에서 지승은 호국불교의 한계를 '너무 가까운 목표'라고 표현한다. "호국불교나 반공은 역시 민족의 지상목표가 될 수 없다. 그것은 너무 가까운 목표요, 손끝에 닿는 것이므로, 그것을 움켜쥔 다음에는 더 볼 곳이 없어진다. 그런 것은 목표가 아니라 길목의 이정표 정도다. 역사의 목표는 더 먼 곳, 닿을 수 없이 까마득한 곳이 되어야 한다. 그래서 기독교는 천국을 주장하면서 박애를 내세우는 것이고, 불교는 호법(護法)을 지표로 삼고 자타일시 성불도(自他一時成佛道)를 실현하려 한다." 그리하여 그는 호국불교라는 너무 가까운 목표를 지양하고 하늘의 북극성과 같은 호법불교를 제창하는데, 그는 이 호법불교의 새로운 지표를 '큰 방 정신'으로 표현한다.

이제 어떻게 할 것인가. 큰 방 정신을 불러 살려야 한다. 사회 전체를 큰 방으로 생각해야 하고, 사회 대중을 큰 방 대중으로 묶어 생각해야 한다. 공부하는 이판(理判)과 살림하는 사판(事判)이 따로가 아니라, 손바닥과 손등과 같은 하나적인 관계임을 아는 것이요, 그래서 이판승의 독선과 사판승의 독재가 서로서로 탁마되어야 한다.

정치 따로 종교 따로가 아니라, 그것들이 한 집안 살림임을 알아 정치에 눈을 깊이 대고 민족 살림에 잘못이 없도록 해야 할 것이며, 절집 승려 따로 사회 대중 따로가 아니라, 전부가 들숨과 날숨의 한 덩어리 생명임을 알아 이쪽과 저쪽을 다 온전하게 간수할 일이다. 그렇게 하는 동안에 불교의 역사 운운하는 소리가 없어질 것이요, 자타일시 성불도의 호법이라는 북극성이 형형하게 빛날 것이다.[28)]

나는 이러한 지승 스님의 논의에 전적으로 동의한다. 그러면서도 한 가지 미흡한 점을 지적하지 않을 수 없다. 아니, 아마도 그가 명백히 하지 않은 점을 더욱 확실히 하고 싶다. 첫째, 우리가 '호국불교'라는 슬로건의 시효성을 의심하는 이유는 단순히 그것이 '너무 가까운 목표'이기 때문만은 아니다. 사실 너무 가까운 목표가 없다면 어떻게 북극성과 같은 원대한 목표가 있을 수 있겠는가. 한 걸음 더 나아가서, 원대한 목표란 언제나 가까운 목표들을 달성함으로써만 성취될 수 있는 것이다. 그러므로 '호국불교의 시대는 지났다'는 주장이 정당화되려면 그것이 단순히 '길목의 이정표'밖에 되지 않는다는 주장 이상의 이유가 있어야 할 것이다.

둘째, 우리가 호국불교라는 슬로건을 초월해야 하는 더욱 근본적인 이유는, 그것이 해방 이후 지금까지 순기능보다는 역기능의 작용을 해왔다는 현실적인 차원에 있다. 우리는 정당과 정부가 동일체가 아니며, 정부와 국가가 동일체가 아니라는 것을 잘 알고 있다. 그럼에도 지금까지 호국불교라는 슬로건은 언제나 민중과 대치되는 정권 혹은 국민의 여론을 수렴하지 못하는 정부를 두둔하는 역할만을 해왔던 것이다. 그리하여 이제 호국불교라는 슬로건은 원칙적으로 '너무 가까운 목표'일 뿐만 아니라 현실적으로 권력에 아부하는— 어느 경우에는 부정을 감싸주는— 도구로 전락했다.

예를 들자. 우리는 흔히 대통령 유럽 순방 성공 축원법회나 국가를 위한 조찬 기도회 등이 텔레비전의 스포트라이트를 받는 것을 보게 된다. 물론 종교인도 사회인이기 때문에 이런 축원이나 기도를 올릴 수 있다. 그러나 그것은 어디까지나 고요한 법당이나 교회에서 할 수 있는 일이다. 구태여 은밀해야 할 일들이 저녁 뉴스 시간에 방영되도록 수다를 떨어야 하는 이유는 어디에 있는가?

특히 텔레비전이라는 매스 미디어는 그것이 전달하는 내용 못지않게 그 내용을 전달하는 형식과 분위기가 중요한 역할을 한다. 그럼에도 이런 행사들이 '호국불교'나 '애국 기독교'라는 이름 아래 진행되었을 때, 무슨 효과를 노리고 있는 것일까? 이것은 마치 자유라는 이름 아래 자유를 앗아가는 경우와 별로 다름이 없을 것이다.

독자의 오해를 없애기 위하여 두 가지만 다시 부언하고 끝을 맺겠다. 첫째, '호국불교'를 초월하자는 주장은 찬란했던 과거의 불교사를 무시하겠다는 주장을 함유하지는 않는다. 그것은 어디까지나 해방 이후의 불교에만 해당된다. 둘째, 내가 비판하는 것은 호국불교가 아니라 따옴표 속에 든 '호국불교'다. 호국불교의 시대는 지났다. 호법불교의 시대를 맞이해야 한다. 마치 고승불교의 시대를 지나서 대중불교의 시대를 맞이해야 하듯이.

6. 구원과 해탈

끝으로 우리는 해방신학과 민중불교를 경전, 교의, 교리의 측면에서 고찰할 필요가 있다.

일반적으로 기독교는 모든 인간이 원죄를 가지고 태어났으며, 인간의 죄는 예수를 통하여 사죄를 받을 수 있으며, 인간은 절대적인 하느님의 은혜를 통하여 구원을 받을 수 있다고 말한다. 우리는 기독교의 이런 측면을 한마디로 '밖으로부터의 구원(salvation from without)'이라고 부를 수 있다.

그러나 불교는 인간의 원죄를 인정하지 않으며, 다만 모든 인간이 이미 부처임을 깨닫지 못하는 무명에 가려져 있으며, 인간은 자신의 끊임없는 명상에 의하여 깨달음을 얻을 수 있다고 말한다. 우리는 불교의 이런 측면을 한마디로 '안으로부터의 해탈(enlightenment from within)'이라고 부를 수 있다.

그리하여 기독교와 불교는 원죄와 무명, 절대자를 통한 구원과 자신의 수양을 통한 깨달음, 하느님의 아들과 사람의 아들, 은혜와 노력, 믿음과 통찰력 등의 근본적인 대립적인 개념들로 설명될 수 있다. 그럼에도 우리는 이제부터 해방신학과 민중불교의 교리 간에 상당한 유사점이 있다는 것을 발견하게 될 것이다.

기독교인의 최고 목표는 구원이다. 그리고 전통적으로 구원이란 죽은 다음에 영혼이 천당에 들어가고, 이 세상에 있을 때는 이교도를 구원해야 한다는 두 가지 뜻을 가지고 있었다. 그리하여 개인 구원의 경우는 확실히 내세지향적이었다. 이 세상은 단지 내세를 위한 시험장일 뿐이었다. 그리고 이교도에 대한 구원은 구원의 보편성과 구원의 중매자로서의 교회(church as the mediator of salvation)를 주장함으로써 전 세계를 기독교 국가로 만들어야 한다고 믿었다.

그러나 이러한 구원관은 곧 파괴되고 말았다. 우선 교통과 통신이 발달함에 따라서 이교도의 존재가 바로 현실적인 문제로 제기되었으며, 그들에 대한 지금까지의 모든 이론들이 적당하지 않다는 것을 깨닫게 되었다. 그리하여 구원은 이제 '하느님을 사랑하고 이웃을 사랑하는 것'으로 새롭게 정리되었다. 물론 대부분의 비기독교인들은 그들이 하느님을 사랑하고 있다는 사실 자체를 의식하지 못할 수도 있다. 그러나 그는 이 사실을 확실히 알지 못할 뿐이다. 그 이유는 어디에 있는가?

하느님을 사랑한다는 것은 곧 이웃을 사랑한다는 뜻이다. 그러므로 이웃을 사랑하지 않는 사람은 하느님을 사랑하지 않는 사람이며, 이웃을 사랑하는 사람은 — 비록 자신은 의식하지 못하더라도 — 하느님을 사랑하는 사람이며, 여기서 구원은 내세적이 아니라 현세적이 되며, 내적(intensive)인 것이 아니라 외적(extensive)인 것이 되며, 양적인 것이 아니라 질적인 것이 된다.[29)]

전통적인 구원관은 신자와 불신자, 성자와 악마, 성스러운 세계와 속된 세계라는 이원론에 근거를 두고 있었다. 그러나 이웃 사랑이 곧 하느님 사랑이라는 새로운 구원관은 이런 이원론적인 사고를 받아들이지 않는다. 구티에레즈는 이 현상을 '역사는 하나(History is One)'라는 말로 표현한다. 그리하여 그는 구원과 천지창조, 구원과 정치적 해방, 구원과 인간 재창조가 전부 하나의 사건이라고 말한다.

일찍이 메츠(I. B. Metz)는 정치적 해방이 구원의 일부임을 증명하기 위하여 국가와 사회의 구분을 제창했다. 과거의 신학자들은 이 구분을 무시함으로써, 하느님을 섬기는 것은 곧 기독교 국가를 설립하는 것이며, 하느님의 나라를 건설한다는 것은 곧 교회를 중심으로 하는 정치체계를 건설하는 것이라고 믿었다. 그러나 이러한 발상은 '전 비판적'이거나 '제1차적'인 신학적 반성으로서의 신앙의 신 정치화(a neo-politicization of faith)를 반대한다. 성서에 나타난 해방은 어떤 실체의 정치화, 국가화, 성직화가 아니라 면면히 흘러가는 사회 일반에 대한 '후 비판적'인 반성으로서의 해방이기 때문이다.[30)]

물론 기독교 내부에는 구원과 정치적 해방을 동일선상에서 파악하려는 메츠의 이러한 견해에 대한 반박들이 일어났다.

> 그러나 그들은 성서의 정치적 요소를 무시하고 개인의 영혼 구제라는 '사적이며 내적인 기독교'를 주장하는 것이다. 그러므로 오늘날 우리에게 닥친 중요한 과업은 이러한 초월주의자들, 근본주의자들, 실존주의자들, 개인주의자들은 현실의 문제를 해결하는 대신 회피하고 있다는 '비개인화의 정치신학(a political theology of the de-privatization)'을 새롭게 천명하는 일이다. 그리하여 한편으로는 복음과 정치의 절대적인 무관성을 배제하고, 다른 한편으로는 복음과 정치의 절대적인 동일화를 동시에 배척해야 한다.[31)]

구티에레즈는 이상과 같은 메츠의 이론을 현대사회 속에서의 교회의 임무를 새롭게 재조명해 준 '유럽 신학의 새로운 공기'라고 찬사를 보낸다. 그러면서도 그는 메츠가 조직적인 자본주의 경제체제와 제국주의적 정치체제에 말로 표현할 수 없을 정도의 압박을 받고 있는 제3세계의 시각을 무시하고 있다고 말한다. 그리하여 메츠는 그의 고상한 동기에도 불구하고 라틴 아메리카의 특수 상황을 선진국의 안락의자에서 해결하려고 했다고 비난한다.[32)]

여기서 우리는 모든 해방신학자들이 해방신학의 패러다임으로 출애급 사건을 드는 이유를 쉽게 알 수 있다. 출애급 사건이란 야훼가 관여한 직접적인 역사적 사건이었고, 그 사건의 내용은 이집트에서 노예 생활을 하던 이스라엘인들을 젖과 꿀이 흐르는 가나안 땅으로 인도하는 정치적 사건이었기 때문이다. 이 사건에서 야훼의 구원 사업과 정치적 해방은 동일한 선상에 놓이게 된다.[33)]

불교인의 최고 목표는 해탈, 깨달음, 성불이다. 그리고 전통적으로 깨달음은 죽은 다음에 극락왕생하고, 개인적으로는 모든 욕망에서 벗어나는 것이었다. 여기서 깨달음은 — 기독교의 전통적인 구원의 경우와 마찬가지로 — 내세지향적이며 사적인 것이었다. 그러나 이러한 해탈관은 곧 사라져야 한다. 깨달음이란 이제 현실적 · 속세적 · 정치적 · 경제적인 해방을 떠나서는 존재할 수 없기 때문이다.

> 깨달음이란 우주와 인생의 보편타당한 진리를 올바르게 보고, 참되게 알아서, 그것을 자기화(自己化)함으로써 자주적인 인격을 완성하는 것이며, 그와 같은 인격을 완성한 사람을 부처라고 한다. 그래서 깨달음을 성불이라고 한다. 성불했다고 해서 인간이 지상으로부터 천상으로 올라간 것이 아니고 신이 된 것도 아니다. 그가 깨달았다고 해서 주위의 경치가 달라지고 세상이 변한 것도 아니다. 그는 객관 세계의 필연성을 인식했지만, 그 세계는 인간의 개인적 의지나 바람으로부터는 독립되어 있다. 이 객관 세계의 상대적 독립성으로 해서 다시 깨달음의 고뇌가 생긴다.[34)]

여기서 깨달음은 단순히 개인의 차원에 머물러 있지 않고 정치, 사회, 경제의 구체적인 현실과 연관을 맺는다. 그리하여 여익구는 "만약 일체 중생을 위하여 불법이 존재한다면, 생산 수단에 의한 재화의 편재와 그 안에서 일어나는 사회구조의 불평등은 그 속에 사는 모든 사람을 다 함께 살려내지 못한다는 점에서 인정될 수 없는 것이며, 또한 소유와 노동의 분리 개념도 불교의 무소유 이념과 결합하지 못한다는 점에서 반불교적이라 하지 않을 수 없다"고 말한다.[35)]

그러면 해탈이 이렇게 정치경제적 해방을 포함하는 이유는 무엇인가? 해탈이 비개인화되어야 하는 근본적인 이유는 무엇인가?

깨달음이란 바로 다르마(법)를 보는 것이며, 법을 본다는 것은 바로 연기(緣起)를 보는 것이다. 연기란 "이것이 있기 때문에 저것이 있으며, 이것이 일어나기 때문에 저것이 일어난다"는 사상으로, 이 우주의 모든 물질적 및 정신적 현상이 생멸하는 과정에서 서로 얽히고설켜 있다는 뜻이다. 모든 것은 홀로 존재하지 않으며 서로 의지하게 되어 있기 때문에 개인과 개인, 개인과 사회, 정신과 물질은 상부상조의 관계에 있다는 뜻이다.

연기를 다른 말로 표현하면 "하나 속에 모든 것이 있고, 여럿 속에 하나가 있다(一中一 多中一)"고 말할 수 있다. 여기서 개인은 전체 속에서만 존재할 수 있으며, 전체는 개인을 떠나서 존재할 수 없게 된다. 그리하여 모든 인간은 편견을 벗어나서 서로 사랑하고, 어느 경우에는 이 세상의 마지막 중생이 깨달을 때까지 자신의 극락행을 지연시키는 보살 정신을 가질 필요가 있게 된다. 『중아함경』이 "연기를 보면 법을 보는 것이며, 법을 보면 연기를 보는 것"이라고 말한 이유도 여기에 있다.

기독교에 있어서, 하느님 사랑은 곧 이웃 사랑이다. 이와 마찬가지로, 불교의 깨달음은 곧 연기의 묘법을 깨닫는 것이며, 연기의 묘법을 깨닫는다는 것은 중생을 떠난 자아란 존재할 수 없다는 진리를 깨닫는 것이다. 여기서 너와 나, 개인과 개인, 사회와 개인의 이원론은 사라지게 된다. 그리하여 개인적인 차원과 사회적인 차원이라는 고전적인 해탈관은— 기독교의 경우와 마찬가지로— '역사는 하나'라는 명제로 수렴된다.

> 불교의 세계관은 존재하는 모든 것이 서로 뗄 수 없는 인연의 끈으로 이어져 있다는 연기관에서 출발한다. 불교에서는 여럿이 공통적으로 수용하는 것이 아니라 개인적 행위에 근거를 두고 있어서 한 개인만이 수용하는 과보를 받게 될 원인이 되는 업을 불공업(不共業)이라 한다. 이에 반하여, 공동으로 선악의 행위를 하고 공동으로 고락의 과보를 받게 되는 공동의 행위를 공업(共業)이라 한다. 따라서 잘못된 현실은 공업에 바탕을 둔 것이므로 집단적 노력에 의해서만 변혁될 수 있다. 역사와 사회는 바로 공업에 의하여 구성되기 때문이다.
>
> 그리하여 억압과 착취와 고통으로 가득 찬 이 사바세계에 진정한 행복과 평화, 그리고 참된 자유와 평등이 보장되는 불국 정토를 건설하기 위해서는 개인적인 맹신이나 수행이 아닌 공동의 사회개혁이 필요한 것이다. 이 땅에 정토를 구현하기 위해서는 불교의 자주화, 사회의 민주화, 그리고 민족통일이 달성되어야 한다.[36)]

여기서 우리는 해방신학과 민중불교의 또 다른 유사점을 발견할 수 있다. 해방을 추구하는 새로운 구원관에 의하면, 죄는 단순히 내세의 구원만을 방해하는 개인적인 것만이 아니다. 그것은 동시에 이웃과의 교제를 성사시키는 역사적 실재다.[37)]

> 해방신학에 있어서 죄악은 우리가 살고 있는 사회 질서에 도전하지 않는 이른바 '영적 구원'에만 필수적인 개인적, 사적, 내적인 실재(an individual, private, or merely interior reality)만은 아니다. 그것은 사회적 및 역사적 사실이며, 이웃에 대한 우정과 사랑의 부재(不在)며, 그러므로 내적 및 인격적 파멸의 원인이다. 여기서 우리는 죄의 집단적 차원을 발견할 수 있다.[38)]

이와 마찬가지로, 민중불교에 있어서 업(카르마)은 단순히 개인적인 것이 아니다. 그것은 구조적 모순과 연결된 사회성과 집단성을 가지고 있다. 공업(共業)에 바탕을 둔 현실은 집단적 노력에 의해서만 개혁될 수 있다고 믿는 이유가 여기에 있다.

그러면 해방신학과 민중불교는 역사적 실재인 죄와 사회적 실재인 업을 어떻게 제거하려고 하는가? 해방신학은 사랑을 그 실천원칙으로 삼고 있으며, 민중불교는 이와 비슷한 자비를 실천원칙으로 삼고 있다. 구티에레즈는 이 사랑의 원칙을 세 단계로 설명한다.

첫째, 인간의 궁극적 의미는 이웃에 대한 사랑에서 찾을 수 있다. 이웃에 대한 사랑이 바로 하느님에 대한 사랑이며, 이웃에 대한 사랑을 통하여 인간은 하느님을 알 수 있다. 그리하여 성서는 이렇게 말한다.

> 형제들이여, 우리가 서로 사랑하자. 사랑은 하느님으로부터 왔느니라. 사랑하는 사람은 모두 하느님의 자녀며, 하느님을 알게 되느니라. 그러나 사랑하지 않는 사람은 하느님을 알 수 없느니라. 하느님은 사랑(God is love)이기 때문이다(「요한1서」, 4:7-8).
>
> 이것이 바로 그리스도의 계시다. 구원을 받는다는 것은 사랑의 극치에 도달하는 것이다. 그것은 삼위일체에 나타난 사랑의 영역으로 들어가는 것이다. 그리고 사랑의 극치에 도달하는 방법은 사랑 이외의 아무것도 아니다. 죄는 사랑을 거절하는 것이며, 교제와 형제애를 거절하는 것이며, 인간 존재 자체를 거절하는 것이다.[39)]

둘째, 그러나 사랑은 추상적인 차원에서 머물지 말고 구체적인 상황 속에서 실현되어야 한다. 단순히 '아는 단계'가 아니라 '하는 단계'로 표현되어야 한다. 배고픈 사람에게 음식을 주고 목마른 사람에게 물을 주어야 한다. 그리하여 성서는 "행함이 없는 믿음은 헛것"(「야고보서」, 2:20)이라고 단언했던 것이다. 하느님을 안다는 것은 곧 정의를 실현하는 것이다. 그러므로 기독교의 사랑은 인간의 사랑과 비슷한 또 하나의 사랑도 아니며 인간의 사랑 이상도 아니다. 그것은 — 생텍쥐페리의 표현을 빌리면 — 이웃과 매듭을 맺는 것이다.

예를 들자. 기독교인들은 하느님을 '우리 아버지'라고 부른다. 그러므로 우리는 먼저 형제가 되어야 한다. 그렇지 않다면 '너의 아버지'와 '나의 아버지'는 있을 수 있으나 '우리 아버지'는 존재할 수 없기 때문이다. 그리하여 성서는, 하느님에게 제단을 바치기 전에 형제와 원수가 되어 있다면 먼저 형제와 화해해야 한다고 말했던 것이다.

셋째, 하느님에 대한 사랑이 이웃 사랑이라고 해서 모든 것이 끝나는 것은 아니다. 하느님에 대한 사랑은 이웃 사랑을 통해서만 가능하게 된다. 그리하여 성서는 "어떤 사람이 '나는 하느님을 사랑한다'고 말하면서도 형제를 미워한다면, 그는 거짓말쟁이니라. 만약 그가 보이는 형제를 사랑하지 않는다면, 어떻게 보이지 않는 하느님을 사랑할 수 있겠는가?"라고 말했던 것이다. 여기서 이웃 사랑은 하느님에 대한 사랑의 필수적이고 없어서는 안 될 중매(a necessary and indispensable mediation)가 된다.[40)]

그러면 민중불교의 실천 원리인 자비란 무엇인가? 원래 '자비'라는 어휘는 순수한 우정이나 진실한 사랑을 뜻하는 '자(慈, maitri)'와 동정이나 측은한 마음을 뜻하는 '비(悲, krauna)'로 구성된 말이다. 그러므로 자비란 적극적으로는 다른 사람에게 안락과 이익을 주고 소극적으로는 다른 사람의 고통과 슬픔을 덜어주는 인간에 대한 사랑이다. 그리하여 모든 부처는 무명에 허덕이고 있는 중생에게 "너희들은 모두 나의 아들이요, 나는 너희들의 아버지다. 너희들은 무수한 법에 한없이 괴로움을 겪고 있노라. 내가 너희들을 건져서 삼계(三界)로부터 벗어나게 하리라"고 서원하는 것이다.

일설에 의하면, 석가는 깨달은 다음에 과연 다시 사바세계로 내려올 것인가를 심각하게 반문했다고 한다. 우주의 모든 진리를 한 번에 깨우친 그의 사상을 중생들이 과연 이해할 수 있을까라는 의문이 일어났기 때문이다. 그러나 그는 중생에 대한 자비심에 의하여 결국 다시 사바세계로 내려오기로 결정했던 것이다. 그리고 그는 그를 살해하려고 백방으로 애쓴 그의 사촌동생인 데바닷타(Devaadatta)까지도 용서하고 성불의 기회를 주었다고 한다.

불교의 자비 사상은 대승불교의 보살 정신에 잘 나타나 있다. 원래 소승불교의 최종 목표는 아라한(Arahan)이 되는 것이었다. 아라한은 이 세상(有爲法)을 버리고 열반(無爲法)으로 들어감을 최고의 목표로 삼는다. 그러나 대승불교의 보살은 위로는 깨달음을 구하고 아래로는 중생 교화를 동시에 추구한다. 그리하여 보살에게 있어서의 깨달음과 중생 교화는 시간적인 선후의 문제가 아니라, 깨달음을 구하는 것이 바로 중생을 교화시키는 일이며, 중생을 교화시키는 일이 바로 깨달음을 구하는 것이다. 불교인들이 법회를 드릴 때마다 "중생을 다 건지오리다"라고 서원하는 이유도 여기에 있다.

『법화경』은 불교의 이러한 자비 사상을 불국토 건설과 중생 교화로 설명한다. 그런데 여기서 말하는 불국토란 단순히 미륵불만을 지시하는 것이 아니라 구체적으로 이 사회를 정화시키고 개혁한다는 뜻을 담고 있다. 그리고 이러한 이상사회의 건설을 위해서는 먼저 모든 중생을 교화시켜야 된다고 말한다. 그러므로 불교를 현실도피적인 종교로 보는 견해는 서양인의 편견에 불과한 것이다.

지금까지 우리는 경전과 교리에 나타난 해방신학과 민중불교의 유사성을 고찰했다. 이 과정에서 우리는 민중불교가 "아직 기독교의 해방신학이나 정치신학처럼 관련 학문 연구가 뒷받침하는 심오한 학문적 배경을 갖지 못하고 있는 상태"임을 인정하지 않을 수 없다.[41] 그리하여 나는 이제 민중불교의 더욱 활발한 이론적 작업이 해내야 할 몇 가지를 지적하겠다.

첫째, 민중불교는 우선 석가, 초기 불교, 대승불교, 한국 불교로 이어지는 역사적 고찰을 체계화할 필요가 있다. 그것은 바로 민중불교의 뿌리와 가지를 어느 시대와 사상가로 결정하느냐는 문제가 된다. 어느 민중불교학자는 이 운동의 시원을 석가로 보고, 오늘날의 과제는 “본래의 초기 불교로 돌아가는 회귀적(回歸的)인 순수성 회복”이라고 말한다. 그러나 다른 사람은 민중불교운동을 순수한 한국적 현상으로 보고, 그 계보를 신라의 원효, 고려의 의천, 조선의 미륵신앙, 8 · 15 해방 이후의 불교 혁신으로 보려는 경향이 있다.

이 문제에 대하여 나는 민중불교가 해방신학의 전례를 따르는 것이 좋다고 본다. 해방신학자들은 이 운동의 근본 메시지를 예수 자신의 말씀으로부터 찾으면서도 그들은 해방신학이 남미라는 특수한 상황에서 구체화되었다는 사실을 누누이 강조한다. 이와 마찬가지로 민중불교는 한편으로는 원시불교의 민중성과 대승불교의 민중성과 한국 불교의 민중성을 제창하고, 다른 한편으로는 최근에 나타난 한국적인 상황을 부각시켜야 할 것이다. 이 과정에서 민중불교학자는 한국의 1960년대, 1970년대, 1980년대 중에서 어느 것을 우리나라 민중불교의 시원으로 선택하느냐는 토론을 벌일 필요가 있겠다.

둘째, 민중불교는 더욱 체계적인 경전에 대한 연구를 할 필요가 있다. 물론 민중불교도 몇몇 경전을 인용하고 있다. 그러나 조직적이고 체계적인 해방신학에 비하면 아직도 어린애 단계에 머물러 있다. 너무나 당연한 말이지만, 종교인의 모든 주장은 항상 경전의 지지를 받아야 한다. 해방신학에서 ‘성서는 말한다’는 표현이 수없이 등장하는 이유도 여기에 있다.

물론 이 문제는 경전에 대한 해박한 지식과 비판적 수용을 생활화시키지 못하고 있는 불교인 전체의 문제와 연관이 있다. 그럼에도 민중불교가 이런 전통을 벗어나서 경전에 대한 새로운 관심을 가져야 하는 이유는, 민중불교가 새롭게 시작하는 운동이기 때문이다. 옛날부터 내려왔던 것은 현 상태로 유지될 수 있다. 그러나 새 술은 언제나 새 부대에 담아야 한다. 민중불교가 체계적인 경전의 연구에 의하여 뒷받침되지 못하고 현재와 같은 슬로건으로 남는 한 민중불교의 대중화, 토착화, 이론화는 성취되지 않을 것이다.

셋째, 앞으로 민중불교는 — 해방신학의 경우와 마찬가지로 — 이데올로기의 선택과 수용 한계에 대한 더욱 세심한 논의를 전개할 필요가 있다. 이데올로기 선택의 문제에 있어서, 어떤 사람은 "불교는 자본주의 이데올로기와 윤리를 절대로 수용할 수 없다"고 주장하지만, 다른 사람은 자본주의 체제 내에서의 혁파(革罷)를 말한다.

또한 이데올로기 수용 한계에 대해서도, 다른 사람은 이데올로기적인 시각에만 집착함으로써 빠질 수 있는 함정과 오류를 더 근원적인 시각에서 지적하고 비판하여, 그에 대한 불교적 입장을 제시해야 한다고 말한다.

넷째, 민중불교는 호국불교의 원래 의미와 정당성, 그리고 해방 이후에 나타난 호국불교에 대하여 더욱 치밀한 논의를 전개할 필요가 있다.

다섯째, 민중불교는 — 모든 새로운 운동이 해결해야 하는 — 폭력의 문제를 냉정한 입장에서 토론해야 한다. 분신공양의 문제도 여기서 제외되지 않는다.

여섯째, 그러나 내가 민중불교에게 당장 기원하는 것은 해방신학의 출애급 사건과 같은 패러다임 스토리를 발견하라는 것이다. 물론 해방신학자들은 신구약 전체가 해방을 주제로 삼고 있다고 주장하며, 또한 세부적으로 그 근거를 제시하고 있다. 그러면서도 '가장 종교적이면서도 가장 정치적인 사건'의 대표로 출애급 사건을 지적하고, 모든 논의를 이 사건을 정점으로 토론하고 있다.

비이스라엘인에게 있어서 이 출애급 사건은 단순히 강제 노동에 시달리던 베두인 유목민족이 모세라는 혁명가의 지도로 억압당하고 있던 이집트로부터 사막으로 도망친 시시한 사건일 수도 있다. 그러나 이스라엘인에게 있어서 이 사건은 하느님의 구원 섭리를 직접 체험한 사건이며, 더 나아가서 이스라엘이 존재하기 시작한 구원의 역사였다.[42]

그리하여 「시편」의 작가는 여호와에게 감사하고 찬양해야 할 여러가지 이유 중의 하나로 이 사건을 장황하게 기록하고 있으며(105:

26-45), 일반적으로 이 사건에 대한 이스라엘인의 중요한 의미 부여는 그들의 '최초의 신앙 고백'이라고 할 수 있는 「신명기」에 잘 나타나 있다(26:5-9).

모든 이론에는 그 이론을 가장 적절히 설명할 수 있는 패러다임 스토리나 전형적인 모델을 가지고 있게 마련이다. 그리하여 전통적인 기독교에서는 예수의 십자가 사건, 최근에 새롭게 대두되고 있는 여성신학(feminist theology)에서는 가장 종교적이면서도 의식화된 여성의 대표로 예수의 어머니인 마리아, 통일신학에서는 천지창조 이야기, 해방신학에서는 출애급 사건을 집중적으로 토론하고 있다.

그러므로 민중불교도 그들이 지향하는 목표를 가장 적절히 설명할 수 있는 설화나 모델을 시급히 발견할 필요가 있다. 막연한 주장보다는 특수한 사건을 전거(典據)로 한 주장이 언제나 더욱 알찬 설득력을 가질 수 있다.

7. 맺음말

일부의 사회인들은 종교와 사회가 완전히 분리되지 않았던 사회는 전근대적인 봉건사회였으며 문명과 문화가 발달된 오늘날에는 이 양자가 완전히 분리되어 있다고 말한다. 그리고 이 양자가 분리되지 않은 데서 오는 비극을 이란의 호메이니 통치의 경우를 예로 든다. 또한 일부의 종교인들도 종교의 궁극적 목표를 초세간적인 믿음이나 깨달음에 두는 경우가 있다. 그리하여 기독교인은 "가이사의 것은 가이사에게 바치고, 하느님의 것은 하느님에게 바치라"는 성서의 구절을 인용하고, 불교인은 속세를 떠나서 해탈을 구한 석가의 삶을 인용한다.

그러나 이러한 생각은 종교와 사회의 '원칙적인 관계'와 종교인과 사회인의 '인간적인 관계'를 혼동한 것이다. 원칙적으로 보아서 종교는 사회의 한 산물이기는 하지만 사회의 규범을 맹종하지 않으며, 중세가 아닌 현대에는 사회도 무조건 어느 종파의 원칙을 추종하지 않는다. 이런 뜻에서, 종교의 원칙과 사회의 원칙이 반드시 동일한 것은 아니다. 그러나 삶을 살아가는 인간적인 측면에서 보면, 종교인은 어디까지나 그가 속해 있는 사회의 일원일 뿐이다. 그러므로 종교인과 사회인의 구별은 종교와 사회의 구별과 동일하지 않다.[43)]

우리는 이러한 종교인에 의한 사회참여의 당위성을 두 가지로 정의할 수 있다.

첫째, 이미 지적한 바와 같이, 종교인은 종교인이기 이전에 인간이며, 인간이라 함은 이미 사회의 일원임을 말한다. 20세기의 로빈슨 크루소는 존재할 수 없다. 사회에 대한 아무런 의식도 없이 그저 물결 흐르는 대로 내맡기듯 살아가는 것이 종교적인 삶이 될 수 없는 이유가 여기에 있다. 진정한 종교적 삶이란 현실의 부조리, 부정, 불의를 외면하지 않고 오히려 그 개선책을 제공하려고 부단히 노력하는 삶이다.

한때 우리나라에서 — 지금도 이런 논의가 없는 것은 아니지만 — 종교인의 사회참여가 큰 문제로 대두된 일이 있다. 그러나 엄밀히 말해서 '종교인의 사회참여'라는 표현 자체가 옳지 않다. 모든 사회인이 종교인은 아니지만 모든 종교인은 사회인인데, 왜 새삼스럽게 '참여'가 문제될 수 있는가. 사회에 참여하지 않는 종교인은 문제 그대로 모순일 뿐이다. 그러므로 '종교인의 사회참여'라는 표현은 마치 '역전 앞'이라는 말과 같이 쓸데없는 말의 중복일 뿐이다. 이것을 우리는 종교인이 현실에 참여해야 하는 '사회적인 이유'라고 말할 수 있다.

둘째, 그러나 종교인이 사회에 참여해야 하는 근본적인 '종교적인 이유'는, 종교의 궁극 목표가 언제나 '나의 구원'과 더불어 '너의 구원'을 추구한다는 데 있다. 물론 모든 종교는 개인의 마음의 정화로부터 시작한다. 파스칼이 인간은 언제나 홀로 태어나서 홀로 죽는다는 실존적인 발언을 한 이유도 여기에 있다. 그러나 종교의 마지막 목표는 언제나 '나'에서 '우리'로 전진하는 것이다. 상대방을 우리의 수단인 '나와 그것'의 관계로부터 인격적인 만남인 '나와 너'의 관계로 승화시키는 것이다. 그리하여 예수는 그의 제자들에게 땅 끝까지 복음을 전파하라고 당부했으며, 석가의 보살 정신은 이 세상의 모든 중생이 부처가 되기를 기원하라고 말한다.[44)]

종교란 일단 세상을 떠나는 것이다. 세상의 명예, 권력, 부귀를 떠나는 것이다. 그러나 종교는 세상을 외면하는 일차적인 떠남에 머물지 않고, 떠났던 세계로 다시 돌아오는 이차적인 결단을 동반한다. 사회를 초월한 '하늘의 사람'으로 머물지 않고 다시 이 세상을 구원하려는 '땅의 사람'으로 되돌아오는 것이다.[45)] 여익구는 이러한 종교의 임무를 '세간 → 출세간 → 출출세간의 변증법'으로 설명한다.

> "산은 산이고, 물은 물이다"라는 운동의 상대성만을 보는 세계 속에 살다가(世間), 연기의 공성을 인식함으로써 "산은 산이 아니고, 물은 물이 아니다"란 운동의 절대성을 깨닫고(出世間), 다시 운동은 연속과 비연속의 통일, 즉 절대성과 상대성의 통일이라는 "산은 산이고, 물은 물이다"라는 진공묘유(眞空妙有)의 세계를 인식함으로써(出出世間), 거듭 세상으로 돌아오는 것이 불교의 변증법적 인식이며, 실천의 교의인 것이다.
>
> 이와 같은 불교는, 세간을 부정한 출세간적인 생존 방식을 한 번 더 부정해서, 출출세간적인 생존 방식으로 발전하여 간다. 이러한 변증법적 부정은 대립물로서의 분열, 그것들의 투쟁과 그 해결이다. 부정의 부정이라는 변증법적 법칙은 발전의 법칙이다. 따라서 변증법이 부정에 관해서 말할 때, 그것은 모두 부정이 아니라 발전의 전제조건으로서 유용한 부정만을 생각하고 있다.
>
> 변증법에 있어서 부정이란 단순히 부정으로 끝나는 것도, 사물은 존재하지 않는다고 말하는 것도, 그것을 제멋대로 파괴하는 것도 아니다. 변증법적으로 이해되는 부정은 동시에 그 안에 '옳음'을 포함하고 있는 '아님', 즉 부정과 긍정의 통일인 것이다.[46)]

해방신학과 민중불교는 다같이 이러한 종교 본연의 임무에 충실하려는 의지로 출발한 진보주의적 · 자유주의적 · 사회적 · 대승적 종교 운동이다. 그러나 늦깎이로 출발한 민중불교는 실천적으로나 이론적으로 해방신학의 차원에 미치지 못하고 있다. 그리고 민중불교의 이러한 지체 현상이 바로 우리나라 불교 전체의 장애 요인이 되고 있다.

예를 들자. 경제기획원은 '1985년 인구주택 센서스'에서 우리나라 종교인구의 현황을 발표했다. 이에 따르면 우리나라 종교인은 전 인구의 42.6퍼센트인 1,720만 명이고, 그 중에서 불교인은 46.8퍼센트인 806만 명, 프로테스탄트가 37.7퍼센트인 648만 명, 가톨릭이 10.8퍼센트인 186만 명, 유교인이 2.8퍼센트인 48만 3천 명으로 나타났다.

이 통계를 1983년의 통계와 비교하면 큰 차이를 쉽게 알 수 있다. 1983년까지만 해도 프로테스탄트와 가톨릭을 합친 기독교인은 692만 명으로 불교인 750만 명에 비해 약세에 있었다. 물론 당시에도 이 통계를 그대로 믿는 사람은 별로 없었다. 불교의 경우는 평생에 사찰에 한 번만 방문해도 종신 불교인이 되기가 쉽기에 그 숫자가 실제보다는 더욱 높을 것이라고 추측하고 있었다. 그러나 어쨌든 통계상으로는 불교가 기독교를 앞지르고 있었다. 그런데 이 현상이 우리나라 역사상 처음으로 공식통계에 의하여 깨졌다.

새 통계에 의하면, 불교인은 1983년에 비하여 50만 명 정도 늘었지만 종교인구 전체에서 차지하는 비율은 48.1퍼센트에서 46.8퍼센트로 떨어졌다. 그러나 프로테스탄트는 무려 115만 명이 증가하여 전체 종교인의 비율도 3.5퍼센트나 증가했으며, 그 기간에 가톨릭은 종교인의 비율이 0.6퍼센트나 증가했다.

물론 여기에는 여러 가지 이유가 있을 것이다. 가톨릭 200주년 기념행사와 프로테스탄트 100주년 기념행사의 덕도 있을 것이며, 항상 좋은 결과만을 가지고 오지는 않는 기독교인의 적극적인 선교 전략의 덕도 있을 것이며, 교황의 한국 방문 영향도 있을 것이며, 매체를 통한 기독교의 현대적 복음 전파의 덕도 있을 것이다. 그러나 한 가지 분명한 사실은, 지금까지 불교는 민중의 민주화 열망을 너무나 외면하고 있었기 때문에 불교가 기독교보다 사회인의 호응을 얻지 못했다는 것이다. 물론 일부 기독교인의 지나친 사회참여는 말썽을 일으키기도 했다. 그러나 사회가 민주화의 필요성을 외칠 때 거기에 동참하는 기독교인들이 불교도들보다 많았다는 사실에는 의심의 여지가 없다.

그리하여 공종원(孔鍾源)은 "기독교의 급증 원인은 바로 불교의 상대적 위축의 원인이다"라고 말하면서, 불교가 "안이하고 나태한 종교에서 깨어나 시대와 사회와 개인의 요구를 모두 수용하고 대처할 수 있는 역량을 기르려면, 기독교를 반면교사(反面教師)나 타산지석(他山支石)으로 삼아야 한다"고 말한다.

"기독교의 적극적인 선교 노력과 사회참여는 결과적으로 기독교 교세의 신장에 크게 기여했다. 그런 만큼 불교계가 앞으로 전개될 기독교와의 교세 확장 경쟁에서 깨우치고 대비해야 할 것은 바로 참여적 역할에 대한 재인식이라고 할 수도 있다."[47]

물론 다종교 사회로 정착된 우리나라의 현실에서 교세 확장의 경쟁 시대는 이미 지났다고 볼 수 있다. 그러나 사회참여에 있어서 우리나라 불교는 분명히 늦깎이로 시작했으며 현재도 늦깎이로 남아 있다. 그럼에도 우리는 종교의 세계에 있어서는 언제나 "늦게 된 자가 먼저 될 수도 있다"는 진리를 잊지 말아야 한다. 늦깎이에게는 용맹 정진만이 필요한 것이다. 불교가 진정 천하 만민의 진정한 자유를 추구하는 종교라면.[48]

[주(註)]

* 이 글은 원래 『종교철학자가 본 불교』(민족사, 1990)에 실린 것이다. 이 저서에 대한 서평으로는 이 책의 부록을 참고할 것.

1) Gustavo Gutierrez, *A Theology of Liberation*, Orbis Books, New York, pp. 35-36.
2) 황필호,『이데올로기, 해방신학, 의식화교육』, 종로서적, 1987, pp.125-126.
3) Cf. 고범서 편, 『이데올로기와 신학』(범화사, 1983); 『해방신학』(범화사, 1985); 『해방신학 논쟁』(범화사, 1985); 손봉호, 「남미에서의 이데올로기와 신학」, 『이데올로기와 신학』; 「해방신학의 신학적 분석」, 『한국 복음주의 신학 논문집』, 제2권, 1984.
4) Gustavo Gutierrez, 앞의 책, pp.36-37.
5) 같은 책, p.37.
6) 손봉호, 「남미에서의 이데올로기와 신학」, 앞의 글, p.161.
7) 같은 글, p.161.
8) 같은 글, p.162.
9) 여익구, 「민중불교란 무엇인가」, 소흥렬 편, 『문화와 사상』, 이화여대 출판부, 1985, pp.359-360.
10) '역사를 초월한 그리스도'와 '역사 속의 그리스도'라는 표현은 H. Richard Niebuhr, *Christ and Culture*(Harper & Row, 1956)에서 인용한 것이다.
11) 황필호, 앞의 책, p.47.
12) 동국대 불교학생회, 「개교 80주년기념, 종교운동 심포지엄」(1986. 10. 28), p.31.
13) Gustavo Gutierrez, "Faith as Freedom: Solidarity with the Alienated and Confidence in the Future," Francis A. Eigo, ed., *Living with Change, Experience, Faith*, Villanova University Press, Pa., 1976, p.40.
14) Gustavo Gutierrez, *A Theology of Liberation*, 앞의 책, p.6.
15) Cf. 玉成康西浪, 「불교사상 사회화의 현대적 시론」, 여익구 편, 『불교의 사회사상』, 민족사, 1981, p.104.
16) 유교에 있어서의 이러한 시도는 공자를 『논어』의 일부분에 한정하여 새롭게 해석한 Herbert Fingarette(*Confucius: The Secular as Sacred*, Harper Torchbooks, New York, 1972)의 사상에 잘 나타나 있다. 이 문제에 대하여는 다음을 참조할 것. 황필호, 「논어와 분석철학」, 『중국종교철학 산책』, 청년사, 2001.
17) 황필호, 『철학적 여성학』, 종로서적, 1988, pp.259-278.
18) Gustavo Gutierrez, *A Theology of Liberation*, 앞의 책, p.13.
19) 같은 책, p.14.

20) 이 책은 1985년에 영어로 번역 출판되었다. *Church: Charism and Power*, tr. John W. Diercksmeier, Crossroad, New York, 1985.
21) Gustavo Gutierrez and Richard Shaull, *Liberation and Change*, 김쾌상 역, 『해방신학과 사회변혁』, 일월서각, 1985, p.274.
22) 김종찬, 「한국불고의 정치성을 진단한다」, 『실천불교』, 제4집, 1987, p.225.
23) 호국불교의 대표적 소의경전으로는 구마라습이 번역한 『佛說仁王般著波羅密經』과 不空이 번역한 『仁王護國般著波羅密多經』을 들 수 있다.
24) 김병곤, 「자주화 운동으로서의 가능성」, 『실천불교』, 제4집, 1987, p.233.
25) 眞常, 「민주화를 위한 포교도량」, 앞의 책, p.257.
26) 智勝, 「한국 불교 이대로 좋은가」, 『주간불교』, 1987년 1월 5일.
27) 같은 글.
28) 같은 글.
29) Gustavo Gutierrez, *A Theology of Liberation*, 앞의 책, pp.150-151.
30) 황필호, 『이데올로기, 해방신학, 의식화 교육』, 앞의 책, p.57.
31) 같은 책, p.57.
32) 같은 책, p.58.
33) 출애급 사건의 구체적 및 성서적 의미에 대하여는 같은 책, pp.58-61을 참조할 것.
34) 여익구, 「민중불교 구현을 위한 몇 가지 철학적 문제」, 앞의 책, p.84.
35) 여익구, 「민중불교란 무엇인가」, 앞의 책, p.359.
36) 木偶, 「민중불교운동의 이념과 전개」, 앞의 책, p.27.
37) Gustavo Gutierrez, *A Theology of Liberation*, 앞의 책, p.152.
38) 같은 책, p.175.
39) 같은 책, p.198.
40) 같은 책, p.200.
41) 『중앙일보』, 1987년 12월 10일.
42) 황필호, 『이데올로기, 해방신학, 의식화교육』, 앞의 책, p.60.
43) 같은 책, pp.37-38.
44) 같은 책, p.40.
45) 같은 책, pp.40-41.
46) 여익구, 「민중불교 구현을 위한 몇 가지 철학적 문제」, 앞의 글, pp.84-85.
47) 孔種源, 「불교인구가 기독교에 뒤진 시대」, 『진각종보』, 1987년 12월 1일.
48) 민중불교 혹은 참여불교(Engaged Buddhism)에 관한 가장 기초적이면서도 이론적인 국내외 입문서로는 다음을 들 수 있다. 여익구, 『민중불교 글, 입문』, 풀빛, 1985; Fred Eppsteiner and Dennis Maloney, ed., *The Path of Compassion: Contemporary Writings on Engaged Buddhism*, Buddhist Peace Fellowship, Berkeley, 1985.

3. 부모론에서 본 통일교와 금강대도의 비교*

1. 머리말: 부모론의 필요성

모든 사람은 가정의 일원으로 태어난다. 비록 고아라도 그의 부모가 없다면 이 세상에 태어날 수 없을 것이다. 그러므로 우리가 부모를 공경하는 것은 극히 자연스러운 일이다.

맹자는 이렇게 말한다. "사람이 배우지 않고도 능한 것은 양능(良能)이며, 생각하지 않고도 아는 것은 양지(良智)다. 어려서 손을 잡고 가는 아이 중에서 그의 아버지를 사랑할 줄 모르는 아이가 없으며, 장성해서는 그의 형제를 사랑할 줄 모르는 자가 없다. 어버이를 친애함은 인(仁)이요, 어른을 공경함은 의(義)니, 이는 다름이 아니라 천하의 공통이기 때문이다."[1)]

더 나아가서 표현되지 않은 사랑은 진정한 사랑이 될 수 없다는 실천적 입장에서 볼 때, 부모에 대한 사랑은 자연스레 첫 번째 사랑이 된다. 물론 이상적으로는 모든 사람을 사랑해야 한다. 그러나 어떻게 그것을 시작한단 말인가? 우리는 우선 가까운 곳에서부터 시작해야 한다.[2)] 그래서 아우구스티누스도 이렇게 말한다. "우리는 모든 사람을 동등하게 사랑해야 한다. 그러나 우리는 실제로 모든 사람을 도와줄 수 없다. 우리는 먼저 장소, 시간, 기회에서 가장 가까운 사람들부터 사랑해야 한다. 즉 우리가 모든 사람을 배려할 수 없다면, 우리는 마치 제비뽑기를 하듯이 우리와 가장 가까운 사람을 먼저 배려해야 한다."[3]

유교에서 효를 모든 사람의 덕목의 뿌리라고 주장하는 이유도 여기에 있다. 즉 "효는 다른 덕목보다 위대할 뿐만 아니라 그것이 바로 다른 덕목들의 단초(端初)가 된다. 효는 인의 종착점이 아니라 시발점이므로 우리는 효를 다른 영역으로 계속 확장시켜야 한다."[4] 맹자가 "우리집 노인을 노인으로 섬겨서 남의 집 노인까지 미치게 하며, 나의 어린애를 사랑하여 남의 어린애까지 미치게 하면, 천하를 손바닥에 넣고 움직일 수 있다"고 말한 이유도 여기에 있다.[5]

그러나 요즘 우리의 현실은 어떤가? 부모를 존경하지 않고, 형제를 사랑하지 않는 사람들이 너무나 많다. 바야흐로 인과 의가 완전히 땅에 떨어져 있다. 우리가 오늘날 모든 도덕의 근원인 부모론을 새삼스레 다시 천착해야 하는 이유도 여기에 있다. 나는 이 글에서 통일교와 금강대도를 부모론의 입장에서 비교하겠다.

2. 통일교의 참부모론

통일교의 부모론은 우선 모든 인간이 하느님의 분신(分身)이라는 가정에서 출발한다.[6] 인간은 본질적으로 하느님의 형상을 가지고 태어났다. 그러므로 우리가 하느님의 속성을 이해하려면, 인간의 이상적인 — 즉 타락하기 이전의 — 속성을 먼저 알아야 한다.

인간은 어떤 존재인가? 한마디로 인간은 사랑의 존재며, 이런 뜻에서 인간의 역사는 사랑하고 사랑받으려는 인간 욕구의 역사라고 할 수 있다. 사람이 세상을 살려면 믿음도 필요하고 소망도 필요하겠지만, 그러나 그보다 중요한 것은 역시 사랑이다.[7] 통일교는 하느님의 이런 속성을 '심정(心情, heart)의 하느님'이라고 부른다.

지금까지의 부모론은 하느님을 제거하고 인간의 부모만 고려해 왔으며, 하느님을 부모론에 포함시키더라도 — 감성적인 측면을 무시하고 — 오직 이성적인 측면만 강조해 왔다. 오늘날 우리에게 필요한 것은 이런 과거의 부모론이 아니라 새로운 참부모론이다.

진짜 부모론은 먼저 참부모 하느님의 개념으로부터 시작해야 한다. "실로 참부모론에 나오는 '참'이란 반드시 하느님이 중심이 되어야 하고, 그 기원이 하느님이어야 한다. 하느님이 중심에 자리하지 않으면, '참'이란 존재할 수 없으며, 하느님이라고 하는 기원이 없으면 '참'이란 무의미한 것이다."[8]

첫째, 참부모 하느님의 개념은 먼저 '온전한 인간'을 말할 수 있게 한다. "인간은 결코 단독자일 수 없다. 인간은 관계 혹은 인연의 존재다. 따라서 인간의 창조 이상은 물론이며, 그 완성도 관계 속에서만 성취될 수 있다. 즉 인간은 남자와 여자가 남편과 아내라는 주체와 대상의 관계 속에서 존재하고 발전한다. 그러므로 하느님 안에서 중화적(中和的)으로 존재하는 남자와 여자는 평등하며, 그 평등한 관계는 수수(授受)의 관계로 말해질 수 있으며, 이런 관계는 결코 성차별을 받아들일 수 없다."[9]

둘째, 참부모 하느님의 개념은 '완전한 사랑'을 말할 수 있게 한다.

> 원래 참부모 하느님은 참부모의 사랑을 이상으로 해서 피조 세계를 창조했다. 그는 인간이 참부모의 사랑을 이루어 창조 이상을 이루기를 원했고 목적했다. 그리고 참부모 이상을 완성한 인간으로 하여금 만물을 주관하게 함으로써 참사랑을 통한 하느님의 창조 이상도 이룰 수 있기를 원했다. 그러나 타락한 인간은 하느님의 사랑을 저버렸기 때문에 만물도 또한 사랑으로 주관할 수 없게 되었다. 그 결과로 인간의 문화는 온통 죽음과 파괴의 문화가 되었고, 만물은 착취의 대상이 됨으로써 생태학적 위기는 물론 생명 파괴의 현실이 되었다.
>
> 이 위기로부터의 궁극적 탈출은 참부모 하느님을 [다시] 말함으로써만 이루어질 수 있다. 하느님의 심정과 사랑이 아니고서는 만물을 보살피거나 생명을 보존하는 일이 불가능하기 때문이다. 참부모 하느님은

메시아로 계시될 뿐만 아니라 온 인류가 참부모가 됨으로써 창조 본연의 심정과 사랑을 완전히 회복해야 한다. 그런 완성을 통해 생태 위기가 극복되고, 창조 안에 있는 하나님의 진정한 복귀가 성취되는 것이다.[10)]

이제 통일교의 참부모론이 함유하는 몇 가지 문제를 생각해 보자.

첫째, 통일교는 가정을 통해서만 온전한 인간이 되고 가정을 통해서만 완전한 사랑을 성취할 수 있다고 주장한다. 모든 사람은 결혼을 하고 자녀를 생산해야 한다. 이런 점에서 통일교는 가화만사성을 주장하는 유교의 관계적 윤리와 동일하다. 그러나 통일교와 유교 사이에는 미묘한 차이가 있다.

우선 유교는 자녀에 대한 부모의 사랑보다는 부모에 대한 자식의 사랑을 강조하지만, 통일교는 인간에 대한 하나님의 사랑을 강조하듯이 자식에 대한 부모의 사랑을 강조한다. 그러나 자식에 대한 부모의 사랑은 순수한 생리적 현상일 수 있다. 하다못해 동물도 제 새끼를 사랑한다.

더 나아가서 유교는 가정을 통해(through) 개인이 완성될 수 있다고 주장하지만 통일교는 다분히 가정을 이루기 전에(before) 육체적 및 정신적으로 완성되어야 한다고 주장한다. 통일교인들이 약혼식을 올린 다음에도 어느 일정 기간 동안 성교를 할 수 없는 이유도 여기에 있다. 나는 이 점에 대하여 유교의 처방이 더욱 건전하고 더욱 안전하다고 믿는다. 인간은 근본적으로 불완전한 존재이기 때문에 더욱 건전한 처방이며, 통일교의 주장은 성스러운 성, 원죄 없는 성, 원죄 없는 자녀 등의 인간 무오성(human infallibility)을 주장할 위험성을 포함하고 있기 때문에 더욱 안전한 처방이다.

분명히 결혼을 "개인의 성장을 돕는 길로서가 아니라 완성된 개인만이 수행할 수 있는 것(not as a way to help individuals grow up, but as something that mature individuals are ready to undertake)"으

로 보는 견해 속에는 인간 무오성의 위험이 도사리고 있다. 그리고 이런 인간 무오성은 곧바로 지나친 신앙의 자만심으로 빠질 수 있다.[11)]

둘째, 참부모 하느님의 사랑을 통해 원래의 창조 이상을 다시 회복하려면 구체적으로 어떻게 해야 하는가? 여기서 통일교는 하느님을 사랑한다는 것은 곧 인간(이웃)을 사랑하는 것이라는 기독교 전통을 그대로 따르고 있다. 그러나 여기서 말하는 지상의 참부모는 곧 문선명 선생 내외분을 뜻한다는 면에서 전통 기독교 교리와 정면으로 상반된다.

통일교의 이런 주장은 다시 예수까지도 참부모의 삶을 완성하지 못했으며, 이제 그 과업은 문선명 선생 내외의 몫이 되었다는 뜻을 함유한다. 원래 구원이란 육체와 정신 모두의 구원이지만, 예수는 기껏해야 영혼의 구원만을 성취했을 뿐이기 때문이다.

이렇게 보면, 하느님의 계시는 예수의 삶에서 완결된 것이 아니며, 그래서 그것은 지금도 지속되어야 하는 것이다. "하느님의 창조 목적이 이루어지지 않는 한, 그리고 창조 목적이 이루어져 이상세계가 전개된다 하더라도, 하느님의 스스로 나타나심은 계속될 것이다. 계시의 주권과 자유는 오로지 하느님께 속하기 때문이며, 또한 창조 본연의 세계는 하느님을 모시고 살아가는 세계이기 때문이다."[12)]

그런데 기독교는 현재 이런 하느님의 지속적인 계시에 대한 큰 걸림돌을 가지고 있다. 하느님의 계시는 예수에서 끝난 것이 아님에도 불구하고 많은 사람들이 예수를 계시의 마지막 선지자로 믿고 있기 때문이다. 마치 이슬람교인들이 알라를 '마지막 날인'이라고 믿고 있듯이. 그 결과로 "기독교는 결국 하느님의 계시가 예수에서 끝났다고 말함으로써 문자 그대로 '예수교'가 되었다. 그래서 예수를 그리스도로 고백하는 것이 아니라 그리스도를 예수로 고백하는 것이다."[13)]

3. 금강대도의 건곤부모론[14)]

통일교가 자신의 부모론을 참부모론이라고 부르듯이, 금강대도는 자신의 부모론을 건곤부모론이라고 부른다. 이제 이 이론의 특성을 고찰해 보자.

첫째, 통일교와 마찬가지로, 금강대도는 가정의 중요성을 극구 강조한다. 물론 가화(家和)는 일반 가정에서도 중요한 것이지만, 그것은 특히 신앙인과 관련해서 더욱 중요한 의미를 갖는다. 이재헌은 이렇게 말한다.

> 온 집안이 도를 닦아 성불한다고 하는 가화성도(家和成道)의 가르침은 미륵대불님으로서 우리에게 주시는 가장 큰 구원의 선물이기도 하다. 이것은 과거 불교의 가장 결정적 약점으로 지적되어 온 독신 수도의 폐해를 바로잡은 것이기에 또한 중요한 것이다. 역사적으로 불교는 혼자 출가(出家) 입산(入山)하여 도를 닦는다고 하여 무부(無父) 무군(無君)의 종교요, 멸륜(滅倫)의 종교라는 낙인이 찍혀 유교로부터 혹독한 비판을 당해 오지 않았던가. 미륵대불님의 운도(韻圖)는 이러한 단점을 시정하였기에 또한 위대한 것이다.
>
> 대성사부님께서 가라사대, "옛날 석가의 운(運)은 독신 수도하여 가족을 돌보지 아니하여 오나가나 자기 하나뿐이었지만 미륵불 운은 솔가(率家) 수도하여, 가더라도 일가족이요 오더라도 일가족이라, 칠세조상(七世祖上) 이고득락(離苦得樂)의 도로 시종하느리라" 하시었으니, 우리는 혼자만 대도를 신앙할 것이 아니라, 온 가족이 함께 가화 낙도하는 신앙의 가정을 만들어야 할 것이다.[15)]

또한 도성사부님 성훈에 "충효는 수도지근(修道至近)이요, 성경은 달도지본(達道紙本)이며, 가화는 적덕지원(積德之源)이요, 청결은 안정지기(安定之基)라고 하셨고, 충효 성경과 가화 청결을 잘 실천하면 실행십조의 덕목 또한 저절로 행해질 것"이라고 하였으니, 그 중요성

을 미루어 짐작할 수 있다.[16)]

둘째, 통일교와 마찬가지로, 금강대도는 부부 간의 관계를 '인륜의 기본'으로 간주하며, 동시에 부부 간의 완전 평등을 강조한다. 그리하여 성훈에는 "처가 있음에도 첩을 두는 것은 집안을 어지럽히는 근본이니, 마땅히 경계할지니라"고 하였고, 금강십계율에는 일부당일처(一夫當一妻)라고 하였으니 남편과 아내가 똑같은 인격을 가지고 서로를 존중하며 자기 직분을 완수하는 데서 집안 화목은 시작되는 것이라고 볼 수 있다.[17)]

셋째, 통일교와 마찬가지로, 금강대도는 단순한 육친의 가화만을 주장하지 않는다. 그것은 전 우주적인 차원의 화합을 의미한다. 이 세계는 건곤부모님이 낳고, 기르고, 다스리는 하나의 큰 가정이기 때문이다.

이제 금강대도의 건곤부모론이 함유하는 몇 가지 문제를 생각해 보자.

첫째 금강대도의 건곤부모님이 이루려는 새 가정은, 우주적인 차원에서 볼 때, 천지부모의 인간 환신으로 인해 천지인(天地人)으로 구성된 우주적 가정(cosmic family)이라고 말할 수 있다. 그러나 이런 주장은 우선 우주를 지배하는 지고자(至高者)가 존재한다는 사실을 전제로 해서만 성립될 수 있다. 그런 존재가 처음부터 존재하지 않았다면 우주적 가정은 결코 존재할 수 없었을 것이기 때문이다.

그렇다면 금강대도의 부모론은 결국 기독교에서 끊임없이 지속되어 온 신 존재 증명의 논증과 비슷한 논증이 필요할 것이다. 즉 불교의 미륵대불이고, 유교의 만고성인이며, 도교의 옥황상제인 지고자, 완전한 인성(人性)과 신성(神性)을 겸비한 실재가 엄연히 존재한다는 것이 증명되어야 할 것이다.

둘째, 금강대도의 건곤부모론은 기독교의 삼위일체설과 유사한 주장을 한다. 즉 그들은 건곤부모를 첫째로 삼계를 생성하는 대도(大道)의 건곤부모, 둘째로 그 진리의 빛으로 삼라만상을 화육하는 대덕

(大德)의 건곤부모, 셋째로 금강체와 연화체로 화현하여 중생을 치료하는 대성(大盛)의 건곤부모로 분류하여 설명한다. 그리고 금강대도의 창시자를 대성 혹은 성사(聖師) 건곤부모라고 부른다. 그러나 세 건곤부모는 작용하는 모습이 다를 뿐이지, 원리적으로는 하나의 실체라고 말한다. 즉 대도는 뿌리며, 대덕은 몸체며, 대성은 그 쓰임이라는 것이다.

여기서 대도 부모는 그 이상의 위대한 분을 상상할 수 없을 정도의 형이상학적 초월성을 가지고 있다는 뜻이며, 대덕 부모는 그런 초월적 존재와 인간을 연결시켜 주는 중재자라는 뜻이며, 끝으로 대성 부모는 인간의 모습으로 이 세상에 탄강한 건곤부모를 지칭한다.

그러나 이런 주장은 천지를 지배하는 지고자가 — 기독교는 인정하고, 이슬람교는 반대하는 — 인간으로 화육(化肉)했다는 전제를 가지고 있으며, 이런 전제를 증명하기란 기독교의 삼위일체론처럼 그리 쉬운 일이 아니다. 만약 화육이 없었다면, 중매자도 없었을 것이며, 중매자가 없었다면 화육될 실체도 존재할 수 없었을 것이다.

4. 참부모론과 건곤부모론의 비교

통일교와 금강대도는 본질적으로 상이한 교리에 근거하고 있으면서도 부모론에 관해서는 여러 가지 공통점을 가지고 있다.

첫째, 통일교와 금강대도는 모두 가정의 중요성을 극히 강조한다. 아마도 이런 강조는 '가정 종교'라는 별명을 가지고 있는 유교와 거의 비슷할 정도다. 그리하여 김항제는 "통일교의 참부모론은 가정과 부모의 중요성을 강조하는 유교의 틀로 유교를 넘어서는 새로움을 천명한 금강대도의 건곤부모론이야말로 후천 개벽의 진리라고 동의할 수 있다"고 말한다.[18)]

통일교의 메시아 참부모님과 금강대도의 구세주 건곤부모님의 사역은 궁극적 공통점을 갖고 있다. 다시 말하면 통일교의 참부모 메시아는 말세에 이르러 성적 범죄에 의한 원죄의 청산을 통해 참가정 이상을 실현함으로써 공생공영공의주의 사회를 이룩하고자 한다. 금강대도 또한 오중(午中) 시대를 맞이하여 도성덕립(道成德立)을 통해 중생을 제도하여 대도와 용화 세계를 이루고자 한다. 따라서 구세주 창교자의 인성은 하느님이나 지고자의 미래와 후천 개벽을 이루는 중심임을 분명히 하고 있다.

통일교와 금강대도가 그와 같은 인류의 미래 사회를 건설하는 시작을 가정에서부터라고 말하는 점은 창교자의 인성적 위격을 부모로 말하는 준거가 되고 있다. 그리고 참부모님과 건곤부모님을 중심으로 하는 인류 대가족 사회의 실현을 목표로 하는 통일교와 금강대도의 이상은 오늘날 인류의 현실을 개벽하기 위한 대안이 되고 있음을 볼 수 있다. 가정은 개인의 구원 곧 도성덕립의 완성이 이루어지는 단위가 됨은 물론 건전한 미래 사회 건설의 역동적 출발이기 때문이다.[19]

둘째, 통일교와 금강대도는 모두 지상의 가정이 어떤 공리주의적 원리나 인간 자율성의 원리에 근거한 것이 아니라 우주의 철칙이며 그 우주를 다스리는 궁극적 실재의 참모습이라고 주장한다. 마치 인간의 법률(human laws)은 신의 법률(divine laws)에 근거하고 있다는 토마스 아퀴나스의 사상과 마찬가지로, 지상의 가정은 곧 절대 지고자의 품성에 맞아야 한다는 것이다.

셋째, 통일교와 금강대도는 모두 절대 지고자의 화육을 주장한다. 김항제가 "통일교의 참부모론은 동시에 참부모 하느님이자 참부모 메시아론이 된다"고 주장하고,[20] 이재헌이 금강대도는 한마디로 "대도덕 성사 건곤부모님께서 인류의 영원한 구세주로 이 세상에 오셨음을 믿고, 그 가르침에 따라 의성(義誠)의 정신으로 스스로를 갈고 닦아 인간의 도덕성을 개화(開化)하고 인류의 도덕 문명을 꽃피우려는 종교"라고 정의하는 이유가 여기에 있다.[21]

넷째, 통일교와 금강대도는 모두 철저한 남녀평등을 주장한다. 특히 금강대도가 여성 차별적인 한국에서 태어났으면서도 처음부터 건곤, 남녀를 동시에 인정한 공로는 크게 인정되어야 할 것이다. 정재헌은 이렇게 말한다.

> 왜 하필이면 '건곤'이며 '부모'이신가? 대개의 종교들은 하느님이나 아버지를 신앙 대상으로 하고 있지, 하늘님과 땅님, 그리고 아버지와 어머니를 동시에 신앙 대상으로 하고 있는 종교는 일찍이 존재하지 않았다. 그렇다면 건곤부모님은 어떤 분이신가?
>
> 한마디로 건곤부모님께서는 우주(天)와 지구(地)와 인간(人)을 낳고(生成), 기르시고(化育), 다스리시는(治敎) 아버지요 어머니라고 할 수 있다. 즉 우주를 주재하시는 근원적인 지고자께서 인간의 모습으로 오신 것이다. 도성사부님께서 가라사대, 이제 삼불세존이 부모로서 도(道)를 행하나니, 하늘에서나 인간 세상에서나 최고의 존재로서 도를 주재하신다는 것을 알 수 있다.[22)]

다섯째, 통일교와 금강대도는 모두 혈통 계승을 주장하며, 이런 주장은 그들의 "내적 논리에 따를 뿐만 아니라 교의적 함의를 가지고 있기 때문에 종교사적으로는 새로운 실험"이라고 볼 수 있다. 그래서 문선명 선생은 직접 이렇게 말한다. "인간에게 가장 소중한 사랑, 생명, 혈통 중에서 무엇이 가장 귀합니까? 많은 사람들은 사랑이 가장 귀하다고 합니다. 그러나 사랑이나 생명은 아무리 귀해도 횡적이고, 단 일대로 끝나고 맙니다. 그러나 혈통은 종적이고, 대를 이어 영원히 상속되는 것입니다."[23)]

5. 맺음말

현재 우리나라에서 번창하고 있는 신종교들의 공통점 중의 하나는 한결같이 유불선 삼교(三敎) 혹은 기독교를 포함한 사교(四敎)의 통합, 더 나아가서 모든 종교의 통합을 주장한다는 사실이다. 예를 들어서 금강대도는 삼교의 통합을 공공연히 선포해 왔다. 그래서 어느 학자는 "금강대도의 장자 승계 원칙과 삼교 통합의 정신은 지난 3대의 교조를 통해 손상되지 않고 유지되어 왔다"고 평하기도 한다.[24) 또한 통일교는 유대교, 기독교, 이슬람교, 통일교를 포함하는 유신론적 사형제론(四兄弟論)을 주장하기도 한다.

이런 상황에서, 통일교가 최근에 들어와서 통일교를 탄생시킨 배경인 기독교의 테두리를 완전히 벗어나려는 노력은 실로 충격이 아닐 수 없다. 지금까지 신종교는 기성 종교와 공존할 수 있다고 발언해야 생존할 수 있었으며, 그래서 그들은 어쩔 수 없이 기성 종교에 대한 화해의 제스처를 보내지 않을 수 없었다. 그런데 통일교는 이제 예수까지도 참부모 역할을 하지 못했다고 주장할 정도로 기독교의 울타리를 완전히 벗어나려고 발버둥치고 있다. 이를테면 원불교는 불교의 울타리를 벗어나려는 시도를 전혀 하지 않고 있는 상황에서, 통일교의 이런 시도는 가히 혁명적이라고 할 수 있다. 이제 그 과정을 잠시 살펴보자.

문선명 선생은 이미 1997년 4월 8일 수택리 중앙연수원에서 행한 연설에서 이렇게 말했다.

> 이제 '세계기독교통일'이라는 말이 없어집니다. 기독교가 책임을 다하지 못했습니다. 이제 기독교의 축복이 만인 앞에 이양될 시대가 옵니다. '신령협회'도 참부모를 중심삼고 지상에 메시아적 기준이 정착될 때 끝나는 것입니다. 신령의 실체를 모시고 살아야 할 주체가 참부모의 계승자들이기 때문에, 그 참부모는 영적 완성과 지상적 완성을 대표하는 가정 출발로부터 국가 출발, 세계 출발, 우주 출발을 대신할 수 있는 모형적인 기대가 된다는 것을 여러분은 알아야 합니다.
>
> 모든 종교를 통일하기 위한 기독교 통일 시대는 이미 지나갔습니다. 통일교가 장자권 복귀, 부모권 복귀, 왕권 복귀의 시대로 넘어감으로 말미암아 기독교 통일만이 아니라 세계 통일 시대로 넘어가는 것입니다.

그리고 같은 해 통일교는 종래의 '세계기독교통일신령협회'라는 명칭을 버리고 '세계평화통일가정연합'이라는 새로운 명칭을 채택했다. 드디어 가정이 종교의 중심으로 우뚝 선 것이다.

따라서 나는 이미 2002년에 통일교의 새로운 명칭이 통일교의 미래에 결정적 영향을 주는 방향으로 사용될 수 있을 것이라고 제안했다. 첫째로 새로운 명칭은 통일교를 어느 종교의 차원에 한정시키지 않고 종교와 이념을 모두 포용하는 새로운 '사상'으로 발전시켜서, 이를테면 '통일교는 기독교인가?'와 같은 질문 자체를 봉쇄할 수도 있을 것이다. 문선명 선생의 표현을 빌리면, "통일교에 들어오면 반대하는 사람이 많지만, 가정연합을 반대할 사람은 없을 것"이기 때문이다. 둘째로 새로운 명칭은 유교가 지양했지만 아직도 완성하지 못한 '가정의 종교' 차원으로 발전시킬 수 있을 것이다. 요컨대 통일교는 이제 '종교 이후의 종교'에 대한 새로운 모델이 될 수도 있을 것이다.[25)]

그러나 2007년 현재 통일교의 명칭 변경은 통일교 사상에 대한 이론적 측면에서나 일반 신도들의 일상생활의 측면에서 별다른 변화를 주지 못하고 있는 것으로 보인다. 그저 지금까지 믿어온 교리를 조금 더 명확히 밝힌 것으로서, 혹은 가정의 중요성을 더욱 강조한 것으로 이해되고 있다.

그러나 내가 여기서 제기하려는 더욱 큰 문제는 이런 것들이다. 도대체 왜 통일교는 부모론을 비롯한 여러 교리에서 기독교적 냄새를 완전히 제거하려고 하는가? 과거나 현재에 기독교로부터 너무 핍박을 받았기 때문인가? 그 이외의 다른 이유가 있는가? 또한 이런 벗어남에서 얻는 것과 잃는 것은 무엇인가?

이 질문에 대한 답변은 그리 간단하지 않다. 아마도 통일교인들은 지금까지 통일교가 유대교, 기독교, 이슬람교의 형제라고 계속 주장해 왔다. 그러나 지금까지 그렇게 믿는 유대교인, 기독교인, 이슬람교인은 거의 전무한 상태다. 그래서 그들은 이제 다른 종교와의 유사성보다는 다른 종교와의 이질성 속에서 자신의 정체성을 찾으려고 했을 수도 있다. 즉 기독교로부터의 탈출이 오히려 통일교의 정체성을 확립해 준다는 입장일 수도 있는데, 이런 실례로 김항제는 통일교를 전통적 기독교의 계보보다는 차라리 삼교 통합적인 신종교의 계보에 속한다고 주장하기도 한다.

> 통일교 교의(敎義)의 기초와 출발은 기독교의 경전 해석과 용어를 사용하고, 또한 기독교 의식의 일부를 행하고 있는 듯하나, 통일교 창교자의 인성과 신성을 관통하는 설명은 [오히려] 한국 신종교의 종교적·사상적 전통과 맞닿아 있다.[26)]

그러나 불행하게도 이런 주장은, 적어도 지금까지는, 별로 설득력이 없는 듯이 보인다. 우선 통일교가 창교자의 절대적 신성과 완벽한 인성을 동시에 주장하고, 또한 여성 차별을 완강히 반대한다고 해서, 위와 같은 주장을 할 수는 없는 일이다. 아직까지 통일교의 대부분 논리는 여전히 기독교 교리에 크게 의존하고 있다. 그러므로 통일교의 교리 중에서 비기독교적인 교리가 기독교적 교리보다 훨씬 많다는 것이 증명될 때만 통일교는 기독교에서 파생된 종교가 아니라는 것이 증명될 것이며, 내가 보기에 이런 작업은 아직 완성되지 않고 있다.

그럼에도 나는 김항제의 이런 시도 자체는 대단히 중요하다고 믿는다. 진정한 비교는 상이성과 유사성을 동시에 드러내는 것이기 때문이다. 지금까지 한국의 신종교들은 생존을 위해 무조건 기성 종교와의 유사성만을 강조해 왔다. 그래서 그들의 종교 간 대화 노력은 실패할 수밖에 없었다. 이제 신종교는 유사성과 차이성을 동시에 말할 때가 되었다.

현재 한국의 종교 상황은 역설적이다. 이미 말했듯이, 한국의 모든 신종교는 삼교 및 사교의 통합, 혹은 모든 종교의 통합을 주장한다.

그렇다면 우리나라 종교학계에는 신종교와 신종교의 비교, 혹은 신종교와 기성 종교의 비교 작업이 굉장히 활발하게 전개되었을 것이라고 상상할 수 있다. 그러나 현실은 전혀 그렇지가 않다. 그만치 종교간의 비교 작업은 아직도 다른 종교와의 차이점을 공공연히 선언하지 못하고 있는 실정이다.

그래서 통일교와 금강대도의 비교, 통일교와 증산교의 비교 등에 나타난 김항제의 시도는, 비록 대부분의 경우에 논증도 없이 그냥 결론을 선포하는 단계에 머물러 있음에도 불구하고, 굉장히 중요한 의미를 갖는다. 이제 한국의 모든 신종교는 떳떳하게 자신의 정체성을 밝혀야 할 것이다.

[주(註)]

* 이 글은 '생태여성주의와 금강대도'라는 주제로 금강대도 종리학회가 주최한 제3회 학술대회(2004년 2월 25일)에서 발표한 같은 제목의 논문을 대폭 수정하고 보완한 것이다.

1) 『맹자』, 「진심 上」, 7A:15:1-3.
2) Cf. 황필호, 『중국종교철학 산책』, 청년사, 2001, pp.318-319.
3) St. Augustine, *On Christian Doctrine*, tr. D. W. Robertson Jr. Library of Liberal Arts, New York, 1958, pp.23-24.
4) 황필호, 『중국종교철학 산책』, 앞의 책, p.319.
5) 『맹자』, 「양혜왕 上」, 1A:7:12.
6) 나는 이 글에서 '하나님'보다는 '하느님'이라는 표현을 사용한다. 그 이유에 대하여는 다음을 참조할 것. John Hick, 황필호 역, 『종교철학 개론』, 종로서적, 1980, p.39, 각주 25번.
7) 황필호, 『철학적 여성학』, 종로서적, 1986, p.5.
8) 김항제, 「통일교의 참부모론과 금강대도의 건곤부모론」, 앞의 학술대회 발표문, p.5.
9) 같은 글, p.6.
10) 같은 글, p.6.
11) 황필호, 『통일교의 종교철학』, 생각하는백성, 2000, p.98.

12) 김항제, 앞의 글, p.7.
13) 같은 글, p.8.
14) “금강대도의 역사는 제1대 교조인 土庵 李承如의 탄생으로부터 시작된다. 그는 1874년 5월 19일 江原道 通天郡 踏錢面 浦項里에서 태어났다. 24세 되었을 때 금강대도에서 大盛師母로 추앙받는 徐戀庵과 결혼하였고, 1906년 33세에 大道를 자각했다. 이때 깨달은 大道는 인간의 도덕성을 개화하여 큰 劍運에 쌓인 인류를 구원하는 것이었다. 대각 후 그는 자신을 金剛道師라 하면서 인간의 도덕적 실천을 고무하는 것으로서의 유 · 불 · 선 본래의 면목을 회복시켜, 이를 자신이 깨달은 대도로 통합하려 했다. 1910년에는 일제의 탄압을 피해 계룡산 아래 백암동으로 남천하여 宣道布德하였으며, 교명도 처음에는 ‘眞宗同明敎’ ‘闢聖敎支部’라 하였다. 1923년 개도 50년에는 금천리에 기지를 정하여 삼종대전을 건축하였고, 1927년에 ‘金剛道 總本部’라는 간판을 걸었다. 1927년 대성사모인 서자암은 죽고, 大聖師父인 이승여도 그 후 7년만인 1934년에 죽으니, 이것이 금강대도 1대 교조의 이력이다. 오늘날 그는 금강대도와 연화대도를 創開한 萬法敎主로 추앙된다.”
“금강대도 2대 교조는 1913년 5월 5일 忠南 論山郡 豆磨面 黃敵洞에서 탄생하였고, 그의 이름은 青鶴 李成稙이며, 16세 되던 1929년에 금강대도에서 道聖師母로 추앙받는 閔實丹과 결혼하였고, 1937년 25세에 금강대도의 道通을 계승하여 금강대도와 연화대도의 기구를 확장하는 일에 주력하였다. 4년 후에 일본은 금강대도를 일본 불교에 규합하려 했으나, 도성사부인 이성직이 이에 응하지 않아 일본 정부는 치안 유지법 위반이라는 명목으로 이성직 이하 53명을 검거하게 되었다. 그 중 11명은 옥중에서 순직하였고, 모든 건물도 철회당하였다. 해방 후 성진과 종법원을 다시 봉건하고 지방에 지부와 포교소를 설치하였다. 1950년 청학 이성직이 내주었다는 시에는 대도의 삼교 합일관이 잘 드러나 있다. 1953년 금강인쇄소를 설치하여 제반 경전을 간행하였고, 誠濟라는 정기적 수련 과정을 두어서 도덕 강론과 심성 수련을 촉구하는 등의 宣道布德에 주력하였다. 2대 교조인 이성직은 1957년(개도 86년) 45세를 일기로 세상을 떠났다. 오늘날 그는 금강 연화대도를 육성한 東華敎主로 추앙된다.”
“금강대도의 3대 교주는 1934년 4월 29일 개도 61년에 忠南 然岐郡 錦南面 金用理에서 태어난 月鸞 李一珪다. 그는 27세인 1960년 금강대도에서 德聖師母로 추앙받는 香連 金東允과 혼인하였고, 1964년 개도 91년에 도통을 계승하여 3대의 교조가 되었다. 그는 성균관대학교에서 동양철학을 전공하였고, 義誠 신앙을 지표로 삼고, 金剛實行十條와 金剛 三大 寶訓과 金剛十戒律로 수행의 표본을 삼아 개도 100년 기념사업으로 대도의 경내를 성역화하였다. 그가 내려주었다는 시에는 역시 삼교 합일의 정신이 잘 나타나 있다. 오늘날 그는 금강대도의 通天敎主로 추앙된다.” 노희정, 「금강대도의 구원관」, 『성경』, 제31호, 개도 128년, pp.57-60.

그러나 통천교주는 2004년에 별세했으며, 나는 동년 7월 30일에 거행된 영결식에서 외부 인사를 대표하여 「이월란 선생을 추모하며」라는 조사를 낭독했다.

15) 이재헌, 「종리학 체계 수립을 위한 시론: 교리론」, 『성경』, 제35호, 개도 130년, pp.39-40.
16) 같은 글, p.38.
17) 같은 글, p.42.
18) 김항제, 앞의 글, p.20.
19) 같은 글, p.21.
20) 같은 글, p.19.
21) 이재헌, 『건곤부모님과 금강대도의 진리』, 미래문화사, 2003, p.15.
22) 같은 책, p.20.
23) 문선명, 「하나님은 우리의 참된 왕이자 참부모」, 하나님조국정착대회 강연문, 세계평화초종교초국가연합, 하나님조국정착대회 강연문, p.6. Cf. 그럼에도 김항제는 통일교의 혈통 계승은 금강대도의 성공적인 혈통 계승과는 달리 '개연성'만을 가지고 있다고 말한다. 그러나 그의 이런 설명은 여러 가지 애매한 점을 가지고 있다. 창시자인 문선명 선생이 아직 생존해 있기 때문에 그 결과를 예측하기가 시기상조란 뜻인가? 혹은 통일교의 혈통 계승은 이상으로 끝날 수 있으며, 그래서 반드시 혈통 계승이 되어야 하는 것은 아니라는 뜻인가? 도무지 명확하지가 않다.
24) 노희정, 앞의 글, p.60.
25) 황필호, 『통일교의 종교철학』, 앞의 책, pp.155-156.
26) 김항제, 앞의 글, p.21.

4. 양안구비(兩眼具備)의 세계 :
석홍원, 『백두산 만다라』를 중심으로

1. 머리말

내가 정신박약아의 아버지인 재일교포 석홍원(釋弘元, 1922-2007)을 처음 접하게 된 계기는 『종교신문』의 어느 논설위원이 일본 후지산 해발 650미터의 영기스런 산록에 위치한 그를 직접 찾아가서 인터뷰한 기사를 본 것이다. 기사에 의하면, 그가 거주하는 곳의 공식 명칭은 '후지산(富士山) 홍원사(弘願寺)·백두산(白頭山) 성령교회(聖靈教會)'라는 긴 이름이며, 그가 매주 예배드리는 예배당 겸 법당에는 석가, 노자, 예수가 함께 모셔져 있다. 그는 원래 경봉(鏡峯) 스님을 은사로 출가하여 수십 년 동안 불교의 성직자로 살다가 69세의 나이에 다시 미국 장로회 신학대학을 졸업해서 기독교의 목사가 된 분이라는 것이다.[1)]

나는 지금까지 성직자로 살다가 환속한 종교인들을 꽤 만났으며, 오랫동안 몸담고 있던 종교를 떠나 다른 종교로 개종한 종교인들도 만났다. 그러나 한 종교의 성직자가 다른 종교의 성직자가 된 경우는 이번이 처음이며, 더구나 희한한 것은 그가 다른 종교의 성직자가 되면서 이전 종교의 성직자직을 완전히 포기한 것이 아니라 여전히 두 종교의 성직자로 생활하고 있다는 사실이다. 그래서 나는 그를 '운목

(雲牧)님'이라고 부른다. 종종 선승목사(禪僧牧師)로 불리는 그는 분명히 불교의 철저한 운수납자(雲水衲子)이면서 동시에 기독교의 목사(牧師)이기 때문이다.

나는 평소에 개종(改宗)보다는 가종(加宗)을 주장해 왔다. 한 종교인이 지금까지 최고의 진리로 믿어왔던 종교의 모든 신앙 체계를 깡그리 버리고 전혀 새로운 신앙 체계를 받아들이는 것이 개종이라면, 그런 개종은 존재할 수 없으며, 결국 우리는 종교 신앙에서도 '이것이냐 저것이냐'의 양자택일보다는 모든 종교로부터 진리를 배울 수 있는 '이것도 저것도'의 경지를 추구해야 하며, 여기서 종교 신앙은 단절적(斷絕的)으로 되지 않고 누적적(累積的)으로 된다는 것이다. 즉 새로운 종교를 만나면 만날수록 나의 영적 신앙심은 더욱 깊어지게 된다.

만약 개종이 — 중세시대에 그랬던 것처럼 — 세속을 떠나 수도원으로 들어가는 것이라면, 분명히 그런 개종은 존재할 수 있다. 그러나 개종이 과거의 신앙을 완전히 청산하고 과거로부터 내려온 어떤 찌꺼기도 없이 완전히 새로운 신앙을 심정적으로나 영성적으로 받아들이는 것이라면, 그런 개종은 있을 수 없다. 프로이트의 무의식의 이론을 빌릴 필요도 없이, 모든 개종자들에게 과거의 신앙은 어떤 형태로든지 — 대개 왜곡된 형태로 — 그대로 남아 있을 수밖에 없기 때문이다.

예를 들어서, 여기에 이슬람교에서 개종한 기독교인과 불교에서 개종한 기독교인이 있다고 하자. 그들의 종교적 태도, 행동, 신앙 체계 사이에는 분명히 어떤 차이점이 있을 것이다. 또 다른 예를 들어서, 신약성서에 나오는 가장 극적 개종의 이야기는 사도 바울의 개종이다. 그러나 오늘날 우리는 위대한 희랍 철학자였던 그가 예수의 메시지에 나타난 여러 가지 히브리적 성격을 희랍화시켰다는 사실을 잘 알고 있다. 일부의 여성 신학자들이 사도 바울은 전체론적 기독교의 메시지를 희랍의 이원론으로 해석하면서 기독교의 주요 정신을 어느 정도 채색(彩色)했거나 왜곡했다고 주장하는 이유도 여기에 있다. 그만큼 희랍 철학에 대한 그의 지식은 그가 기독교로 개종한 다음에도 그의 마음속에 그대로

존재하고 있었다.[2)]

그래서 나는 평소에 내 생애의 마지막 신앙 운동으로 '가종 성당' 혹은 모든 종교를 화합시킨다는 뜻에서의 '화종 성당'을 운영하여, 배타적인 한국 종교계에 작은 기여라도 하고 싶었으며, 나는 나의 이런 바람을 가까운 친구들에게 호소하기도 했다. 이를테면 매월 첫째 일요일에는 철저한 불교 법회를 올리고, 둘째 일요일에는 철저한 개신교 예배를 올리고, 셋째 일요일에는 철저한 가톨릭 미사를 올리고, 넷째 일요일에는 철저한 유교 예배를 올리는 식으로.

그러나 타종교에 대한 배타성 자체를 자신의 신앙의 척도로 치부하는 한국적 상황에서, 나의 이런 꿈은 그저 실현될 수 없는 꿈으로 남아 있었다. 그런데 나는 이번에 이런 일을 직접 실천하고 있는 분을 알게 된 것이다. 물론 그의 실천은 자신에게 피해를 주지 않는 한 절대로 남에게 폐를 끼치지 않을 정도의 포용성이 있는 일본이기에 가능할 수 있었을 것이다.

석홍원은 탁발로 기금을 모아 마련한 성전을 지키면서 3명의 정신박약아들과 함께 생활한다. 그는 그들을 그가 섬기는 석가, 예수, 노자의 제일본존(第一本尊) 다음의 제이본존(第二本尊)으로 받들고 있으며, 그래서 그는 그들을 청승(淸僧)이라고 부른다. 도대체 그는 누구인가?

2. 인간 석홍원

그는 1922년 음력 6월 28일 당시 일본 식민지 아래 있던 함경북도 성진(城津)에서 한의사의 차남으로 태어났는데, 실제로 그는 현재까지 6개의 이름을 가지고 있다. 원래 이름은 이수진(李壽鎭)이었지만 창씨개명에 따라 히로가와 히사지(廣川壽二)가 되었고, 그 이전에는 스테파노라는 천주교 세례명도 가지고 있었으며, 최근에는 섭봉(燮

峰)이라는 호를 사용하기도 한다. 그는 이 중에서 타의에 의해 강제로 갖게 된 일본명을 이렇게 설명한다.

> 히로가와 히사지, 이것은 내가 좋아서 붙인 이름이 아닙니다. 당시 조선 반도 전역에 내려진 창씨개명에 의해 조선인은 전부 일본인 이름을 써야 했으므로 나는 이 이름을 선택했던 것입니다. 히로가와(廣川)라고 한 것은 나의 본관(本貫)이 광주(廣州)로서, 광주 이(李)가이기 때문에 먼저 광주의 광(廣)을 땄습니다. 그러고 나서 주(州)라는 글자를 천(川)으로 바꾼 것입니다. 나는 물이 좋았기 때문에 넓은 내(廣川)라고 했던 것입니다. 다음에는 수진(壽鎭)의 수(壽)에다, 내가 차남이었으므로 이(二)를 붙여서 히로가와 히사지라고 했습니다.[3)]

이어서 그는 대부분의 사람들은 평생 하나의 이름을 가지고 살지만, 어떤 사람은 그렇지 않을 수도 있다고 말하면서, 저간의 사정을 이렇게 설명한다.

> 한 번 히로가와 히사지로 바뀌고 나서, 그 다음에는 어차피 바뀐 것이니 또 바꾼다는 식으로, 해방이 된 다음에는 다시 '이수진'으로 되바꾸지 않고 '이철'로 바꿨습니다. 철(哲)이란 한자는 '밝다, 슬기롭다, 또는 그런 사람'을 뜻하는 것이므로 이제부터는 진리를 탐구하겠다는 의미에서 '철'이라는 이름을 갖게 되었습니다.
>
> 그렇지만 아직 내 마음에는 어떤 말 못할 공허가 자리 잡고 있었으므로, 나는 천주교에 입문하여 스테파노라는 이름을 받았습니다. 스테파노는 순교자를 뜻합니다. 돌팔매를 맞고 죽은 사람으로 천주교에서는 순교자 제1호입니다. 이렇게 자신의 목숨을 바친 순교자의 이름을 받았습니다.
>
> 그러고 나서 나는 다시 불교에 귀의하여 석홍원이 되었습니다. 이제는 석가모니의 제자가 되겠다는 뜻에서 석(釋)을 붙였습니다. 홍원은 근원(元)을 넓힌다(弘)는 의미입니다. 우주의 근원을 스스로 탐구하여 참된 진리를 넓히겠다는 뜻으로 홍원(弘元)이라는 이름을 제가 선택했습

니다.

맨 처음 저를 지도하신 스승님이 붙여준 이름은 홍원(弘願)이었습니다. 그것은 사홍서원(四弘誓願)의 홍(弘)과 원(願)을 따서 홍원이라고 한 것입니다. 그러므로 나는 석홍원(釋弘願)이기도 합니다.

최근에는 '섭봉'이라는 호를 스스로 붙였습니다. 섭(燮)이라는 것은 빛, 봉(韸)이라는 것은 조화입니다. 즉, 어우러져 빛난다는 뜻입니다. 어우러져 빛난다는 것은 어떻게 빛나는 것인가. 영적(靈的) 정신성이 높은 세계, 신(神)의 세계에서 빛난다는 뜻입니다. 신의 세계에서 빛난다, 조화를 지니면서 신의 세계에서 빛난다, 그것이 섭봉이라는 이름입니다.[4)]

하여간 석홍원은 자신의 일생을 다음과 같이 요약한다.

나는 만 9세에 강제 결혼한 것을 기화로 세 번의 가출과 방랑 생활을 했으며, 중학교 시절에는 혼자 일본으로 건너가 전쟁 전의 준텐중학(順天中學), 메지로상업(目自商業)을 신문 배달하면서 졸업했습니다. 그때부터 재일 한국인으로서의 차별과 편견을 절감했습니다. 그 후 나는 만주, 내몽고, 한반도를 방랑했으며, 제2차 세계대전과 한국동란의 전화 속에서 수회의 사선을 넘었습니다. 그러나 조국은 둘로 나누어졌으며, 태어난 고향은 38도선 이북에 놓여졌습니다.

전쟁 후 나는 서울 단국대학교를 졸업하고 대만 국립정치대학, 동경대 대학원에서 공부했습니다. 그러나 아무런 이유도 없이 스파이 혐의로 KCIA에 체포되어 조사를 받고 사형 직전까지 갔습니다. 후에 혐의는 풀렸으나 직장에서 해고되어 포장마차 집에서 오뎅국을 팔아 생계를 이어 나갔습니다. 그 후 얼마 지나서 명지대학교 자유교양연구소 부장으로 복직되었고, 1968년에는 문교부 장관의 자리를 권유받았지만 거절하고 출가를 결심, 통도사(通度寺)에서 선승(禪僧) 석홍원이 되었습니다.

나는 1971년에 일본으로 건너가 조동종(曺洞宗)과 진언종(眞言宗)에서 수행했으며, 진정한 종교란 무엇인가의 의문점을 풀기 위해 전국의 종교단체를 돌았고, 한때는 형무소의 교화사가 되기 위해 36개소의 형

무소에서 일박체험(一泊體驗)을 했으며, 불교의 원류를 찾아 인도, 네팔, 타이, 미얀마, 스리랑카의 사원에서 수행했습니다.

나는 1971년에는 정박사원(精薄寺院)을 짓기 위해 전국을 탁발행각(托鉢行脚)했으며, 1980년 1월에 마침내 정박사원 홍원사를 설립하여 생명의 복지를 실현하고 진정한 세계평화를 기원하는 활동을 하고 있습니다.[5)]

그러나 실제로 석홍원은 홍원사를 계속 지킬 수 없었다. 그는 무려 14년 동안 홍원사로부터 쫓겨나 유배생활을 하다가 '눈물의 기도' 덕분에 2002년 8월 1일에 홍원사의 정식 대표가 되었으며, 2003년 1월 15일에 홍원사를 '후지산 홍원사 · 백두산 성령교회'란 명칭으로 변경하여 일본 법무국으로부터 정식 종교법인으로 인정받았다. 종교법인 인가가 하늘의 별 따기 정도로 어려운 일본의 사정을 감안해 보면, 정말 기적 같은 일이다.

3. 후지산 홍원사 주지 석홍원

그는 원래 정치가가 되려고 했지만 동경대에서 유학하고 있을 때 받은 몇 가지 신비 체험을 통해 마침내 승려가 되었다. 당시는 중국에서 문화대혁명이 진행되고 있었기 때문에 모든 지식인들은 마르크스적 모택동 사상에 흠뻑 빠져 있었다. 그에게 자상한 아버지와 같았던 지도교수도 물론 열렬한 마르크스주의자였다.

그런데 석홍원은 모택동에 대한 짧은 논문에서 이렇게 주장했다. "모택동은 민족주의자일 뿐이다. 모택동에 의해 중국이 잘 될 것이라고 단언할 수는 없다. 그는 인력거를 끌면서 오랫동안 제국주의와 싸워온 위대한 사람이지만, 아직 민족주의자일 뿐 세계적인 혁명가는 아니다. 그런 민족주의자는 조선에도 얼마든지 있다." 드디어 지도교수의 불호령이 떨어졌다. "자네는 도대체 어찌된 일인가? 이 논문은 어떤 문헌을 보고 쓴 것인가? 자네는 장차 북조선으로 돌아가 김일성 아래서 일해야 할 것 아닌가?"[6)]

그러나 전체적으로 볼 때 석홍원은 당시 마르크시즘에 어느 정도 경도되어 있었다. 이런 상황에서 그는 어느 날 아버지로부터 호되게 야단맞는 꿈을 꾸게 되었다. "너는 지금 무엇을 하고 있느냐? 너는 네가 서 있어야 할 곳을 모르느냐?" 그래서 그는 '영혼이란 무엇인가?'라는 질문을 심각하게 제기하게 되었고, 결국 그는 동경대의 전공을 종교사회학으로 변경했다.

그러나 그가 불교에 귀의하게 된 구체적인 경위는 다음과 같다. 그가 동경대 유학에서 돌아와서 명지대학교 연구소의 부장을 봉직하고 있을 때, 이미 그와 20년 이상 인연을 맺어온 서울 도선사의 이청담(李靑潭) 스님이 느닷없이 이렇게 말했다. "자네, 문교부 장관이 되어 보지 않겠는가? 할 생각이 있다면 박정희 대통령에게 추천해 주겠네. 그 대신 3주일간 오체투지(五體投地)의 수행을 하게!" 당시 그는 박 대통령의 최고 고문이었다.

오체투지란 큰 절이다. 자신의 영적인 때를 벗기기 위한 수행이다. 처음 일주일간은 매일 3천 번 씩 2만 1천 번, 2주째는 매일 4천 번씩 2만 8천 번, 3주째는 매일 5천 번씩 3만 5천 번, 모두 8만 4천 번의 절을 한다. 수행 중에는 주어진 식사만 해야 하며, 감기가 들어도 약을 먹을 수 없다. 외출은 물론이고 텔레비전, 신문, 라디오도 일체 허용되지 않으며, 외부와의 모든 접촉을 끊고 오직 수행에만 전념해야 한다. 그런데 참으로 희한한 일이 벌어졌다. 문교부 장관이 되기 위해 시작한 수행을 하면서 그런 생각이 완전히 사라진 것이다. 그는 이렇게 고백한다.

> 처음 일주일 동안은 문교부 장관이 되겠다는 일념으로 수행을 했습니다. 그런데 2주일째에 들어서자 점차 그런 생각이 사라져 갔습니다.
>
> 하루에 3천 번의 절을 하기 위해서는 새벽 3시부터 저녁 7시까지 계

속해야 합니다. 4천 번을 하기 위해서는 밤 8, 9시까지 걸렸습니다. 5천 번을 하려면 새벽 3시부터 밤 11시까지 계속해야 합니다.

내가 오체투지를 할 때는 2월의 엄동설한이었습니다. 얇은 옷 한 벌만 입고 있었기 때문에 감기가 들어 콧물이 줄줄 흘러내렸습니다. 그런데 절을 하고 있으면 온몸이 열이 나서 좀 나았다가 끝나면 다시 감기가 들어, 감기가 항상 몸 안을 들락날락했습니다. 셔츠가 땀으로 흥건히 젖곤 했는데, 밤에 온돌방에서 자고 일어나면 아침에는 말라 있었습니다. 새벽 3시에 일어나면 먼저 근처에 있는 얼어붙은 냇물로 가서 얼음을 깨고 얼굴과 몸을 씻은 후, 그때부터 다시 절을 시작합니다. 한 벌밖에 갈아입을 옷이 없었기 때문에 바지는 곧 너덜너덜해졌습니다.[7)]

높은 곳에 자리한 이곳 도량에서는 밤이 되면 7, 8킬로미터 떨어진 서울 거리의 야경이 아련히 내려다 보였습니다. 한겨울의 차가운 공기 속으로 집들의 불빛이 손에 잡힐 듯 가깝게 느껴지곤 했습니다. 그럴 때면 내 머릿속에 그 집들 안에서 영양실조나 병으로 죽어가고 있는 사람들의 얼굴이 떠올랐습니다.

그 당시 우리나라에서는 2월경이 되면 절량농가(絶糧農家)가 속출했습니다. 절량농가란, 매년 2월 무렵이 되면 식량이 바닥나서 햇보리가 나올 때까지는 먹을 것이 없는 농가를 말합니다. 2, 3월에는 이런 집들이 늘어나곤 했습니다. 영양실조로 얼굴이 붓고 질병에 걸리기도 했습니다. 연탄가스로 죽어가는 사람도 있었습니다.

수행을 하면서 2주째가 되자 어찌된 일인지 그와 같은 사람들의 얼굴만이 머릿속에 떠올랐습니다. 퉁퉁 붓고 누렇게 떠서 죽어가는 비참한 얼굴들이 눈앞에 어른거렸습니다. 불가사의한 일이었습니다. 그런 모습을 떠올리는 가운데 점차 문교부 장관이 되고 싶다는 생각이 사라져 갔습니다.

식사는 하루에 세 끼 보리밥이었습니다. 한 그릇밖에는 더 주지 않았기 때문에 배는 고프고, 팔꿈치와 무릎은 아프고, 콧물은 나오고… 그런 중에도 울면서 절을 계속했습니다. 그러면서 처음에는 "문교부 장관이 되게 해주십시오"라고 하던 기원이 어느 틈엔가 "사회의 역군이 되게 해주십시오"라는 것으로 바뀌었고, 마침내는 "부처님의 지혜와 힘을 내려주십시오" 하는 기원으로 변했습니다. 나는 문교부 장관이 되기 위해 도선사에 갔던 것인데 언제인지도 모르게 그런 식으로 변해 버렸던 것입니다.[8)]

그러면 그는 어떻게 해서 청담 스님이 아닌 경봉 스님을 은사로 해서 출가하게 되었는가?

나는 22일째 되는 날 아침, 자리에서 일어나자마자 청담 스님의 방으로 달려가 "덕택에 오체투지 수행을 무사히 끝마쳤습니다" 하고 깊이 머리를 조아렸습니다. 청담 스님은 "이 처사(處事), 자네 이력서는 이미 농림부 장관인 조시형(趙始衡) 씨에게 보냈네. 한 달쯤 지나면 문교부 장관 발령이 나올 거야"라고 말했습니다. 그런데 그 순간 내 입에서 이런 말이 튀어나왔습니다.

"저는 출가하겠습니다."

"출가라면 스님이 되겠다는 것인가?"

"예, 그렇습니다."

"어디로 출가할 작정인가?"

"남쪽에서 출가하겠습니다."

나는 꿈속에서 들었던 대로 노스님의 질문에 대답했습니다. 그러자 청담 스님은 "그렇다면 경봉(鏡峯) 스님에게 가게"라고 말씀하셨습니다. 마치 미리 상의라도 하고 있었던 것처럼 일이 척척 진행되었습니다.[9)]

참으로 그의 출가는 합리적으로 설명할 수 없다. 그는 문교부 장관이 되려고 했던 수행 덕분에 출가를 하게 되었으니까. 더구나 그는 어렸을 때부터 스님을 싫어했으며, 자라서는 오직 정치적 야심만을 키우고 있었다. 그런 그가 위대한 포기(a great renunciation)인 출가를 감행한 것이다. 그는 그 이유를 '보이지 않는 세계'의 존재로 설명한다.

인생이란 합리적 · 과학적으로만 살아서는 안 됩니다. 세상 사람들은 과학적이라는 것에 신뢰를 두지만, 과학이라는 것은 실은 가설(假說)에 불과한 것입니다. 과학은 확실히 사회생활 속에서 틀림없는 지식이라고 인정받고 있지만, 그러나 그것은 절대적인 것은 결코 못 됩니다. 진정한 인생이란 과학적으로 실증할 수 있는 것과 없는 것, 보이는 것과 보이지 않는 것의 양면으로 이루어져 있습니다.

따라서 단지 보이는 것이나 과학적인 판단만으로 인생을 살아가는 것은, 진정한 인생의 반쪽밖에는 살지 못하는 것입니다. 그와 같은 인생은 어디까지나 상식적인 수준의 인생으로, 거기에는 크게 될 가능성이나 비약 따위가 있을 수 없습니다. 또 인간 속성의 깊은 내면에는 도달할 수 없는 것입니다.

나의 경우에는 일종의 마음의 혁명이 일어난 것입니다. 그 혁명은 내가 일으키고자 해서 일어난 것이 아니라 저절로 일으켜진 것입니다. 결국 사람은 스스로 살아가는 것이 아니라 무언가에 의해 살아지고 있다는 것을 뜻합니다. 이런 생각을 하면 크나큰 감사의 마음이 솟아납니다. 그럴 때면 경건한 생각에 사로잡히게 됩니다. 인생은 가시적인 세계만이 아니라, 보이지 않는 또 하나의 세계가 있기 때문에 성립됩니다. 인간은 이 보이지 않는 세계에 의해 살아가고 있는 것입니다.[10)]

4. 백두산 성령교회 목사 석홍원

석홍원이 오랫동안 불교의 성직자로 살다가 어느 날 갑자기 기독교의 성직자가 된 경위는 다음과 같다.

1989년 홍원사 분원을 설치하려고 뉴욕에 머물고 있을 때, 나는 늘 하듯이 새벽 3시에 일어나 목욕재계하고 독경에 이어 좌선에 들었지요. 그때 55년 전에 돌아가신 할머니가 나타나서 "수진아, 뭘 하고 있느냐?" 하셔서 어릴 때 할머니와 같이 불렀던 찬송가 177장(「성령이여 강림하사」)을 나도 모르게 목탁을 치면서 불렀지요. 나는 이 노래에 감동하여 울기 시작했습니다. 바로 그때 "두 눈을 가져라(兩眼具備)"는 음성이 들렸습니다.

나는 이 소리가 기독교와 불교가 서로 끌어안으라는 뜻으로 알았습니다. 한쪽 눈만 갖지 말고 기독교와 불교를 함께 보는 눈, 즉 양안구비를 깨달았습니다. 나는 그 길로 66세의 나이에 장로회 신학대학에 입학하여 69세에 졸업하고 목사 안수를 받았습니다. 때는 1991년 10월 8일이었습니다. 당시 나를 안수해 준 분이 현재 청주에서 중부명성교회를 운영하고 있는 송석홍 목사님입니다.[11)]

실제로 그의 예배당 겸 법당에는 석가 이외에도 노자가 모셔져 있고, 불단 바로 위에는 십자가에 못 박힌 예수상이 걸려 있다. 그리고 예배 중에는 불교의 「반야심경」, 「사홍서원」, 「천수경」을 기독교의 「성령이여 강림하사」, 「내 주를 가까이」와 함께 부르며, 그 이외에도 아시시의 프란체스코의 「평화의 기도」와 테레사 수녀의 「기도문」을 함께 암송하고, 어느 경우에는 천도교의 21자 「동학주문」을 「나의 살던 고향은」이라는 동요와 함께 부르기도 한다.

여기서 우리는 석홍원의 한 가지 독특한 사상을 발견하게 되는데, 그것은 그가 각각 기독교와 불교의 창시자인 예수와 석가뿐만 아니라 일반적으로 종교인보다는 철학자로 알려진 노자도 홍원사의 제1 본존으로 모시고 있다는 사실이다. 그 이유는 무엇인가?

첫째, 노자는 『도덕경』 제80장에서 소국과민(小國寡民)을 가르친다. "문명의 발달이 없으면 인간의 행복도 없다는 생각은 잘못입니다. 인간의 행복은 이런 소국과민의 원시 공동체와 같은 곳에 있는 것이라고 노자는 우리에게 경고하고 있습니다. '작은 것이 아름답다.' 노자는 이것을 말하는 것입니다."[12)] 석홍원이 원시 공동체와 비슷한 백두산 성령교회를 운영하고 있는 이유가 여기에 있다.

둘째, 노자는 『도덕경』 제30장에서 전쟁을 철저하게 부정한다.

셋째, 노자는 『도덕경』 제8장에서 상선약수(上善若水)를 가르친다. "최고의 선은 물과 같습니다. 높은 곳에서 낮은 곳으로 흐르는 물은 언제나 겸허하고 한결같습니다. 우리도 물과 같이 근면하고 성실해야 합니다. 그렇게 해서 큰 바다로 나아갑시다. 큰 바다란 무엇입니까. 세계 인류를 사랑하는 것입니다."[13)]

넷째, 노자는 『도덕경』 제20장에서 피어 있는 꽃의 아름다움보다 싹이 트지 않은 나무의 생기를 더 소중하게 여겨야 한다고 말하면서 '약자의 철학'을 강조하는데, 이런 사상은 마치 정신박약아들을 위해 쓰인 것이라고 보아도 될 것이다. "노자는 강자의 입장이 아니라 약자의 입장에 서 있습니다. 또한 귀족의 입장보다는 서민의 입장에 서 있고, 부르주아의 입장보다는 프롤레타리아의 입장에 서 있습니다. 노자는 약육강식의 군국주의보다는 참고 견디는 약소민족의 입장에 서 있습니다. 어디까지나 약한 사람의 입장, 학대받는 사람의 입장에 섰던 사람이 바로 노자였습니다."[14)]

다섯째, 기독교와 불교를 전부 포함하고 있는 도교는 결국 세계연합정부의 정신을 강조한다. "세계연합정부의 내면은 소국과민, 소국과민의 외면은 세계연합정부, 즉 소국과민과 세계연합정부는 서로 겉과 속이 같은 하나의 몸체입니다. 단순하고 어리석으면 이 진리를 파악할 수 없습니다. 소위 농조연운(籠鳥戀雲)의 생각을 가진 사람만이 이 진리를 분별할 수 있습니다."[15)] 이런 이유로 석홍원은 노자의 『도덕경』을 '홍원사의 바이블'로 칭송한다.[16)]

> 노자는 진정 종합적이며 우주적인 크기의 사람입니다. 예수님과 부처님을 지탱하고 있는 사람은 노자입니다. 표면에서 숭배 받고 있는 사람은 부처님과 예수님이지만, 그 뒤에서 두 사람을 받치고 있는 사람은 노자입니다. 노자가 있기 때문에 부처님과 예수님이 세상에서 숭배 받고 있는 것입니다.
>
> 이것은 음양의 조화입니다. 세상에는 표면에 드러내지 않고 남을 지지해 주는 사람이 있는가 하면, 반대로 아주 활동적인 사람도 있습니다. 드러나게 활동하는 사람은 내면에서 지탱하고 있는 사람이 있기 때문에 그것이 가능합니다.

성인의 세계에서도 마찬가지입니다. 지탱하는 역할과 표면에 나서는 역할은 각기 다릅니다. 내면에서 지탱해 주는 역할을 맡은 사람이 성인의 세계에도 있는 것입니다. 그렇다면 모든 성인을 지탱해 주는 사람은 누구이겠습니까. 그가 바로 노자입니다.[17)]

대부분의 종교인은 외눈만 가지고 산다. 자신이 믿는 종교라는 외눈으로 모든 것을 판단한다. 그러나 이미 언급한 가종(加宗)의 입장에서 보면, 이것은 참으로 불행한 일이다. 모든 종교는 나름대로의 찬란한 진리를 가지고 있기 때문이다. 이런 뜻에서 석홍원의 양안구비 사상은 참으로 시대를 앞서가는 사상이 아닐 수 없다.

더구나 그의 종교세계는 양안구비가 아니라 석가, 예수, 노자를 모시는 삼안구비(三眼具備)며, 더욱 정확히 말하면 한국의 민족종교인 동학을 포함한 모든 종교를 포용하는 전안구비(全眼具備)가 아닌가. 마치 천안천수(千眼千手)의 불상과도 같이, 종교에도 천안과 천수가 있을 수 있는 것이다.

와세다대학 사회과학부에서 비교종교론을 담당하고 있으며 『기독교와 불교의 동질성』(2000)의 저자인 하세가와 요조(長谷川洋三) 교수는 석홍원의 『한일 구도방랑 60년』(2000)을 읽은 독후감에서 이렇게 말한다. "양안구비는 21세기에 들어와서 더욱 필요한 것이라고 생각합니다. 이제 종래의 신학은 시정되어서 보편성 있는 신학이 되어야 합니다. 선생님은 석가와 예수뿐만 아니라 노자까지 제1본존으로 도입(導入)하고 있습니다. 실로 종래의 종교관에 전혀 얽매이지 않고 있습니다. 하여간 21세기에는 비록 속도가 늦어도 확실히 그 방향으로 나아갈 것입니다. 천동설이 무너지는 데 수백 년이 걸렸습니다. 그러나 지금 천동설을 믿는 사람은 하나도 없습니다. 이와 마찬가지로 기독교와 불교가 전혀 이질(異質)의 종교라는 종래의 해석은 언젠가 세인(世人)의 마음으로부터 후퇴하는 날이 올 것입니다. 선생님은 그 선봉에 서서 이론과 실천을 수행하고 있습니다."

5. 청승(淸僧)과 탁발(托鉢)

그러면 석홍원은 양안구비의 진리를 어떻게 실천하고 있는가? 첫째로 그는 지능지수가 30-40 정도인 정신박약아들을 깨끗한 스님(淸僧)으로 돌보고 있으며, 둘째로 그는 탁발을 중요한 수행 과정으로 생각한다. 그래서 2004년 현재 그는 절의 사모(寺母)인 후루사와 지에꼬(古澤千技子 · 64)와 총무 스님인 토미오까 다이슈(富岡大修 · 44) 이외에도 고야마 다이꼬(小山大橋 · 53), 다이우(大愚 · 54), 고준(弘順 · 58)의 세 청승들과 같이 생활하고 있다.

첫째, 그가 정신박약아를 청승으로 모시는 이유는 무엇인가? 그가 "하느님은 세상의 미련한 자들을 택하여 지혜 없는 자들을 부끄럽게 하려 하시며, 세상의 약한 자들을 택하여 강한 자들을 부끄럽게 하려 하신다"(「고린도 전서」, 1:27)는 구절을 그의 절로 들어가는 나무 기둥에 크게 써놓은 이유는 무엇인가? 그리고 그가 평소에 "주 여호와의 신이 내게 임하였으니, 이는 여호와께서 내게 기름을 부으사 가난한 자에게 아름다운 소식을 전하게 하려 하심이라, 나를 보내사 마음이 상한 자를 고치며, 포로된 자에게 자유를 주며, 갇힌 자에게 놓임을 전파하게 하려 함이라"(「이사야」, 61:6)는 구절을 자주 인용하는 이유는 무엇인가? 그는 이렇게 고백한다.

> 내가 정신박약아들을 제2의 부처님으로 모시는 이유는, 그들이 세상에서 가장 어리석어 보이지만 사실은 가장 청순한 사람들이기 때문입니다. 그들은 세상에서 온갖 차별 대우를 받고 있지만, 그들에게는 본인들 스스로도 의식하지 못하고 있는, 우리들 일반인에게는 없는, 영적인 어떤 것이 있다는 것을 나는 느낍니다.
>
> 실제로 일반인들의 입장에서 본다면 어느 정도는 멍청한 것처럼 보이겠지만, 그들과 함께 살면서 살펴보면, 그 사람들은 일반인들과는 달리 조금도 사물에 사로잡혀 있지 않다는 것을 느낄 수 있습니다. 우리들은 여러 가지 하찮은 것들에 사로잡혀 걱정하기도 하고 한탄하기도

하지만, 그들에게는 그러한 걱정이나 한탄, 노여움 따위가 없습니다. 본래 있는 그대로의 태연자약함을 그들로부터 느낍니다.[18)]

왜 그들은 세상에 태어났을까요? 부모의 부주의로 병이 들었기 때문에 그렇게 되었다는 설명도 있을 것입니다. 그러나 선천적이니 후천적이니 하는 문제를 떠나서, 그들의 존재는 무언가 종교적인 것과 깊은 관계가 있는 것 같습니다. 신이 그와 같은 형태를 통해서 무언가를 계획적으로 우리들에게 깨우치려 하고 있습니다. 거기에는 무언가 거대한 신의 계획 같은 것이 있다는 느낌이 나를 감쌉니다.

내 생각으로는, 이들은 세상에서 아무런 쓸모도 없기 때문에, 서로 빼앗고 죽인다는 생각을 가지고 있지 않기 때문에, 이 세상을 정화시킬 평화의 사도로서 보내진 것이 아닌가 합니다.[19)]

실로 석홍원에게 청승은 자비심의 대상이 아니라 자비심의 주체다. 그래서 그는 최근의 한국 탁발전도 여행(2003년 12월 3-13일)을 알리는 글에서, 그가 당장 착수해야 할 임무를 세 가지로 정리한다. 즉 홍원사가 진정한 장애인의 궁전이 되도록 기초를 더욱 확실하게 하고, 제일 먼저 들어온 고야마 다이꼬(小山大橋)의 흉상을 건립하고, 약간의 청승과 일반 학승을 새 식구로 받아들이는 작업이다.

둘째, 석홍원이 탁발을 중요한 수행 방법으로 생각하는 이유는 무엇인가? 그 이유는 이렇다. 탁발은 구걸이 아니다. 우리는 탁발을 통해 사람들에게 겸손해야 한다는 교훈을 얻는다. 성 아우구스티누스가 말했듯이, 종교인이 될 수 있는 첫째 조건은 겸손이며 둘째 조건도 겸손이며 셋째 조건도 겸손이기 때문이다. 또한 우리는 탁발을 통해 우리들의 마음의 때를 깨끗하게 벗길 수 있다. 그래서 실제로 불쾌한 마음으로 탁발을 하면 대개 한 번에 3천-4천 엔이 걷히고, 즐거운 마음으로 탁발을 하면 7천-8천 엔이 걷힌다고 한다.

더 나아가서 탁발은 세계평화의 기원이며, 그것도 아무런 보상을 바라지 않는 기원이다. 그가 평소에 한 집 한 집 정성을 들여서 절을 하면서 탁발하라고 강조하는 이유도 여기에 있다.

어느 무더운 여름날, 다이꼬와 둘이서 탁발을 하고 있던 때의 일이었습니다. 한 집씩 문 앞에 서서 경을 외우며 지나가는데, 커튼이 내려지고 인기척이 없는 집이 있었습니다. 나는 가족 모두가 해수욕이라도 갔는가 싶어 그 집을 그냥 지나치려고 했습니다. 그러자 다이꼬가 "선생님, 건너뛰면 안 됩니다"라고 나에게 이야기했습니다. 나는 경책봉(警策棒)에 맞은 듯한 기분이 들었습니다. 내가 가르친 사람에게 어느 틈엔가 거꾸로 가르침을 받고 있었던 것입니다.

나는 오랜 동안 탁발을 해왔기 때문에 어느 사이엔가 계산을 하기도 하고, 게을러지기도 하며, 마음에 꾀가 생기기도 합니다. 그런 나의 모습을 보면 대단히 부끄러워집니다. 언제나 반칙을 범하는 것은 내 쪽입니다.[20]

홍원사에서는 일년에 200일 이상을 거리로 탁발을 나갑니다. 탁발이란 집집의 문 앞에서 행하는 사회연대성(社會連帶性)을 지닌 기도입니다. 이것은 또 길에서 태어나서 길로 돌아간다는 것을 실천하기 위한 것입니다.

이것은 엄격한 수행입니다. 너무도 엄격하기 때문에 자신을 완전히 드러내놓고 하심(下心)하지 않으면 안 되는 것입니다. 참으로 자신을 전부 드러내놓는 생활, 자신을 신 앞에 완전히 드러내놓고 맡겨버리는 것입니다. 이것은 곧 무일물중무진장(無一物中無盡藏)의 생활입니다. 무일물(無一物)의 생활에서 무진장(無盡藏)의 기쁨이 우러나오는 것입니다.

승려란 무엇을 하는 사람입니까? 일체(一切)를 버린 사람입니다. 전부를 버려서 자신의 것은 하나도 없기 때문에 비로소 다른 사람을 위해 사심 없이 기도할 수 있고, 또 전혀 모르는 사람의 문 앞에서 탁발하며 살아갈 수 있는 것입니다.[21]

그러면 왜 석홍원은 우리 민족을 학대했던 일본에서 사랑을 실천하려고 결심했는가? 그는 이렇게 말한다.

슬픔의 정점에서 인간을 향해 연민을 느낄 때는 일본인도 한국인도 동일선상에 있게 됩니다. 누구라도 그렇게 느낄 것입니다. 그리고 그것을 증명하기 위해 나는 여기에 있는 것입니다. 일본인으로부터 보상을 받는다든가 하는 것들은 전혀 생각해 본 적도 없고 완전히 별개의 일입니다.

불법에 동서남북이란 없습니다. 차별하는 사람이나 차별받는 사람이나, 사실은 동전의 안팎과 같이 모두 하나인 것입니다. 나는 그것을 한국인으로서의 체험을 통해 배웠습니다. 차별받으며 죽음을 오락가락하는 가운데, 모든 사람의 생명의 존귀함은 더하고 덜함이 없이 같다는 것을 자각하고, 일본의 정신박약아들과 한 몸이 되어 그들을 사랑하며 살아가게 된 것입니다.

지금 홍원사에 살고 있는 사람들 중에는 물론 한국인도 있지만, 대부분이 일본인들입니다. 내가 일본에 와서 이런 일을 하는 것은 이미 신의 계획 속에 들어 있었다고 생각합니다. 한국과 일본은 21세기에 하나의 '아시아 합중국'으로 만들기 위해서 양국을 하나로 통합하지 않으면 안 되는 신의 계획 속에서 내가 여기에 와 있다고 생각하는 것입니다.[22)]

6. 백두산과 후지산

그러면 석홍원의 성령교회는 왜 그냥 성령교회가 아니라 '백두산 성령교회'며 그냥 홍원사가 아니라 '후지산 홍원사'인가? 우선 석홍원에게 산은 단순한 산이 아니라 신성한 곳이다.

요즘 사람들은 어느 산을 정복했다느니, 몇몇 고지(高地)를 돌파했다느니 하는 말을 흔히 쓰고 있는데, 그것은 당치도 않은 이야기입니다. 한국의 경우에는 산에 오른다고 하지 않습니다. 산에 들어간다고 말해야 합니다. 또 수행을 시작한다는 말을 입산(入山)이라고 합니다. 산은 신성한 곳이기 때문에 그런 말을 사용하는 것입니다.

옛날에는 영산(靈山)에 들어갈 때는 대소변도 아무 데나 보지 않았습니다. 반드시 변기(便器)를 지니고 있다가 거기에 배설하고는, 산 아래까지 가지고 돌아와 그 아래에서 그것을 버렸던 것입니다.

또 산에 들어가서는 큰 소리를 내지 않았습니다. 잡담도 하지 않았습니다. 필요한 말만 진지하게 했습니다. 옛날에는 모두 그렇게 했습니다. 그러므로 선인들은 산에 '오른다'고 하기보다는 산에 '들어간다'고 말합니다. 어머님의 품에 안기는 듯한 경건한 기분으로 산에 들어가야 하는 것입니다.[23)]

특히 백두산에는 일찍이 그의 부친이 들어가 공부했던 계곡이 있다. 그의 부친은 그곳에서 3년을 꾸준히 공부한 끝에, 하루는 산신령이 꿈속에서 시험 문제를 가르쳐주었고, 그는 실제로 그 문제에 대한 해답을 가지고 서울로 가서 일등 합격을 했다고 한다. 그리고 앞으로 말하겠지만, 석홍원은 백두산 자락에다가 정신박약아 시설을 설립하는 것을 생의 마지막 작업으로 비원(悲願)하고 있다.

후지산도 세계적인 영산(靈山)임에는 틀림이 없다. 약 백만 년 전에 만들어졌다고 알려진 후지산은 언제나 장엄한 자태와 정상의 흰 빛을 잃지 않는다.

아침저녁으로 우러러보는 후지산은 우리들에게 웅대하고 존엄한 느낌을 안겨줍니다. 무언가 범하기 어려운 마음을 확고부동하게 불러일으키는 것처럼 보입니다. 더욱이 그 균형 잡힌 긴 산기슭하며, 산정을 뒤덮은 흰 눈하며, 또한 춘하추동의 이루 표현할 길 없이 아름다운 산빛의 변화하며, 우리는 후지산에서 순결 그 자체인 산의 마음이 느껴지는 것입니다.

후지산(富士山)의 이름을 쓰는 방법에는 여러 가지가 있습니다. 후지산은 '不二山'이나 '不盡山'이나 '不猛山'으로도 쓰며, '富兒山', '福士山', '福地山'으로도 씁니다(한자는 달라도 일본어 발음은 모두 같음). 둘이 아닌 산, 다함이 없는 산, 부유한 아이의 산, 축복받은 산, 복받은 산입니다.[24)]

그러나 석홍원에게 산은 단순한 영산이 아니라 신이 거주하는 곳인데, 우리는 그의 이런 사상을 홍원사의 산신각에서 쉽게 찾아볼 수 있다. 그 산신각에는 한 폭의 탱화가 있는데, 위쪽에는 후지산이 그려져 있고 아래쪽에는 백두산의 천지가 그려져 있으며, 거기에는 백두산의 신령인 산왕대신(山王大神)이 앉아 있다. 그곳에서 그들은 다음과 같은 「산왕경(山王經)」을 암송한다.

> 대산소산산왕대신(大山小山山王大神) 대악소악산왕대신(大嶽小嶽山王大神) 대각소각산왕대신(大覺小覺山王大神) 대축소축산왕대신(大丑小丑山王大神) 미산재처산왕대신(尾山在處山王大神) 이십육정산왕대신(二十六丁山王大神) 외악명산산왕대신(外嶽明山山王大神) 사해피발산왕대신(四海被髮山王大神) 명당토산산왕대신(明堂土山山王大神) 금궤대덕산왕대신(金匱大德山王大神) 청룡백호산왕대신(靑龍白虎山王大神) 현무주작산왕대신(玄武朱雀山王大神) 동서남북산왕대신(東西南北山王大神) 원산근산산왕대신(遠山近山山王大神) 상방하방산왕대신(上方下方山王大神) 흉산길산산왕대신(凶山吉山山王大神).[25]

석홍원은 이 탱화와 산신령의 의미를 이렇게 설명한다.

> 홍원사 산왕대신의 탱화는 한국과 일본의 합일을 표현한 만다라입니다. 한국과 일본은 둘이 되어서는 안 됩니다. 21세기에는 한국과 일본이 하나가 되어야 합니다. 아니, 한국과 일본뿐만 아니라 언젠가는 세계가 하나가 되어야 한다고 산왕경은 이미 수천 년 전부터 말해 왔던 것입니다. 세계는 하나로 되지 않으면 안 된다고 산왕경을 통해 부르짖고 있는 것입니다.[26]

그러면 백두산과 후지산의 관계는 무엇인가? 석홍원은 그것을 '후지산 어머니, 백두산 아버지'로 설명한다.

후지산은 우리들에게 무언가를 주는 산이라는 생각입니다. 무한히 무언가를 주어 우리들을 풍요롭게 하는 산, 우리는 그 이름에서도 이것을 느낄 수 있습니다. 한편 백두산은 어떻습니까. 무언가 영적인 것을 느끼게 합니다. 무언가 초자연적인, 인간과는 멀리 떨어진, 육신을 여읜, 그 어떤 성스러운 것이 느껴집니다. 신으로부터 부여된, 어쩐지 신령스러운 것을 느끼게 되는 것입니다.

후지산은 자애로운 어머니입니다. 어머님이 우리를 감싸주시듯이 상냥한 산입니다. (중략) 이에 반해 백두산은 강하고 신령스러워 거기에 대어들었다가는 그 자신의 목숨조차도 부지하기 어려운, 그런 산입니다. 무의식중에도 털썩 무릎을 꿇을 것같이 존엄하고 장엄한 아버지 같은 산입니다.[27)]

한국의 산들은 백두산을 모체로 하여 생겨났습니다. 따라서 한국 사람들이 백두산을 떠나 백두산이 보이지 않는 곳으로 이주했다 하더라도 백두산을 잊지 못하는 것은 백두산이 바로 모든 것의 모체인 까닭입니다. 일본도 마찬가지입니다. 일본에도 영산이 많이 있지만 후지산이 모든 영산의 모체가 되고 있습니다. 일본 산들의 영적인 모체는 후지산이며, 이런 후지산이 있는 나라가 바로 일본입니다.

백두산과 후지산은 지리적으로는 떨어져 있지만 하나로 연결된 산이라고 할 수 있습니다. 백두산도 휴화산이고 후지산도 휴화산입니다. 백두산의 기슭은 대단히 완만해서 경사진 들판이 널려 있고 평야가 이어지고 있습니다. 후지산도 마찬가지입니다. 후지산의 기슭도 굉장히 넓습니다. 후지산은 포용력이 풍부한 산입니다.

또한 백두산의 경우에는 천지(天池)라는 커다란 연못이 정상에 있습니다. 하늘로부터 내려진 목욕탕입니다. 이곳은 목욕재계하는 장소입니다. 그 목욕탕의 물이 흘러서 후지산의 히로이또(自系) 폭포로 바뀐 것입니다. 영적으로 볼 때 백두산 천지의 물과 후지산 히로이또 폭포의 물은 같은 것입니다. 한 단계 높은 차원에서 생각하면 천지의 물이 후지산으로 흘러간다고 볼 수 있습니다.

21세기 한 · 중 · 일이 합중국이 될 때에는 백두산이 중심이 됩니다. 이것은 인간으로 비유하자면, 중국의 곤륜산이 머리이고, 백두산이 몸통이며, 후지산이 다리인 셈입니다. 그러므로 행동으로써 그 역사를 움직여 가기 위해서는 동적인 다리 쪽이 더 활발하게 움직이지 않으면 안 됩니다. 일본은 그 다리 역할을 담당하고 있기 때문에 신으로부터 중대한 임무를 부여받았다고 생각하고 소임을 다해야 합니다.[28)]

7. 석홍원의 비원(悲願)

현재 석홍원은 한 가지 비원을 가슴에 품고 있다. 그것은 2010년까지 후지산 홍원사 성령교회가 앞으로 한국의 휴전선 근처에 설립된 지적 장애자 공동체, 그리고 역시 앞으로 북한의 백두산 기슭에 설립된 지적 장애자 공동체와 완전일체화(完全一體化)되는 염원이며, 실제로 그는 그가 106세로 죽기 전에 이 일은 분명히 성사된다고 예언한다. 그는 북한 방문기에서 이렇게 말한다.

나에게는 조국이 둘 있다. 나는 두 개의 조국을 가지고 있기 때문에 오랫동안 고민했다. 민단과 총련 어느 쪽에도 가담하지 않고 고민했다. 나는 술을 마시고 내부 투쟁 속에서 한없이 통곡했으며, 나라가 두 쪽으로 갈라진 망국자의 슬픔 속에서 오랫동안 신음했다.

나는 이 세상에서 미국 제국주의자와 일본 군국주의자를 제일 싫어하는 사람이다. 그런데 왜 나는 일본에서 일본 장애자들을 제2의 본존으로 생각하여 그들과 운명을 같이하려고 했는가? 내가 나라를 잃은 망국자로서, 원한을 품고 있는 일본에서, 자비무적(慈悲無敵)의 정신을 가지고 그들과 동고동락하게 된 것은, 나의 슬픔과 원한이 역전(逆戰)하는 새로운 인생철학을 발견했기 때문이다. 그리하여 우리 '장애자 궁전'은 21세기에 대한 희망과 기쁨과 정열을 가지고 3대 헌장을 선포한다.

첫째, 조국 통일을 위하여 목숨을 바친다.

둘째, 세상의 모든 정신 장애자에게 헌신한다.

셋째, 참다운 종교를 탐구·체득하여 조국과 세계와 인류를 위해 헌신한다.[29)]

실제로 석홍원은 북한에 장애자 공동체를 세우기 위해 벌써 오래 전부터 북한을 직접 방문하면서 공을 들이고 있다. 첫째는 2001년 7월 29일부터 8월 8일까지였고, 둘째는 2002년 4월 10일부터 20일까지였고, 셋째는 2003년 7월 31일부터 8월 21일까지였다. 특히 최근의 제3차 방문에서 그는 함경북도 연사(延社)에 있는 선친의 묘소를 찾아 불효막대함을 사죄드렸으며, 북한에 거주하는 172명의 친척 중에서 60명을 직접 만나 개인당 일본 돈으로 1만 엔씩을 주면서 자신이 북한에서 벌일 사업을 설명했으며, 동시에 그는 장애자 공동체 설립을 위해 담당관에게 호소하기도 했다. 그는 이렇게 말한다.

> 내가 평양에서 만난 동포들은 걸음걸이가 단정했으며, 체구는 작아도 담력이 있었으며, 예절이 밝았으며, 희망에 넘쳐 있었다. 노래 부르는 소리는 우렁찼으며, 온몸 전체로 부르고 있었다. (중략)
>
> 나는 친척들을 여러 곳에서 만나 보았는데, 그들 중에는 노래를 못하는 사람이 없었고 춤을 추지 못하는 사람이 없었다. 그리고 나는 평양과 나의 고향인 백두산 기슭의 연사의 생활수준이 비슷하다는 사실도 발견했다. 분명히 조국 통일은 가까운 시일 안에 성취될 것이다.[30)]

8. 후루사와 지에꼬

나는 2003년 8월 21일부터 23일까지 석홍원의 교회당을 직접 방문한 일이 있다. 3박 4일의 짧은 일정에서 가장 인상 깊었던 사람들은 물론 청승들이었다. 그들은 아무리 배가 고파도 밥 달라고 떼를 쓰지 않으며, 또한 그들은 그들의 주장을 쉽게 타협하지 않으며, 민족이나 국가의 차별도 그들에게는 존재하지 않는다. 그리고 어떤 경을 외우라면 즉시 3명이 여러 경전과 노래를 합창하듯이 낭송한다. 석홍원이 청승들은 백 퍼센트의 고통과 백 퍼센트의 감동을 동시에 선사한다고 말한 이유도 여기에 있을 것이다.

그러나 이렇게 순진무구한 청승들 뒤에는 그들의 빨래부터 밥까지 빼놓지 않고 정성껏 지어주며, 석홍원을 신과 같이 받들어 모시는 그의 아내이자 제자면서 동시에 청승들의 어머니인 후루사와 지에꼬(古澤千枝子)가 있다.

원래 그녀의 아버지는 당시 폐가 나빠서 군에 입대하지 못했는데, 지에꼬는 결국 그가 군국주의 군대에 참여하지 않게 되어 다행이었다고 말했으며, 그녀의 아버지도 일본이 패망했을 때 참으로 잘된 일이라고 말할 정도의 양심가였다고 한다. 자라면서 그녀는 약 10년 동안 매일 8시간의 혹독한 무용 연습을 했을 정도의 훌륭한 무용가가 되었다. 그러나 그는 석홍원을 만난 다음부터는 가족들과도 일체 연락을 끊고 있으며, 오직 남편의 큰 뜻이 이루어지기만을 염원하면서 남이 보지 않는 음지에서 조용히 봉사하고 있다.

나는 2003년 8월 22일을 영원히 잊지 못할 것이다. 우리는 아침을 먹고 후지산의 오합목(五合目)인 2,400미터까지 올라가서 추운 날씨에도 불구하고 한쪽에서 남북통일을 기원하는 기도회를 가진 다음에 쌍무지개가 서린 히로이또(自系) 폭포를 관광했다. 오후에는 나를 위해 지에꼬의 특별 무용 공연이 있었다. 「여호와는 나의 목자시니」의 음악에 따라 움직이는 그녀는 지상에 나타난 천사였다. 그녀는 한 마리의 새였다. 석홍원은 그녀에게 가능한 한 한국적인 이름을 갖게 하려고 '봉순(鳳順)'이라는 이름을 주었다는데, 나는 그녀의 무용에서 귀여우면서도 열정적인 새 한 마리를 보고 있다고 느꼈다.[31)]

이미 말했듯이, 석홍원은 예수, 석가, 노자의 관계를 설명하면서 이 세상에는 표면에 드러내지 않고 남을 지지해 주는 사람과 반대로 아주 활동적인 사람이 있지만, 드러나게 활동하는 사람은 내면에서 지지해 주는 사람이 있기 때문에 그것이 가능하다고 주장한다. 나는 지에꼬가 바로 남의 눈에 보이지도 않는 그늘에서 다른 사람들을 지탱해 주는 사람이라고 생각한다. 지에꼬가 있어서 석홍원은 아직도 노구에도 불구하고 그렇게 열정적으로 활동할 수 있으며, 지에꼬가 있어서 다이슈 총무도 업무를 수행할 수 있으며, 무엇보다 지에꼬가 있어서 청승들도 수행을 계속할 수 있는 것이다. 이런 뜻에서 지에꼬는 노자와 같은 존재다.

나는 이 글을 마치면서 고요히 눈을 감는다. 지에꼬의 춤추는 모습과 꼿꼿하게 서서 탁발하는 광경이 서로 겹쳐서 나에게 나타난다. 실로 그녀는 새와 같은 무용가며, 진정한 탁발 성자며, 더러운 곳을 씻어주는 백두산 천지의 물이다.

9. 맺음말

이제 홍원사 성령교회의 특성을 정리해 보자.

첫째, 석홍원은 기독교의 예수님과 불교의 부처님을 동시에 모시는 가종(加宗)의 신앙을 직접 실천하고 있다. 이런 실천은 아마도 힌두교의 예배를 올리면서도 모든 종교의 경전을 자유자재로 인용했던 간디 이래 최초의 예배 의식일 것이다.[32] 더구나, 이미 말했듯이, 그의 사상은 양안구비(兩眼具備)의 경지를 지나 예수, 부처, 노자를 동시에 모시는 삼안구비(三眼具備)와 「동학주문」까지 암송하는 전안구비(全眼具備)의 경지에 이르고 있다.[33] 자세히는 모르겠으나, 이런 사상은 현재 세계 어느 곳에서도 쉽게 찾아볼 수 없는 독특한 사상일 것이다.

둘째, 모든 위대한 종교가들과 마찬가지로 석홍원은 배움보다는 실천을 중요시한다. "어느 종교를 창시한 분의 가르침을 배우는 것은 나쁘지 않은 일이지만, 그 전에 그 분이 무엇을 행했는가, 어떻게 생활했는가, 우리는 이것을 먼저 알아야 그의 가르침의 근저에 있는 핵심을 파악할 수 있습니다. 결국 교학(教學)보다 행학(行學)이 중요합니다. 한국을 거쳐 일본으로 건너오면서 이 행학의 부분이 누락되고 말았습니다. 교(教)보다 행(行)이 중요합니다. 교만하면 오히려 오만해질 뿐입니다."[34]

그러면 석홍원은 그의 전안구비 사상을 어떻게 실천하는가? 이미 말했듯이 그는 그것을 정신박약아들과 같이 수행하고, 그들을 청승(淸僧)으로 모시는 방식으로 실천하고 있다. 그가 "나의 공동체에는 묘지도 없고, 시주도 없고, 신도도 없다"고 주장하는 이유도 여기에 있다.

> 종교가들은 중생제도니 어쩌니 떠들면서도 실제로는 그 말을 인용해서 신자들 늘릴 생각이나 하고, 조직을 확대할 생각만 하고 있을 뿐입니다. 거기에는 진실로 "중생이 앓고 있기 때문에 나도 병을 앓는다"는 식의 마음 따위는 아무 데서도 찾아볼 수가 없습니다.
>
> 부처님이 평생 동안 탁발하며 다닌 것은 조직을 구성하고 신도를 늘리기 위해 그렇게 하셨던 것은 아닙니다. 진심으로 중생을 제도하기 위해 아파하셨던 것입니다. 그리고 그 마음이 진실이었기 때문에 부처님이 굳이 신도들을 모으려 하지 않았어도 부처님이 지나신 곳은 어디서나 온갖 중생들을 비롯해서 산천초목까지 모두 부처님을 따르고 경배해 마지않았던 것입니다.
>
> 거기에는 지금 우리들이 말하는 신도나 조직 같은 건 없었습니다. 살아 있는 모든 존재가 신도였던 것입니다. 그렇기 때문에 신도를 모은다, 조직을 만든다 하는 것은 실은 사욕(邪慾)입니다. 진실과는 무관한 불필요한 일인 것입니다. 종파도 또한 그렇습니다. 종파나 교파에의 집착은 자신의 이기심으로부터 생겨난 것입니다.[35]

그러나 석홍원의 장애인 공동체는 일반 장애인 시설과 전혀 다른 철학에 의해 운영되고 있다. 대부분의 시설은 어느 기간 동안의 쉼터를 뜻한다. 그러나 홍원사 성령교회는 그들과 죽을 때까지 어울려서 사는 공동체다. 즉 여기서는 도와주는 사람과 도움 받는 사람이 따로 떨어져 있지 않다. 청승은 받들어 모셔야 할 분들이면서 동시에 같이 수행하는 도반(道伴)인 것이다. 이런 뜻에서 평생을 담보한 사람만이 홍원사의 진짜 식구가 될 수 있다.

실로 홍원사 성령교회에서 정신 장애인은 동정의 대상이 아니다. 오히려 그들의 (말없는) 철학이 인류의 문명을 구원할 수 있다고 믿는다. 석홍원이 그들을 '완행열차의 철인(哲人)'이라고 부르는 이유도 여기에 있다.

> 앞으로 세계는 지금까지 해온 것처럼 능률, 스피드만 외치는 시대가 아닙니다. 반대로 일단 멈추고 나서 천천히 생각해야 할 시대가 될 것입니다. 슬로우 문명, 슬로우 문화의 시대가 될 것입니다. 번뜩임과 영감은 스피드 문화 속에서는 절대로 나오지 않습니다. 우주의 소리는 조용히 침묵한 채 심호흡을 할 때 들을 수 있습니다.
>
> 이와 같은 명상의 문화, 슬로우 문화가 바로 '완행열차의 철인'인 정신박약아들입니다. 그들은 인간의 합리주의, 실리주의, 엘리트주의의 가치관을 전환시킬 수 있는 힘을 가진 존재들입니다.[36]

셋째, 석홍원은 종교와 철학의 구분뿐만 아니라 사상과 정치의 구분도 인정하지 않는다. 즉 그는 자신의 사상은 그저 독특한 사상으로 끝나지 않고 꼭 구체적 현실로 나타날 것이라고 굳게 믿고 있다. 언젠가 전 세계는 하나의 공동체가 될 것이며, 그렇게 되려면 먼저 동양과 서양이 진실로 만나야 하며, 그렇게 되려면 먼저 통합된 아시아 합중국이 설립되어야 하며, 그렇게 되려면 먼저 한국과 일본이 통합되어야 하며, 그렇게 되려면 먼저 한국의 남북이 통일되어야 한다고 굳게 믿고 있다.

물론 석홍원의 이런 예언은 빗나가기도 했다. 언젠가 그는 이렇게 말했다. "백두산의 신령님은 우리 한민족을 그냥 내버려두지 않을 것입니다. 반드시 21세기를 맞이하기 전에 남과 북은 통일될 것입니다. 나는 그것을 감히 예언합니다. 그러면 통일은 언제일까? 1995년경일 것입니다."[37] 이 예언은 적중하지 않았다. 그러나 석홍원은 인생의 추수기(秋收期)를 맞이한 사람은 틀리는 한이 있어도 가끔 예언을 하지 않을 수 없다고 말한다. 참으로 그는 꿈을 가지고 있기에 행복한 사람이다.

넷째, 석홍원은 그의 공동체 운영을 오로지 탁발에 의존하고 있다. 그러나 탁발은 실제로 심오한 종교적 의미를 가지고 있다. 우리는 탁발을 통해 종교인의 필수 조건인 하심(下心)을 배우고, 주는 것이 받는 것보다 더욱 훌륭한 축복이라는 진리를 깨닫게 되며, 아무런 보상도 받지 않고 세계평화를 염원하는 기도의 중요성을 배우게 된다.

이제 나는 이 글을 끝내면서 탁발에 얽힌 나의 체험 한 가지를 소개하겠다. 나는 오래 전부터 죽기 전에 꼭 탁발을 한 번 해보고 싶었는데, 드디어 그 소원을 성취했던 것이다. 때는 2003년 8월 22일 토요일 오후였는데, 그날은 바로 지에꼬가 나를 위해 무용 공연을 한 날이었다. 나는 석홍원에게 말했다.

"운목님, 저는 꼭 탁발을 해보고 싶은데요."

"예? 박사님이 탁발을?"

"네. … 그런데 저는 아직 머리를 깎지 못한 속인인데요."

"아, 일본에서는 상관이 없습니다. 나도 이렇게 머리가 길지 않습니까?"

"그러나 법복을 입을 수는 없지 않습니까?"

"괜찮습니다."

나는 이 순간 망설이지 않을 수 없었다. 어찌 성직자도 아닌 주제에 성직자 행세를 할 수 있단 말인가. 머리를 깎고 법복을 입는다는 것은 그렇게 쉽게 결정할 수 있는 일이 아니라는 사실을 나는 누구보다 잘 알고 있지 않는가. 그러나 나는 운목님 옆에서 한글로 사홍서원을 낭송하면서 가능한 한 나의 존재를 낮추기로 결심했다. 나는 그 과정에서 말할 수 없는 법열을 느낄 수 있었다.

왜 나는 죽기 전에 단 한 번이라도 탁발을 해보고 싶었는가? 나는 탁발을 수행의 가장 높은 단계라고 믿기 때문이다. 힌두교에 의하면,

모든 사람은 평생을 살면서 4단계를 거쳐야 한다.

첫째는 성인식을 올린 다음부터 약 10-15년간의 '학생(學生)의 단계'인데, 이 시기에는 대개 유명한 선생님의 집에 머물면서 이 세상의 모든 진리를 배우게 된다. 그의 유일한 삶의 목표는 오직 배우는 것뿐이다. 그는 아직 가정이나 사회봉사 등을 생각할 필요가 없다.

둘째는 25세부터 약 20년간의 '가장(家長)의 단계'인데, 이 시기에는 결혼하고 사회봉사에 전념하면서 쾌락과 명성을 즐기게 된다. 물론 많은 사람들은 죽을 때까지 이 단계를 벗어나지 못한다. 그러나 현명한 사람은 그가 지금까지 쌓아온 돈과 명성을 전부 팽개치고 숲 속으로 들어가서 다음 단계로 들어간다.

셋째는 '은퇴(隱退)의 단계'인데, 이 시기에는 지금까지 육체에 쏟았던 관심을 오직 정신에만 집중시키기 위해 가족을 버리고 숲 속으로 들어간다. 그러니까 모든 사람은 '즐기기 위해' 돈과 명예를 추구하는 것이 아니라 결국 '버리기 위해' 돈과 명예를 추구하는 것이다. 돈도 없고 명예도 없는 사람은 버릴 것도 없는 사람일 뿐이다.

그런데 힌두교는 이 단계에서 한 걸음 더 나아가 넷째 '방랑(放浪)의 단계'를 권장하는데, 그는 이제 속세의 유혹을 받지 않기 위해 숲 속으로 들어갈 필요도 없게 된다. 마치 기러기가 추운 북쪽부터 따뜻한 남쪽까지 마음대로 날아다니듯이 시간과 장소의 구애를 전혀 받지 않는 단계다.

탁발이란 인생의 네 번째 마지막 단계에서만 실천할 수 있는 가장 고귀한 수행이다. 집도 절도 없는 탁발승(a homeless mendicant)만이 실천할 수 있는 수행이다. 일반 사람들은 죽을 때까지 경제적 독립(economic independence)을 얻으려고 안간힘을 쏟는다. 그러나 탁발승의 목표는 경제로부터의 독립(independence of economy) 그 자체를 추구한다. 이런 뜻에서, 탁발은 절대로 생존의 수단이 아니며, 자신의 생명을 완전히 타인에게 내맡기는 행위다. 탁발을 하지 못하면 굶어야 한다. 그러므로 탁발은 오래 굶다가 삶을 잃을 각오를 한 사람만이 실천할 수 있는 수행이다. 종교학자 스미스(Huston Smith)는 이렇게 말한다.

인생의 마지막 단계에 도달한 방랑자(sunnyasin)의 소원은 '어떤 사람이 되는 것'의 정반대가 된다. 겉으로는 모든 사람들과 광범위하게 연결되어 있으면서도, 그는 완전한 비실재(非實在)로 남는다. 어찌 그가 다시 한 개인으로 분장하고, 내적 자아의 순수성과 빛을 은폐시키는 이 중성, 채색, 오명을 다시 회복하겠는가. 이런 최고의 완전 자유에 꼭 맞는 실제적인 삶은 집 없는 탁발승의 삶이다.

손에 탁발을 들고, 한때 자신을 주인으로 섬겼던 사람의 뒷문에 서 있는 방랑자에게는 아무런 자존심도 남아 있지 않다. 그는 절대로 그 자유를 포기하지 않을 것이다.[38)]

[후기]

얼마 전 나는 갑자기 석홍원의 아내이며 전도사인 후루사와 지에꼬로부터 한 통의 편지를 받았다.

사실은 후지노미야 시립병원에서 투병 중이던 이철 목사님이 2007년 12월 20일 오후 6시 5분에 타계하셨습니다. 생전에는 여러분께서 따뜻한 기도의 성원을 주셔서 분단 조국을 떠나 이국에서 사시는 목사님이 얼마나 큰 위로를 얻었는지 모르겠습니다. 깊이 감사드리는 바입니다.

항상 "생애 청춘으로 120세까지 현역으로 살겠다" 하시고, 그 전에는 조금 병에 걸리셔도 바로 회복이 되어서 활동을 계속해 오셨습니다. 이번에도 처음에는 본인 자신도 그리 걱정을 안 하셨는데, 이상하다 싶어서 정밀검사를 받았더니 그 결과가 나왔을 때는 이미 때가 늦어 말기 악성 위암이었습니다. 한국에서는 자연요법으로 병을 고치는 선생님이, 도쿄에서는 단전호흡법 선생님도 방문하여 치료해 주셨으나, 그 노력에도 불구하고 병 상태는 빠른 속도로 악화되어 갔습니다. 그리고 12월 16일에 의사의 충고를 받아 근처 시립병원으로 입원하였습니다. 하루 8

시간씩 점적주사를 맞는 침대 생활이 되어, 책을 좋아하시는 목사님답게 베개 옆에 몇 권 책이 있었으나 보실 힘이 없으셨습니다.

12월 20일 아침에 통증이 심해져 간호사들이 달려와 목사님은 개인실로 옮겨갔습니다. 그때는 주사와 약의 힘으로 통증은 가라앉았는데, 저녁때부터 다시 아프기 시작하였습니다. 선생님은 평온한 표정으로 창가 하늘의 한 점을 바라보고 계셨습니다. "목사님! 목사님! 뭘 보고 계십니까?" 물어봐도 대답은 없었습니다. 그 상태로 목사님은 돌아가셨습니다. 입원하신 지 5일째였습니다.

이제 운목님은 가셨다. 수많은 일을 시작만 한 채. 남북통일은 언제 어떻게 될 것인가? 휴전선 근처에 세우려던 지체장애인을 위한 그의 꿈은 어떻게 될까? 이제 우리는 그가 남긴 일을 더욱 열심히 해야 할 것이다.

[주(註)]

1) 김주호, 「후지산의 탁발 성자」, 『종교신문』, 2003년 7월 9일; 「후지산 홍원사 · 백두산 성령교회의 초종교 운동」, 같은 신문, 2003년 7월 16일.
2) 황필호, 「개종과 가종」, 『종교철학 에세이』, 철학과현실사, 2002, pp.358-359.
3) 석홍원, 『백두산 만다라』, 청림출판사, 1987, p.16. (나는 이 글에서 원문을 약간 수정해서 인용하기도 하였다.)
4) 같은 책, pp.18-19.
5) 같은 책, pp.253-254. Cf. 주소와 전화번호는 다음과 같다. (우) 418-0011 日本國 富士山市 2729-46; Tel. 0544-27-6628.
6) 같은 책, p.54.
7) 같은 책, pp.64-65.
8) 같은 책, pp.65-66.
9) 같은 책, pp.68-69.
10) 같은 책, pp.70-71.
11) 김주호, 「후지산의 탁발 성자」, 앞의 글.
12) 석홍원, 『백두산 만다라』, 앞의 책, p.216.
13) 같은 책, p. 222. Cf. "홍원사는 물과 같이 높은 곳에서 낮은 곳으로 흘러갑

니다. 바위에 부딪치고 먼지 등을 받아들여 흙탕물이 되기도 하면서, 대해(大海)까지 가기 위해서는 많은 곳을 지나지 않으면 안 됩니다. 홍원사는 어디로 갑니까? 큰 바다로 갑니다. 큰 바다란 무엇입니까? 세계평화, 세계 대안심(大安心)의 세계입니다. 세계 대광명의 세계, 홍원사는 그것을 목표로 하고 있습니다. 그것을 위해서 홍원사는 먼저 한 · 중 · 일의 합중국 건설을 제창합니다." 같은 책, pp.227-228.

14) 같은 책, p.234.
15) 같은 책, p.226.
16) 같은 책, p.219.
17) 같은 책, pp.226-227. Cf. 노자가 가르치는 "무위란 무엇일까요? 그것은 자연과 일체가 되는 것, 우주와 일체가 되는 것입니다. 좀더 종교적으로 말하면 신아일체(神我一體)입니다. 노자의 신아일체는 아주 심오합니다. 그럼에도 종교적 냄새는 없습니다. 노자의 철학 자체가 종교입니다. 노자의 철학은 곧 종교며, 노자의 종교는 곧 철학입니다. 일반적인 경우에는 철학은 철학이고 종교는 종교입니다. 그러나 노자의 경우에는 종교가 곧 철학입니다. 노자의 철학에는 그 정도의 깊이가 있습니다." 같은 책, p.234.
18) 같은 책, p.166.
19) 같은 책, p.167.
20) 같은 책, p.170.
21) 같은 책, pp.198-199.
22) 같은 책, p.192.
23) 같은 책, p.26.
24) 같은 책, p.38.
25) 같은 책, p.241.
26) 같은 책, p.247.
27) 같은 책, p.39.
28) 같은 책, pp.250-251.
29) 석홍원, 「공화국 방문기」, 2003년 8월.
30) 같은 글.
31) 『미주 동아』(1992년 3월 19일 목요일자)는 미국 필라델피아의 새문안 한성교회에서 의 3 · 1절 예배를 다음과 같이 보도했다. "이철 목사는 이 운동이야말로 천도교의 최린과 기독교의 이승훈과 불교의 한용운이 한마음 한뜻이 되어 일어난 삼위일체적 운동이라는 감동적인 설교를 했으며, 그 후에는 그의 일본인 부인 지에꼬 여사의 간증과 무용이 있었다. 마치 하늘에서 나래를 펴는 듯한 그 부드럽고 엄숙한 그녀의 무용은 보는 이들의 감탄을 불러일으켰다."
32) 간디의 사상에 대하여는 다음을 참조할 것. 황필호 편, 『비폭력이란 무엇인

가』, 종로서적, 1986, pp.73-120.

33) 「동학주문」에 대한 과정철학적 해석에 대하여는 다음을 참조할 것. 김상일, 『수운과 화이트헤드』, 지식산업사, 2001.

34) 석홍원, 『백두산 만다라』, 앞의 책, p.79.

35) 같은 책, pp.196-197.

36) 같은 책, p.185.

37) 같은 책, p.48.

38) Huston Smith, *The Religions of Man*, Harper & Row, 1958, p.65. (황필호, 『영어로 배우는 인생』, 우공출판사, 2001, p.253에서 재인용.)

Cf. 참고로 석홍원의 저서 목록은 다음과 같다. 『韓日放浪四十年』(일어판), 出版社, 1977. 12. 10; 『裸族の 青春の 家そ求ゅこ』(일어판), 水書房 1983. 12. 15; 『悲願 · 精薄寺院の建立』(일어판), 新泉社, 1984. 5. 31; 『白頭山』新泉社(일어판), 水書房, 1987. 5. 2; 『백두산 만다라』(한글판), 청림출판사, 1987. 9. 15; 『韓日求道放浪 60年』(일어판), 燦葉社 出版社, 2000. 11. 9.

제 4 장

종교철학 (I)

1. 기독교는 이원론이 아니다 :
김용옥 교수의 강의를 듣고

먼저 이 글의 동기를 말하겠다. 물론 글을 쓰는 사람은 글로 말해야 한다. '나의 글에는 자세히 나타나지 않지만…'이라거나 '나의 원래 의도는…'이라는 변명 따위는 전혀 설득력이 없다. 그럼에도 내가 내 글에 대하여 동기 운운하는 것은 이 강의가 너무 시비의 대상이 되고 있기 때문이다. 나는 공연한 구설수에 오르고 싶지 않다.

우리 국민의 절대 다수는 오락 프로그램을 본다. 소수의 생각하는 사람들이 이른바 교양 프로그램을 본다. 그리고 그 소수는 다시 김용옥의 강의는 꼭 들어야 한다는 사람들과 절대로 듣지 않겠다는 사람들로 양분되고 있다. 전자는 그를 새로운 종교의 교주쯤으로 생각하고, 후자는 그를 대중 선동가로 본다.

나는 그의 강의를 들으면 잃는 것보다는 얻는 것, 신경질보다는 후련함, 열등감보다는 자신감을 더욱 많이 얻을 수 있다고 믿는다. 그러나 나는 그의 적극적인 지지자도 아니고 적극적인 비판자도 아니다. 그래서 나는 그의 강의를 우연히 듣게 되면 듣고, 그렇지 않으면 그냥 지나친다. 아마도 나 같은 중간자도 꽤 많으리라고 추측한다.

이 글은 지난 2004년 3월 8일에 방영된 제10회 「심과 성」을 듣고 느낀 점을 아주 표피적으로 쓴 것이다. 물론 인터넷으로 들어가 다시 볼 수 있겠지만 그렇게 하지 않았다. 그러므로 내가 여기서 지적한 내용이 그의 다른 강의에서 보완 혹은 수정되었을 수도 있다. 그저 편안히 읽기를 바란다.

내가 그의 강의 중에서 특별히 관심을 갖는 부분은 다음과 같다. 흔히 우리는 중국의 고대 사상을 맹자의 성선설과 순자의 성악설로 설명한다. 그러나 정확히 말하면, 중국인의 사유 방식은 선과 악의 이원론이 아니다. 단지 선과 불선(不善)의 대비 혹은 '아름다움'과 '추함'의 대비일 뿐이다. 우리는 동양인에게는 근원적으로 악이라는 개념이 없으며, 그래서 그들에게 선의 반대는 불선일 뿐이며, 이런 뜻에서 순자의 성악설도 성선설을 전제로 해서만 가능하다고 말할 수 있다. 선이 없으면 불선도 있을 수 없기 때문이다. 한마디로 동양인에게 천사와 악마의 이원론은 존재하지 않는다. 정도전이 "석씨는 둘이고, 유교는 하나다"라고 주장한 이유가 여기에 있다.

김용옥의 이런 혁신적인 해석은 과연 정당화될 수 있는가? 우선 그것이 정당화되려면 그는 이런 주장에 대한 이론적 전거를 제시해야 할 것이며, 또한 그가 이런 전거를 제시한다고 해도 지금까지 선진 유가의 사상이 성선설과 성악설로 대비되어 왔다는 엄연한 '역사적 사실'이 잘못된 것이라는 점을 증명해야 할 것이다. 그리고 이 두 가지 작업은 그가 생각했던 것과는 달리 대단히 어려운 일이 될 것이다. 그럼에도 나는 그의 해석이 옳다고 믿는다.

일반적으로 우리는 서양의 의식 구조를 '죄책감(guilt)의 문화'로 보고 동양의 의식 구조를 '수치심(shame)의 문화'로 본다. 옛날 정치인들이 그렇게 중요시했던 '명분'이나 오늘날 젊은이들이 흔히 사용하는 '쪽팔린다'는 표현도 결국 수치심의 문화를 대변하는 것이다. 천하의 모든 사람들이 나를 용서한다고 해도 나는 나의 잘못을 영원히 용서할 수 없다는 지독한 죄책감을 동양에서는 찾아볼 수가 없다. 그래서 나는 동양에는 예를 들면 아우구스티누스의 『고백록』과 같은 진정한 죄책감의 저서가 없다고 믿는다. (이것은 동양의 장점이기도

하며 단점이기도 하다.) 우리가 흔히 중국인의 사상에 결정적 영향을 준 공자를 상식주의자, 현실주의자, 인간중심주의자로 규정하는 이유가 여기에 있다.[1)]

그러나 김용옥 교수는 여기서 한 걸음 더 나아가서 중국의 이런 일원론적 사상은 천사와 악마, 천당과 지옥, 선과 악을 확연히 구분하는 기독교의 이원론적 사상과 전혀 상이하다고 강조한다. 내가 그를 반대하는 부분은 바로 여기에 있다. 나는 근본적으로 기독교를 일원론으로 보기 때문이다.

중국의 고대 사상을 한마디로 정의할 수 없듯이, 기독교 사상을 한마디로 정의한다는 것은 불가능한 일이다. 기독교 안에도 여러 가지 서로 상반된 주장들이 있기 때문이다. 그럼에도 우리는 아우구스티누스의 사상이 기독교의 주류(主流)를 이루고 있다는 주장을 반박할 수는 없을 것이다. 그래서 나는 이제 아우구스티누스의 사상을 통해 기독교 사상을 설명해 보겠다.

아우구스티누스가 씨름했던 가장 어려운 문제 중 하나는, 왜 이 세상에 정당화되지 않은 고통(unjustified suffering)이 존재하느냐는 것이다. 왜 아무런 잘못도 저지르지 않은 사람이 불행에 빠지고, 왜 어느 경우에는 선행을 하려고 무척 노력하는 사람이 억울하게 고통을 받느냐는 것이다. 우리는 이 문제를 철학적으로 '악의 문제(the problem of evil)'라고 부른다. 즉 엄연히 존재하는 악 앞에서 어떻게 선한 하느님이 존재한다고 변호할 수 있느냐는 변신론(辯神論)의 문제다.

이 문제에 대한 가장 쉬운 해결책은 이원론이다. 이 세상에는 원래 선신(善神)과 악신(惡神)이 있기 때문에 선과 악은 혼재(混在)할 수밖에 없다는 것이다. 아우구스티누스가 한때 마니키즘의 이원론에 빠졌던 이유가 여기에 있다. 그러나 이런 이원론적 해결책은 기독교의 유일신 사상과 맞지 않는다. 절대적으로 선한 한 분의 신이 존재한다는 주장은 선신과 악신이 동시에 존재한다는 주장과 모순일 수밖에 없기 때문이다.

그러면 악은 어디로부터 나온 것인가? 아우구스티누스는 이 어려운 문제에 대하여 이렇게 답변한다. 마치 중국 고대 사상에서 불선(不善)은 선을 전제로 하듯이, 악은 선을 전제로 한다. 악이란 원래 선했던 것이 잘못된 방향으로 가버린 것(the going wrong of something that in itself is good)이다. "아우구스티누스에 의하면, 존재를 가진 모든 것은 타락하지 않는 한, 제 나름대로 선한 것이다. 그러므로 악이란 하느님이 처음 시작한 것이 아니며, 그것은 근본적으로 선의 왜곡일 뿐이다. 존재하는 모든 것은 그 자체로 선하며, 악이란 근본적으로 선한 창조 속에 나타난 무질서와 왜곡이다. 이런 뜻에서 우리는 '악은 선에 기생한다(Evil is essentially parasitic upon good)'고 말할 수 있다. 여기서 아우구스티누스는 하느님이 원했거나 창조했기 때문에 악이 발생했다는 주장을 완전히 배격하며, 악이란 가공적인 것이기 때문에 우리가 쉽게 무시해 버릴 수 있다는 주장을 동시에 배격한다. 도리어 그는 악의 기원의 문제를 더욱 심각하게 다루기를 요구한다."[2)]

우리는 흔히 선과 악을 동일한 차원의 개념으로 생각한다. 선의 반대는 악이며, 악의 반대는 선이라고 생각한다. 그러나 존재론적으로 보면 선이 악에 선행(先行)한다. 중국사상에서 선이 없다면 불선이 존재할 수 없듯이, 아우구스티누스 사상에서 선이 없다면 타락한 선인 악도 존재할 수 없는 것이다. 이런 뜻에서 기독교는 절대로 이원론이 아니라 일원론이다. 물론 기독교 사상 속에는 플라톤의 이원론이 많이 스며들어 있다. 그러나 그것은 어디까지나 기독교의 주류가 아니라 지류(支流)일 뿐이다.

이원론은 악의 문제를 너무 쉽게 해결한다. 원래 인간의 마음속에 선과 악이 공존한다고 말하거나 선신과 악신이 공존한다고 말하면, 이 문제는 아주 간단히 해결될 수 있다. 이것은 이원론의 장점이다. 그러나 그것은 동시에 단점이다. 모든 사람은 태생적으로 일원론을 선호하는 '단순성의 원리(the principle of simplicity)'를 따르려고 하기 때문이다. 즉 복잡한 설명보다는 간단한 설명을 선호하고, 이원론이나 다원론보다는 일원론을 선호하기 때문이다. 사상의 세계에서는 절대로 다다익선(多多益善)이 아니다. 고대 중국인의 사상이 일원론적이라면 분명히 기독교도 일원론적이다.

물론 김용옥 교수는 중국인의 사상을 부각시키기 위해 의도적으로 기독교를 이원론으로 설명했다고 볼 수 있다. 그것은 학생 스스로가 발견할 수 있는 교육법(heuristic device)일 수 있다. 실제로 나도 유교를 설명할 때는 그것만이 유일한 진리인 양 설명하고, 기독교를 설명할 때는 모든 종교가 기독교로 수렴되어야 한다는 식으로 설명한다. 그래서 나도 평소에는 서양사상과 동양사상을 각각 이원론과 일원론으로 대비하여 설명하기도 한다. 그럼에도 김용옥 교수가 기독교를 원시 유가 사상과 전혀 상이한 또 다른 이원론으로 설명한다면, 그것은 큰 잘못이 아닐 수 없다.

김용옥의 이런 실수는 지난 2월 23일에 방영된 제8회「음양의 세계」에서 기독교의 내세관을 플라톤의 영혼불멸설로 설명하는 장면에서 여실히 알 수 있다. 기독교의 주류는 영혼불멸설이 아니라 육체와 정신이 완전히 죽었다가 다시 살아난다는 부활설이다. 그리고 영혼불멸설과 부활설은 절대로 공존할 수 없다. 비록 기독교의 지류에서는 그런 논리적 실수를 범하고 있지만.

분명히 기독교는 이원론이 아니라 일원론에서 출발하고 있으며, 또한 일원론을 지향하고 있다. 시청자의 올바른 판단을 기대한다.

[주(註)]

1) 맹자의 성선설에 대한 철학적 토론으로는 다음을 참조. 황필호,『중국종교철학 산책』, 청년사, 2001, pp.193-308.
2) John Hick, 황필호 역,『종교철학 개론』, 종로서적, 1980, pp.75-76.

2. 윌리엄 제임스와 윌리엄 섬너 :

Donald C. Bellomy, "Defining the Choices: William James, William Graham Sumner, and the Science Religion Duality" 를 읽고

나는 역사적이면서도 주제적인 도널드 벨로미(Donald C. Bellomy)의 글을 정말 재미있게 읽었다. 필자의 글은 위대한 두 철학자의 관계를, 제임스(William James)가 섬너(William Graham Sumner, 1840-1885)의 강의를 듣기 위해 보스턴의 한 강의실에 앉았던 1884년부터 제임스가 사망한 1910년까지 아주 소상하게 설명하고 있다는 점에서 역사적이다. 그러면서도 이 글은 필자의 긴 — 너무 긴 — 설명을 오직 종교와 과학의 이중성에 초점을 맞추고 있다는 점에서 주제적이다.

이제 나는 몇 가지 질문을 제기함으로써 논평자의 악역을 수행하려고 한다.

첫째, 필자는 "제임스가 면도칼의 기사들(knights of razor), 즉 우주에 대하여는 엄격한 — 혹은 한정된 — 과학적 접근 방법만 허용해야 된다고 주장하는 사람들과 결투할 때는 그리 친절하지도 않았고 신사적이지도 않았다"고 말한다(p.3). 그리고 필자는 각주에서 여기에 나오는 '면도칼의 기사들'이라는 표현은 물론 중세 말기의 철학자인 오캄의 면도칼이라는 법칙에서 따온 것이며, "만약 우리가 이 법칙을 정신의 유일한 법칙으로 받아들인다면, 제임스는 감정이나 의지의 발전뿐만 아니라 지성 자체의 발전이 끝나게 될 것이라고 보았다"

고 말한다(p.17).

그러나 내가 이해하는 한, 오캄의 법칙은 우주에 대한 엄격한 과학적 방법만 고집하지 않으며, 다만 쓸데없는 비과학적 및 종교적 접근방법을 거절한다. 한마디로 비과학적인 것에 대한 반대가 바로 엄격한 과학주의를 함유하는 것은 아니다. 그렇다면 제임스와 (그리고 필자의) 오캄의 원칙의 인용은 제임스에 대한 필자의 이해가 "제임스의 철학에 접근하는 방식으로서의 실용주의를 다시 회복시키려는 로티(Richard Rorty)의 노력에 빚지고 있다"고 말한다. 필자는 이에 대해 좀더 자세히 설명해 주어야 할 것이다.

나의 이런 요구는 다음의 이유로 중요하다. 필자도 알다시피, 로티의 실용주의는 제임스의 실용주의와 일관성을 이룰 수 없다는 입장에서 설명될 수도 있기 때문이다. 로티가 자신의 사상을 그냥 '실용주의'라고 부르지 않고 '신실용주의'라고 부른 이유도 여기에 있다.

셋째, 나는 "개인주의적 구도자인 제임스에게 종교 신앙은 일종의 우주적 노름이지만, 결정주의적 사회학자인 섬너에게 종교 신앙은 실존주의적 모험을 제공하지 못한다"(p.14)는 필자의 주장에 동의한다. 그들은 분명히 다르다. 그러나 그렇다고 해서 제임스에게 있어서 신앙이 키에르케고르적인 도약이 되는 것은 아니다. 제임스는 너무 합리적이고 합리적이어서, 그는 어떤 뜻으로도 키에르케고르적일 수 없다. 이에 대해 어떻게 생각하는가?

넷째, 필자는 또한 "본능적으로 보수주의자인 섬너에게 종교는 언제나 강력한 제도적 상존을 가지고 있었으며, 제임스는 절대로 이런 입장을 신중히 고려하거나 눈여겨보지 않았다"(p.13)고 말한다. 그러면서도 필자는 동시에 "섬너는 제임스가 개인적 자서전을 너무 강조하는 과정에서 필수적 보편성(the necessary universalism)과 과학의 넓은 확률론을 결여하고 있다는 사실을 아마도 느끼고 있었을 것"(p.13)이라고 말한다. 그렇다면 제임스는 어떤 의미에서 '필수적 보편성'을 결여하고 있는가?

3. 정신의 종교적 측면 :

김인숙, "Religious Dimension of the Psyche in the Works of Bernard Lonergan"을 읽고

우선 오늘의 모임은 국제회의가 아니며, 필자는 우리말을 모르는 외국인이 아니다. 그러므로 이 글은 우리말로 발표되었어야 하며, 또한 한국종교학회도 발표자에게 그렇게 요청했어야 한다. 그리고 만약 이 글이 우리말로 쓰였다면, 그 내용을 이해하기가 훨씬 용이했을 것이다.

이렇게 말하면, 독자는 이 글의 난해성이 조잡한 영어 문장에서 나온 것이라고 생각하기 쉽다. 그러나 이 글의 난해성은 오히려 너무 깔끔한 영어 문장에서 나온 것이라고 말할 수 있다. 즉 필자는 이 짧은 글에서 너무 많은 내용을 전부 설명하려고 시도하고 있다.

실제로 이 글은 첫째로 영혼(spirit)을 삶의 '방향을 추구하는 동력(the dynamism of our search for the direction)'으로 설명하려는 시도에서 나온 로너간의 '근본적인 명료화'의 역할을 설명하고, 둘째로 감정과 가치를 중재하는 상징의 역할을 설명하고, 셋째로 이런 로너간의 작업은 다른 학자들의 사상에 — 특히 프로이트의 사상에 — 크게 기여할 수 있다는 세 부분으로 구성되어 있다. 그리고 이 세 부분은 각각 대단히 심층적인 토론을 거쳐야 할 필요가 있다. 사정이 이렇다 보니, 정작 정신의 종교적 측면을 밝히는 데는 발표문 두 쪽을 할애하고 있을 뿐이다.

우리는 일반적으로 인간을 몸과 마음으로 구성된 이원론적 존재로 본다. 여기서 우리는 몸을 쉽게 'body'라고 번역할 수 있지만, 마음은 'mind', 'psyche', 'soul', 'spirit' 등의 여러 가지로 번역할 수 있으며, 이렇게 후자가 여러 가지로 번역될 수 있는 이유는 그 뜻이 분명하지 않기 때문이다. 쉽게 말해서, 우리는 '마음'이나 '정신'을 '영혼'과 동일시할 수는 없을 것이다.

그러나 성서에는, 물론 여러 번역이 가능하겠지만, "몸과 마음과 영혼을 다하여 하느님을 섬기라"는 구절이 있다. 여기서 인간은 몸(유기체)과 마음(정신)과 영혼(영체)으로 구성된 삼원론적 존재가 된다. 이와 비슷하게, 이 글은 일단 인간을 유기체(organism)와 정신(psyche)과 영혼(sprit)의 구성으로 보는 것 같다. 그리고 이 글은 이 세 구성원의 상호 관련성을 설명하려는 글이라고 말할 수 있다.

이제 몇 가지 질문을 하겠다.

첫째, 필자는 'existential self-appropriation'과 'cognitional self-appropriation'을 구별한다. 그들의 차이점을 좀더 자세히 듣고 싶다.

둘째, 필자는 이렇게 말한다. 인간의 행동은 "그것이 아무리 영적인 것이라고 해도, 단순히 영혼의 작용에 기인한다고 말할 수 없다는 결론이다. 영혼의 범주는 관계적 범주가 아니면 아무런 의미를 갖지 않는다. 이런 뜻에서, 로너간의 철학은 전적으로 비이원론적이다. 그리고 지향성 분석을 통한 그의 인간 설명은 새로운 형태의 이원론으로 인도하는 것이 아니라 오히려 현대철학을 혼란스럽게 만든 여러 형태의 이원론을 극복하도록 한다."(p.5) 그러나 만약 나의 앞의 주장이 옳다면, 로너간은 몸, 정신, 영혼의 삼원론을 주장한다고 말할 수는 없을까?

셋째, 필자는 정신과 영혼을 각각 '한계의 극(the pole of limitation)'과 '초월의 극(the pole of transcendence)'으로 성격 지으면서 이렇게 말한다. "이 두 극의 긴장이 너무 초월 쪽으로 기울어지면 너무 많은 가능성을 양보하게 되면서 의학적인 용어로는 정신분열증이 되고, 너무 한계 쪽으로 기울어지면 너무 적은 가능성을 양보하게 되면서 의학적인 용어로는 우울증이 된다."(p.7) 그러나 우리는 일반적으로 우울증과 정신분열증을 — 한계와 초월이라는 단어로 표현된 정반대되는 개념이 아니라 — 서로 비슷한 분야의 질병으로 인정하고 있지 않은가?

넷째, 필자는 우울증과 정신분열증을 설명하면서 "정신은 절대로 자체 파멸의 원인이 아니며, 이 두 경우에 이런 결과를 생산할 것은 영혼의 작용"이라고 말한다. 그러나 그는 곧 그 다음에 "정신은 유기체와 영혼을 중재시키는 것으로 이해되어야 한다"고 말한다(p.7). 정신의 정확한 위치와 작용은 무엇인가?

다섯째, 필자는 상징이 감정과 가치를 중재시키며, 여기서 말하는 가치는 종교적 가치를 포함한다고 말한다. 그러나 모든 가치가 바로 종교적인 것은 아니다. 비종교적인 상징은 너무나 많다. 예를 들어서 태극기는 우리나라의 상징이지만 그것이 곧 종교적인 상징이라고 말할 수는 없지 않은가?

이 중요한 문제에 대하여 필자는 그저 이렇게 말한다. 정신과 가치의 "필연적 상관관계는 종교적 가치에도 적용된다. 이제 우리는 이 글의 제목에 도달한 것이다. 여기서 우리는 정신이 아주 토대적 의미에서 경험된 것으로서의 종교적 측면(the religious dimension as experienced)에 속해 있다는 사실을 파악한다."(p.13) 참으로 빈약한 설명이다. 그러나 나는 중요한 여러 문제를 짧은 한 편의 글로 나타낸 필자의 노력에 감사를 드린다.

4. 과정철학과 종교 복수주의:

주재완, "Whiteheadian Philosophy As a Constructive Post-modern Worldview and Its Perspective on Religious Pluralism"**을 읽고**

오늘과 같은 적은 그룹의 토론 재료로는 분명히 너무 긴 주재완의 글은 두 부분으로 구성되어 있다. 전반부는 과정철학을 가장 이상적인 포스트모던 철학으로 설명하고, 후반부는 그런 철학과 종교 복수주의의 관계를 토론한다. 나의 글은 주로 후반부에 대한 글이지만 일단 전반부에 대해서도 간단히 언급하지 않을 수 없겠다.

필자는 전반부에서 근대 과학이 기초하고 있는 자연주의의 문제점을 세 가지로 지적한다. 첫째로 자연주의적 감각론(sensationism of naturalism)은 인간의 삶에 꼭 필요한 종교 경험을 다룬 신경생리적 현상으로 취급하여 외면하고, 둘째로 자연주의적 물질론(materialism of naturalism)은 신이나 영혼과 같은 비물질적 요소를 외면하고, 셋째로 자연주의적 무신론(atheism of naturalism)은 어떤 형태로든지 일종의 우주적 예지의 존재를 필요로 하는 우주의 '잘 조정된 상수들(fine-tuned constants)'을 설명할 수 없을 뿐만 아니라 유전 과정에 나타나는 '확실한 방향성과 진보(the clear directionality and progress)'를 설명할 수 없다.[1) 필자는 이러한 자연주의를 sensationism, atheism, materialism의 첫 글자를 따라 'SAM 자연주의' 혹은 '파괴적 자연주의'라고 부른다.

필자는 이런 자연주의와 반대되는 새로운 자연주의를 panexperientialism, prehension, panentheism의 첫 글자를 따라 'PPP 자연주의' 혹은 '건설적 자연주의'라고 부른다. 첫째로 panexperientialism은 세계의 궁극적 단위들이 경험과 자발성을 가지고 있다고 주장하며, 둘째로 prehension은 실제적 개체가 과거의 영향을 받아들이는 방식은 '무의식적인 비감각적 지각(unconscious non-sensory perception)' 혹은 '물리적 이해(physical prehension)'라고 주장하고, 셋째로 panentheism은 천지가 무(無)로부터 창조된 것이 아니라 카오스로부터 창조된 것이라고 주장한다.

> 신은 이 세상을 무로부터 창조하지 않았으며, 에너지적 사건의 카오스적 영역에 질서를 부여함으로써 창조했다. 이런 뜻에서, 신은 일반적으로 이 세상을 창조하지 않았으며, 피조물에게도 그들 안에 있는 중요성을 새롭게 인식하도록 하여 그들도 스스로 창조력을 갖도록 생기를 주었다.
>
> 그러므로 이 세상에 나타나는 신의 섭리적 및 창조적 힘은 그가 이 세상의 사건들을 일방적으로 결정할 정도로 전능한 것은 아니다. 그런 힘은 유한한 존재 속에도 있다. 그래서 신은 (일방적 결정이라는 뜻에서) 강제(coercion)에 의해서가 아니라 설득(persuasion)에 의해서만 행동할 수 있다.[2)]

여기서 필자는 'PPP 자연주의'가 'SAM 자연주의'의 문제점을 모두 해결할 수 있다고 주장한다. 첫째로 전자는 진정한 종교 경험의 존재를 인정하고, 둘째로 전통적으로 내려온 육체와 정신의 문제도 해결할 수 있으며, 셋째로 근대 세계관의 무신론이 제기한 문제도 해결할 수 있기 때문이다. 필자는 이렇게 말한다.

> 'PPP 자연주의'는 'SAM 자연주의'보다 우리들의 합리성과 경험에 더욱 적합하다. 그래서 우리는 'PPP 자연주의'가 'SAM 자연주의'보다 더욱 훌륭한 세계관이라고 결론내릴 수 있다.

또한 과정철학의 자연적 유신론은 전통적 초자연주의적 유신론보다 더욱 적합하며, 이런 뜻에서 'PPP 자연주의'는 'SAM 자연주의'나 초자연주의적 유신론보다 더욱 적합하다. 여기서 우리는 근대의 과학적 세계관을 배척하는 것이 바로 근대 이전의 세계관으로 돌아가는 것이 아니라는 사실에 주목할 필요가 있다. 과정 형이상학은 첫째로 근대 이전의 세계관은 교정되고 보완되어야 하며, 둘째로 근대의 세계관은 여러 가지 문제점을 가지고 있으면서도 분명한 비가역적 발전(irreversible advances)을 성취했으며, 그러나 셋째로 근대의 세계관도 역시 더욱 적합한 세계관을 위해 수정되고 보완되어야 한다는 뜻에서 가장 포스트모던적이다. 결국 과정 형이상학은 근대 이전의 세계관과 근대의 세계관에 기여하며 동시에 그들을 교정한다.[3)]

필자는 후반부에서 이런 과정 형이상학을 종교 복수주의와 연결시키는데,[4)] 여기서의 주요 단어는 단연 '상호 변용(mutual transformation)'이다. 즉 종교 복수주의에서는 결국 각기 다른 종교가 상대방에 의해 서로 변하게 만들며, 이런 변용은 종교 복수주의를 상호 보완적 복수주의(complementary pluralism)로 만든다는 것이다.

물론 상호 보완적 복수주의에도 여러 가지 종류가 있다. 그래서 알렌(E. L. Allen)은 각기 상이한 종교는 각기 상이한 문제에 대한 답변을 추구한다고 말하며, 버치(George Burch)는 각기 다른 종교적 목표는 각기 다를 수 있다고 말하며, 호킹(William Hocking)과 틸리히(Paul Tillich)와 위트슨(Robley Witson)은 각기 상이한 종교적 진리들도 상호 보완적일 수 있다고 말한다. 그러나 그리핀(David Roy Griffin)은 이들 모두는 '진정한' 상호 보완적 복수주의가 아니라고 말한다. 그들의 주장의 정당성은 결국 궁극적 실재는 하나일 뿐이라는 전제에 근거하고 있기 때문이다.[5)]

콥(John Cobb)에 의하면, 종교 복수주의는 상호 변용을 통해 상호 보완적으로 된다. 그러나 이런 주장은 다음의 몇 가지 전제를 가지고 있다. 첫째로 우리는 모든 종교가 어느 정도의 진리를 가지고 있다고 가정해야 한다. 그렇지 않다면, 우리는 종교로부터 아무런 새로운 진리를 배울 수 없을 것이다. 둘째로 우리는 다른 종교의 전통 속에 나타난 진리를 우리가 식별할 수 있다고 가정해야 한다. 그렇지 않다면, 비록 다른 종교가 어떤 진리를 가지고 있다고 해도, 우리는 그것이 무엇인지를 알 수 없을 것이다. 셋째로 우리는 모든 종교가 더욱 완전한 진리를 지향한다는 뜻에서 상호 보완적이라고 가정해야 한다. 만약 그들이 끝까지 비상호 공존적이라면 어느 종교도 다른 종교의 진리를 자신의 진리와 통합시킬 수 없을 것이다. 넷째로 모든 종교의 창조적 변용은 개인과 사회의 창조적 변용을 더욱 촉진시킬 것이라고 가정해야 한다.

필자는 이 네 가지 (피할 수 없는) 전제를 좀더 자세히 토론한다.

(1) 모든 종교가 어느 정도의 진리를 가지고 있다는 주장의 의미는 무엇인가? 그것은 한마디로 모든 종교가 부분적이면서도 독특한 진리들(partial and unique truths)을 가지고 있다는 뜻이다.

여기서 우리는 모든 종교가 부분적이며 독특한 진리를 가지고 있다는 주장은 곧 모든 인간이 공통된 실재를 추구한다는 주장을 함유한다고 생각하기 쉽다. 그러나 실제로 필자는 그 반대가 참이라고 말한다. 첫째로 우리는 동일한 실재를 파악하면서도 무의식적으로 공통경험의 어떤 일부 요소를 선택하게 되며, 둘째로 인간은 자신에게 확실한 부분을 강조하고 다른 부분을 부인하게 되며, 셋째로 그렇게 파악된 자료들도 직접 표현될 수 없기 때문에 자연히 '해석된 자료'가 될 수밖에 없다.[6)]

결국 "모든 종교는 참된 요소와 거짓된 요소를 동시에 가지고 있다. 즉 모든 종교의 진리 주장은 우리들의 비감각적 지각으로 파악된 실재에 대한 진리, 그리고 문화적 체계에 의해 채색된 해석과 표현의 혼합물일 뿐이다."[7)]

그러나 만약 모든 종교가 부분적 진리만 가지고 있다면, 그래서 모든 종교는 인류의 어느 일부분에게만 존재할 수 있다면, 우리는 여기서 종교를 상대화시키는 것이 아닌가? 필자는 절대로 그렇지 않다고 말한다. 오히려 그것이 부분적이기 때문에 모든 인류에게 수용될 수 있으며, 예를 들어서 기독교의 진리가 전체 진리의 일부분이라고 해도 그것은 모든 인류의 역사에 적용될 수 있다는 뜻에서 절대로 상대화시키는 것은 아니라고 말한다.

여기서 필자는 독특성(uniqueness)과 절대성(absoluteness)은 절대로 동일한 개념이 아니라고 주장한다. 모든 종교의 진리가 상이하다는 점에서는 독특하지만, 그런 독특한 진리는 동시에 보편적일 수 있기 때문이다. 그래서 니터(Paul Knitter)와 톰슨(William Thompson)과 모란(Gabriel Moran)은 이렇게 새롭게 재정의된 독특성을 각각 '관계적 독특성', '상호 보완적 독특성', '내포적 독특성'이라고 부르며, 콥(John Cobb)은 기독교뿐만 아니라 모든 종교의 독특성을 주장하면서 그들은 어떤 부분에서는 다른 종교보다 더욱 우월하거나 열등할 수 있다고 말한다. 필자의 이런 주장은 나의 사상과 완전히 일치하는데, 나는 이미 1980년에 이렇게 말했다.

> 모든 종교는 제 나름대로의 독특성을 가지고 있다. 그러므로 마치 하나의 문화가 다른 문화보다 본질적으로 우월하다고 주장할 수 없듯이, 하나의 종교가 다른 종교보다 우월하다고 주장할 수 없고, 하나의 종교만이 참된 종교라고는 더욱 주장할 수 없다. 모든 종교의 독특성(uniqueness)이 바로 절대성(absoluteness)을 뜻하는 것은 아니다.[8)]

(2) 우리가 다른 종교의 진리를 식별할 수 있다는 주장의 의미는 무엇인가? 그것은 한마디로 우리는 여기서 다른 종교의 진리를 식별할 수 있는 어떤 초종교적 규범(a transreligious norm)을 가지고 있지 않지만, 그럼에도 어느 정도의 초종교적 기준(some level of trans-religious criteria)을 가질 수 있는 가능성을 배제하지는 않는다고 필자는 말한다.

종교들에 대한 이미 설립된 객관적 기준은 없다. 그러나 초종교적 규범이 '진정한' 종교 간의 대화 가운데 일어날 수는 있다. 그것은 초종교적 기준의 성격이 실재의 어느 부분과 상응하기 때문에 가능하다.

모든 종교의 부분적이며 독특한 진리는 원래 공통된 실재에 대한 우리들의 이해에서 오는 것이며, 각기 다른 종교적 진리 주장의 다양성은 각개의 종교가 공통된 실재의 어떤 측면만 선택적으로 파악하고 과장하여 발생한 것이다. 모든 종교의 신도들은 실제로 공통된 실재를 이해할 수 있기 때문에, 그들은 이 공통된 실재의 어느 측면에 상응하는 초종교적 중립적 기준을 만들 수 있는 것이다.[9)]

(3) 수많은 부분적이며 독특한 진리들이 상호 보완적이라는 주장의 의미는 무엇인가? 여기서 필자는 왜 그들이 상호 보완적이냐를 설명하는 대신에 그들은 상호 보완적으로 되어야 한다고 강조한다. 즉 그는 사실과 당위를 혼동하고 있다. 그래서 그는 잘못된 상호 보완성의 의미를 슈온(Frithjof Schuon)과 호킹(William Hocking)의 경우로 설명하고, 과정철학이야말로 종교는 가장 깊은 영역에서도 본질적으로 서로 상이할 수 있음을 인정한다고 말한다. 즉 모든 종교는 실재의 각기 다른 측면을 반영하며, 그래서 그들은 상호 보완적일 수 있다는 것이다.

예를 들어서 유신론적(theistic)인 기독교의 신과 (무신론적이 아닌) 비신론적(nontheistic) 공(空)을 비교해 보자. 그들은 영원히 만날 수 없는 듯이 보인다. 그러나 필자는 그들도 'PPP 자연주의' 안에서는 서로 만날 수 있다고 말한다. 이런 자연주의는 신과 창조성을 다같이 궁극적 실재로 인정하며, 그들은 상호 보완적이기 때문이다. 콥이 불교화된 기독교(Buddhized Christianity)와 기독교화된 불교(Christianized Buddhism)의 가능성을 주장하는 이유도 여기에 있다. 필자는 콥의 견해를 이렇게 정리한다.

콥에 의하면, 종교 간의 관계에 대한 상호 보완적 견해는 절대주의와 개념적 상대주의를 동시에 극복한다. 절대주의란 자신의 종교가 다른 종교들의 규범이 된다는 견해인데, 이 견해의 위험성은 기독교적 절대주의에 근거한 기독교적 제국주의에 의해 역사적으로 표현되었다.

개념적 상대주의는 "모든 전통이 자신의 규범을 가지고 있으며, 그 규범에 대한 어떤 규범적 비판도 있을 수 없다"는 입장인데, 콥은 "이런 입장은 각개의 전통에 정당성을 부여하는 듯이 보이지만, 실제로는 그들의 모든 주장을 손상시킨다"고 말한다. 모든 진리 주장은 나름대로의 보편성의 요소를 가지고 있기 때문이다. 우리가 이상의 두 입장을 모두 피해야 되는 이유도 여기에 있다.[10)]

(4) 상호 변용이 구원의 힘을 증진시킨다는 주장의 의미는 무엇인가? 그것은 종교 간의 대화에서 나오는 상호 변용은 '창조적 변용'이라는 것이다. 예를 들어서 "기독교인들은 기독교보다 더욱 정교하고 효과적인 불교의 수행 방법을 배움으로써 그들의 성화(聖化)시키는 능력을 더욱 증진시킬 수 있으며, 반대로 불교인들은 기독교의 사회윤리성에 대한 강조를 배움으로써 그들의 사회적 변용의 능력을 더욱 증진시킬 수 있다. 이런 뜻에서, 우리는 상호 변용이 필연적으로 한 목적을 위해 모든 종교가 협조하는 특수한 변용의 능력을 증진시킬 것이라고 기대할 수 있으며, 여기서 말하는 한 가지 목표란 (개인을 포함한) 세계의 창조적 변용을 말한다."[11)]

끝으로 나는 주재완의 글에 대하여 몇 가지 질문을 제기하겠다.

첫째, 필자는 모든 종교가 부분적이며 독특한 진리들을 가지고 있다는 주장의 의미를 토론하면서 진리의 기준에 대한 대응설을 '핵심적 상식'의 개념이라고 말하며, 대응설을 부인하는 린드벡(George Lindbeck)이나 로티(Richard Rorty)와 같은 철학자들은 주로 'SAM 자연주의'의 과학적 세계관에 뿌리를 둔 파괴적 포스트모던, 즉 비트겐슈타인적-데리다적 언어철학에 근거하고 있다고 비판한다.

그러나 우리는 진리의 기준에는 대응설뿐만 아니라 정합설, 실용설 등이 있다는 사실을 잘 알고 있다. 그럼에도 아무런 구체적 논증을 제시하지 않은 채 대응설을 당연한 진리라고 선포하는 것은 논리에 맞지 않는다. 또한 백보를 양보해서 화이트헤드와 콥이 그렇게 주장했기 때문에 필자가 그렇게 말했다면, 필자는 '권위에 의한 오류'를 범하는 것이다. 물론 한 논문에서 진리 기준의 모든 면을 전부 토론할 수는 없을 것이다. 앞에서 말했지만, 필자의 이 글은 이미 너무 길다. 그러나 적어도 여기서는 이 문제를 구체적으로 토론할 수 없다는 단서라도 있어야 할 것이다.

둘째, 필자는 과정철학이 절대주의를 배척하면서도 절대로 상대주의에 빠지지 않는다고 주장한다. 그러나 절대주의를 비판하는 모든 철학과 종교는— 실천적 상대주의는 몰라도— 개념적 상대주의를 완전히 벗어날 수 없다는 것이 나의 생각이다. 길희성은 이 문제에 대하여 이렇게 말한다.

> 복수주의와 상대주의는 필연적으로 같이 간다. 적어도 이론상으로는 복수주의를 주장하면서 상대주의를 피하는 방법은 없다. 물론 주관적으로는 복수주의자라고 해도 자기가 선택한 특정한 입장을 따르기 때문에, 그것을 중심으로 해서 다른 입장들을 평가한다는 뜻에서 상대주의가 아니라고 주장할 수 있다.
>
> 예를 들어서 레셔(Nicholas Rescher)는 이런 입장을 취하는데, 그는 상대주의와 무관심주의를 동일시하면서 자신이 주장하는 맥락적 복수주의(contextual pluralism)는 자신의 입장에 대한 헌신을 배척하지 않기 때문에 상대주의가 아니라고 주장한다. 그러나 그는 이론으로서의 복수주의와 실천으로서의 복수주의를 혼동하는 오류를 범하고 있다. 이론으로서의 복수주의는 적어도 나와 다른 입장들이 오류라는 것을 객관적으로 입증하거나 설득할 수 없다는 데서 나오는 결론이기 때문에 상대주의를 [완전히] 면하기는 어렵다.[12)]

또한 김경재는 '유일신 신앙에 대한 본격 비판'이라는 부제를 갖고 있는 『이름 없는 하느님』의 내용을 이렇게 정리한다.

철저한 유일신 신앙에 귀의하는 신앙인은 바로 그 철저한 유일신 신앙 때문에 자기가 귀의하는 종교를 포함하여 지구상에 나타난 모든 역사적 종교들을 상대화시키면서 포용적 태도를 가질 수 있고, 한 걸음 더 나아가 종교 복수주의를 긍정할 수 있다.[13)]

나는 모든 종교의 진리가 상대적이고 상대주의적이라는 사실을 솔직히 인정해야 한다고 믿는다. 다만 거기에는 극단적 상대주의와 상대적 상대주의의 차이가 존재할 뿐이며, 그들 사이에도 수많은 중간적 상대주의들이 존재한다는 사실이 중요할 뿐이다. 모든 종교가 부분적이며 독특한 진리를 가지고 있기 때문에 모든 종교가 보편적일 수 있다고 주장하는 과정철학이 상대주의를 아직도 받아들이지 못하고 있다는 사실은 참으로 슬픈 일이다.

셋째, 필자는 우리가 다른 종교의 진리를 식별할 수 있다는 주장을 토론하면서 '초종교적 규범'은 있을 수 없다고 말한다. 그러나 이런 사실이 '초종교적 기준의 어느 측면을 얻을 수 있는 가능성'을 제거하지는 않는다고 말한다. 앞과 뒤가 맞지 않는 것 같다.

넷째, 그러나 필자의 실수는 모든 종교의 부분적이며 독특한 진리들이 — 그들이 그렇게 서로 상이함에도 불구하고 — 상호 보완적이라고 주장하는 대목에서 극치를 이루고 있다. 여기서 그는 그들이 진정 상호 보완적이라는 사실을 증명할 의무를 가지고 있다. 그러나 그는 '상호 보완적이다'가 아니라 '상호 보완적이어야 한다'는 주장을 되풀이하고 있다. 즉 사실과 당위의 문제를 혼동하고 있다. 만약 그들이 진정 상호 보완적이라면 우리는 지금까지의 수많은 종교적 갈등도 갖지 않았을 것이다.

다섯째, 나는 종교 간의 대화가 상호 변용을 만들고, 이런 변용이 개인과 가정과 국가와 세계를 구원하는 힘이 될 수 있다는 주장에 전적으로 동의한다. 그러나 여기에 한 가지 문제가 도사리고 있다. 모든 종교의 목적과 도달 방법은 궁극적으로 동일한 것인가? 그렇지 않으면 그들은 각기 다른 것인가? 이 중요한 질문에 대하여 힉(John Hick)은 전자를 주장하며 콥은 그들은 서로 다른 목표라고 설명한다.

이 중요한 질문에 대한 나의 답변은 이렇다. 그들은 완전히 동일한 것이 아니며 완전히 다른 것도 아니다. 그리고 나의 이런 주장은 내가 평소에 제창하는 '가종(加宗, addversion)'의 개념으로만 설명할 수 있지만, 여기서는 원고의 제한으로 상세히 설명할 수 없다.[14)]

끝으로 수많은 생각해야 할 문제들을 제기한 주재완의 탁월한 논문에 감사를 드린다. 이 논문을 계기로 해서 과정철학과 종교 복수주의의 관계에 대한 더욱 심도 있는 글이 발표되기를 바란다.

[주(註)]

1) Jaewan Joo, "Whiteheadian Philosophy As a Constructive Postmodern Worldview and Its Perspective on Religious Pluralism," 제16회 한국철학자대회 2003, 『탈민족주의 시대의 민족 담론』, 제3권, p.335.
2) 같은 글, p.239.
3) 같은 글, p.342.
4) 우리나라에서 'religious pluralism'은 대개 '종교 다원주의'로 번역된다. 그러나 '다원'이라는 표현은 이미 하나의 실체가 각기 다른 측면을 가지고 있다는 뜻을 함유하고 있다. 그래서 나는 그것을 '복수주의'로 번역하는 것이 더욱 가치중립적이라고 믿는다. 그리고 '다수'로 번역하고픈 생각도 있었으나 포기했다. '다수(many)'의 반대는 '소수(some)'이며, '복수(plural)'의 반대는 '단수(singular)'이기 때문이다. 결론적으로 'religious pluralism'은 사실적으로는 '복수 종교 현상'으로 번역하고, 평가적으로는 '종교 복수주의'로 번역해야 할 것이다. (그래서 나는 이 글에서 다른 철학자들의 '종교 다원주의'를 전부 '종교 복수주의'로 고쳐서 인용한다.)
5) Jaewan Joo, 앞의 글, p.343.
6) 같은 글, p.346.
7) 같은 글, p.347.
8) 황필호, 「종교철학은 가능한가」, John Hick, 황필호 역, 『종교철학 개론』, 종로서적, 1980, p.20. Cf. 황필호, 「재판을 내면서」, Karl Jaspers, 황필호 역, 『소크라테스, 불타, 모하메드』

9) Jaewan Joo, 앞의 글, p.349.

10) 같은 글, p.354.

11) 같은 글, p.356.

12) 길희성, 「종교 다원주의: 역사적 배경, 이론, 실천」, 『종교연구』, 제28집, 2002년 가을호, p.3의 각주.

13) 김경재, 『이름 없는 하느님』, 삼인, 2002, pp.12-13.

14) 황필호, 「개종과 가종」, 『종교철학 에세이』, 철학과현실사, 2002, pp.353-376.

5. 종교 경험과 지식 :

이종진, 「Richard Schaeffler에 의한 종교 경험의 구조 분석」을 읽고

1. 종교 경험과 지식

황홀경을 맛보지 못한 무당은 선무당이다. 이와 마찬가지로 종교 경험을 가져보지 못한 종교인은 진정한 종교인이 아니다. 그는 엉터리 종교인이거나 거짓 종교인일 뿐이다. 이런 뜻에서 우리는 종교 경험을 "거대하고 복잡한 현상을 일어나게 하고, 종교의 생명력을 유지해 주는 살아 있는 샘물(the living spring)"이라고 할 수 있다.[1] 도대체 종교 경험이 없는 곳에 어찌 종교 개념이나 종교 의식이 있을 수 있겠는가. 이런 뜻에서 모든 종교는 종교 경험에서 시작해서 종교 경험으로 끝난다고 말할 수 있다.

그러나 '종교 경험'이란 어휘 속에는 수많은 복잡한 문제들이 도사리고 있다. 도대체 일반 경험과 질적으로 상이한 종교 경험이 따로 존재하는가? 만약 존재한다면, 그것은 어떻게 기술될 수 있고, 또 그 객관적 타당성은 어떻게 정초될 수 있는가? 더 나아가서, 종교 경험이 가능하기 위한 조건은 무엇인가?[2]

그러나 이 모든 문제들은 우리가 종교 경험과 지식의 관계를 어떻게 설정하느냐는 좀더 근원적인 문제에서 나온 것들이다. 일반적으로 우리는 경험을 — 이성과 더불어 — 지식의 한 조건으로 생각해 왔다.

특히 18세기 서양의 경험론자들은 인간의 심성이란 원래 백지(tabla rasa)와 같은 것이며, 경험이 그 위에 붉은 잉크로 글을 쓰면 붉은 글씨가 나오고 검은 잉크로 쓰면 검은 글씨가 나올 뿐이라는 극단적 경험론을 주장했다. 그러나 경험에 의한 지식이 항상 확실한 것은 아니다. 그래서 플라톤은 이미 의견(독사)과 지식(에피스테메)을 구별했던 것이다. 그럼에도 경험이 어떤 형태로든지 지식의 조건이 된다는 사실에 대하여는 합리론자들뿐만 아니라 경험론자들도 부인할 수 없을 것이다.

그렇다면 종교 경험도 — 그것이 무엇이든지 간에 — 일반 경험과 마찬가지로 지식의 조건이 될 수 있는가? 언뜻 보기에, 일반 경험은 (어느 경우에는) 반복될 수 있지만 종교 경험은 반복될 수 없는 듯이 보인다. 또한 일반 경험은 그 객관적 타당성을 테스트할 수 있지만 종교 경험에서는 그것이 원천적으로 봉쇄되어 있다. 이렇게 보면, 종교 경험은 일반 경험과 질적으로 다른 어떤 것으로 보인다. 그럼에도 모든 종교인들은 종교 경험을 일반 경험과 동일하게 생각한다. 그 이유는 무엇일까? 그리고 종교인들의 이런 태도는 과연 정당화될 수 있는가?

필자는 이런 문제들에 대한 답변으로 셰플러(Richard Schaeffler)의 이론을 제시하는데, 셰플러는 크게 두 가지 철학적 조류에 의존하고 있다. 첫째는 후설의 철학적 현상학을 종교 영역에 응용한 종교 현상학이며, 둘째는 '경험 내지는 인식이 이루어지기 위한 조건과 그 과정을 탐구'하는 칸트의 선험철학이다. 그가 셰플러의 방법론을 '선험적 현상학'이라고 명명한 이유도 여기에 있다.[3)]

2. 이 글의 요약

셰플러 사상에 대한 이종진의 설명은 논리적으로 아주 명쾌하다. 먼저 그는 경험을 '현실과의 대화'로 규정하면서 (종교 경험이 아닌)

일반 경험의 성립 원칙을 칸트의 사상으로 설명한다. 모든 경험은 여러 단계의 형상 부여적 종합에 의해 생겨나는데, 여기에는 크게 직관의 공리, 지각의 선취(혹은 예기), 경험의 유비, 경험적 사유 일반의 요청이라는 네 가지 원칙이 작용한다는 것이다.

직관의 논리란 "모든 직관의 내용들은 형상화된 크기들이며, 이는 우리가 직관 안에서 파악한 종합적 행위를 통해서 현실의 요구에 대해 던지는 응답으로부터 생겨난다"는 것이고, 지각의 선취란 "모든 지각의 내용들은 지각 주체와 현실 사이의 대화 중에 있는 국면이며, 따라서 그것들은 자체 안에 이전의 지각 방식들의 선취를 내포한다"는 것이며, 경험의 유비란 "더 큰 현실의 요구와 [그에 대해] 우리가 직관함과 상기함과 예기함 속에서 시도되는 대답의 관계들의 회기는 지각들을 경험의 통일성이 되게 하는 모든 결합들의 근본 법칙이다"라는 것이며, 경험적 사유 일반의 요청이란 "어떤 경험도 다가오는 경험들을 불필요한 여분의 것으로 만들지 않는다"는 것이다.[4)]

그 다음에 필자는 종교 경험의 구조를 두 단계로 설명한다. 첫째로 그는 이른바 '한갓된 주관적 체험'과 종교 경험의 차이점을 설명하고, 둘째로 그는 종교 경험과 해석의 관계를 설명한다. 전자에서 필자는 종교 경험을 단순한 의식의 확장으로 보는 견해를 비판하는데, 만약 우리가 단순한 의식의 확장을 종교 경험으로 간주한다면 약물을 통한 도취 상태도 종교 경험이 될 것이라고 말한다.

또한 그는 종교 경험을 '주객의 차이에 대한 극복'으로 보는 견해를 비판하는데, 그가 신비 경험에 이르게 하는 다양한 형식의 수행들을 일단은 의심의 시선으로 바라보는 이유도 여기에 있다. 그리고 그가 신비 경험을 이렇게 보는 이유는, "수행자들의 목적이 긍정적인 성격을 갖기보다는 오히려 현대의 과학기술문명에 대한 염증에서 비롯되었다"고 보기 때문이다. 후자에서 필자는 종교 경험의 구조를 설명하면서 "해석으로부터 자유로운 순수 경험은 있을 수 없다"는 세플러의 주장을 옹호한다.[5)]

그 다음에 필자는 종교 경험이 구축되는 구체적 과정을 설명하는데, 여기에는 크게 종교적 직관 방식의 공리, 종교적 지각의 선취(기대), 종교 경험의 유비, 종교 영역에서의 경험적 사유의 요청, 종교적 세계의 안전성과 불안전성이라는 다섯 가지 법칙이 작용한다고 말한다. 종교적 직관의 공리란 "특수하게 종교적인 방식으로 직관되는 모든 내용은 '특명한 형태들'이며,[6] 이것들은 직관될 수 있는 한계까지 이끌려지는 데서 생겨난다"는 것이고,[7] 종교적 지각의 선취는 "종교적 지각의 모든 내용은 현실과 함께 이루어지는 대화 속의 국면들이다"라는 것이고,[8] 종교 경험의 유비란 "세계와의 인간적 대화가 위협받고 있으며 인간이 마음대로 처분할 수 없는 대화의 복구 사이에 존재하는 관계들의 회귀가 바로 종교적 지각들을 종교 경험이 되게 하는 모든 결합의 근본 원칙이다"라는 것이며, 종교 영역에서의 경험적 사유의 요청이란 "어떤 종교 경험도 동일한 누멘적 현실의 그 어떤 발언도 배제하는 그런 종류의 것은 아니지만, 그러나 동시에 그토록 새로운 누멘적 자유의 결정이 현재적 형태를 취한 것으로 이해될 수 있다"는 것이다.[9]

3. 이 글의 아쉬움

필자는 '종교 경험'이라는 어휘가 서구적 학문 배경에서 보면 18세기 말엽에 슐라이어마허의 『종교론』이 제시한 프로그램에 힘입고 있으며, 종교 경험이 본격적인 종교철학의 탐구 대상으로 된 것은 윌리엄 제임스에 힘입고 있다고 말한다. 그러나 이것은 지나친 단순화가 아닐 수 없다. 이미 말했듯이, 종교 경험과 지식의 관계에 얽힌 문제들은 종교가 탄생된 이래 계속되어 왔기 때문이다.

그러나 내가 여기서 더욱 아쉬워하는 점은 필자가 셰플러의 사상을 상세히 설명하면서도 슐라이어마허나 제임스, 그리고 틸리히 등을 포함한 다른 사상가들과 전혀 연관시키지 않고 있다는 사실이다. 일반적으로 제임스는 그의 주저인 『종교 경험의 다양성』에서[10] 신비주의적 경험의 밑바닥에 자리 잡고 있는 여러 보고들을 비교적 동정적으로 토론했으며, 틸리히는 신비주의에 대한 철학적 의미를 천명하려고 했다고 인정받고 있기 때문이다.

내가 필자에 대하여 느끼는 '생략의 아쉬움'은 여기서 끝나지 않는다. 이미 말했듯이, 셰플러는 종교 경험의 여러 문제들을 철학적 신학의 한 유형이라고 볼 수 있는 칸트의 비판철학과 후설의 종교 현상학으로 설명한다. 그러나 셰플러는 이미 1983년에 출판한 『종교철학』에서 자신의 사상을 철학적 신학, 종교 현상학, 분석철학의 세 줄기로 설명하고 있다. 만약 필자가 칸트와 후설의 사상과 더불어 비트겐슈타인의 사상까지 포괄적으로 토론했다면, 그것은 더욱 알찬 논문이 되었을 것이다.

일반적으로 종교 경험은 세 가지 측면에서 토론될 수 있다. 첫째로 종교 경험의 스펙트럼의 한쪽에는 신비 경험이 있다. 이것은 아무도 부인할 수 없는 엄연한 현상이다. 둘째로 다른 한쪽에는 신비 경험보다는 일상 경험(ordinary experience) 속에서 종교성을 찾으려는 시도가 있는데, 이런 사람들의 대표자로는 오토(R. Otto)를 들 수 있다. 그러나 우리가 일상 경험 쪽으로 더욱 나아간다면, 모든 지각 현상 전체에 펼쳐지는 종교성을 읽을 수 있다는 주장이 있는데, 이런 사람들의 대표자로는 '종교적 인간에 대한 전체적인 경험'을 강조한 템플(William Temple), "모든 날은 하느님이 만드신 날이며, 모든 국가는 하느님의 영광을 위하여 시간과 공간 안에 존재하게끔 만든 하느님의 나라며, 모든 인간은 하느님의 형상으로 창조된 신성한 존재"라고 주장한 리처드 니버(H. Richard Niebuhr),[11] '나와 너'의 인격적 만남을 주장한 부버(Martin Buber) 등이 있다.

셋째로 종교 경험의 대상보다는 그 경험의 주체 쪽을 강조하는 비트겐슈타인의 '종교적으로 경험하기(experiencing as religious)'의 시도가 있는데, 이런 입장을 옹호하는 힉(John Hick)은 이렇게 말한다.

종교적 인식이란 인간 존재의 모든 깊이와 넓이를 특별히 경험하고 그것에 대하여 특별하게 대응하는 길, 다시 말해서 인간의 삶을 하느님과 관련해서 보고, 삶의 모든 관계와 책임에서 하느님에게 대응하는 길이다. 그리고 이와 같은 종교 경험에 대한 견해는 종교 신앙을 특수할 정도로 종교적인 형태 속에서 작용하는 설명 요소로 보기 때문에 종교 신앙은 인간 존재가 경험하는 두 가지 방법을, 즉 종교적 방법과 비종교적 방법을 구별해 주는 역할을 담당한다.

종교적 인식의 전체성에서 볼 때 인생의 모든 부분이나 전체는 종교적 의미를 가질 수 있다. 그러나 우리는 특수하게 강력한 종교 의식에 중점을 둔 아주 인상적이고 기념할 만한 사건들(especially impressive and memorable events)을 생각할 수 있으며, 이런 사건들은 인간 경험의 전체에 빛을 던져주는 의미의 중심점(center of meaning)이나 계시의 구두점(points of revelation)과 같은 기능을 수행한다.

유대교에 있어서 이런 계시적인 사건은 이스라엘이라는 국가의 이야기에 집중되어 있는데, 그 중에도 모세에 의하여 이집트를 탈출하는 이스라엘 백성의 예정적 구원을 들 수 있으며, 기독교에 있어서는 예수의 생애와 초대 교회의 생활을 들 수 있다. 유대교 및 기독교에 있어서 이런 사건들은 성서에 기록된 구원사의 중심을 이룬다.[12)]

그럼에도 필자는 분석철학적 이론을 완전히 생략하고 있다. 그러나 나의 이런 아쉬움은 논문 외적인 것이다. 한 논문에서 모든 문제를 전부 다룰 수는 없기 때문이다. 그러므로 나의 아쉬움은 그냥 아쉬움으로 남을 수 있다. 이것은 절대로 필자의 잘못이 아니다. 그러나 나는 여기서 이 글이 명확히 밝히지 않는 한 가지 정말 아쉬운 점을 제기하려고 한다. 그것은 바로 신비주의에 얽힌 문제다.

4. 이 글의 혼란스러움: 신비주의의 문제

필자는 셰플러에 대한 평가로 두 가지를 지적한다. 첫째로 그는 셰플러가 종교 현상학자인 오토의 『성스러움』과 역시 종교 현상학자인 셸러(Max Scheler)의 『인간 안에서의 영원한 것에 대하여』를 동정적이면서도 비판적으로 분석함으로써 종래의 종교 현상학을 발전적으로 계승하고 있으며, 둘째로 셰플러 사상의 실천 연관성을 긍정적으로 고찰하는데, 특히 후자는 각기 다른 문화 간의 만남과 각기 다른 종교 간의 대화에 도움을 준다고 평가한다. 그러면서도 필자는 신비주의에 대한 셰플러나 자신의 견해를 명확히 밝히고 있지 않다.

이미 말했듯이, 종교 경험을 논하면서 신비 경험을 완전히 배제할 수는 없을 것이다. 그래서 셰플러와 저자는 신비 경험을 종교 경험의 '특별한 형식'이라고 말한다. 그러나 그가 여기서 말하는 특별한 형식이 정확히 무엇인지는 밝히고 있지 않다. 다만 필자는 이렇게 말한다.

> 셰플러는 해석으로부터 자유로운 경험, 순수 경험은 없다고 논변한다. 체험들을 경험으로 변환시키는 것은 질서 지어진 맥락을 전제로 하기 때문이다. 이로써 그는 종교 경험의 이론들 중의 하나인 '인식이론적 근본주의'를 논박한다.
>
> 다른 한편으로는 셰플러는 경험이 상호 주관적으로 수용된 체험의 해석들 안에서 고갈되지 않는다는 점을 강조한다. 그런 해석은 경험자로 하여금 더 큰 현실의 요구에 열려 있도록 만들기 때문이다. 이로써 셰플러는 더 큰 진리의 단일성을 가정하면서, 중재되지 않은 '인식이론적 상대주의'와도 거리를 두고 있다.[13)]

여기서 문맥을 떠난 순수 경험과 중재되지 않은 순수 경험은 과연 양립할 수 있는가? 그리고 우리는 신비 경험은 모든 문맥, 환경, 체험 당사자의 형편 등과 전혀 무관하다는 신비주의자들의 주장을 어떻게 수용할 수 있을 것인가? 즉 우리는 "모든 신비주의자는 동일한 언어를 말한다(All mystics speak the same language)"는 주장을 어떻게 받아들여야 하는가? 셰플러와 필자는 분명히 순수 경험의 가능성에 대해서는 이론(異論)을 제기하면서도 그것을 완전히 외면하지 못하고 있는 것은 아닐까? 나의 오독(誤讀)이기를 바란다.

[주(註)]

1) John Hick, ed., *Classical and Contemporary Readings in the Philosophy of Religion*, Prentice-Hall, 1970. (John Hick, 황필호 역, 『종교철학 개론』, 종로서적, 1980, p.276에서 재인용.)
2) 이종진, 「Richard Schaeffler에 의한 종교 경험의 구조 분석」, 한국종교학회 발표문(2004년 11월 6일), p.1.
3) 같은 글, p.1.
4) 같은 글, pp.2-3.
5) 같을 글, p.6.
6) 같은 글, p.7.
7) 같은 글, p.9.
8) 같은 글, p.10.
9) 같은 글, p.13.
10) Cf. 윌리엄 제임스, 김재영 역, 『종교적 경험의 다양성』, 한길사, 2000.
11) H. Richard Niebuhr, *Radical Monotheism and Western Cultures*, Harper & Row, 1960, pp.52-53.
12) John Hick, 황필호 역, 『종교철학 개론』, 앞의 책, p.278. Cf. 저자는 종교 경험을 이해하는 현대 종교철학자들을 세 부류로 구분한다. 첫째는 올스톤(William Alston)과 같은 근본주의, 둘째는 이와 반대의 입장에 서 있는 힉(John Hick)의 상대주의, 셋째는 셰플러의 비판주의다. 그리고 저자는 여기서 "셰플러의 이론은 다른 두 입장의 한계들을 극복하고 있다는 점에서 '비교 우위를 점한다'고 볼 수 있다"고 말한다. 그러나 이 내용을 알려면 그의 학위논문을 보아야 한다고 말한다. 이종진, 앞의 글, p.8의 각주.
13) 같은 글, pp.7-8.

6. 이광세

현재 미국 켄트주립대학 철학과에서 칸트, 비트겐슈타인, 특히 동서양 비교철학을 가르치는 철학교수. 그러나 원래 서울대학교 문리대 정치학과를 나와서 정치방법론을 공부하다가 철학을 전공한 학자. 1934년 5월 30일생으로 만 5세였던 1939년 5월 30일에 천자문을 완전히 읽었던 천재 소년. 마흔이 훨씬 넘어서 미국인 아내와 결혼하여 현재는 작은 호숫가에 집을 짓고 개 두 마리와 고양이 한 마리와 같이 살면서 장자의 소요유(逍遙遊)를 실천하고 동부지부 국제중국철학회 프로그램 의장으로 동분서주하고 있는 실천가. 최근에는 한국사상에 관심을 쏟아서 『옥스포드 철학 안내』의 한국철학 편에 원효를 비롯한 고승들을 소개하기도 한 사람.

우리는 그의 이런 약력으로부터 몇 가지 특성을 발견할 수 있다.

첫째, 이광세는 철학자가 흔히 빠질 수 있는 관념론자가 아니다. 그래서 그는 대학생일 때도 '인생이란 무엇인가?' 혹은 '종교란 무엇인가?'와 같은 추상적인 고민을 전혀 이해할 수 없었고 신의 존재 문제를 가지고 고민하는 학생에 대해서도 "나는 그가 왜 고민하는지를 알 수 없었다"고 고백한다. 그가 실용주의적인 중국사상을 좋아하게 된 이유도 여기에 있을 것이다.

둘째, 이광세는 인간적으로 솔직담백하고 학문적으로는 지적인 정직성을 가지고 있다. 그가 '처음이요 마지막 영웅'이라고 표현한 팹(A. Pab)을 좋아한 것도 그의 위선이 없는 정직함 때문이었으며, 팹이 38세 젊은 나이로 죽은 다음에 좋아하게 된 비트겐슈타인도 이와 비슷한 '지적 결벽증' 때문이었다. 그래서 이광세는 "나에게 좋은 음식과 진리 중에서 하나만 택하라면, 나는 음식을 택하겠다"고 솔직하게 말한다. 그는 아직도 "죽는 날까지 하늘을 우러러 한 점 부끄럼이 없기를"이라는 윤동주의 「서시」를 사랑한다.

셋째, 이광세는 이제 서양의 논리 실증주의와 칸트 철학을 벗어나 동서양 비교철학에 굉장한 관심을 쏟고 있다. 특히 그가 최근에 발표한 「로티(R. Rorty)와 장자」는 한국에서도 큰 반향을 일으켰다.

넷째, 이광세는 한국철학의 특성을 평화적 융화주의로 설명한다. 한국의 풍류도는 모든 소외를 극복하고 양극의 조화를 모색한다는 것이다.

이광세는 동서양을 자유자재로 넘나드는 자유인이다. 1996년 그의 환갑 논문집으로 출판된 『동양과 서양: 두 지평선의 융합』이라는 제목이 이를 잘 증명한다. 그는 끝없이 학문을 추구하는 공자, 무애인 원효, 소요유를 즐기는 장자를 사랑한다. 그는 동양과 서양이 본질적으로 다르다는 견해를 배척한다. 만약 서양사상이 독단성과 편협성에 근거하고 동양사상이 개방성과 우연성에 근거하고 있다면, 이 원인은 본질적인 것이 아니라 역사적인 우연일 뿐이라고 믿는다. 즉 그는 사상적 인류 공동체를 추구한다. 그의 사상과 학문이 동양과 서양에서 일취월장하기를 바란다.

그러나 그의 글 중에는 내가 선뜻 동의할 수 없는 부분들도 많다.

첫째, 우리는 과연 "협소하고 고정된 입장에서 벗어나 열린 공간으로 소요유(逍遙游)하기를 권"한 장자의 사상을 로티(Richard Rorty)의 현대 자유민주주의 사회정치학과 동일한 개념으로 받아들일 수 있을까? 우선 장자를 엘리트주의자로 규정한 이광세의 주장이 옳다면, 이것은 자유민주주의 평등사상에 위반될 것이다. 현대의 평등사상은 도(道)를 따르는 사람과 그렇지 않은 사람을 구별하지 않기 때문이다. 또 우리가 과연 '분배의 정의'와 같은 개념을 장자 사상에서 끌어낼 수 있느냐 하는 문제도 그리 간단히 답변할 수 없는 일이다. 나는 여기서 장자의 사상이 자유민주주의 사상과 위배된다고 주장하는 것이 아니다. 다만 이런 주장을 하려면 그것을 뒷받침할 수 있는 충분한 근거를 제시해야 한다는 것이다.

둘째, 우리는 과연 장자를 "일차원적인 면에서는 영국의 철학자 무어나 대부분의 상식 있는 보통사람들처럼 굳건한 실재론자지만, 이차원적인 면에서는 개념적으로 세련된 본체론적 회의주의자"라고 볼 수 있을까? 내가 보기에 장자는 전혀 굳건한 실재론자(robust realist)가 아니었으며, 일차원과 이차원을 구별한 이원론자도 아니었다. 또한 "어떤 주어진 개념 체계 안에서 움직일 때는 회의를 갖지 않지만, 어떤 개념 체계도 확실성을 결여하고 있음을 의식"하는 것이 바로 이차원적인 본체론적 회의주의라는 그의 설명은 무슨 뜻일까?

셋째, 「제물론(齊物論)」에 나오는 양행(洋行)의 개념도 '대립된 두 쪽이 다 순조롭게 뻗어 나가는 입장'이라 해석하기보다는 각기 상반되는 입장에 대하여 시비를 취사선택하지 않고 그대로 방임한다는 뜻으로 해석해야 할 것이다. 본문은 이렇게 말한다.

"이같이 시비(是非)의 분규는 의미 없는 것이므로, 성인은 시비의 대립을 화해시켜서 하나로 한다. 그리고 그는 인위적 차별을 초월한 자연의 경지, 즉 천균(天鈞, 자연의 이치)에 안주한다. 이것은 시(是)는 시(是)대로, 비(非)는 비(非)대로 그대로 있게 하여, 양자 사이에 차별을 두지 않는 입장이니, 이를 양행이라고 한다."

그렇다고 해서 이광세의 글의 요지가 분명하지 않은 것은 아니다. 내가 이해하는 한, 그의 요지는 극히 간단하고 분명하다.

첫째, 로티는 '반(反)철학자'다. 그는 반기초주의자며, 반표상주의자며, 반실재론자다.

둘째, 우리는 로티의 이런 특성을 장자에서도 발견할 수 있다. 특히 반표상주의, 다원주의, 대화의 개념에 나타난 그들의 사상들 사이에는 놀랄 만한 유사성이 있다.

셋째, 다만 로티는 다원주의를 주장하면서 "각기 다른 개념 체계들 사이에 갈등이 있을 필요가 없음을 지적함에 그쳤지만" 장자는 한 걸음 더 나아가 그들이 "상보(相補)할 수 있음을 시사"하며, 대화의 개념에 있어서도 장자는 "로티보다 범우주적인 조화의 면이 돋보인다"는 차이점이 있다.

나는 이광세의 요지에 대체로 동의한다. 그러나 우리가 이광세의 논의를 전부 받아들인다고 해도, 수많은 철학자들 중에서 왜 하필 장자와 로티를 비교해야 되느냐는 질문은 여전히 남는다. 반표상주의와 다원주의와 대화를 강조한 철학자들은 그들 이외에도 얼마든지 있을 수 있기 때문이다. 더 나아가서 나는 그들이 서로 만나는 근거에 있어서 전혀 그와 견해를 달리한다. 내가 보기에 그의 이런 실수는 일반적으로 동양철학(특히 노장철학)을 독해하려는 많은 서양철학자들의 공통된 현상이다.

7. 김상일 교수의 몇 가지 특성 *

김상일은 오지랖이 넓은 사람이다. 그는 신앙과 논리, 철학과 과학, 기독교와 불교, 수학과 형이상학, 서양사상과 동양사상을 전부 설명하려고 한다.

그는 우리나라의 전통적인 '한' 사상이 서양의 신과학과 유사하다고 주장한 『현대 물리학과 한국철학』(1991)에서는 의상의 「화엄일승법계도」와 홀론, 파동설과 이기론, 프랑크 상수와 정다산의 여전제(閭田制)를 비교하며,[1] 『수운과 화이트헤드』(2001)에서는 아리스토텔레스의 A형 논리와 에피메니데스의 E형 논리, 동학과 천도교, 힌두교의 인격신과 불교의 비인격신, 수운의 지기(至氣)와 과정신학의 창조성, 브래들리와 화이트헤드와 수운, 과정철학의 클레어몬트 학파와 보스턴 학파, 주자와 율곡, 동학의 기(氣)와 기독교의 성령론을 비교하며,[2] 『괴델의 불완전성 정리로 풀어본 원효의 판비량론』(2003)에서는 칸트의 이율배반과 불교의 양론, 진나 프로그램과 힐베르트 프로그램, 한겨레 수론과 칸토어 역설, 마이농과 원효, 칸토어의 집합론과 원효의 유식론을 비교한다.[3] 실로 그의 학문 세계는 문자 그대로 종횡무진이고 사통팔달이다.

김상일의 3대 저서라고 할 수 있는 이상의 세 권 중에서 마지막 저서를 좀 생각해 보자. 우선 여기서 말하는 괴델의 불완전성 정리란,

러셀이 제기한 '거짓말쟁이의 역설'을 수학적 공리 체계에 적용시켜서 얻은 원칙이다. "모든 공리 체계는 그 체계 내에 그 체계를 기반으로 삼고 있는 공리에 의해 증명될 수도 없고 반증될 수도 없는 명제가 하나 이상 존재한다." 그런데 김상일은 이 책에서 괴델과 원효를 비교하려는 '기발한 발상'을 제시하는데, 김성철은 이런 작업은 참으로 어려운 일이라고 말한다.

> 『판비량론』에 담긴 원효(617-686)의 사상과 괴델(1906-1978)의 불완전성 정리를 비교하는 일은 지난(至難)한 작업이다. 비교철학적 연구를 하기 위하여는 비교의 대상이 되는 사상에 대한 정확한 이해가 선행되어야 하는데, 상기한 양 사상 모두 난해의 극을 달리고 있다.
>
> 또 『판비량론』의 경우 초서체 필사본으로 그 일부만 전해지기에, 이에 대한 정확한 교정본을 만드는 것이 쉽지 않다. 신현숙의 『원효의 인식과 논리』(민족사)가 자료로 삼은 교정본과 『한국 불교 전서』에 실린 교정본은 여러 곳에서 차이를 보인다. 한 글자의 차이로 문장 전체의 의미가 달라질 수 있기에, 『판비량론』이 난해한 것은 그 내용 때문이기도 하지만, 이렇게 정확한 교정본을 만들기가 쉽지 않다는 데에도 기인한다. 또 『판비량론』을 이해하기 위해서는 불교 인명학에 대한 정확한 이해가 선행되어야 한다. 따라서 이런 예비 작업 중 어느 하나에 잘못이 있을 경우, 이에 토대를 두고 이루어질 연구 성과는 전부 와르르 무너질 수가 있다.[4)]

김상일이 이렇게 오지랖이 넓은 이유는 그가 욕심이 대단히 많은 사람이기 때문이다. 그는 단순히 동양사상과 서양사상이 만날 수 있다고 주장하는 데서 만족하지 않는다. 그는 그들의 유사성과 차이성을 동시에 제시하려고 노력하며, 그것도 관념적인 글이 아니라 실제적이고 구체적인 실례를 들어 설명하려고 노력한다.

언뜻 보면, 김상일의 이런 학문 태도는 결국 서양사상 혹은 동양사상에 내재된 한국적인 특성을 찾아내려는 다른 학자들의 태도와 비슷한 듯이 보인다. 그러나 실제로 그들 사이에는 엄청난 차이가 있다. 그는—'한' 사상의 경우에는—오히려 한국사상의 입장에서 다른 사상들을 비판하고 수용하며, 그렇게 할 수 없는 경우에는 적어도 한국사상이 동서양의 어느 사상보다 우월하다고 주장한다. 하여간 김상일은 오지랖이 넓은 사람이며, 그 이유는 그가 성취하려는 목표가 대단히 높기 때문이다. 이것이 그의 첫째 특성이다.

김상일의 또 다른 특성은 그가 그의 철학을 전개하면서 언제나 논리학을 주된 매개체로 사용한다는 것이다. 특히 불교의 경우에는 "철학이 곧 논리학이고, 논리학이 곧 철학"이라고 말한다. 언뜻 보기에 "깨달음을 주된 과제로 하는 불교가 논리학을 철학의 중심 과제로 삼는다는 말은 설득력이 없어 보일 수도 있다. 그러나 불교는 깨달음의 과정에서 논리학을 배우는 것이 필수 과정이라고 본다." 이런 뜻에서 그는 논리학을 '철학의 불꽃'이라고 부른다.[5)]

왜 김상일은 논리학에 이렇게 매달리는가? 그 이유는 그가 논리학이 풀어야 할 가장 중요한 문제는 바로 '거짓말쟁이의 역설'로 대표되는 역설에 얽힌 문제를 해결하는 것이며, 이런 역설의 문제는 동서양의 모든 철학과 종교의 가장 핵심적인 사상이라고 믿기 때문이다. 더 나아가서 김상일은 이 역설이 우리들의 일상생활에도 그대로 적용될 수 있다는 사실을 자신의 자전적 에피소드로 설명한다.

> 나는 중학생 시절에 공부하는 시간표를 만드는 과정에서 이 시간표를 만드는 시간은 공부하는 시간에 들어가야 하는가 말아야 하는가를 고민한 적이 있다. 만약에 들어간다면 그 시간에 관한 시간표를 먼저 만들어야 한다. 즉, 시간의 '시간표' 그리고 그 '시간표'에 관한 "시간표"를 만들어야 한다. 여기서는 이 두 시간표의 차이를 작은따옴표(' ')와 큰따옴표(" ")로 구별하였다. 그러면 시간표의 시간표의… 시간표를 계속 만들어야 한다는 역설에 빠지게 되고, 그렇게 되면 정작 공부할 시간은 시간표 만드는 시간 때문에 전혀 가질 수 없게 될 수도 있다는 결론에 도달하게 된다. "배보다 배꼽이 크다"는 속담이 그래서 생기는

것이 아니겠는가. 나는 대학에 들어와 철학을 배우면서 중학생 시절의 이런 곤혹스럽던 경험이 다름 아닌 거짓말쟁이의 역설과 그 성격이 같고, 20세기에 들어와 '러셀의 역설'로 발전했다는 사실도 알게 되었다.[6)]

또한 김상일은 이 역설이 개인적일 뿐만 아니라 사회적이며, 이런 뜻에서 이 역설은 현대 한국 사회를 분석하는 데 중요하게 기능할 수 있다고 암시한다. 예를 들어서 " '성역은 없다'고 할 때의 말 속에 그 말을 한 사람이 적용된다면, 그리고 '정치를 안 한다'는 말 자체가 정치가 되어 버린다면, 계급 없는 사회를 만들자 해놓고 그 말을 한 사람들이 새로운 계급을 만든다면, 개인적으로는 자식들의 잘못을 꾸지람하고 돌아서면 부모 자신이 같은 잘못을 저지르고 있는 모습을 발견할 때, 우리는 이미 이 역설로부터 피할 수 없다는 사실을 발견하게 된다."[7)] 하여간 김상일은 논리학을, 그 중에도 역설에 대한 논리학을 그의 모든 철학의 중심적인 탐구 방법으로 간주한다. 이것이 그의 둘째 특성이다.

그러나 이미 말했지만 김상일 철학의 가장 중요한 특성은 그가 '국적 있는 학문'을 하려고 몸부림치고 있다는 것이다. 조동일의 사학팔방론(四學八方論)으로 표현하면, 그는 '수입학'과 '시비학'과 '자립학'의 경지를 넘어서 '창조학'을 선사하려고 노력하며,[8)] 그의 이런 태도는 실로 서양이론을 그대로 한국에 적용시키려는 대부분의 우리나라 학자들, 혹은 단지 그들의 학문 대상(소재)이 서양이 아니라 동양이거나 한국이라는 한 가지 사실만 가지고 국적 있는 학문을 하고 있다고 착각하는 소수의 학자들에게 큰 경종이 되어야 할 것이다.

하여간 김상일은 단군 영정을 연구실에 걸어놓았다는 이유로 대학을 쫓겨나기도 했으며, 북한에서 대대적으로 벌이고 있는 단군 성조 운동에 동참하여 북한을 몇 번 방문하기도 했으며, '탈민족주의 시대의 민족 담론'이라는 주제로 열린 제18회 한국철학자대회(2003)에서 포스트모던 시대를 맞이한 오늘날에는 국경이 아무런 의미가 없다고 주장한 어느 교수를 사석에서 '쓸개 빠진 놈'이라고 비판한 애국적 학자다. 이것이 그의 셋째 특성이다.

나는 김상일의 이런 세 가지 특성에 대하여 존경의 뜻을 전달하며, 나도 그렇게 하도록 노력하기로 결심하며, 더 나아가서 한국의 모든 학자들이 그의 정신을 따라서 정말 국적 있는 학문을 하기를 바란다. 그러나 모든 문제는 양면(兩面)을 가지고 있게 마련이다. 그래서 김상일의 세 가지 성격은 우리에게 귀감이 될 정도로 중요하지만, 우리는 동시에 거기로부터 나올 수 있는 부정적 결과에 대해서도 세심히 주의해야 한다. 그래서 나는 일단 그의 주장에 전체적으로 동의한다는 전제 아래 몇 가지 문제점을 지적하겠다.

첫째, 동서양의 모든 사상을 포용하려는 김상일은 바로 그런 이유로 인해 수많은 사상을 너무 단순화시키거나 아예 삭제하는 실수를 하기 쉽다. 이것은 마치 큰 고기와 작은 고기를 전부 잡으려는 사람이 큰 고기를 잡는 성성한 그물과 작은 고기를 잡는 촘촘한 그물을 동시에 가질 수 없는 경우와 다름이 없다. 너무 오지랖이 넓다 보니 그렇게 되는 것이다. (참고로 오지랖이 넓기로 말하면 나도 그에 못지않다. 그리하여 나는 이미 1993년에 "나는 오지랖이 넓은 사람입니다"라고 공개적으로 고백하기도 했다.[9] 그러므로 지금부터 전개되는 비판은 나에게도 그대로 적용될 수 있다.)

오지랖이 넓은 김상일은 크게 두 가지 약점을 갖는다. 우선 그는 동서양의 모든 사상을 수렴하려고 하다 보니 동일한 내용의 글이 여러 저서에 거의 그대로 반복해서 나온다. 예를 들어서 A형 논리와 E형 논리의 구별은 그의 거의 모든 저서에 나온다고 말할 정도로 그 빈도가 높으며, 그래서 독자는 자연히 동일한 사상의 재탕, 삼탕이라고 생각하기 쉽다.

그러나 오지랖이 넓은 김상일의 더욱 큰 약점은 이런 현실적인 것보다는 차라리 이론적이라고 말할 수 있다. 동서양사상의 유사성을 너무 강조하다 보면 자연히 그들의 차이성을 무시할 수밖에 없기 때문이다. 예를 들어서 그는 『현대 물리학과 한국철학』에서 (1) 뉴턴의 입자설에서 보어의 불확정설로 넘어가는 과정, (2) 원시불교의 실재론에서 대승불교의 중관론으로 넘어가는 과정, 그리고 (3) 인도와 중국의 불교에서 한국의 불교로 넘어가는 과정이 비슷하다고 주장한다. 그러나 동시에 그들 사이에는 엄청난 차이가 있을 것이다.[10)]

또 다른 실례로 바버(Ian G. Barbour)는 신과학 운동의 기수인 카프라(Fritjob Capra)의 사상을 극히 동정적으로 설명하면서도, 카프라가 서양의 현대 물리학과 동양사상의 유사성을 지나치게 강조함으로써 결국 그들의 차이점을 간과하고 있다고 비판한다.

“아시아의 전통은 미분화된 통일성에 대해 언급하고 있으나, 현대 물리학에서 언급되는 전체성과 통일성은 고도로 분화되고 조직화된 것으로 엄격한 제한 조건, 대칭 원리와 보존 법칙 등을 따르도록 되어 있다. 공간, 시간, 물질, 에너지는 상대성 이론 안에서 통합되지만 거기에는 정확한 변화 규칙이 뒤따른다. 그러나 동양 신비주의에서 말하는 통일은 구조가 없으며, 그 속에서 모든 차별이 소멸되기 때문에 그 통일성은 물리학에서 다루는 통일성과는 다르다. 물리학에서의 통일성은 조직화된 상호작용과 고도의 협응(協應) 과정을 보여주는 높은 차원의 전체성을 가리킨다.”[11)] 바버의 이런 비판은 김상일에게도 그대로 적용될 것이다.

둘째, 논리에 대한 지극한 강조도 여러 가지 약점을 갖는다. 우선 그가 그렇게도 중요하게 여기는 ‘A형 논리’와 ‘E형 논리’라는 이름 자체가 어떤 필연적인 이유보다는 정말 우연적으로 그렇게 부르게 된 것인데, 김상일은 스스로 이렇게 고백한다. “아리스토텔레스의 논리학을 신학에 적용한 전형적인 신학자는 아퀴나스(1225-1274)이고, 아우구스티누스(354-430)도 결국 플라톤 철학을 원용하고 있기 때문에 이들과 같은 맥락에서 사용할 수 있다. 그런데 ‘Aristoteles’, ‘Augustinus’, ‘Aquinas’의 영문 이름이 우연히 ‘A’자로 시작하기 때문에 이들이 사용한 논리를 ‘A형 논리’라 부르기로 한다.”[12)] 그리고

‘E형 논리’는 그리스에서 좀 떨어진 지중해 연안의 조그만 섬인 크레타에 기원전 5세기경에 거의 무명인으로 살았으나 그의 ‘거짓말쟁이의 역설’로 유명한 에피메니데스(Epimenides)의 첫 글자에서 따온 것이다. 참으로 빈약한 설명이다.

더 나아가서, 나는 종교에서의 논리의 중요성을 믿는다. 내가 지금까지 종교철학을 어떤 사명감을 가지고 연구하고 있는 이유도 여기에 있다. 또한 나는 논리 중에서도 역설에 대한 논리가 중요하며, 모든 종교는 이런 역설의 논리에 대한 나름대로의 해결책을 제공하고 있다고 믿는다. 그래서 나는 이미 1984년에 발표한 「치료적 역설로서의 동서 종교」에서 기독교뿐만 아니라 도교도 비슷한 역설을 가지고 있다고 주장하기도 했다.[13] 그러나 나는 역설에 대한 논리가 논리학에서 가장 중요하다고는 믿지 않으며, 논리가 종교에서 가장 중요하다고 믿지도 않는다.

물론 김상일이 말하는 논리학은 단순한 형식 논리학만을 지칭하는 것은 아니다. 그것은 헤겔과 하이데거가 주장한 논리학과 비슷한 것이리라. 헤겔은 지식의 근원 자체가 바로 논리학이라고 말했으며,[14] 하이데거는 전통 논리학과 ‘철학하는 논리학’을 대조시키면서 후자를 ‘로고스의 논리학’ 혹은 ‘진리의 논리학’이라고 말했다.[15] 그러므로 김상일이 주장하는 논리학은 단순한 서양의 삼단논법 이상을 뜻할 수 있다. 그러나 우리가 꼭 지식과 논리를 통해서만 깨달음이나 구원을 얻는 것은 아니다. 힌두교에서 깨달음으로 이르는 방법을 (1) 지식이나 지혜를 통한 길, (2) 절대자에 대한 사랑을 통한 길, (3) 다른 사람들에 대한 선행(善行)을 통한 길, (4) 여러 가지 정신적 훈련을 통한 길 등의 네 가지 방법으로 설명하는 이유도 여기에 있다.[16] 그러므로 논리와 지식이 깨달음이나 구원으로 향하는 유일한 길은 아니다.[17]

그러나 수많은 종교인들은 여기서 한 걸음 더 나아가서 지식이나 논리는 절대로 깨달음이나 구원을 줄 수 없다고 주장하는데, 김영호는 이렇게 말한다.

> 김상일의 『원효의 판비량론』은 여러 가지 장점을 가지고 있지만, 한 가지 근본적으로 제기할 문제가 있다면, 진리와 실체(실재)의 인식 과정에서 논리가 갖는 기능에 관한 것이다. 김상일은 이 저술에서 논리의 철학적 사유의 핵심성뿐만 아니라 그것의 위대성, 전능성, 절대성까지 거론하는 논리학자로 비춰진다. 그러나 이것은 어디까지나 철학적 탐구의 차원에서 그쳐야지 종교적 인식의 차원까지 확대 적용하는 데는 무리가 있다. 그리고 종교의 차원에서는 논리의 역할과 한계가 그어져 있다고 하는 관점은 불교에도 그대로 적용되지 않을까.
>
> 예를 들어서 인도 전통에서는 진리 파악의 세 단계를 설정한다. 첫째는 스승에게 듣거나 경전을 읽고 추리하는(比量) 단계고, 둘째는 명상하여 체험(직관)하는 과정이고, 마지막은 현량(現量)이나 요기의 직관에 해당한다. 즉 그것은 추리로 끝나지 않는다. 논리가 직관이나 체험된 진리에 대한 시금석이 될 수는 있어도, 그리고 그 자체가 철학적으로는 극치이겠지만, 거기에는 한계가 있다. 상위(相違) 또는 역설은 직관적 인식의 전단계에 도달하는 차원이지, 그 자체로 필요 충분한 것은 아닐 것이다. (중략)
>
> 논리는 역설적으로 논리의 한계를 노출시키는 기능만으로 충분할지도 모른다. … 언어적 표현은 비량의 범주에 그친다. 현량의 범주는 표현될 수 없는 경계를 가리킨다.[18)]

셋째, 국적 있는 학문을 하려는 모든 사람은 어쩔 수 없이 국수주의적이라는 비난을 받게 되며, 더구나 자신의 결론을 — 모든 문제를 한꺼번에 해결할 수 있는 — 거대 담론으로 제시하는 사람은 더욱 그런 비판을 받기 쉽다.

오늘날 포스트모더니즘을 비롯한 상대주의가 판을 치고 있는 현실에서 거대 담론을 시도하는 사람은 마치 미친 사람쯤으로 간주되고 있다. 그래서 이진우는 이렇게 말한다. “모든 것을 하나의 원리와 이념으로 수렴시키려는 거대한 이야기는 이미 타당성을 상실하고 있다.

자본주의적 논리에 의해 복잡해진 현실이 하나의 언어와 사상으로 풀어낼 수 없는 수많은 문제들을 안고 있기 때문이다. 다양한 현상과 세계들을 하나의 언어로 환원시키려는 전체 이론 또는 거대 이론은 전체주의적 성격과 성향을 가질 수밖에 없다."[19] 그렇다면 이제 거대 담론은 전혀 불가능한 것인가? 나는 이 중요한 질문에 대하여 조동일의 경우를 실례로 들면서 이렇게 말했다.

> 21세기에도 거대 이론의 창조는 가능한가? 그것은 학자들이 지금부터 수행해야 할 과업이다. 분명한 사실은, 과거에는 그런 이론이 가능했으나 이제는 불가능하다는 주장은 전혀 근거가 없다는 사실이다. 과거에는 플라톤, 아리스토텔레스, 아퀴나스, 아우구스티누스, 헤겔, 칸트로 이어지는 거대 담론이 성행했다. 동양에도 석가, 용수, 공자, 노자, 맹자, 주희 등이 있었다. 그런데 그런 시도가 왜 이제는 불가능하다는 것인가?
>
> 학문을— 특히 인문학문을— 진지하게 하는 사람은 언젠가는 거대 담론에 대한 매력을 갖지 않을 수 없으며, 그가 그런 작업을 시도조차 하지 않고 불가능하다고 판단하는 것은 자신의 무능을 스스로 인정하는 것이다. 그러므로 조동일의 거대 담론을 비판하려면 그 내용을 비판해야 할 것이며, 그가 그런 시도를 하는 것 자체를 비판하지는 말아야 한다.[20]

분명히 김상일도 일종의 거대 담론을 제시하려고 하며, 이런 뜻에서 우리는 조동일에 대한 나의 찬성 발언과 비슷한 말을 김상일에게도 할 수 있을 것이다. 그러나 여기서 우리는 더욱 중요한 사실을 잊지 말아야 한다. 그는 그 거대 담론을 한국사상을 중심으로 해서 제시하려고 한다. 거대 담론의 보편주의를 주장하면서도 한국사상이라는 특수성을 포기하지 않으려고 안간힘을 쓰고 있다. 이것은 우리 모두가 칭찬해야 될 일이 아닐까.

[주(註)]

* 이 글은 김상일 교수 출판기념회(2003. 10. 31)에서 발표한 것을 다시 보완한 것이다.

1) 김상일, 『현대 물리학과 한국철학』, 고려원, 1991.
2) 김상일, 『수운과 화이트헤드』, 지식산업사, 2001.
3) 김상일, 『원효의 판비량론』, 지식산업사, 2003.
4) 김성철, 「원효의 『판비량론』에 대한 현대 논리학적 고찰」, 김상일 교수 출판기념회(2003. 10. 31), 『서평 및 논평 모음집』.
5) 김상일, 『원효의 판비량론』, 앞의 책, p.37.
6) 김상일, 『러셀의 역설과 과학 혁명 구조』, 솔, 1997, p.6.
7) 같은 책, p.6.
8) 황필호, 「조동일의 인문학문론」, 『인문학 · 과학 에세이』, 철학과현실사, 2003, p.340.
9) 황필호, 『우리 수필 평론』, 집문당, 1997, pp.275-276.
10) 황필호, 「신과학과 '한' 사상은 만날 수 있는가: 김상일의 『현대 물리학과 한국철학』을 읽고」, 『인문학 · 과학 에세이』, 앞의 책, p.77.
11) 같은 글, pp.80-81에서 재인용.
12) 김상일, 『수운과 화이트헤드』, 앞의 책, p.40.
13) 황필호, 『분석철학과 종교』, 종로서적, 1984, pp.113-129; 황필호, 『중국종교철학 산책』, 청년사, 2001, pp.399-420.
14) 김상일, 『원효의 판비량론』, 앞의 책, p.38.
15) Cf. 발터 비멜, 「펴낸이의 말」, M. Heidegger, 이기상 역, 『논리학: 진리란 무엇인가』, 까치, 2000, p.419.
16) 우리는 이상의 네 가지 방법에다가 유교와 도교가 추천하는 천명(天命)에 순복(順服)하는 길을 합쳐서 다섯 가지 길로 설명할 수도 있을 것이다. 황필호, 『중국종교철학 산책』, 앞의 책, pp.47-54.
17) 참고로 조동일은 학문이란 첫째로 진리를 탐구하는 행위며, 둘째로 논리로 이루어지며, 셋째로 실천의 지침이 될 수 있는 이론을 마련하며, 넷째로 학문은 독백이 아니라 대화라고 말한다. 그러나 그는 논리적으로는 타당해도 사실이 그렇지 않을 수가 있는데, 이런 경우에는 '사실에 맞는 논리'를 다시 마련해야 된다고 말한다. 즉 학문을 하다 보면 "기존의 논리 가운데 다른 것을 가져다 써야 하는 경우도 있고, 논리 자체를 새롭게 개발해야 되는 경우도 있다"는 것이다. 황필호, 「조동일의 인문학문론」, 앞의 글, pp.327-328.
18) 김영호, 「판비량과 화쟁」, 『서평 및 논평 모음집』, 앞의 책, p.3.
19) 이진우, 『한국 인문학의 서양 콤플렉스』, 민음사, 1999, p.216.
20) 황필호, 「조동일의 인문학문론」, 앞의 글, p.350.

8. 종교 담론의 변화 과정

1. 머리말

우리가 인간을 '사회적 동물', '지혜의 동물', '도구를 만드는 동물' 등으로 규정하듯이 '종교적 동물'로 규정할 수 있다면, 종교는 인류 역사가 시작된 이래 계속해서 지배해 온 인간의 이념 중 하나일 것이다. 실용주의의 대가인 윌리엄 제임스가 종교적 삶을 인간의 '가장 중요한 기능'이라고 갈파한 이유도 여기에 있다. 이런 뜻에서, 우리는 인류의 역사와 종교의 역사는 궤도를 같이해 왔다고 말할 수 있다. 물론 그들은 서로 다투기도 하고 서로 협력하기도 했다. 그러나 인류가 존재한 곳에는 언제나 종교가 있었고, 종교의 주체는 언제나 구체적인 삶을 영위해 온 인간이었다.

그러나 — 너무나 상식적인 말이지만 — 인간의 종교 담론은 시대에 따라서 변화해 왔으며, 한 가지 종류의 이념만을 고집해 온 종교인들과는 달리, 그들의 변화는 지금도 계속되고 있다. 하다못해 과정신학(過程神學)은 궁극적 실재까지 변하고 있으며, 이렇게 상변(常變)하지 않는 주체는 절대로 궁극적 실재가 될 수 없다고까지 주장한다. 서양에서 이른바 "신의 역사는 신에 대한 인간 개념의 역사"라고 주장하는 이유도 여기에 있다. 나는 이 글에서 이런 종교 담론의 변화 과정을 서양사상을 중심으로 간단히 고찰하려고 한다.

2. 고대의 종교 담론

동양과 마찬가지로, 서양 고대의 종교 담론은 단연 샤머니즘이었다. 여기서 샤머니즘이란 인간과 정령(精靈) 사이에는 밀접한 관계가 있으며, 그 관계성 여하에 따라서 인간의 행과 불행이 결정된다고 믿는 것이다. 즉 정령을 잘 모시면 잘 살고, 잘못 모시면 잘못 살게 된다는 것이다. 물론 우리나라 대부분의 현대인과 지식인은 샤머니즘을 무교(巫教)보다는 무속(巫俗)이나 이단(異端)으로 규정한다. 그러나 이런 태도는 전혀 현실적 및 학문적 관행과는 맞지 않는 것이다.

첫째, 1990년대에 들어오면서 무당과 무교인의 숫자는 점점 증가하고 있으며, 어느 비공식 통계에 의하면 2002년 현재 전국에 약 20만 명의 무당이 활동하고 있다고 한다. 사회 불안과 미래에 대한 예측 불가능성은 사람들을 무교적 삶에 더욱 의존하게 만들고 있는 것이다. '역학 연구'라는 이름의 대학 동아리들이 우후죽순처럼 생겨나고, 엉터리 '철학관'들이 도시 한복판에서 성업을 하고 있는 이유도 여기에 있다. 요즘 한국인은 모두 무교인이거나 운명론자처럼 보인다.

둘째, 일부의 학자들이 주장하듯이, 만약 한국인의 고유 사상이 한반도에 가장 오랫동안 지속되어 온 무교라면, 무교에 대한 연구는 바로 한국인의 뿌리 찾기 운동이 될 것이다.

셋째, 많은 학자들이 인정하듯이, 오늘날 무교적인 사상은 이미 외래 종교 속에 들어가 있으며, 더 나아가서 오늘날 외래 종교들이 성장하고 있는 근본적인 요소도 현세의 행복을 추구하는 무교적인 요소라면, 우리는 기독교, 불교, 유교 연구를 위해서도 무교를 연구해야 될 것이다.

넷째, 역시 많은 학자들이 인정하듯이, 무교적 신념이 오늘날 한국의 외래 종교뿐만 아니라 사회의 모든 측면에 스며들어 있다면, 무교의 연구는 바로 우리 사회의 현주소를 점검하는 작업이 될 것이다. 하나의 실례로, 김인회는 무교적인 가르침으로 한국 교육계를 혁신할 수 있다고 말하면서 무당을 '한국인의 교사'로 표현하기도 한다.

다섯째, 앞으로 시간이 지나면서 무교의 영향력은 쇠퇴하기는커녕 오히려 더욱 확대될 것이라고 많은 사람들이 예측하고 있다. 그래서 요즘 성행하는 신종교들도 카리스마적인 권위를 가진 창시자를 큰무당으로 보고 있기 때문에 일취월장하고 있다고 말하기도 하고, 하다 못해 어느 서양인은 예수까지도 언젠가는 '무당의 제단에 있는 부처와 다른 신들 곁에 긍정적인 형태'로 나타날 수 있다고 말한다.

> 무당의 관점에서 보면, 예수는 33세의 총각으로 남은 생을 다 살지 못하고 십자가에 못 박힌 채 죽어서 홀로 버려졌다. 그래서 그는 만족하지 못한 그의 영혼을 달래려고 지상으로 다시 돌아온다고 말한 것이며, 제자들이 그를 예배하고 그의 삶과 찬송가를 전도하는 것은 놀라운 일이 아니다.
>
> 이렇게 보면 무당의 신들과 '예수 귀신' 사이에 근본적인 대립은 없다. 단지 오늘날 예수 귀신이 부정적 형태로 한국의 신전에 자리 잡고 있다는 우연한 대립만이 있을 뿐이다.
>
> 예수도 미래 언젠가는 무당의 제단에 있는 부처와 다른 신들 곁에 긍정적인 형태로 나타날 수 있을지도 모를 일이다. 확실히 그들은 전적인 대립의 관계라고 볼 수 없다. 우리는 그 증거를 무당의 예언에 따라 영세를 받은 후 수녀가 된 어느 가톨릭 교인에게서 찾아볼 수 있다.

여섯째, 모든 한국인은 무속적 심성을 가지고 있다. 무속을 미신이라고 주장하는 사람도 예외는 아니다. 최첨단 컴퓨터 회사에서 돼지 머리를 놓고 고사를 드리는 것을 아무도 이상하게 생각하지 않으며, 최근에는 오히려 무당춤 등이 한국적인 것으로 숭상되고 있다.[1)]

3. 중세의 종교 담론

서양 중세의 종교 담론은 단연 신(神)을 중심으로 해서 이루어졌다. 물론 여기서 말하는 신은 기독교의 신이었으며, 그런 신 이외의 모든 신은 '이단의 신'이거나 '가짜 신'일 뿐이었다. 그래서 그들은 다음과 같이 생각했다.

전지(全知)하고 전능(全能)한 분이 있었다. 골방에 있는 사람의 머리카락을 전부 셀 수 있을 정도로 전지하고, 죽은 사람을 다시 살릴 수 있을 정도로 전능한 분이었다. 그뿐이 아니다. 그는 어떤 다른 실체에도 의존하지 않는 자존(自存)한 분이었으며, 천지를 창조한 분이었으며, 절대적인 사랑과 선의 화신이었으며, 그러면서도 인간과 인격적인 교제를 원하는 분이었다. 실로 한 분밖에 없는 천상천하 유아독존의 실체였다.

사람들은 이렇게 전지전능한 분의 이름을 감히 부를 수 없었다. 그러나 불완전하나마 — 외경스럽게도 — 그를 '신(神)'이라고 불렀다. 그러므로 지고한 영이시며, 홀로 존재하는 분이며, 모든 완벽함에 영원히 거하시는 분인 이 절대적 신은 동양의 귀신과는 전혀 비교될 수 없는 초월자였으며, '나'를 현재 생존하게 조건지어주는 '영원한 너'였다.

깜짝 놀랄 일은 또 있다. 만약 우리가 세계 6대 종교를 유교, 불교, 힌두교, 유대교, 기독교, 이슬람교로 분류할 수 있다면, 후반부에 나오는 세 종교가 모두 — 약간의 차이는 있으나 — 바로 이 신을 경배해 왔다. 이것은 참으로 희한한 일이 아닐 수 없다. 한 사람은 A를 존경하고, 다른 사람은 B를 존경하고, 또 다른 사람은 C를 존경하는 것이 상례다. 그런데 어찌 세계 3대 종교가 하나같이 이 신을 존경할 수 있단 말인가. 역시 이분의 힘은 절대적인가 보다.[2)]

이런 신 중심의 담론은 결국 그런 신이 실제로 존재한다는 것을 어떻게 이론적으로 증명할 수 있느냐는 문제가 되었으며, 결국 신 존재의 증명 담론은 크게 존재론적 논증(ontological arguments)과 우주론적 논증(cosmological arguments)으로 분류되었다.

우주론적 논증의 대표 주자인 토마스 아퀴나스(Thomas Aquinas)에 의하면, 먼저 우리가 살고 있는 우주를 잘 관찰해 보면 우리는 이 우주가 우연의 산물이 아니라 어떤 의도를 가진 초세계적 존재의 의도에 따라 만들어진 것이라는 사실을 알 수 있다고 한다. 그러나 존재론적 논증의 대표 주자인 성 안셀무스(St. Anselm)에 의하면, 신의 존재를 부인하는 사람들도 신에 대한 나름대로의 어떤 관념(idea)을 가지고 있으며, 이 관념을 잘 분석해 보면 신의 존재는 우연적(contingent)이 아니라 필연적(necessary)이라는 사실을 알게 된다고 한다. 물론 중세에도 신의 존재를 부인하는 소수의 예외적인 사람들이 없었던 것은 아니다. 그러나 그런 무신론자는 설 땅이 없었다.

4. 근대의 종교 담론

근대의 종교 담론은 중세의 종교 담론으로부터 벗어나려는 시도로 진행되었다. 신보다는 인간, 계시보다는 이성을 중요시하는 방향으로 진행되었다. 물론 근대로 들어오면서 신의 존재를 부인하는 사람도 없지는 않았으나 대세는 역시 기독교의 신에 관한 변증으로 점철되었다. 일부의 철학자들이 '근대 철학의 아버지'인 데카르트를 '마지막 중세 철학자'라고 명명해야 된다고 주장한 이유도 여기에 있다.

특히 서양의 근대 철학은 합리주의와 경험주의가 서로 우위를 다투면서 진행되었고, 신을 중심으로 한 종교 담론도 자연히 합리주의와 경험주의의 바탕에서 전개되었다. 합리주의자인 데카르트의 "나는 생각하기 때문에 존재한다"는 명제도 합리적인 신을 전제로 하지 않고는 받아들일 수 없으며, 경험주의자인 버클리(William Berkeley)의 "존재하는 것은 지각되는 것이다"라는 명제도 그의 경험적 형이상학을 떠나서는 전혀 이해 불가능한 이유도 여기에 있다.

그러면 누가 중세부터 내려온 신의 담론을 공개적으로 부인했는가? 이 질문에 대하여 우리는 아무래도 서양철학의 이단아인 흄(David Hume)을 들지 않을 수 없다. 물론 우리는 흄의 무신론을 긍정적으로 평가할 수도 있고 부정적으로 평가할 수도 있다. 다만 한 가지 확실한 사실은, 그는 서양철학사에서 최초로 자신이 무신론자라는 것을 밝힌 '용기 있는 사람'이라는 점이다.

실로 서양철학사에서 신앙의 중요성은 오랜 기간 동안 당연한 것으로 인정되어 왔다. 물론 그리스 시대에도 스토아학파와 회의주의가 없지는 않았다. 그러나 의로운 소크라테스는 전통적으로 내려온 신을 경배하지 않는다는 이유로 독살 당했다. 그리고 로마 시대에는 무신론자가 될 수조차 없었다. 신앙의 위력은 중세에 들어와서 더욱 극성을 떨치게 되었다. 플라톤과 아리스토텔레스의 저작은 전적으로 기독교 변증론의 자료로 인용되었고, 다른 한편에서는 신의 존재를 논리적으로 증명하려는 정교한 논증이 전개되었다.

이런 상황에서 흄은 얼마나 철저한 무신론자였는가? 우리는 그것을 그의 생애 마지막 장면에서 볼 수 있다. 흄이 죽게 되었다는 소문이 퍼지자 많은 사람들이 몰려왔다. 이 위대한 무신론자가 과연 죽음을 앞에 두고 회개할 것인가를 보고 싶었던 것이다. 드디어 보스웰(James Boswell)이 그에게 내세가 있다고 믿느냐고 질문했다. 그러자 그는 이렇게 답변했다고 한다. "불 속에 있는 석탄이 타지 않을 수 있을까요?"[3)]

5. 현대의 종교 담론

한마디로 '무신론의 개가'라고 말할 수 있는 현대의 종교 담론은 지금까지 전혀 가지고 있지 않았던 독특한 성격을 가지고 있다. 지금까지 무신론자들은 '신에 대한 어떤 특정한 견해'를 부정해 왔다. 그러나 현대의 종교 담론은 신 자체와 신이라는 개념 자체를 반대하면서 신이란 우리가 가끔 들러도 되고 들르지 않아도 되는 '우체국의 개념'으로 변질되었다고 주장한다.

실로 4천 년의 유구한 인류의 종교 역사 속에서, 신 개념은 당대의 문제 해결에 부응해 왔으나, 20세기 이후 급속히 발전하고 변모하는 인류 문명의 소용돌이 속에서 점차 힘을 잃어가고 있다. 어쩌면 오늘날 신은 과거의 유물로 전락해 버릴 운명에 처해 있는지도 모른다. 특히 에이어(A. J. Ayer)로 대표되는 비엔나 학파의 철학자들은 검증 원리 혹은 반증 원리를 내세우면서 종교적 명제뿐만 아니라 모든 형이상학적 명제와 윤리적 명제까지도 경험에 의하여 검증되거나 반증되지 않는 무의미한 명제라고 결론을 내린다.

> 우리가 어떤 명제의 진위를 가릴 수 있는 방법이 없다면, 그 명제는 무의미하다. 예를 들어 "화성에 지적 생명체가 존재한다"는 말은 사실 여부를 확인할 수 있는 학문적 방법이 있으므로 의미를 갖는다. 그러나 "내가 이해하는 어떤 의미에서도 신은 존재하지 않는다"라거나 "신은 인간 언어적 차원에서 표현할 때 선하지 않다" 등의 말은 애매하므로 검증 방법이 없으며, 그래서 그것은 무의미하다.
>
> 이런 뜻에서, 에이어는 "유신론은 너무 혼란스럽고, '신'이 나타나는 여러 문장도 일관적이지 않으며, 증명도 반증도 불가능하기 때문에 믿음, 불신, 신앙, 불신앙에 대하여 말하는 것도 논리적으로 불가능하다"고 말한다.[4)]

이러한 주장이 종교인에게 굉장히 치명적이라는 것은 쉽게 상상할 수 있다. 우리는 신이 존재하지 않는다고 주장하는 사람과는 적어도 말싸움을 할 수 있다. 그러나 신의 인정이나 부정 자체가 무의미하다고 주장하는 사람과는 어떤 논쟁도 벌일 수 없다. 그들은 종교적 명제는 진위를 분별할 자격도 없는 '헛소리'라고 믿기 때문이다.

문제는 여기서 끝나지 않는다. 많은 학자들이 이런 '신의 몰락'을 슬픔보다는 기쁨으로 받아들이고 있다. 그래서 피터 버거는 "신약성서의 저자들은 당대의 역사의식을 절대 기준으로 삼는 지적 특권을 누렸다"고 비판하고, 사르트르는 이제 신의 부재는 '공포적 세계에 대한 변론적 위안문'이 아니라 '인간 해방을 성취시키는 공격적 포고문'이라고 주장하며, 카뮈는 참된 인류애의 구현을 위해 인간은 신을 부정해야 한다는 영웅적 무신론을 주장한다. 어떤 의미에서 이런 무신론은 인간의 자유와 능력을 강조한다는 점에서 유신론보다 훨씬 종교적이라고 말할 수 있다.[5)]

이런 와중에서도 신 개념은 여전히 유효하다고 주장한 신학자가 없지는 않았는데, 이런 신학자의 대표로는 단연 종교 경험을 강조한 슐라이어마허의 자유주의 신학과 이성을 중시하는 자연신학을 동시에 공격한 스위스 신학자 바르트(Karl Barth)를 들 수 있다. 그러나 암스트롱(Karen Armstrong)은 틸리히(Paul Tillich)의 사상을 언급하면서 전통적인 서구 유신론의 신은 사라져야 한다고 선언한다.

> 사실 우주를 창조한 이후 계속 수선하느라 여념이 없는 신은 비합리적이며, 인간의 자유와 창조성을 막는 폭군이다. 만일 신이 자신의 세계에서 하나의 자아로 비춰지고, 결과와 동떨어진 원인의 자기중심적 개체로 이해된다면, 그는 존재 자체로서의 신이 아니라 하나의 개별적 존재에 불과하다.
>
> 그럴 때 전지전능한 폭군으로서의 신은 인간의 자유를 박탈해서 사람들을 기계의 톱니바퀴처럼 통제하고 억압하는 지구상의 독재자들과 별반 다를 바가 없다. 이러한 자기중심적 독재 폭군으로서의 신을 부정하는 무신론은 충분히 정당성을 갖고 있다. 따라서 틸리히는 인격적 신을 초월한 신을 찾아야 한다고 역설한다.[6)]

6. 21세기의 종교 담론

21세기에도 종교 담론은 지속될 것인가? 이 질문에 대한 답변은 당연히 21세기가 지금까지 존재하지 않았던 어떤 특성을 갖게 될 것이냐는 질문에 대한 답변에 따라서 달리 전개될 것이다.

그러면 21세기는 우리에게 어떤 화두를 던질 것인가? 전통적으로 종교변호학에서 논의해 온 이성과 계시의 문제, 경전 해석의 문제, 덕치(德治) 가능성의 문제 등은 여전히 활발하게 토론될 것이며, 종교학에서 논의해 온 성과 속의 문제, 보편과 특수의 문제, 객관적 기술론과 평가적 설명론의 문제 등도 여전히 활발하게 토론될 것이며, 종교철학에서 논의해 온 악의 문제, 신 존재의 문제, 종교 언어의 문제, 종교철학 자체의 존속 가능성의 문제 등도 여전히 활발하게 토론될 것이다. 그러나 21세기는 우리에게 새로운 문제를 던질 것인데, 그것은 한마디로 초고속 정보화 시대로 대표되는 과학의 발달에서 오는 문제로 요약될 수 있다.

종교와 과학의 갈등은 전혀 새로운 사실이 아니다. 지금까지의 종교와 과학의 역사는 화해의 관계가 아니라 투쟁의 관계였으며, 과학자와 종교인의 싸움은 언제나 실용성을 앞세운 과학자의 승리로 끝났다. 기독교의 경우를 예로 들자.

> 천당은 우리의 머리 위에 있고 지옥은 발밑에 있다는 식의 3층 우주관, 지구를 돌던 태양의 운행이 여호수아의 명령으로 잠시 정지되었다는 성서의 이야기, 이런 것들은 이제 현대 과학에 비추어보면 믿을 수 없는 것이다. 또한 지구가 약 6천 년 전에 창조되었다거나 오늘날 우리가 보는 형태로 인간과 동물이 태초에 창조되었다는 성서의 이야기도 이제는 합리적인 신념의 대상이 될 수 없다. 그리고 미래 어느 날 죽었던 모든 인간의 송장들이 하느님의 심판을 받기 위해 건강한 몸으로 되살아날 것이라는 기대도 별로 바람직한 것일 수 없다.[7)]

이런 상황에서 보수주의자들은 아직도 과학에 대한 종교의 선험적 우위성을 주장하며, 과학만능주의자들은 오히려 종교에 대한 과학의 현실적 우위성을 주장한다. 그러나 21세기는 이런 종교와 과학의 싸움조차 허락하지 않을 정도로 정보화 사회가 될 것이다. 그래서 배국원은 21세기가 지금까지의 공간, 현실, 현존, 본문의 개념을 전자 공간(cyberspace), 가상현실(virtual reality), 원격 현존(telepresence), 중복 본문(hypertext)으로 대체시킬 것이라고 말하면서, 새 시대가 몰고 올 물리주의(physicalism)의 문제점을 이렇게 우려한다.

> 이른바 물리주의가 득세하면, 모든 종교적 견해들은 결국 물리화학적 신경 반응으로 환원·축소되어 설명될 수 있을 것이다. 열반적정의 고요함을 흠모하는 불교도와 브라만과의 신비로운 합일을 열망하는 힌두교도와의 차이는 결국 그들의 뇌의 분비물과 구조로 설명될 수도 있을 것이며, 다듬어진 예배 격식을 통해 신성을 추구하는 성공회 교인과 하늘로부터 내려오는 뜨거운 방언의 불을 추구하는 순복음교회 교인의 차이도 역시 그들의 뇌의 어느 한 구석에 숨어 있는 비밀일 수도 있을 것이다.
>
> 이런 환원주의적 설명보다 더 위험한 것이 있다. 그것은 어쩌면 사랑, 미움, 분노, 그리움 등 인간 고유의 정서마저도 대리 경험할 수 있는 테크놀로지가 출현할지도 모른다는 사실이다. 마치 게보린 한 알 사서 먹으면 통증이 사라지듯이, 이제 약국에서 사랑약 한 알이나 그리움 드링크 한 병을 사먹으면 애인도 필요 없는 세상이 올지도 모른다. 정말 그러다간 열반 드링크나 은혜 주스와 같은 것을 팔고 사게 될지도 모른다. 그러면, 이미 오래 전에 헉슬리가 경고했던 것처럼, 시뮬라시옹으로 가득 찬 '멋진 신세계'는 결국 기술 문명이 이룩한 천국(utopia)이 아닌 지옥(dystopia)이 될 수도 있다.[8)]

현재 이 문제를 활발하게 토론하고 있는 학계의 일반적인 경향을 보면, 대부분의 학자들이 정신주의보다는 어느 정도 물리주의에 경도되어 있는 것은 사실이지만 이런 극단적인 물리주의에 빠질 위험은 별로 없는 듯하다. 그러나 현재 과학철학자들은 컴퓨터의 마음, 인간의 마음, 신의 마음을 거의 동일선상에 놓고 토론하고 있는 실정이다. 예를 들어서 소흥렬의 『자연주의적 유신론』의 부제는 신기하게도

'우주의 마음, 사람의 마음, 컴퓨터의 마음'이다. 이런 상황에서 종교변호학자, 종교학자, 종교철학자는 새로운 정보과학의 끔찍한 영향력을 완전히 회피할 수는 없을 것이며, 그래서 이제 그들은 정말 진지한 자세로 21세기의 화두를 진지하게 토론해야 할 것이다. 배국원은 이런 과학의 영향을 두 가지로 정리한다.

첫째, 모든 종교에 대한 정보량이 엄청나게 증가될 것이다. 1세기 전에 비해서, 아니 불과 10년 전에 비해서, 서구인들은 다른 종교들에 대하여 놀랄 만큼 많이 알게 되었다. 여러 종교들의 주요 경전이 거의 다 번역되어 서점에서 일반 독자들을 기다리고 있다.

불교의 경우, 영어로 번역된 불경이 한국어로 번역된 불경보다 더 많을 정도다. 일본 불교의 고전들과 티베트의 비의서(祕義書)들이 번역되고 있는 현 상황을 가리켜 "법륜(法輪)의 큰 바퀴가 세 번째 구르기 시작했다"고 말하는 것도 과장만은 아니다. 경전뿐만 아니라 각 종교의 주요한 주석서, 철학적 저서들도 앞 다투어 번역되고 있다. 중국의 경우에 주희, 왕양명 등은 물론이고 왕필, 소강절 등의 저서까지도 상세한 주석을 곁들인 번역들이 선보이고 있다.

둘째, 정보의 양적 증가는 학자들에게 전통적으로 내려온 사상을 새로운 각도에서 바라보도록 강요할 것이다.

아리스토텔레스와 아퀴나스만 읽고 덕을 논하는 시대는 끝났고, 맹자와 퇴계의 덕론이 참조되는 시기가 되었다. 프레게와 러셀의 수리논리에만 관심 있던 논리학자가 승론(勝論)과 정리(正理) 학파의 논리에 눈을 돌리고, 후설과 하이데거의 현상학이 용수(龍樹)의 중론과 세친(世親)의 유식론을 통해 새롭게 해석될 수도 있다. 마틴 루터의 '오직 믿음으로!'는 신란(新鸞)의 '오직 아미타에 귀의함으로!'와 바이슈나 신도들의 '오직 크리슈나에 대한 헌신만으로!'의 도전을 받게 되었다.

요즘의 종교철학자들은 신에 대한 심각한 사색이 전 세계와 전 세기에 걸쳐 진행되어 왔다는 평범한 진리를 발견하여 새삼 놀라고 있다. 잘 모르던 시절에는 그저 조잡한 미신이라고만 치부했던 이방 종교들에도 상카라, 라마누자, 알 가잘리, 루미 등과 같은 심오한 사상가들의 철학적 유산이 숨어 있다는 것을 알게 되었다.[9)]

7. 맺음말

이런 상황에서 21세기의 종교 담론은 여전히 계속될 것인가? 앞에서 언급한 암스트롱은 이 문제를 "신은 미래를 가지고 있는가?"라고 질문한다. 신은 영원히 사라질 것인가, 그렇지 않으면 신은 아직도 미래를 가지고 있는가? 내가 보기에, 두 번째 질문에 대한 긍정적 답변으로는 꼭 한 가지를 들 수 있다.

우리는 '계속 생성하는 신' 혹은 '계속 변하는 신'의 개념으로 그렇게 답변할 수 있다. 이것은 인간과 역사의 소용돌이 속에서 직접 활동하는 신의 개념인데, 엔도 슈사쿠는 이것을 '존재하는 신'이 아닌 '움직이는 신'으로 표현한다. 그의 『깊은 강』에는 나루세 미츠코라는 여성이 그녀가 대학생 시절에 데리고 놀았으나 현재는 가톨릭의 신부 수업을 하고 있는 오오츠를 프랑스의 리옹에서 만나는 장면이 있다.

"많이 변한 것 같아요."

"그럴지도 모릅니다. 그러나 내가 변한 것이 아니고 마술사인 신이 나를 변하게 한 것이지요."

"이봐요. 그 신이라는 소리 그만둘 수 없어요? 짜증스럽고, 실감도 나지 않아요. 나로선 실체도 못 느끼는 얘기니까요. 대학 시절부터 외국인 신부들이 쓰던 그 신이라는 단어하고는 인연이 멀었으니까요."

"죄송합니다. 그 단어가 싫다면 다른 이름으로 바꿔도 좋습니다. 토마토라도 좋고 양파라도 좋고. 그래요, 신이라는 말이 기분 나쁘면 양파라고 불러도 좋습니다."

"좋아요. 그럼 양파라고 해두지요. 그럼 당신한테 양파는 뭐지요? 옛날에는 자신도 모른다고 얘기하곤 하더니. 신은 존재하느냐고 누군가가 당신에게 물었을 땐….”

“죄송합니다. 솔직히 그때는 잘 몰랐지요. 그러나 지금은 나 나름대로 압니다.”

“그래서요?”

“신은 존재한다기보다 움직입니다. 양파는 움직이는 사랑의 실체입니다.”

“더더욱 기분 나빠요. 꼭 막힌 얼굴을 해가지고 사랑이니 뭐니 창피한 말이나 쓰고요. 움직임이란 뭔데요?”

“여하튼 양파는 어딘가에 버려져 있는 나를 어느 틈엔가 다른 장소에서 살아나게 해주셨습니다.”[10)]

이 소설에 나오는 신은 ‘전지전능하사 천지를 창조하시고 우리들의 생사화복을 주관하시는 하느님’이 아니다. 그는 초월적이 아니라 내재적이다. 인간의 마음과 행동 속에서 직접 활동하는 신이다. 철학에서와 마찬가지로, 최근 신학에서 명사로서의 ‘신학’보다 동사로서의 ‘신학함’을 더욱 강조하는 이유도 여기에 있다.

[주(註)]

1) 황필호, 『한국 무교(巫敎)의 특성과 문제점』, 집문당, 2002, pp.39-41.
2) 황필호, 『종교철학 에세이』, 철학과현실사, 2002, pp.130-131.
3) 황필호, 「데이비드 흄의 생애와 사상」, 『우리 길벗』, 제27호, 2007년 2월호, p.104.
4) Karen Armstrong, *A History of God*, 제2권, p.651.
5) 같은 책, 제2권, p.650
6) 같은 책, 제2권, p.657
7) John Hick, 황필호 역, 『종교철학 개론』, 종로서적, 1980, p.84
8) 배국원, 「현대 영미 종교철학의 연구 경향과 과제」, 원광대학교 편, 『종교철학 연구』, 1996, pp.88-89.
9) 같은 글, p.82.
10) 엔도 슈사쿠, 이성순 역, 『깊은 강』, 고려원, 1994. pp.96-97.

제 5 장

종교철학 (II)

1. 엘리아데의 ‘역의 합일’에 대하여

1. 머리말: 상반적 반대와 모순적 반대

엘리아데 사상의 가장 두드러진 특성 가운데 하나는 반대되는 개념들이 서로 만난다는 것인데, 그는 이런 현상을 ‘역(逆)의 합일(coincidentia oppositorium)’이라고 표현한다. 일상적으로 우리는 흰색과 검은색, 역사와 신화, 성과 속은 서로 반대된다고 믿는다. 그러나 엘리아데는 그들이 서로 반대됨에도 불구하고 결국 그들은 둘이 아니라 하나의 본질에서 나온 것이라고 말하며, 그래서 수많은 학자들은 엘리아데의 이런 전근대적(?) 사상을 쉽게 이해할 수 없다고 불평한다.

그러면 여기서 서로 반대된다는 것은 정확히 무슨 뜻인가? 논리학에서는 반대를 상반적(contrary) 관계와 모순적(contradictory) 관계로 구분한다. 두 명제가 동시에 참일 수 없을 때, 즉 그들 중 한 명제의 참이 다른 명제의 거짓을 함의(含意)할 때, 그들의 관계는 상반적이다. 예를 들어서 “갑돌이는 갑순이보다 나이가 많다”는 명제와 “갑순이는 갑돌이보다 나이가 많다”는 명제는 상반적이다. 한 명제가 참이면, 다른 명제는 거짓일 수밖에 없기 때문이다. 그러나 그들의 관계가 모순적인 것은 아니다. 만약 갑돌이와 갑순이가 같은 나이라면,

위의 두 명제는 모두 참일 수는 없지만 모두 거짓일 수는 있기 때문이다.

이와는 달리, 모순적인 관계는 양쪽이 참일 수 없고, 그리고 양쪽이 거짓일 수도 없는 관계를 말한다. 예를 들어서 "모든 재판관은 변호사다"라는 명제와 "약간의 재판관은 변호사가 아니다"라는 두 명제는 다같이 참일 수도 없고, 다같이 거짓일 수도 없다.

엘리아데가 역의 합일 사상에서 말하는 반대가 위의 두 관계 중에서 어떤 것인지는 정확하지 않다. 딱딱한 논리학에 별로 관심이 없는 그는 이상의 두 경우를 모두 포함해서 반대의 개념을 사용하는 듯하다. 아마도 그는 역의 합일이라는 사상의 정확한 정의나 성격 규정보다는 그 개념이 종교학의 여러 중요한 개념 속에서 어떻게 작용하고 있느냐를 제시하는 것이 더욱 중요하다고 믿는 듯하다.

이제 나는 엘리아데의 역의 합일 사상을 바로 역사와 신화의 관계뿐만 아니라 그의 시간관과 포스트모더니즘의 중심 사상까지 연장시켜서 토론한 한 학자의 글을 중심으로 해서 엘리아데의 사상을 조명해 보겠다.

2. 역사와 신화

레니(Bryan Rennie)가 최근에 강남대학교에서 발표한 「서양의 영적 치유를 위한 비서양적 문화의 잠재적 기여: 엘리아데 사상에 대한 명상」은 실재에 대한 서양의 이원론적·객관적·논리적 접근 방법을 비판하고, 여기에 대한 비서양적 문화의 기여 가능성을 제시하며, 이런 비서양적 기여는 결국 역의 합일을 주장한다는 점에서 포스트모더니즘과 일치하며, 이런 뜻에서 우리는 동양적 포스트모더니즘을 제안할 수 있다고 암시한다.

그러나 그의 글은 엘리아데의 사상에 대한 깊은 이해를 전제로 하고 있으며, 더 나아가서 시간, 신화, 역사에 대한 종교학적 설명을 통해서만 이해될 수 있다. 일단 그의 글을 요약해 보자.

유사 이래 인간은 실재를 신화의 형태로 표현하려고 노력해 왔다. 그래서 엘리아데는 신화를 '진리를 가장 잘 나타내주는 이야기(a narrative considered to reveal the truth par excellence)'라고 규정한다. 그러나 신화는 어디까지나 신화일 뿐이다. 우리가 신화를 접하면서 상대적인 것을 절대적인 것으로 착각하고, 비실재를 실재로 착각하는 실수를 쉽게 범할 수 있는 이유가 여기에 있다.

> 엘리아데는 이렇게 말한다. "우리의 무지는 우선 우리들 각자에게 존재하고 있거나 소유하고 있는 듯이 보이는 것들을 실재와 잘못 동일시하는 것이다." 이 유혹적 실수는 단순한 소극적 무지(無知)가 아니다. 그것은 제한된 인간적 기원에서 나온 것을 — 모든 우상 숭배의 원형적 구조로 보일 수 있는 것을 — 초월적 · 절대적 실재와 긍정적으로 잘못 동일화(the positive misidentification)시키는 실수다.[1)]

그럼에도 엘리아데는 동시에 신화가 모든 종교의 근본 속성인 역의 합일이라는 상반된 속성을 가지고 있으며, 이런 점에서 신화는 한편으로 궁극적 진리(ultimate truths)이면서 동시에 다른 한편으로는 인간적 허구(human fictions)라고 주장한다. 우리가 신화의 이 역설적 · 이중적 의미를 상실하면서 그 중에서 한쪽만 주장할 때, 우리는 깊은 무지의 우물에 빠지게 된다.

여기서 우리는 과학기술이 고도로 발달된 서양에서 신화는 완전히 사라졌다고 생각하기 쉽다. 그러나 엘리아데는 신화는 죽었거나 사라진 것이 아니라 위장된(camouflaged) 형태로 살아남아 있는데, 그렇게 살아남아 있는 곳이 — 놀랍게도 — 다름 아닌 역사기술학(historiography)이라고 말한다. 그러므로 서양문화의 근본적 문제는 신화학의 부족이 아니라 역사주의(historicism)에 있는 것이다.

그러면 역사주의란 무엇인가? 대부분의 사람들은 단순히 그것을 어떤 원칙과 기준을 상대화시키는 것이라고 생각한다. 그러나 우리가 역사주의를 현대 서구사회의 영적 질병으로 받아들이는 엘리아데의 사상을 이해하려면, 우리는 먼저 그의 독특한 시간관과 역사관을 고찰해야 한다.

엘리아데에게 있어서 시간이란 단순히 주어진 것(a simple given)이 아니라 '인간 경험에 대한 사회적으로 구성된 이해(a socially constructed understanding)'며, 모든 종교가 주장하는 궁극적 상태는 인간의 일상적 역사를 초월해서 존재한다는 점에서 시간 안이 아니라 시간 밖에 존재한다. 예를 들어서 우리가 기독교의 영생 개념을 무한히 연장된 역사적 시간으로 생각한다면, 우리는 기독교를 잘못 이해한 것이다. 영생이란 역사적 시간 밖에, 그것과는 독립적으로 존재하는 시간(a life outside of, independent of, historical time)이다. 종교인들이 그들의 의례, 신화 낭송 등을 통해 '시간 밖에 있는 또 다른 시간(this alternative time-outside time)'을 경험할 수 있는 이유도 여기에 있다. 그런 의례와 낭송은 바로 성스러운 모델(sacred model)의 반복이라는 속성을 가지고 있기 때문이다.

쉽게 말해서, 우리가 성만찬 예식을 거행하는 이유는 2천 년 전에 있었던 일을 다시 회상하거나 기억하려는 것이 아니다. 우리는 옛날의 성만찬 예식을 바로 오늘 그대로 재현시키는 것이며, 이런 뜻에서 종교인에게 시간의 역류 불가능성(逆流不可能性, irreversibility)은 완전히 사라지게 된다. 그는 현재에 살면서 과거에 살 수 있으며, 과거의 삶을 그대로 재현시킬 수도 있다.[2)]

여기서 시간은 존재론적 시간이 되며, 파르메니데스적 시간이 된다.[3)] 하여간 성스러운 모델은 세속적 · 역사적 영역에 속하지 않으며, 실재의 본향이라고 할 수 있는 다른 영역에 속해 있는데, 엘리아데는 이런 시간을 '다른 시간(illud tempus)' 혹은 '다른 이름의 시간'이라고 부른다. 레니는 이렇게 말한다.

성스러운 시간, 다른 시간은 신화적 시간이며, 원초적 시간이다. 그것은 절대로 역사적 과거에서 발견할 수 있는 시간이 아니다. 이 원초적 시간은 우리들이 알고 있는 세계의 어떤 과거의 역사적 시기에 있지 않다. 오히려 그것은 성스러운 실재를 나타내는 이야기 구성체다. 그것은 신화적 시간이다.[4)]

오늘날 우리는 성스러운 실재의 나타남은 역사적 시간 밖에서가 아니라 역사적 시간 안에서 혹은 그것을 통해서만 경험할 수 있다고 믿는다. 여기서 신화와 비슷한 기능을 가지고 있는 역사는 바로 성스러운 역사가 된다. 엘리아데가 신화는 다른 어떤 영역보다 우선 역사기술학 속에 살아 있다고 말하는 이유가 여기에 있다. 그러므로 중요한 것은 "어느 사건에 대한 역사기술학이며, 역사기술학과 같이 기능하는 실제 역사가 아니다. 그것은 시간적 실재가 아니라 시간적 실재에 대한 이야기다."[5)]

엘리아데에게 있어서, 역사는 단순히 과거에 일어났던 사건들에 대한 역사가 아니며, 그것은 각자가 경험한 역사며, 더 나아가서 그것은 현재를 설명하기 위한 과거의 선행 사건들(antecedent events considered to explain the present)의 역사다. 그리고 우리는 현재를 설명하기 위해 과거 사건들을 선택하고, 해석하고, 이야기한다는 뜻에서 선행 사건으로서의 역사(history as antecedent event)를 역사기술학이라고 부를 수 있다.

역사는 실재를 지시하며, 그래서 그것은 성스럽고 종교적이다. 그럼에도 서양인들은 아직도 역사를 객관적으로 확실한 기술이라고 보는 역사주의를 붙들고 있다. 즉 그들은 어떤 중간적 모델(an intermediary model)의 도움이 없어도, 실재에 대한 — 그리고 역사적 과거 전체에 대한 — 순수하고 설명되지 않는 접근(an pure, uninterpreted access)이 가능하다고 믿고 있다.

여기에 비하여 동양의 불이론적(不二論的) 전통은 이미 오래 전부터 신화, 실재, 시간, 역사에 대한 이중적 성격, 즉 역의 합일이라는 성격을 잘 유지해 왔다. 동양인들은 "한편으로 전통적 이야기의 성스러운 속성을 주장함으로써 실재를 정확한 객관적 역사기술학의 방식보다는 이야기의 방식으로 좀더 정확하게 제시해 왔으며, 다른 한편으로는 역사에 대한 개인적 경험의 환상성(幻想性)을 주장함으로써 경험 속에 담긴 실재의 숨김과 나타냄을 동시에 제시해 왔다."[6)]

그러므로 동양에서 신화는 환상이면서 동시에 진실이다. 아마도 우리는 이런 사실을 "신화는 진실하고 통합성과 수월성을 가지고 있다는 점에서 실재의 진정한 표현이지만, 그것이 실재 자체는 아니다"라고 표현할 수 있을 것이다.[7)] 하여간 "존재는 역의 합일이다. 그것은 성스러우면서도 속되고, 진실하면서도 진실하지 않고, 실재를 나타내면서도 감춘다."[8)] 레니는 이렇게 결론을 내린다.

> 이미 말했듯이, 역사주의의 문제는 모델을 모델화된 객체로 가정하는 데 있다. 그러므로 전통적인 이야기를 현대적 의식의 빛을 쏘이면 곧 사라질 안개와 같은 환상적 이야기로 취급하거나, 혹은 정확한 과학적 역사기술학으로 잘못 대표하는 것은 — 어느 경우를 막론하고 — 그들의 특이한 힘을 상실하는 것이다. 이런 뜻에서 신화에 대한 더욱 알맞은 태도는, 전통적이면서도 비서구적인 역의 합일을 받아들이는 것이다.
>
> 엘리아데가 말하는 모든 성현(聖現)의 공통적 구조를 보려면, 우리는 신화를 인간적 허구이면서 동시에 초월적 실재에 대한 근원적 표현으로 보고, 살아온 경험(lived experience)을 환상의 근거이면서 동시에 진리의 근거로 보아야 한다.[9)]

3. 역의 합일과 포스트모더니즘

그런데 레니는 이런 역의 합일이라는 성격이 오늘날 위세를 떨치고 있는 포스트모더니즘의 중심 사상이며, 이런 뜻에서 포스트모더니즘은 동양사상과 일맥상통한다고 말한다. 여기서 우리는 두 가지 질문을 제기할 수 있다. 첫째, 과연 지금까지 설명해 온 엘리아데의 역의 합일이라는 사상이 진정 포스트모더니즘의 중심 사상인가? 그것은 비슷하면서도 본질적으로 다른 속성이 아닐까? 둘째, 만약 그렇다고 할 때, 과연 동양사상을 포스트모더니즘의 형태로 알맞게 표현할 수 있는가? 우선 첫째 질문부터 생각해 보자.

일반적으로 엘리아데는 원시적 · 고대적 · 전통적 문화만을 옹호한 무비판적 감상주의자로 인식되고 있다. 그러므로 그의 사상의 주제가 포스트모더니즘과 일치한다는 주장은 말도 되지 않는 듯이 보인다. 그러나 만약 우리가 그의 반역사적 · 반근대적 사상을 잘 고찰해 보면, 우리는 오히려 그가 포스트모더니즘의 선구자라는 사실을 발견하게 된다고 레니는 주장한다. 참으로 과격한 주장이 아닐 수 없다.

그러면 우리는 어떻게 이 주장을 증명할 수 있는가? 일반적인 방법은, 우선 포스트모더니즘의 정의(定義)를 먼저 정확하게 설명하고, 엘리아데의 사상이 과연 그것과 일치하는지를 살펴보면 될 것이다. 그러나 포스트모더니즘의 경우에는 이런 접근 방법을 전혀 사용할 수 없다. 우선 우리는 아직까지 포스트모더니즘이 과연 옳은 것인가 혹은 틀린 것인가를 알 수 없을 뿐만 아니라 도대체 포스트모더니즘이 정확히 무엇인지조차 알 수 없기 때문이다. 그래서 레니는 다만 포스트모더니즘과 긴밀히 연관된 학자들을 동원하고 있다.

(1) 하버마스(Jürgen Habermas)는 『근대성에 대한 철학적 담론』에서 "근대는 이전의 다른 시대가 제공했던 모델로부터 오리엔테이션을 구별할 수 있는 어떤 기준을 빌릴 수 없고 또한 빌리지도 않을 것이며, 현대는 자체로부터 그의 규범성을 창조해야 할 것"이라고 말하는데, 그의 이런 주장은 엘리아데가 『영원 회귀의 신화』에서 "원시인들에게 있어서 모든 인간의 행위는 그것이 태초에 신, 영웅, 혹은 조상들이 수행했던 행위를 정확히 얼마나 반복하느냐는 정도에 따라서 효용성을 인정받았다"는 주장과 일치한다.[10)]

(2) 그리핀(David Ray Griffin)은 우리는 이제 근대성을 떠나야 할

충분한 이유가 있다고 말하는데, 그의 이런 주장은 엘리아데가 『영원회귀의 신화』에서 누누이 반복한 내용과 일치한다.

(3) 맥헤일(Brian McHale)은 "근대성으로부터 포스트모더니즘으로의 이행은 인식론으로부터 존재론으로의 이행"이라고 말하는데, 이런 주장도 언제나 존재론을 강조하는 엘리아데의 사상과 일치한다. 예를 들어서 올슨(Carl Olson)은 이렇게 말한다. "엘리아데에게 올바른 질문은 언제나 존재의 본질에 관한 질문, 존재론적 질문이다. 존재의 미궁으로부터 해결책을 발견하기 시작한다는 것은 결국 존재론적 질문을 제기하는 것이다."[11]

(4) 엘리아데에 대한 방대한 연구를 한 올슨은 엘리아데와 데리다의 공통성을 주장하면서도, 엘리아데는 대문자로 표현된 대존재를 인정하지만 데리다는 그런 존재를 인정하지 않는다는 점에서 그들은 상이하다고 말한다. 그러나 레니는 이 점에서도 두 사상가들의 입장은 서로 용인될 수 있다고 말한다.

> 확실히, 성스러운 것에 대한 경험이 진정한 존재에 대한 관념을 만들어준다는 것은 엘리아데 사상에서 기본적인 사실이다. 그러나 그의 이런 입장은 실제로 "우리는 큰 존재가 현존한다고 가정할 수 없다"는 데리다의 사상과 일치하는 것이 아닐까?
>
> 일부 종교의 추종자들은 어떤 특수한 성현(聖賢)을 통해서 진실로 존재하는 진짜 큰 존재인 성을 경험할 수 있다. 그러나 다른 사람들에게 성은 감추어져 있다. 엘리아데가 "성은 의식의 구조 속에 있는 한 요소(an element in structure of consciousness)"라고 누차 반복해서 말하는 이유도 여기에 있다. (중략)
>
> 이런 점에서, 엘리아데는 큰 존재에 대한 관념을 — 올슨이 생각하듯이 — '모든 생명체가 공통적으로 소유하고 있는 가장 근본적인 것'이라기보다는 개인적 경험에서 나온 제2차적 현상이라는 데리다의 주장에 동의하는 듯이 보인다. 더 나아가서 엘리아데는 의미의 연기(the deferral of meaning)에 대해서도 데리다에 동의할 수 있는 듯이 보인다.[12]

(5) 푸코와 엘리아데는 역사주의에 대한 혐오감에 있어서 서로 일치한다.

(6) 내재성에 대한 하산(Ihab Hassan)의 강조는 창조적 상상력에 대한 엘리아데의 사상과 일치한다.

(7) 기든스(Anthony Giddens)는, 포스트모더니즘은 우리가 확실히 알 수 있는 것은 하나도 없으며, 목적성이 없는 역사 속에서는 진보의 개념을 발견할 수 없다는 사실을 지시한다고 말한다. 물론 "엘리아데는 인식론의 모든 기초를 믿을 수 없다는 기든스의 주장에 공개적으로 동의하지는 않을 것이다. 진실한 것에 대한 그의 주관적 파악은 분명히 지식을 위한 진실한 근거를 제공하지 않는다고 논의될 수 있음에도 불구하고, 그는 지식을 정의에 의해 자체증명적인 것으로 받아들인다. 그러면서도 그는 자체 안에 목적성을 가지고 있는 역사에 대한 투자(the investiture of history)가 불만족스럽다는 기든스의 의견에 분명히 동의한다."[13)]

(8) 맥나이트(Edgar McKnight)는 『포스트모던적 성서 비판』에서 성서 비평의 한계가 완전히 명백해졌다고 말하는데, 이런 주장은 엘리아데의 사상과 정확히 일치한다.

(9) 베르블로브스키(Zwi Werblowsky)는 엘리아데 사상에 영향을 준 수많은 문화적 전통들을 지적하면서 특히 낭만적 사상의 영향을 강조하는데, 이런 주장은 포스트모더니즘이 무엇보다 괴테로부터 니체와 하이데거에 이르는 독일 낭만주의 사상의 강력한 영향을 받았다는 사실과 일치한다.

(10) 엘리아데는 『영원 회귀의 신화』에서 — 엘리엇(T. S. Eliott)과 더불어 — '의식의 흐름'이라는 독특한 장르를 제시한 조이스(James Joyce)를 '우리 시대의 가장 중요한 작가'로 지목한다. 그래서 크로닌(Edward J. Cronin)은 「엘리아데, 조이스, 그리고 역사의 악몽」이라는 논문을 발표하기도 했는데, 실제로 조이스의 『율리시즈』와 엘리아데의 『영원 회귀의 신화』에 나오는 시간관과 역사관은 정확히 일치

하며, 이런 뜻에서 조이스가 포스트모던적 작가의 대표자라면 엘리아데도 당연히 그렇게 간주되어야 한다고 레니는 말한다.

결론적으로 레니는 포스트모더니즘의 중심 사상이 바로 엘리아데가 누차 강조한 역의 합일이라는 점을 설명하기 위해 퍼멘터(Rachela Permenter)를 인용한다.

> 엘리아데에게 있어서 궁극적 실재는 역의 합일이며, 이 역설의 태도가 확실히 포스트모던의 조건이다. 그리고 리오타르(Jean-Francois Lyotard) 등의 이론가들이 주장하는 포스트모더니즘과 관련된 이 역설적 조건은 비직선성, 애매성과 파편성의 수용, 과거의 동화, 실재의 자기의식적 구성, 문화적으로 형성된 자아, 반기초주의, 반대되는 양가 개념의 파기의 성격을 가지고 있다고 그녀는 주장한다. (중략)
>
> (비)이원성의 인식 자체가 포스트모더니즘의 중심적 특성이다. 즉 수많은 포스트모던적 예술가들과 이론가들에 의하면, 우리는 말할 수 없고 지시할 수 없고 침묵할 수밖에 없는 것을 말하고 들으려고 노력한다. 이렇게 그들은 분명히 상충되는 개념을 가지고 씨름하고 있다. 여기서 인간의 소리는 아무것도 아니며 동시에 모든 것이며, 소리와 침묵은 무의미하며 동시에 유의미하다. (중략)
>
> 이미 로이(David Loy)가 말했듯이, 동양의 견해는 인식의 두 형태를 인정한다. 이원론적 인식과 비이원론적 인식이다. 그래서 수많은 오늘날의 철학자들과 언어학자들은 "궁극적으로 합리적 증명과 설명의 가능성은 절대로 지식의 모든 분야를 포괄할 수 없다"는 가다머의 주장에 동의한다.[14)]

물론 모든 포스트모더니즘이 역의 합일을 받아들이는 것은 아니다. 수많은 부정적 포스트모던 학자들은 아직도 단가론(單價論, theory of monovalence)과 서양의 병폐인 역사주의를 그대로 고수하고 있다. 그들은 성스러운 역사에 대한 존경심을 가지고 있지 않으며, 비역사적 역사기술론에 대한 존경심을 가지고 있지도 않다. 단지 남의 이론을 파괴하는 데만 온 신경을 쓰고 있다. 그러나 레니는 또 다른 긍정적 포스트모더니즘이 있다고 말하며, 이런 긍정적 포스트모더니즘은 엘리아데의 역의 합일 사상과 쉽게 동화될 수 있다고 말한다.[15)]

그러면 레니는 역의 합일을 종교와 관련시켜서 어떻게 설명하는가? 그는 그것을 '환상적(fantastic)'이라는 단어로 설명한다. 일반적으로 비종교인들은 자연과 초자연을 분리해서 생각한다. 그러나 종교인들에게 있어서 자연은 자연이면서 동시에 초자연이 된다.

우리는 금강산을 방문해서 "참 아름다워라!"를 외친 다음에 꼭 '주님의 세계는'이나 '부처님의 조화는'이라고 덧붙이며, 그 아름다움을 주님의 세계, 부처님의 조화, 브라만의 출현이라고 믿는다.[16)] 그런데 앞에서 말한 '환상적'이란 바로 이런 자연적 해석과 초자연적 해석의 중간에서 머뭇거리는 순간(the monent of hesitation)에 발생한다고 레니는 말하면서, 이런 사실은 종교에도 그대로 적용된다고 주장한다.

> 종교는 본질적으로 자연적 설명과 초자연적 설명을 모두 요구한다는 점에서, 즉 한편으로 예수나 석가의 역사를 다른 한편으로는 그리스도나 붓다의 기적을 모두 요구한다는 점에서 환상적이다. 인간은 자연과 초자연, 지식과 상상력 사이에서 끊임없이 다이내믹한 주저함을 가질 수밖에 없다는 점에서 환상적이다.
>
> 엘리아데의 어휘를 빌리면, 소위 '발전'은 (더욱 정확히 말해서 이 주저함의 다이내믹을 유지한다는 것, 즉 역사 속에서 역사로부터 끊임없이 도망치려는 시도는) 코스모스의 정기적인 파괴와 새로운 우주론을 시작하기 위해 카오스로 회귀하는 것이다. 그리고 이런 태도는 최초의 시련(the initiatory ordeal)을 경험할 지속적인 용의를 필요로 하며, 코스모스의 파괴를 받아들일 우리들의 용의를 필요로 한다. 피닉스와 같이 그것을 다시 재건하려면.[17)]

그러나 만약 우리가 부정적 포스트모더니즘과 긍정적 포스트모더니즘의 구별을 받아들이기만 하면, 우리는 과연 엘리아데의 역의 합일 사상과 긍정적 포스트모더니즘의 주된 사상이 완전히 일치한다고 볼 수 있는가? 아무래도 레니의 논증은 아직 미흡하다고 생각된다. 예를 들어서 포스트모더니스트들은 엘리아데가 그토록 중요하게 여기는 성(聖)에 대한 토론을 전혀 하지 않을 정도로 그들은 외형적인 유사성에도 불구하고 내용적으로는 굉장히 상이한 것 같다. 또한 대부분의 포스트모더니스트들은 호모 렐리기오수스라는 대전제도 받아들이지 않는다.

4. 맺음말: 역의 합일과 동양사상

이제 동양사상을 포스트모더니즘의 형태로 알맞게 표현할 수 있느냐는 둘째 질문을 생각해 보자. 레니는 포스트모더니즘과 동양사상의 동질성을 적극적으로 주장하지는 않는다. 다만 서양의 포스트모더니즘은 이제 차이점과 동일성, 연속성과 비연속성이라는 이원론에서 벗어나서 역의 합일을 주장해야 할 것이며, 이런 과정을 통해서 이른바 객관성에 근거를 둔 역사주의로부터 탈출해야 할 것이라고만 말한다.

> 나는 우리가 서양의 포스트모더니즘으로부터 벗어나야 하며 또한 벗어날 수 있다고 제안한다. 우리는 차이점과 동일성, 연속성과 비연속성을 모두 동시에 공평하게 적용시킴으로써 — 일종의 비판적 역의 합일을 통해서 — 객관적 역사주의에 대한 새로운 비판을 정당하게 수행할 수 있다. (중략)
>
> 칼 포퍼가 『역사주의의 빈곤』에서 명백히 말했듯이, 오늘날 우리는 미래를 예측할 수 없기 때문에 우리는 어떤 행동이 가장 훌륭한 행동인지, 진실로 우리가 무엇을 해야 하는지를 말할 수 없다. (데이비드 흄은 이미 사실에서 당위를 유추해 낼 수 없다고 말했다.)
>
> 그러나 과학의 주된 혹은 아마도 유일한 목적은 예측이다. 그래서 우리는 실재에 대한 신화적 이야기 모델을 통해서 어떤 행동이 더욱 훌륭한 행동이며, 무엇을 해야 하는지를 결정한다. 비록 그 모델이 역사적으

로 정확한 것은 아니지만. 그러나 우리가 이렇게 판단할 수 있는 유일한 길은 역시 실재와 이야기의 유사성을 가정하는 것이다.

여기서 철저한 의심의 방법을 구사하는 근대의 서양사상은 우리를 도울 수 없다. 비역사적 이야기 모델이 없이는 실재, 즉 모든 과거 사건들의 총체로서의 역사(history as the sum of all past events)에 접근할 수 없으며, 그런 모델이 없이는 어떤 방식이 가장 적합한 방식인지를 결정할 수도 없기 때문이다.

예를 들어서, 죽은 조상과 산 연장자에 대한 유교적 숭배는 가장 훌륭한 근거를 제시한다. 우리가 그들을 존경함으로써 우리는 그들을 존경받을 만한 사람들로 만든다. 즉 우리는 이렇게 함으로써 — 비록 논증적으로는 아무런 의미가 없어도 — 새로운 의미를 창조한다.[18)]

그러면 우리는 이제 서양의 포스트모더니즘과 동양사상의 일치점을 발견할 수 있는가? 아무래도 동양사상에 대한 레니의 간접적 호소만 가지고는 우리를 설득할 수 없는 듯이 보인다.

우리는 과연 중국의 음양 사상, 13세기 보나벤투라의 사상, 15세기 쿠사의 니콜라스 사상이 모두 역의 합일이라는 동일한 통찰력(the same insight)을 가지고 있다고 말할 수 있는가? 우리는 과연 기독교의 타락론, 불교의 무아론, 힌두교의 범아일여론, 이슬람교의 알라의 유일성, 그리고 용수의 중관론이 모두 엘리아데의 역의 합일이라는 사상의 표현이라고 자신 있게 말할 수 있는가? 아무래도 지나친 단순화의 오류를 범하지 않으려면 이 질문들에 대한 답변은 부정적일 수밖에 없는 듯하다.

레니는 여기서 비서양적 사상을 받아들일 수 있는 서양의 긍정적 포스트모더니즘이 이미 존재하며, 비서양적 지식은 실재가 아닌 것을 실재와 동일시하는 서양의 실수를 치료해 줄 수 있으며, 엘리아데의 사상이 이 과정에서 크게 기여할 수 있다고 간접적으로 시사한다.

엘리아데의 함축 의미는 비서양적 문화의 지식은 이 잘못된 동일화를 치료할 수 있다는 것이다. 그래서 나는 '가능적으로 도움이 되는 비서양적 영향력(the potentially beneficial non-Western influence)'이 이미 일부의 포스트모더니스트들의 입장에서 감지되고 있으며, 엘리아데가 이런 입장을 어느 정도 기대하고 있었다고 볼 수 있다고 결론을 내리겠다.[19]

그러나 레니는 이 문제를 심도 있게 천착하지 않는다. 그래서 서양사상에 대한 동양사상의 기여는— 그의 글의 제목이 시사하듯이— 아직도 현실적 기여가 아닌 잠재적 기여(potential contribution)로 남아 있다. 그리고 이런 현실은 바로 우리들이 서양의 포스트모더니즘과 동양사상의 관계를 더욱 근원적으로 밝혀야 한다는 사명감을 단적으로 지시한다고 하겠다.

[주(註)]

1) Bryan S. Rennie, "The Potential Contribution of Non-Western Culture to the Spiritual Healing of the West: A Meditation upon the Thought of Mircea Eliade," 강남대 발표문(2002. 11. 5), p.1.
2) 이와 반대로, 엘리아데는 종교인은 단절된 공간을 경험한다고 말한다. "종교인에게 공간은 연속적인 것이 아니다. 그는 그 속에서 단절과 파괴를 경험한다. 한 장소는 다른 장소보다 질적으로 다를 수 있다." Mircea Eliade, *The Sacred and the Profane: The Nature of Religion*, tr. Willard Trask, Harvest Book, New York, 1959, p.28.
예를 들자.『출애급기』(3:5)에는 "가까이 오지 말라, 그리고 신을 벗으라, 네가 서 있는 곳은 성스러운 땅이다"라는 표현이 있다. 이것은 야훼가 모세에게 특별히 성스러운 곳을 지시한 것이다. 여기서 성스러운 곳은 단순히 전략적으로 훌륭한 곳이 아니라 인간의 실존을 바꾸어놓을 수 있는 '근원적인 곳'이며 '궁극적인 곳'이다. 종교인에게는 그곳만이 절대적인 실재며, 다른 곳은 단지 그곳을 둘러싸고 있을 뿐이다. 역사적으로 모든 종교인들이 성지, 성산, 우주의 기점, 우주의 축, 세상의 중심과 가까운 곳에서 살기를 열망했던 이유가 바로 여기에 있다. 황필호,「미르키아 엘리아데의 생애와 사상」,『사랑은 질투가 아니다』, 자유문학사, 1988, p.229.

3) Mircea Eliade, 앞의 책, p.69.
4) Bryan S. Rennie, 앞의 글, p.7.
5) 같은 글, p.8.
6) 같은 글, p.16.
7) 같은 글, p.16.
8) 같은 글, p.19.
9) 같은 글, pp.22-23.
10) Bryan S. Rennie, *Reconstructing Eliade: Making Sense of Religion*, SUNY Press, 1996, p.233.
11) 같은 책, p.234.
12) 같은 책, p.234.
13) 같은 책, p.235.
14) Bryan S. Rennie, "The Potential Contribution of Non-Western Cultures to the Spiritual Healing of the West," 앞의 글, p.19에서 재인용.
15) 아마도 우리는 긍정적 포스트모더니즘을 이렇게 표현할 수 있겠다. "어디에도 진실은 존재하지 않는다. 혹은 모든 곳에 존재한다. 나는 측면을, 당신은 뒷면을, 누군가는 전면을 보았을지도 모른다. 어쩌면 시시각각 변하는 대상에게서 단 한순간을 포착했는지도 모른다. 다만 작가는 진실의 정체를 다소 파악하고 있는 것 같다. 이 시대의 어딘가에 서서 말이다." 조이영, 「현대인의 감춰진 욕망 속의 진실 찾기: 루이뷔똥」, 『동아일보』, 2002년 11월 2일.
16) 황필호, 『백두산 · 킬리만자로 · 설악산』, 신아출판사, 2000, pp.156-157.
17) Bryan S. Rennie, *Reconstructing Eliade*, 앞의 책, pp.240-241.
18) Bryan S. Rennie, "The Potential Contribution of Non-Western Cultures to the Spiritual Healing of the West," 앞의 글, pp.21-22.
19) 같은 글, p.1.

2. 램버트의 끝나지 않은 「결론」

본문을 읽지 않고 결론에 대하여 논평하려는 모든 시도는 실패할 수밖에 없다. 그러나 그것이 오늘 나에게 주어진 운명인 것 같다. 나는 이 논평에서 단순히 램버트(Lamberth)의 마지막 장을 요약하면서 몇 가지 질문을 제기할 것이기 때문이다.

램버트는 이 글에서 여러 가지 흥미로운 논증을 제공한다. 그러나 그의 모든 목적은 한마디로 "*Varieties*는 제임스의 가장 넓게 발표되고 인용되고 — 내가 감히 말하지만 — 읽히는 작품이어서 초판부터 계속 발표되고 있다"는 사실을 증명하려는 것이다. 예를 들어서 1999년 4월 현대 도서관은 *Varieties*를 20세기의 가장 우수한 논픽션 중의 한 권이라고 발표할 정도다. 그 이유는 어디에 있는가? 램버트는 *Varieties*가 두 가지 특성을 가지고 있다고 말한다. 그의 광범위성(expansiveness)과 생산성(fecundity)이다.

첫째, *Varieties*는 종교 연구에 관한 한 어느 책보다 많은 자료를 가지고 있다. 우리는 이 책에서 각기 상이한 인간성과 종교 전통에서 나오는 제임스의 자서전적 목소리의 다성(多聲)뿐만 아니라 물리적 분석, 기술심리학적 분류, 심리 이론과 신학적 및 형이상학적 분석을 포함한 여러 가지 설명에 대한 이론적 접근을 볼 수 있다. 램버트에 의하면, 제임스가 *Varieties*의 부제를 '인간성 연구'라고 명명한 이유도 여기에 있다.

둘째, *Varieties*는 이런 광범위성뿐만 아니라 여러 분야를 넘나들면서 발생하는 엄청난 생산성을 가지고 있다. 예를 들어서, 이 책은 텍스트에 대한 연구를 증폭시켰으며, 종교심리학의 고전적 텍스트를 생산하는 데 기여했다. 더 나아가서, 이 책은 종교철학이 다루는 신 존재 증명에 대한 '증거적 논증들'을 제공했다.

그러나 이 책은 동시에 다음의 몇 가지 이유로 곡해되어 왔다.

(1) 제임스는 이 강연을 일반 대중을 위해 했지만 이렇게 수많은 독자들이 듣게 될 것이라고는 상상하지 못했다. 실로 우리가 이 책을 설명하는 과정에서 만나는 일부의 난점은 그가 상상한 청중과 실제 청중의 간격에서 나온 것이다.

(2) 퍼트남(Ruth Anna Putnam)이 지적하듯이, 이 책은 *The Will to Believe*의 초기 작품과 *Pragmatism*이나 *A Pluralistic Universe*의 후기 작품을 연결하는 과도기적 성격을 가지고 있다.

(3) 이런 발생학적 과정뿐만 아니라, 제임스는 현재 우리가 가지고 있는 형태의 책을 출판하려고 하지 않았다는 엄연한 사실이 있다. 그리하여 제임스는 이 책의 서문에서 '인간의 종교적 성향'과 '철학을 통한 그들의 만족도'를 탐구하는 10강좌의 입문서 한 쌍씩을 계획했었다고 말했다.

그러면 제임스가 구체적으로 기포트 강연에서 얻으려는 목표는 무엇인가? 이 질문에 대하여 제임스는 모르스(Frances Morse)에게 보낸 잘 알려진 서신에서 이렇게 말했다.

> 첫째, (나와 비슷한 계층의 사람들이 가지고 있는 모든 편견에 대항하여) '철학'보다 '경험'이 모든 세계의 종교 생활의 진짜 버팀목(the real backbone)이라는 사실을—즉 직접적이면서도 개인적으로 경험하는 기도와 인도와 그와 비슷한 것들이 인간 운명이나 세계의 의미 등에 대한 높고 고상한 견해보다 더욱 중요하다는 사실을 밝히려고 한다.

둘째, 나의 강의를 듣거나 읽는 사람들이 내가 보이지 않게 믿고 있는 것, 즉 종교의 특별한 현현(顯現)이 (그것의 신조와 이론들이) 아무리 불합리할지라도 전체로서의 이런 생활은 인간의 가장 중요한 기능(mankin's most imprortant function)이라는 것을 밝히려고 한다.

그렇다면, '철학'에 대항하여 '경험'을 옹호한다고 말하는 것은 무슨 뜻인가? 이 질문도 다음의 몇 가지 사실로 인해 혼란스럽다.

첫째, 제임스는 *Varieties*에서 경험을 단 한 번도 정확히 정의하거나 테크니컬하게 사용하지 않는다. 램버트에 의하면, 일상적인 용법에서도 '경험'은 '느낌', '감정', '지각', '정신 상태'와는 상이하다. '경험'이란 지금의 '느낌 상태'나 현재의 '지각 상태'보다는 일정 기간의 시간과 복합성의 범위와 정도 차이를 함유하기 때문이다.

둘째, *Varieties*에서 다시 설명된 변용(transformation)의 다이내믹스는 개인의 일상적 의식 밖에 있는 (그리고 개인 밖에 있는) 권력이나 힘이나 이념과 서로 교제하는 관계적 개념으로 경험되고 설명된다. 이런 뜻에서 '종교적 경험'이라는 말은 특이하고 테크니컬한 면을 가지고 있다. 비록 제임스는 이 사실을 공개적으로 지적하지는 않지만 말이다.

모르스가 인용한 부분으로 다시 돌아가서, '철학'보다 '경험'을 변호하려는 제임스의 노력을 우리는 어떻게 설명해야 하는가? 첫째로 많은 사람들이 지적했듯이, 제임스는 모든 철학을 제거하려고 의도하지 않는다. 오직 당시의 주된 사상이었던 합리주의와 몇 가지 조직 신학의 사상들을 제거하려고 한다. 둘째로 제임스는 합리주의를 철저히 제거하면서도 합리주의적 노력이 전혀 쓸모가 없다고 믿지는 않는다.

경험과 철학의 대조를 읽으면서, 우리는 또한 철학과 제도 종교의 평행선을 관찰할 수 있다. 철학에 대한 태도와 마찬가지로, 제임스는 제도 종교가 아무런 가치를 가지고 있지 않다고 주장하지 않는다. 그러나 그는 종교 창시자들에 대한 개인적 경험과 추종자들의 경험이 없다면, 제도적인 요소는 태어나지 않았거나 오랜 동안 역사 속에 지속되지 않았을 것이라는 견해를 가지고 있다.

그러나 종교의 인과적 기원과 그것의 효과적인 기능으로부터 제임스는 종교 조직과 이념 및 실천의 제도는 — 그것이 다른 점에서 아무리 본질적이고 생산적이라도 — 상대적으로는 2차적인 것일 뿐이라고 생각한다. 그러므로 제임스의 종교에서 가장 결정적인 부분은 경험적 순간(experiential moment)인 것이다. 진짜 종교의 탄생에서는 변용을 위한 경험적 순간이 절대적으로 필요하기 때문이다.

여기서 우리는 여러 가지 질문을 제기할 수 있다.

(1) '경험'은 정확히 어떤 뜻에서 '느낌'이나 '감정'과 다른가?

(2) '종교 경험'은 여러 가지 일상적 경험의 한 종류인가, 아닌가? 만약 전자라면, 그들은 어떻게 다른가?

램버트 교수는 이렇게 말했다. "*Verieties*는 그것이 제공하는 완전함뿐만 아니라 제임스 자신이 여러 부분을 담보한다는 점에서 아주 흥미로운 작품이다. 그것의 의미와 가치는 — 모든 진정한 고전과 마찬가지로 — 가까운 장래에 끝날 것 같지 않다. 오히려 이 책은 그 책에 대한 새로운 시각의 시작, 그것이 제공하는 새로운 문제, 그리고 현재까지 이어온 해석을 계속 제공할 것이다. 내가 비록 맨 끝에 이 글을 쓰지만, 나도 이 토론을 중단시키고 싶지 않다. 나는 아직도 이 책에서 새로운 과일을 기대하고 있다."

이런 뜻에서 램버트의 「결론」은 아직도 끝나지 않은 결론이다. 우리는 아직도 그것의 새로운 과일을 기대할 수 있기 때문이다.

3. 신앙과 이성 :
강연 요약 *

1. 첫째 강연

종교에 대한 학문적 · 논리적 · 이성적 접근은 가능한가? 이 질문에 대한 종교인들의 부정적인 답변은 의외로 우렁차다. 그리하여 『도덕경』은 "도가도 비상도(道可道非常道)"로 시작하는데, 말이나 언어로 표현할 수 있는 도는 진정한 도가 아니라는 뜻이다. 또한 선불교에서는 아예 불립문자(不立文字)를 주장하는데, 깨달음의 진수는 문자로 전달될 수 있는 것이 아니라 스승과 제자의 맞대면에서 '역설의 언어' 혹은 '침묵의 언어'를 통해서만 전달될 수 있다는 뜻이다.

이런 답변은 기독교에서 더욱 힘을 갖는다. 첫째로 종교란 문자 그대로 '무조건' 믿는 것이기 때문에 어느 특정 종교를 진정 이해하려면 바로 그 종교집단의 일원이 되는 길밖에 없다는 처지에서 '종교와 학문의 무관성'을 주장하고, 둘째로 종교의 외적 현상은 학문적 연구의 대상이 될 수 있겠으나 종교의 내적 본질은 논리적 탐구의 대상이 될 수 없다는 입장에서 '학문에 대한 종교의 초월성'을 주장한다. 그리하여 키에르케고르는 '진리는 주관성'이라고 선언하고, 터툴리아누스는 "나는 불합리하기 때문에 믿는다"고 선언하며, 서양 종교철학사에서 가장 정교한 존재론적 신 존재 논증을 제시한 안셀무스도 "믿지 않으면 이해할 수 없다"고 선언한다.

또한 파스칼은 '철학자의 하느님'과 '아브라함과 이삭과 야곱의 하느님'을 구별하고, 종교인들은 냉철한 지성의 결과로 발견한 하느님이 아니라 삶에 의미를 부여해 주고 일상생활 속에서 인격적인 교제를 할 수 있는 성서의 하느님을 추구한다고 선언한다. 그래서 그는 하느님의 존재를 논리적으로 증명하려는 데카르트의 시도를 '불확실하고 쓸데없는 일'이라고 비난한다.

예를 들어서 키에르케고르의 실존 변증법인 삶의 세 단계를 생각해 보자.

1. 미적(美的) 단계(aesthetic stage) : 돈 후안
2. 윤리적 단계(ethical stage) : 소크라테스
3. 종교적 단계(religious stage) : 아브라함

그럼에도 이성은 종교에서 중요한 위치를 차지하고 있다. "도가도 비상도"를 외친 노자가 아마도 동양에서 가장 형이상학적인 『도덕경』을 남기고, 불립문자를 주장한 선사들이 방대한 어록(語錄)을 남기고, 파스칼이나 키에르케고르가 서양 종교철학사에 빛나는 저서들을 남긴 이유도 여기에 있다.

2. 둘째 강연

종교철학은 어느 과목과도 다른 점이 있다. 사회학을 공부하는 사람은 우선 "사회학이란 무엇인가?"를 질문할 것이며, 동일한 철학자라도 현상학을 공부하는 사람은 "현상학이란 무엇인가?"를 질문할 것이다. 그러나 종교철학자는 "종교철학이란 무엇인가?"를 질문하기 이전에 "종교에 대한 철학적 논의, 즉 종교철학은 과연 가능한가? 또한 가능하다면 그것은 과연 보람 있는 일인가?"라는 원초적 질문을

먼저 해야 된다.[1] 이 질문에 대한 일상적인 답변은 다음의 세 구절로 요약될 수 있다.

(1) 종교는 무조건 믿는 것이다. 그러므로 종교나 신앙에 대한 논리적 및 철학적 접근은 처음부터 불가능한 것이다. 신앙의 본질은 반논리성이다.

(2) 종교와 신앙은 논리와 철학을 초월한다. 전자는 후자를 포함할 수 있지만 후자는 절대로 전자를 포함할 수 없다. 그러므로 종교에 대한 철학적 설명은 마치 하나의 파도로 거대한 바다를 설명하려는 시도와 다름이 없다. 신앙의 본질은 초논리성이다.

(3) 신앙의 본질은 체험이다. 황홀경을 체험하지 못한 무당은 선무당이듯이, 신앙에 대한 진정한 이해는 이성적 이해를 지나 체험의 경지까지 나아가야 한다.

물론 이 세상에 존재하는 모든 종교가 신앙의 반논리성이나 초논리성을 주장하는 것은 아니다. 대개 이런 주장은 유신론적 종교들에게서 자주 거론되고 있으며, 그 중에서도 유일신을 믿는 종교에 국한되어 있으며, 이를테면 유신론도 아니고 무신론도 아닌 비신론적(非神論的) 종교인 불교는 기독교보다 훨씬 논리적이라고 말할 수 있다.[2] 또한 유신론적인 종교들도 그들의 경배의 대상인 하느님의 존재를 신앙에 의존하지 않고 논리적 · 이성적 · 합리적으로 증명하려는 수많은 시도가 있어 왔다는 사실을 우리는 잘 알고 있다.[3]

그러나 대부분의 종교들이 신앙이나 진리의 반논리성이나 초논리성을 직접적으로나 간접적으로 주장하고 있다는 사실에는 의심의 여지가 없다. 그리하여 기독교는 이성에 대한 계시의 우월성을 주장하며, 선불교는 불립문자를 주장하며, 유교도 논리보다는 인(仁)의 마음을 강조한다. 이런 뜻에서 우리는 위의 세 답변을 받아들일 수 있다. 그러면 이런 답변들은 필연적으로 신앙의 반논리성이나 초논리성을 증명하는가? 반드시 그렇지는 않다.

첫째, "종교는 무조건 믿는 것이다"라는 명제는 분명히 반논리적으로 해석될 수 있다. 그렇다고 해서 그 명제가 무조건적인 신앙, 무제약적인 신앙, 완벽한 신앙을 의미하지는 않는다.

> 글자 그대로 '무조건' 믿는다는 것은 있을 수 없다. 우리는 "불합리하기 때문에 믿는다"는 터툴리아누스의 표현도 정확히 말하면 "불합리하더라도 믿지 않을 수 없는 논리가 있다"고 해석해야 한다.
>
> 안셀무스는 "믿지 않으면 이해할 수 없다"고 말했다. 그러나 우리는 그가 이렇게 말한 글에서 서양철학사에서 가장 논리적이며 또한 오늘날까지도 논란의 대상이 되고 있는 하느님에 대한 '존재론적 논증'을 처음으로 제창했다는 사실을 잊지 말아야 한다.[4)]

둘째, "종교는 철학을 초월한다"라는 명제는 분명히 옳은 말이다. 그러나 이런 신앙의 초논리성이 반드시 종교에 대한 철학적 논의 자체를 불가능하게 만드는 것은 아니다. 토마스 아퀴나스가 분명히 말했듯이, 종교에 대한 가장 적절한 접근 방법은 이성이 아니고 계시라고 하더라도, 인간이 이해할 수 있는 정도까지 인간의 이성으로 종교의 진리를 이해하려는 노력을 반대할 필요는 없는 것이다. 또한 어느 경우에는 이미 계시로 발견한 진리를 이성의 힘으로 확인 혹은 재확인함으로써 그의 신앙을 더욱 돈독히 할 수도 있을 것이다.[5)]

(또한 신앙이 논리를 초월하고 종교가 철학을 초월한다고 주장하려는 사람은 먼저 논리와 철학을 어느 정도 알아야 한다. 알지도 못하는 논리와 철학을 초월한다고 주장하는 것은 마치 "나는 알지 못하는 어떤 것을 초월한다"는 난센스일 뿐이다. 안셀무스의 이해 없는 신앙, 터툴리아누스의 아테네 없는 예루살렘, 키에르케고르의 미적인 단계와 윤리적인 단계를 거치지 않은 종교적인 단계는 있을 수 없는 일이다.)[6)]

셋째, "신앙의 본질은 체험이다"라는 명제도 참으로 옳은 말이다. 정확히 어느 정도 체험해야 된다고 정확히 말할 수는 없다. 그러나 체험이 전혀 없는 신앙이란 그 자체로 모순이다.

일반적으로 우리가 다른 사람의 종교를 안다고 주장(knowledge claim)하려면 다음의 세 단계를 거쳐야 한다. 첫째로 우리는 다른 종교의 기본적인 교리, 의례, 상징, 언어를 지적으로 이해해야 한다. 그 종교를 신봉하는 사람들과 더불어 그 종교를 토론할 정도로 알아야 한다. 우리는 이 단계를 '지적 배움의 단계'라고 말할 수 있다.

둘째로 우리는 다른 종교의 교리, 의례, 상징, 언어를 직접 관찰하고 참여해야 한다. 미사 드리는 광경을 한 번도 보지 않은 사람은 가톨릭에 대하여 말할 수 없고, 참선에 한 번도 참여해 보지 않은 사람은 선불교에 대하여 안다고 주장할 수 없다. 종교는 언제나 직접적인 대면을 필요로 한다. 우리는 이 단계를 '참여적 배움의 단계'라고 말할 수 있다. 셋째로 우리는 다른 종교의 종교성을 직접 체험할 수 있어야 한다. 백팔 배를 하면서 희열을 느낄 수 없는 기독교인이나 코란을 읽으면서 삶의 의미를 발견할 수 없는 유교인은 상대방의 종교를 안다고 주장할 수 없다. 우리는 이 단계를 '체험적 배움의 단계'라고 말할 수 있다. 이런 뜻에서 신앙의 본질이 체험이란 주장은 참으로 옳은 말이다.

우리는 지금까지 신앙의 반논리성, 초논리성, 체험성을 토론했다. 이 과정에서 우리는 "종교는 무조건 믿는 것이다"라는 명제는 틀린 명제며, "종교는 철학을 초월한다"는 명제는 그 자체로는 옳지만 그것이 반드시 종교철학의 불가능성을 함유하지는 않으며, "신앙의 본질은 체험이다"라는 명제는 참이라는 것을 알게 되었다.[7)]

3. 셋째 강연

그러면 종교에 대한 학문적 접근이 가능하고 바람직하다고 할 때, 거기에는 어떤 접근 방법이 있는가? 그것은 크게 세 가지로 나눌 수 있다. 첫째는 자신이 몸담고 있는 종교의 입장에서 접근하는 변호학적(apologetic) 방법이며, 둘째는 객관적인 입장에서 역사 속에 나타난 종교 현상을 연구하는 종교학적(religiological) 방법이며, 셋째는 역시 객관적인 입장에서 어느 종교 교리의 일관성과 여러 종교 교리들의 정합성을 연구하는 철학적(philosophical) 방법이다. 나는 이제 세 입장의 특성과 거기에 얽힌 문제들을 간단히 고찰하겠다.

첫째, 변호학적 방법이란 자신이 신봉하는 특정 종교나 거기에 동정하는 태도를 그대로 견지하는 방식인데, 기독교인의 신학이나 불교인의 불교학이 여기에 속한다.

우리는 변호학적 입장을 "하나의 종교를 알면 모든 종교를 알 수 있다"는 명제로 성격 지을 수 있다. 자신의 입장을 고수하는 기독교 신학자, 불교학자, 유교학자 등이 모두 여기에 속한다. 이런 뜻에서 이 입장은 주관적 및 평가적이며, 그가 얼마나 엄격한 객관성을 유지하느냐에 따라서 그의 학문의 위치가 결정된다.

예를 들어서, 『기독교와 세계 종교의 만남』의 저자인 틸리히는 자신을 종교변호학자인 기독교 신학자일 뿐만 아니라 종교철학자라고 말한다. 그러나 그는 이 책에서 종교 간의 대화에 임하는 사람을 크게 '관찰하는 참여자'와 '참여하는 관찰자'로 분류하고, 자신은 전자의 길을 택하겠다고 선언하면서 '예수는 그리스도'라는 기준을 가지고 모든 종교들과 유사 종교들을 판단한다.[8] 그러므로 엄격히 말하면, 그는 종교철학자가 아니라 자신의 입장을 끝까지 고수한 변호학적 신학자라고 할 수 있다.[9]

종교변호학자는 자신의 신념이나 신앙을 그대로 간직하면서 종교를 연구한다는 점에서 앞으로 설명할 종교학자나 종교철학자보다 실존의 문제에 더욱 가깝게 있다고 말할 수 있다. 그래서 그는 '신앙의 주관성'과 '학문의 객관성'에 대한 갈등을 느낄 필요도 없을 것이며, 대부분의 경우에는 자신의 학문적 탐구가 신앙적 체험의 내용을 더욱 풍요롭게 만들 수도 있다. 참으로 축복받은 사람이다. 그러나 바로 그렇기 때문에, 종교변호학자는 자신의 입장을 객관적 · 과학적인 것으로 위장하지 말아야 한다. 이런 태도는 객관적 입장을 고수하려는 종교학이나 종교철학에 대한 모독일 뿐만 아니라 종교 신앙 자체에 대한 모독이기도 하다.

둘째, 종교학적 방법이란 역사 속에 나타난 여러 가지 종교 재료, 종교 표현, 종교 현상을 객관적으로 연구하는 방법이다. 그러므로 변호학적 방법이 주관적이고 평가적이라면, 종교학적 방법은 객관적이고 기술적이다. 우리는 이 입장을, "하나의 종교를 알면 모든 종교를 알 수 있다"는 변호학적 입장과는 달리, "모든 종교를 알아야 하나의 종교를 알 수 있다"는 명제로 성격 지을 수 있다.

셋째, 철학적 방법이란 종교 교리 자체의 일관성과 정합성을 역시 객관적으로 연구하는 방법이다. 즉 종교철학은 종교학이 유일한 연구 대상으로 인정하는 '문화적으로 나타난 종교 현상'이라는 한계를 넘어서서 그런 현상을 낳은 교리 자체의 일관성과 각기 다른 종교 교리들 사이의 정합성을 추구한다. 이런 뜻에서 종교철학은 종교 현상을 단순히 기술(describe)하는 데 만족하지 않고 그 현상을 설명(explain)하려고 노력한다.

몇 가지 실례를 들자. 불교는 인간에게 모든 욕망을 버리라고 가르친다. 왜? 깨달음을 얻기 위하여, 즉 우리는 깨달음이라는 큰 욕망을 위해 모든 조그만 욕망들을 버려야 한다는 뜻이다. 그러면 깨달음이라는 큰 욕망과 작은 욕망들의 차이점은 무엇인가? 그 차이점은 양적인 것인가 혹은 질적인 것인가? 혹은 깨달음을 위해 모든 욕망을 버리라는 주장은 모순이 아닌가? 이런 것들이 바로 교리 자체의 일관성에 관련된 문제들이다.

기독교 교리의 일관성에 관련된 전통적인 문제로는 '악의 문제'를 들 수 있는데, 이것을 도식으로 나타내면 다음과 같다.

첫째 전제 : 하느님은 모든 인류를 사랑한다.
둘째 전제 : 하느님은 전능하다.

셋째 전제 : 그러나 이 세상에는 엄연히 악(정당화되지 않은 고통)이 존재한다.

첫째 결론 : 하느님은 사랑의 하느님이 아니거나,

둘째 결론 : 하느님은 사랑의 하느님이지만 전능의 하느님이 아니거나,

셋째 결론 : 하느님은 사랑의 하느님도 아니고 전능의 하느님도 아니다.

이 문제는 바로 우리가 어떻게 사랑의 하느님과 진노의 하느님을 동시에 일관성 있게 받아들일 수 있느냐는 문제며, 다른 말로 표현하면 우리가 엄연히 존재하는 악 앞에서 어떻게 하느님을 변호할 수 있느냐는 변신론(辯神論)의 문제가 된다. 이렇게 종교철학은 종교학과 동일한 객관적 학문이지만 그들이 취급하는 대상은 전혀 다르다.

우리는 종교에 대한 이상의 세 가지 방법들 중에서 어떤 길을 선택해야 하는가? 물론 이 문제는 각자의 성향과 환경에 따라 다를 수밖에 없을 것이다. 그러나 나는 여기서 몇 가지를 언급하고 싶다.

첫째로 우리는 자신이 선택한 길만이 옳다거나 적어도 다른 길보다 더욱 훌륭하다고 믿기 쉽다. 그러나 이런 태도는 이제 용납될 수 없다. 우리는 '우리가 선택하지 않은 길'에 대한 정당한 존경심을 잃지 말아야 한다. 일반적으로 종교에 대한 한국인의 태도는 극히 배타적이다. "우리는 불교를 열심히 비방하면 기독교의 신앙심이 증명되고, 기독교를 망국병의 징조라고 강조하면 불교의 신심이 증명된다고 믿고 있다. 그러나 이른바 위대한 고립주의의 시대는 이미 지났다. 이제 우리는 진리의 다면성(多面性)을 솔직하게 인정하고, 그런 인정 위에서 현대에 들어와서 '새롭게 대두된 문제'를 신중하게 고려해야 한다. 이제 우리가 '신앙의 주관적 절대성'과 '종교의 객관적 상대성'을 동시에 인정해야 되는 이유가 여기에 있다."[10]

그래서 바호는 이렇게 말한다. "진리를 사랑하는 것은 비진리를 증오하는 것이지만, 자신의 신앙을 높이기 위하여 반드시 다른 사람의 신앙을 훼손해야 되는 것은 아니다."[11] 물론 이 말은 각기 다른 종교에 대한 우리들의 바람직한 태도를 기술한 것이다. 더구나 동일한 종교에 대한 각기 다른 학문적 접근 방법의 우열을 따지는 것은 시대착오적인 발상일 뿐이다.

둘째로 종교변호학과 종교학과 종교철학은 이제 손을 잡아야 하며, 종교에 관한 한 우리는 이 세 방법을 전부 알아야 종교에 대하여 안다고 주장할 수 있다는 사실을 정확히 인식해야 한다. 신앙이라는 미명 아래 종교학과 종교철학을 전혀 모르는 종교변호학자, 객관성이라는 미명 아래 주관적인 종교변호학과 또 다른 객관적 종교철학을 전혀 모르는 종교학자, 종교변호학의 실존성과 종교학의 유용성을 무조건 배척하는 종교철학자, 그들은 이제 독불장군의 시대가 끝났다는 사실을 새롭게 인식해야 한다. 바야흐로 우리는 벌써 21세기를 살고 있다.

셋째로 종교에 대한 세 가지 방법은 종교가 근본적으로 인간을 위해 존재한다는 점에서 서로 만날 수 있다. 종교와 종교에 대한 모든 학문도 종국적으로는 모두 인간을 위해 존재하는 것이다. 인간을 저버린 종교는 진정한 종교가 아니다. 바호가 "기독교인은 태어나는 것이 아니라 만들어지는 것이다"라고 주장한 이유도 여기에 있다.[12]

[주(註)]

* 이 글의 교재는 다음과 같다. 황필호, 『종교철학 11강좌』, 철학과현실사, 2006, pp.75-77; 황필호, 『문학철학 산책』, 집문당, 1996, pp.255-307; 황필호, 『종교변호학 · 종교학 · 종교철학』, 철학과현실사, 2004, pp.151-156.

1) Cf. P. Tillich, 황필호 역, 『종교란 무엇인가』, 전망사, 1984, pp.35-36.
2) 비신론에 대하여는 다음을 참조할 것. 황필호, 「종교철학에 있어서 신의 존

재에 관한 시비」, 『철학적 인간, 종교적 인간』, 범우사, 1983, pp.196-197.

3) 같은 글, pp.190-192.

4) 황필호, 『서양종교철학 산책』, 집문당, 1996, p.197.

5) 같은 책, p.198.

6) 같은 책, p.200.

7) Cf. 황필호, 「종교철학이란 무엇인가」, 『서양종교철학 산책』, 앞의 책, p.200.

8) Paul Tillich, *Christianity and the Encounter of the World Religions*, Columbia University Press, 1964, pp.2-3.

9) 황필호, 『종교변호학 · 종교학 · 종교철학』, 철학과현실사, 2004, p.20.

10) 황필호, 『서양종교철학 산책』, 앞의 책, p.96.

11) Joachim Wach, *The Comparative Study of Religions*, Columbia University Press, 1958, p.9.

12) 황필호, 『철학적 인간, 종교적 인간』, 앞의 책, pp.187-188.

4. 종교 복수주의를 넘어서

나는 종교 복수주의를 전적으로 지지한다. 그러면서도 나는 현재 진행되고 있는 종교 복수주의에 대한 모든 논의에 대하여 세 가지 불만을 가지고 있다. 첫째는 그것이 아직도 기독교 중심적 입장에서 전개되고 있으며, 둘째로 대부분의 논의가 여전히 자기신앙 우월적이며, 셋째는 그것이 종종 아주 가치중립적으로 전개되고 있다는 것이다.

첫째, 기독교 중심의 문제를 생각해 보자. 예를 들어서 힉, 파니카, 사말타 등과 같은 학자들은 모두 종교 간의 대화가 교회중심주의에서 예수중심주의와 신중심주의를 지나 실재중심주의로 나아가야 한다고 주장한다. 그러나 그들의 실재중심주의는 아직도 기독교적 신중심주의를 완전히 벗어나지 못한 것 같다. 즉 그들은 아직도 비신론적 및 무신론적 종교보다는 기독교로 대표되는 유신론적 종교에 관심을 쏟고 있다. 쉽게 말해서 '실재중심주의로 위장된 신중심주의'가 판을 치고 있는 실정이다. 이제 종교 간의 대화에 대한 논의는 진정 탈기독교화될 필요가 있다.

물론 동양 종교인은 신중심주의(theocentrism) 대신에 도중심주의(taocentrism)를 주장할 수 있다. 그러나 이것은 대화가 아니라 다시 신(神)과 도(道)의 대결로 되돌아가는 것이다. 그러므로 앞으로의 논의는 일단 기독교를 상징하는 신, 불교를 상징하는 깨달음, 중국 종교를 상징하는 도 등의 개념을 벗어난 넓은 벌판에서 진행되어야 한다.[1)]

둘째, 자기신앙 우월성을 생각해 보자. 예를 들어서 오강남은 파울러(James Fowler)가 제시하는 신앙의 6단계를 소개한다. 여기서 그는 분명히 1단계보다는 2단계가 좋고, 3단계보다는 4단계가 좋고, 5단계보다는 6단계가 좋은 것이라고 암묵적으로 인정하고 있다.

그러나 신앙도 근기(根機)에 따라 서로 다를 수 있으며, 또한 주위 환경이나 교육 조건 등에 따라 서로 다를 수 있다. 그리고 이것이 사실이라면, 우리는 어떤 사람이 어떤 단계에 머물러 있다고 해서 그를 책망할 수는 없는 일이다. 즉 내가 현재 가장 좋다고 믿는 것을 상대방도 받아들여야 한다고 강요할 수는 없다.

예를 들어서, 나는 문자주의에 얽매인 근본주의적 신앙보다는 그 단계를 벗어난 신앙을 더욱 성숙한 신앙이라고 생각한다. 그러나 모든 사람이 현실적으로 문자주의를 벗어날 수 있는 것은 아니며, 문자주의를 고수하려는 사람은 자신의 주장을 당당히 발표할 수 있어야 한다. 이것이 진정한 종교 복수주의적 태도다.[2)]

셋째, 가지중립의 문제를 생각해 보자. 현재 진행되고 있는 종교 복수주의에 대한 논의는 — 모든 사람은 자신의 종교 안에서 구원받을 수 있기 때문에 — 모든 종교가 동일하거나 비슷하며, 그래서 우리가 어느 쪽을 선택해도 아무런 차이가 없다는 식으로 진행되고 있다. 기독교를 믿는 것과 불교를 믿는 것이 당사자들에게 아무런 차이가 없다는 것을 은연중에 암시하고 있다.

그러나 모든 종교는 절대로 가치중립적일 수 없다. 내가 최근에 달라이 라마를 회견하면서, 나는 현재 기독교 교리보다는 불교 교리에 더욱 맞는 것 같지만 — 나의 아내가 기독교인이며, 또한 그녀는 내가 교회에 나가기를 원하기 때문에 — 교회에 나가고 있다고 공개적으로 선언한 이유도 여기에 있다.[3)]

존 콥(John B. Cobb)은 이렇게 말한다. 일반적으로 종교 복수주의는 이 세상에 여러 가지 종교가 있으며 그래서 우리는 모든 종교를 존경해야 한다는 너무나 '당연한 사실'을 말하며, 이런 뜻에서 그는 종교 복수주의를 전적으로 지지한다고 말한다. 그러나 일부의 복수주의자들은 각기 다른 종교적 전통이 어떤 공통의 요구를 충족시켜 주는 공통의 목적을 가지고 있다고 말하는데, 이런 주장은 결국 모든 종교를 가로지르는 어떤 '본질'이 있음을 전제하기 때문에 그런 주장은 충분히 복수주의적이지 않다고 비판한다.[4)]

그러면 우리는 어떻게 이상의 세 가지 문제점을 보완하면서 진정한 종교 간의 대화를 할 수 있는가? 나는 이 마지막 질문에 대하여 한 가지 현실적인 제안과 한 가지 원칙적인 시각을 제시하겠다.

첫째, 현실적으로 모든 종교지도자들은 종교 복수주의를 직접 실천하고 있는 달라이 라마의 아지트인 다람살라나 서울 같은 곳에 모여서 — 마치 미국의 독립 선언문(Declaration of Independence)과 비슷한 — 개종반대 선언문(Declaration of Non-Conversion)을 채택하는 것이 좋다고 생각한다. 즉 "우리는 절대로 당신을 우리가 믿는 종교로 개종시키려고 노력하지 않겠습니다"라고 선언해야 한다는 것이다. 물론 어떤 사람이 특정 종교로 개종하기를 원한다면, 그 종교에 속한 사람들은 그를 형제로 받아들여야 하지만, 적어도 그의 생각을 변경시키려고 노력하거나 설득시키려고 노력하지는 말아야 하기 때문이다.[5)]

둘째, 원칙적으로 이런 선언문은 신앙을 개종(改宗, conversion)의 계기가 아니라 가종(加宗, addversion)의 계기로 받아들이는 사람에게만 가능한 것이다. 신앙이란 필요하다고 느끼면 미련 없이 과거의 모든 상념을 말끔히 버리고 새 종교로 귀의해야 하는 것이 아니라 누적적(累積的)인 것이다.

여기서 우리는 각기 다른 종교를 순례하면서 우리들의 종교적 경험을 더욱 추가하거나 감소시킬 수 있고, 더욱 보충하거나 삭감할 수 있고, 더욱 증가시키거나 감퇴시킬 수 있다. 즉 우리는 그것을 가종(加宗)으로 더욱 풍요롭게 하거나 개종(改宗)으로 더욱 초라하게 만들 수 있으며, 이것은 전적으로 우리의 선택이다.[6)]

[주(註)]

1) 황필호, 『종교변호학 · 종교학 · 종교철학』, 철학과현실사, 2004, pp.214-215.
2) 같은 책, pp.215-216.
3) 황필호, 『황필호, 달라이 라마를 만나다』, 운주사, 2006, p.75.
4) John Cobb, "Beyond Pluralism," 서강대 종교연구소, 『한국종교연구』, 제6집, 2004, p.163.
5) Cf. 여기서 꼭 지켜야 할 원칙은 J. S. Mill의 위해원칙(危害原則, Harm Principle)이다.
6) 황필호, 『종교철학 에세이』, 철학과현실사, 2002, p.376.

5. 키에르케고르와 동양사상 *

1. 머리말

우리가 수많은 과거의 사상가들을 공부하는 이유는 무엇인가? 물론 우리는 이를 통해 그들에 대한 정보나 지식을 얻게 되고, 이런 정보나 지식이 인류 사상사의 중요한 부분을 차지하고 있다는 사실을 알게 되고, 우리는 이런 과정을 통해서 이른바 '교양인'이 될 수 있다.

그러나 이것이 전부인가? 우리가 그들의 사상을 배우는 유일한 목적이 오직 교양인이 되기 위한 통과의례에 불과한 것인가? 분명히 거기에는 그 이상의 이유가 있을 것이다. 그야말로 교양이 밥 먹여주는 것이 아니며, 만약 우리가 그 시간에 차라리 컴퓨터를 공부한다면 우리는 더 큰 현실적 이익을 얻을 수 있다. 수백 년 혹은 수천 년 전에 살았던 어느 특정 사상가가 오늘을 살아가는 현대인에게도 과연 '피가 되고 살이 되는 교훈'을 줄 수 있는가? 이 문제야말로 어느 한 사상가에게만 관련된 문제가 아니며, 보편성을 추구하는 철학자가 꼭 한 번 생각해 보아야 할 근본적인 문제다.[1)]

더 나아가서 왜 우리는 수많은 위대한 사상가들 중에서 하필 덴마크에서 짧은 생애를 살았던 19세기의 사상가 키에르케고르(Søren

Aabye Kierkegaard, 1813-1855)를 배워야 하는가? 과거의 키에르케고르는 오늘날의 우리에게 어떤 교훈을 줄 수 있는가?

나는 이 글에서 키에르케고르의 교훈을 몇 가지 분야에 국한하여 토론할 것이다. 특히 나는 그의 사상의 보편성을 증명하기 위하여 도교, 불교, 유교로 대표되는 동양사상과 비교하면서 토론할 것이다. 이 과정에서 우리는 키에르케고르와 동양사상의 유사점과 차이점을 동시에 알게 될 것이며, 이런 작업을 통해서 우리는 키에르케고르 사상의 특성을 더욱 선명히 알게 될 것이다.

2. 진리와 과정: 도교적 해석

키에르케고르에게 있어서, 진리 탐구는 완전한 경지에 도달된 상태가 아니라 그런 상태를 지향하는 끝없는 과정일 뿐이다. 그는 자신이 완전한 크리스천이 된 것이 아니라 완전한 크리스천이 되어가고 있을 뿐이라는 일관된 사상을 죽을 때까지 가지고 있었다. 그가 자신의 고백적 신앙집들을 '설교'라고 부르지 않고 '강화'라고 부른 이유가 여기에 있다. 안수를 받지 않은 그가 공식적으로 설교를 할 수 없었던 것도 사실이지만, '강화'라는 표현 속에는 어느 정도의 '잠정성'이 포함되어 있기 때문이다.[2)]

우리는 키에르케고르의 이런 태도를 아퀴나스의 사상으로 쉽게 설명할 수 있다. 토마스 아퀴나스는 자신이 제기한 "하느님의 존재는 자명(自明)한가?"라는 질문에 대하여 스스로 이렇게 답변하다.

> 자명에는 두 가지가 있다. 한편으로 그 자체로는 자명하지만 우리들에게는 자명하지 않은 것이 있고, 다른 한편으로 그 자체로 뿐만 아니라 우리에게도 자명한 것이 있다.
>
> 술어가 주어의 본질에 포함된 명제는 자명하다. 예를 들어서 "사람은 동물이다"는 동물이 인간의 본질에 포함되어 있기 때문에 자명하다. 그

러나 주어와 술어의 본질을 모르는 사람에게 있어서 앞의 명제는 자명하지 않고, 오직 그 자체로만 자명하다.[3)]

여기서 '그 자체로 뿐만 아니라 우리에게도 자명'한 명제는 '총각은 결혼하지 않은 남자'와 같은 동어 반복적 분석 명제며, 그 이외의 모든 종교 명제는 비록 그 자체로는 자명하지만 불완전한 인간에게는 자명하지 않게 보이는 종합 명제일 뿐이다. 그런데 아퀴나스는 "하느님은 존재한다"는 명제는 분석 명제가 아니라 종합 명제라고 말한다. 물론 원칙적으로 보면, 하느님의 본질과 존재는 동일하며, 그래서 이 명제는 그 자체로 자명하기 때문에 증명을 필요로 하지 않는다. 그러나 하느님의 본질을 알 수 없는 인간에게 있어서 그 명제는 자명하지 않으며, 그래서 아퀴나스는 하느님의 존재를 '나타난 결과들'에 의하여 입증할 필요가 있다고 말하면서 그의 우주론적 논증을 제시한다.

아퀴나스의 사상은 이렇게 설명할 수 있다. "진리는 그 자체로 완전하다. 그러나 인간의—너와 나의—진리는 불완전하다." 키에르케고르에게 있어서 신의 존재나 진리의 개념은 절대로 동어반복적인 것이 아니다. 그래서 우리는 진리 자체는 완전하지만 인간이 소유한 진리는 불완전할 수밖에 없다는 사실을 절대로 잊지 말아야 한다.

인간이 자신의 진리를 완벽한 것이라고 착각할 때 그의 신앙은 쉽게 독단으로 빠질 수 있으며, 여기서 모든 사람을 자유롭게 해야 할 진리는 오히려 수많은 역사적 범죄를 저지르게 된다. 독실한 종교인이었던 파스칼이 인류 역사에서 일어난 모든 잔인한 범죄들은 한결같이 종교의 이름으로 자행되었다고 말한 이유도 여기에 있다. 키에르케고르가 말년에 당시 교회를 맹렬히 비난한 것도 바로 그들이 진리의 과정성을 벗어났다고 생각했기 때문이다. 그는 그에게 견진례를 집행해 준 뮌스터(Mynster) 대주교를 이렇게 공격한다.

훌륭한 궁성교회의 위엄 있는 법정 설교자일 뿐만 아니라 교양 있는 대중이 선택한 이 사람은, 유행에 민감하고 교양 있는 사람들로 구성된 선택된 서클 앞으로 걸어 나와서 사도 서한에 대한 감상적인 설교를 한다. "하느님은 미천하고 멸시받는 사람을 선택하셨습니다." 그러나 아무도 웃지 않는다.[4)]

키에르케고르는 뮌스터의 후계자인 마르텐센(Martensen) 대주교도 비판한다. 로데(Peter Rhode)는 이렇게 말한다. "마르텐센은 뮌스터 대주교의 장례 예배에서 뮌스터를 '진리의 증인'이라고 부름으로써 이미 존경받고 있으며 우상화된 뮌스터를 순교자의 대열에 승격시키려고 했다. 키에르케고르는 더 이상 참을 수 없었다. 키에르케고르에게 있어서 이런 행위는 신성 모독이며, 모든 기독교적 가치의 부정이었다. 이제 그는 비판할 수밖에 없었다."[5)]

물론 우리는 키에르케고르가 실존 변증법의 마지막 단계인 종교적 실존과 종교-A를 지난 종교-B의 경지를 말하면서 진리의 상대성을 뛰어넘는 진리의 절대성을 제시했다고 말할 수도 있다. 그러나 그가 '진리는 주관성'이라는 신념을 끝까지 고수했다는 사실은 바로 진리 자체의 절대성과 인간이 소유한 진리의 상대성을 동시에 주장했다고 보아야 할 것이다. 여기서 전자는 키에르케고르를 철저한 기독교인으로 만들고, 후자는 그를 비기독교인을 포함한 모든 사람에게 영향을 줄 수 있는 실존철학자로 만든다. 분명히 키에르케고르는 '그리스도 중심적 측면'과 '인간중심적 측면'을 동시에 가지고 있다.

인간이 소유한 모든 진리가 불완전할 수밖에 없다는 주장은 바로 진리의 상대성을 함유하게 되는데, 이런 사상은 노자의 견해와 일맥상통한다. 많은 사람들은 『도덕경』의 제1장 첫머리에 나오는 "도가도 비상도(道可道非常道)"의 상도(常道)를 '영원불변의 도'로 해석한다. 그러나 여기서 말하는 '상도'란 문자 그대로 '항상 그런 도'라는 의미일 뿐이다. 노자에게 있어서 진리란 — 플라톤의 경우와는 달리

— 영원불변하는 것이 아니라 영원히 변하는 것이기 때문이다.

우리는 진리에 대한 노자의 상대적인 태도를 『도덕경』의 다른 곳에서도 쉽게 찾을 수 있다. 그는 제4장에서 최고의 진리인 도를 '만물의 으뜸(萬物之宗)'이라고 표현하지 않고 '만물의 으뜸과 비슷하다(似萬物之宗)'고 표현하며, 진리가 '존재'한다고 표현하지 않고 '존재하는 것 같다(似或存)'고 표현한다. 또한 그는 제6장에서도 곡신(谷神)이 '존재한다'고 단정하지 않고 '이어지고 또 이어지니 존재하는 것 같다(綿綿若存)'고 말한다.[6)]

키에르케고르와 노자는 다같이 인간이 소유한 진리는 절대적이 아니라 상대적이어서 불완전할 수밖에 없으며, 이런 뜻에서 진리는 영원한 과정일 뿐이며, 그래서 모든 인간은 진리 앞에 겸손해야 된다고 말한다. 성령 충만을 지나치게 자랑하는 사람과 도(道)를 전부 소유했다고 장담하는 사람은 이미 진정한 종교인이 아니다.

그러나 키에르케고르와 노자 사이에는 근본적인 차이점이 있다. 아퀴나스의 표현을 빌리면, 키에르케고르는 진리 자체는 완전하지만 오직 인간이 소유한 진리는 완전할 수 없다고 믿는다. 진리 자체는 영원불변하는 것이다. 그러나 노자는 진리 자체가 상변(常變)한다고 믿는다. 그래서 그는 — 마치 과정신학자들의 주장과 마찬가지로 — 변하지 않는 것은 진리가 아니라고 주장한다.

우리가 앞에서 토론한 '사(似)'를 영어로 표현하면 'It seems…'가 될 것이다. 플라톤과 아퀴나스와 같은 실체론자들에게 있어서 'It seems…'는 정확하지 않은 것, 반신반의적인 것, 한마디로 아직 진리에 도달하지 못한 상태를 말한다. 그러나 그것은 노자에게 바로 상도(常道)의 세계가 된다.

물론 키에르케고르는 전통적인 의미의 실체론자가 아니다. 그는 실체, 본질, 체계를 거부한 실존론자다. 그러나 그가 진리 자체를 영원불변한 것으로 보았다는 사실에는 의심의 여지가 없다. 여기에 바로 키에르케고르와 노자의 근본적인 차이점이 있다.

3. 신앙과 무아: 불교적 해석

신앙은 인간의 의지적 노력이다. 그러나 마지막 단계에서 인간은 자신이 노력할 수 있는 모든 가능성을 포기하고 — 즉 자아를 포기하고 — 하느님에게 의지해야 한다. "나는 아무것도 아닙니다(I am nothing in the world)"라고 고백하면서, 나의 모든 생각과 말과 행동을 전적으로 궁극적 실재에 의존해야 한다. 이런 의존을 통해서만 참다운 자유의 경지에 도달할 수 있다. 이것이 기독교의 역설이다.

키에르케고르는 신앙의 이런 역설적인 측면을 그의 실존 변증법에서 명확하게 제시한다. 돈 후안으로 대표되는 미적 단계는 소크라테스와 안티고네로 대표되는 윤리적 단계로 도약하고, 이 윤리적 단계는 다시 아브라함으로 대표되는 종교적 단계로 도약해야 한다. 윤리적 단계에서 인간은 아직도 자신의 의식적인 노력으로 진리에 도달할 수 있다고 믿는다. 인간이 인간을 구원할 수 있다거나 그 구원 사업에 어느 정도나마 동참할 수 있다고 믿는다. 그러나 인간이 인간을 구원할 수 있다거나 그 구원 사업에 어느 정도나마 동참할 수 있다고 생각할 때, 거기에는 아직 구원이 없다.

미적 단계에서는 절대로 윤리적 단계를 이해할 수 없다. 소크라테스와 안티고네의 죽음은 진리를 위한 순교가 아니라 문자 그대로 자살일 뿐이다. 윤리적 단계에서는 절대로 종교적 단계를 이해할 수 없다. 아브라함이 100세에 낳은 아들을 죽이려는 행동은 바로 "살인하지 말라!"는 십계명을 위반하는 것이며, 더구나 여기서 그가 죽이려고 하는 대상은 다른 사람이 아닌 자신의 자식이다. 이것이 어찌 윤리적일 수 있겠는가. 키에르케고르에게 있어서 신앙이란 자아를 완전히 포기하는 것이다.

우리는 이런 사상을 불교의 무아설(無我設)에서 쉽게 발견할 수 있다. 물론 원칙적으로 불교는 '신앙의 종교'가 아니라 '수행의 종교'며, '밖으로부터의 구원(salvation from without)'보다는 '안으로부터의 깨달음(enlightenment from within)'을 추구한다. 특히 원시불교와 선불교에서 신앙은 설자리가 없으며, 일반적으로 불교는 인간을 떠난 어떤 초월자에 대한 신앙을 인정하지 않는다. 그러나 불교는 다르마에 대한 철저한 신앙을 가지고 있으며, 이 다르마는 무아설과 연기설을 전제로 해서만 설명될 수 있다.

여기서 우리는 키에르케고르와 불교 사이의 한 가지 유사성을 발견한다. 그들에게 신앙은 지성(intellect)이 아니라 의지(will)의 작용이다. 진리란 인간의 지적 추구로 도달할 수 있는 것이 아니다. 그래서 파스칼은 우리가 추구하는 실재는 '철학자의 하느님'이 아니라 '아브라함과 이삭과 야곱의 하느님'이며, '머리의 하느님'이 아니라 '가슴의 하느님'이라고 말한다. 그가 신앙에 관한 한 우리는 의지적 모험을 할 수밖에 없다는 '노름 이론'을 제창한 이유도 여기에 있다.[7] 기독교는 이런 사상을 '오직 믿음에 의해서만(sola fide)'이라고 표현한다.

우리는 이런 반주지주의적 주의주의(主意主義)를 불교에서 쉽게 발견할 수 있다. 이미 석가는 모든 형이상학적 논의를 배제해야 한다는 '독화살의 비유'를 설하고 있으며, 의지에 대한 이런 사상은 나중에 선불교에서 '모든 것은 마음이 만든 것(一切唯心造)'이라는 사상과 '마음이 부처(卽心是佛)'라는 사상으로 발전한다.

그러나 의지, 마음, 신앙에 대한 이런 강조는 기독교 사상사와 불교사상사에서 심각한 부작용을 초래하게 된다. 기독교에서는 가톨릭보다는 특히 개신교에서 무조건적 신앙을 강조하는데, 이런 경향은 결국 '평상심이 진리(平常心是道)'라는 상식을 망각하게 된다. 즉 많은 기독교인들이 불같은 신앙을 가지고 있다고 장담하면서도 진리란 결국 그들의 평소의 삶으로 표현되어야 한다는 사실을 망각한다. 여기서 우리는 '행함이 없는 믿음은 헛것'이라는 진리를 다시 상기해야 한다. 예수가 "주여 주여 하는 자마다 천국에 들어가는 것은 아니다"라고 강조하고, 공자가 "말을 잘하고 얼굴빛을 곱게 하는 사람 중에

는 인(仁)한 사람이 드물다(巧言念色鮮仁)"고 강조한 이유도 여기에 있다.[8)]

의지와 마음에 대한 강조는 불교에서도 심각한 부작용을 초래한다. 처음 마조(馬組道一, 709-788) 선사는 제자들에게 마음이 곧 부처라고 가르친다. 그러나 약은 곧 독이다. 모든 방편은 그 반대의 부작용을 안고 있다. 석가는 먼저 깨우친 사람이고 나는 나중에 깨우칠 사람이니, 석가와 나 사이에 무슨 차이가 있느냐고 자만하는 신자들이 생겨났다. 이것은 긍정적 어법의 폐단이다. 그래서 마조는 자신의 언어를 수정한다. "마음은 부처가 아니다(非心非佛)."[9)] 남전(南泉普願, 748-834)도 "다른 사람들에게 설하지 않은 진리가 있습니까?"라는 백장(白丈) 선사의 질문에 대하여 "그것은 마음도 아니고, 부처도 아니고, 어떤 대상도 아니다(不是心 不是佛 不是物)"라고 답변한다.

액면 그대로 보자면, 즉심시불과 비심비불은 서로 모순된다. 그러나 선사들은 그들이 모순이 아니라고 말한다. "마음은 부처이다"라는 명제와 "마음은 부처가 아니다"라는 명제는 오직 세계의 자아화(自我化)를 차단하려는 방편일 뿐이기 때문이다. 불교에서, 특히 선불교에서 '긍정의 길(via positiva)'보다 '부정의 길(via nagativa)'을 선호하는 이유도 여기에 있다. 모든 교설은 오직 "자아는 존재하지 않는다"는 부정적 명제의 진리를 전달하는 수단이며, 여기에는 단연 긍정형의 문장보다는 부정형의 문장이 더욱 효과적이라고 생각되기 때문이다.

하여간 진리는 멀리 있는 것이 아니라 우리들의 구체적인 삶 속에서 구현되어야 한다. 우리는 진리를 의지적으로 받아들이는 경지에 머물지 말고 그것을 생활로 현실화해야 한다. 그래서 무문(無門慧開, 1182-?)은 '평상심이 진리'라고 말한 남전에 대하여 깨달은 상태를 그저 "봄에는 온갖 꽃이 있고, 가을에는 달이 있고, 여름에는 시원한 바람이 있고, 겨울에는 눈이 있다(春有百花 秋有月 夏有淸風 冬有雪)"고 표현한다. 그래서 한형조는 이렇게 말한다. "별무기특(別無奇

特), 깨닫고 나서도 그대 얼굴의 주근깨는 거기 그대로 있다. 역시 산은 산이고, 물은 물이다."[10)]

키에르케고르와 불교는 다같이 신앙의 일상성, 즉 신앙의 평상심을 중요시한다. 그러나 그들 사이에는 근본적인 차이점이 있다. 기독교인의 신앙과 봉헌에는 언제나 하느님, 예수님, 성령님이라는 대상이 있지만 불교인의 신앙과 봉헌에는 대상이 없다. 물론 불교인도 '거룩하신 세존'이라든지 '지혜의 완성이신 석가'라는 봉헌의 구절을 항시 마음에 간직하고 있다. 그러나 석가는 여기서 어디까지나 나의 깨달음을 위한 발판, 방편, 나룻배, 달을 가리키는 손가락에 불과한 것이다. 거드문센(Cris Gudmunsen)은 이렇게 말한다.

> 반야부 경전에서 강조하는 봉헌은 특수한 성격을 가지고 있다. 이 봉헌은 확실히 어떤 사람이나 물체에 대한 존경심이다. 그러나 다른 한편으로 그런 존경심의 대상인 사람이나 물체는 존재하지 않는다. 우리가 여기서 발견하는 것은 '대상 없는 봉헌(devotion without objects of devotion)'이다.[11)]

예수는 "나를 믿으라!"고 권유하지만, 석가는 "나의 가르침을 따르라!"고 권유한다. 석가는 "나는 길이요 진리요 생명"이라고 말하지 않는다. 석가라는 사람이 중요한 것이 아니라 석가의 가르침이 중요하다는 뜻이다. 이러한 기독교와 불교의 차이는 6개의 상상적인 대화로 구성된『석가와 예수의 대화』에 잘 나타나 있다.

석가 : 자아라는 개념이 바로 환상의 절대적인 근원입니다. 우리가 그 개념으로부터 자유롭게 될 때, 우리는 진실로 자유로운 것입니다.

예수 : 여기에 바로 당신과 나를 구별하는 차이점이 있습니다. 나는 자아가 중요할 뿐만 아니라 무한하고 취소될 수 없는 가치를 가지고 있다고 믿습니다. 환상의 근원이기는커녕 오히려 진리의 근

원입니다.

석가 : 무한한 가치라고요? 진리의 근원이라고요? 당신이 정말로 그렇게 생각한다면, 당신과 나 사이에는 커다란 차이가 있습니다. 나는 우리가 이 문제에 대하여 서로 이해할 수 있기를 바랍니다. 나는 당신이 사람들에게 그들의 자아를 버리고 '길'을 따라야 된다고 말해서 상당히 기뻐했습니다. 그러나 그 길이 바로 당신을 따르는 길이라고 말해서 상당히 걱정되었습니다. 당신이 나의 자아, 너의 자아, 모든 자아, 더 나아가서 자아라는 개념까지 버려야 된다는 점을 망각하고 있기 때문입니다. 이제 당신은 당신이라는 '사람'과 당신의 '가르침'을 구별해야 될 것입니다. 바로 이 혼동이 당신이 현재 직면하고 있는 모든 시비의 근원이라는 것을 모르십니까?

예수 : 사실은 나도 당신의 삶은 평화롭게 끝났는데, 나는 사람들로부터 이렇게도 커다란 혼동과 증오를 받는다는 사실을 걱정하기는 했습니다.

석가 : 그렇습니다. 내가 이렇게 말하는 것을 허용한다면, 당신은 당신이라는 인격에 너무 큰 의미를 주고 있습니다. 실제로 중요한 것은 당신이 아니라 당신의 가르침일 뿐입니다.

예수 : 내 메시지가 바로 나라고 말하면 당신은 놀라시겠지요? 나는 나 자신 이외에는 아무것도 줄 수 없습니다.[12)]

불교의 대상 없는 봉헌이라는 개념은 '그림을 사용하는 것으로서의 종교 신앙(religious belief as using pictures)'이라는 비트겐슈타인의 사상과 매우 흡사하다. 예를 들어서, 여기에 '전지전능하신 하느님'이라는 봉헌적 발설을 '하느님의 눈은 모든 것을 본다'고 표현했다고 하자. 비트겐슈타인에 의하면, 이 표현은 하느님이라는 객체에 대한 발설이 아니라 모든 것을 감찰하는 하느님이라는 '그림'을 자신의 삶의 지표로 삼고 있다는 표현일 뿐이다. 그리하여 "하느님의 눈은 과연 눈썹을 가지고 있는가?"라는 질문은 처음부터 제기될 수 없다. 여기서 사용된 '하느님의 눈'이란 표현은 사실적인 명제가 아니라 하느님의 눈이라는 '그림'을 간직하고 살겠다는 종교인의 의지의 표현이기 때문이다. 비트겐슈타인은 이렇게 말한다.

> 어떤 사람이 병이 나서 "내가 벌을 받는다"고 말하고, 나는 "나는 병이 나도 그것을 전혀 벌이라고 생각하지 않는다"고 말했다고 하자. 여기서 사람들이 "나는 그 사람과 정반대되는 것을 믿는가?"라고 묻는다면 나는 그렇다고 말할 수 있다. 그러나 이 경우의 정반대라는 것은 우리가 일상적으로 말하는 정반대와는 전혀 다르다. 나는 달리 생각하며 다른 방법으로 생각한다. 나는 내 자신에게 다른 것을 말한다. 나는 다른 그림(different pictures)을 가지고 있다.[13)]

비트겐슈타인에 의하면, 기독교인들이 말하는 '심판자이신 하느님'이란 표현도, 최후의 심판이라고 불릴 수 있는 엄청난 사건이 미래 언젠가에 일어날 확률이 높다는 뜻이 아니라, 단지 최후의 심판이라는 그림을 항상 가슴에 품고 살겠다는 것이다. 비트겐슈타인은 이렇게 말한다. "어떤 그림이 항상 나를 충고해 주는 역할을 한다거나, 혹은 내가 그런 그림을 언제나 생각한다고 하자. 여기서 그 그림을 언제나 우선적으로 간주하는 사람들과 그 그림을 전혀 사용하지 않는 사람들 사이에는 엄청난 차이가 있다."[14)] 비트겐슈타인에게 있어서 종교 신앙은 어떤 대상에 대한 신앙이 아니다. 그것은 단지 신자가 자신의 마음속에서 사용하는 그림일 뿐이다.

분명히 비트겐슈타인은 봉헌적인 요소가 종교에서 필수적임을 인정한다. 그러나 그것은 대상 없는 봉헌이며, 이런 점에서 그의 사상은 불교의 사상과 일치한다. 그리하여 거드문센은 불교의 제행무상(諸行無常)이라는 개념을 설명하면서 "우리는 '무상'이라는 단어를 설명할 때 이 세상 밖으로 나갈— 그리하여 절대자에게 호소할— 필요가 없다"고 말한다.[15)] 또한 카츠(Nathan Katz)는 "불타는 자신을 전능한 분으로 칭송하는 그의 애제자 사리풋타(Sariputta)를 책망하는

데, 그 이유는 그가 인간이 알 수 있는 이상의 것을 말했기 때문"이라고 주장한다.[16)]

요즘 많은 철학자들이 비트겐슈타인의 사상을 불교와 연관하여 토론한다. 대상 없는 신앙이라는 점에서 그들은 서로 만나고 있기 때문이다. 그러나 나는 한 걸음 더 나아가서 "비트겐슈타인의 후기 사상은 기독교보다 불교에 — 특히 선불교에 — 더욱 가깝다"고 말하고 싶다.[17)]

4. 개인과 사회: 유교적 해석

모든 종교는 개인의 마음의 정화부터 시작된다. 파스칼이 인간이란 언제나 혼자 태어나서 혼자 죽어간다고 말한 이유도 여기에 있다. 그러나 종교의 궁극적 목표는 '나'에 머물지 않고 '우리'의 경지로 전진하는 것이다. 상대방을 우리의 수단으로 이용하는 '나와 그것'의 관계를 인격적인 만남인 '나와 너'의 관계로 승화시키는 것이다. 그리하여 예수는 그의 제자들에게 땅 끝까지 복음을 전달하라고 말했고, 불교의 보살 정신은 이 세상의 마지막 사람이 부처가 될 때까지 중생을 교화해야 한다고 가르친다.

종교의 이와 같은 공생공사의 정신은 종교인의 믿음의 대상인 성자들의 삶에 잘 나타나 있다. 그들은 언제나 혼자만의 해탈에 머물지 않고 이 세상의 모든 인류를 구원하려고 노력했던 것이다. 예수의 위대함은 그가 하느님의 아들이라는 사실에 있는 것이 아니라, 아무런 죄도 없는 그가 이 죄악의 세상 속으로 들어와서 모든 인류를 위하여 죽었다는 사실에 있다. 석가의 위대함은 그가 우주의 모든 진리를 보리수 밑에서 깨달았다는 사실에 있는 것이 아니라, 그가 다시 몽매한 중생의 사바세계로 돌아왔다는 사실에 있다.

종교란 일단 세상을 떠나는 것이다. 세상의 명예, 권력, 부귀를 떠나는 것이다. 그러나 종교는 세상을 외면하는 제1차적인 떠남에 머물지 않고, 다시 떠났던 세계로 돌아오는 제2차적인 결단을 동반한다. 사회를 초월한 '하늘의 사람'으로 머물지 않고 다시 이 세상을 구원하려는 '땅의 사람'으로 되돌아오는 것이다. 그러므로 참된 종교적 삶은 안락의자에 앉아서 훌륭한 길을 걸었던 성자들의 삶을 관념적으로 묵상하는 것이 아니라, 그들이 지나간 형극의 길을 스스로 재현하는 것이다. 혼자만의 행복을 추구하는 우물 안 개구리에 머물지 않고 찬 바람이 부는 공동체로 다시 나오는 것이다. '나'는 '우리'로 승화되어야 한다.[18)]

공동체성을 특별히 강조하는 종교로는 단연 유교를 들 수 있다. 유교의 최고덕목인 인(仁)은 바로 '두(二)' '사람(人)'이라는 뜻을 가지고 있으며, 또한 고대 중국에서는 '仁'과 '人'을 같은 뜻으로 사용했다. 즉 유교에서 인간은 '나'로부터 출발하여 '우리'까지 발전해야 한다기보다는 차라리 처음부터 '나'는 '우리' 속에서만 의미를 가질 수 있다. 이것은 "공자가 강조한 인(仁)은 우선 인간관계에 근거하고 있으며, 그래서 그것은 예를 들면 칸트의 지상명령이나 하느님의 십계명 등에 의존하지 않는다"는 뜻을 담고 있다.[19)]

간단히 말해서 인간은 모듬살이를 할 수밖에 없는 사회적 존재며, 이 사회성을 포기한 은둔자의 삶은 차라리 금수의 삶과 별로 다름이 없는 것이다. 그러나 '하느님 앞에 홀로 선 단독자'를 강조하는 키에르케고르는 일단 인간의 사회성을 전면 부인하는 듯이 보인다.

> 키에르케고르는 흔히 사회성과 역사성이 없는 사상가 즉 일체의 사회윤리를 멀리 떠난 개인주의, 종교적 금욕주의를 주장한 무세계적 · 자기 독백적 고독한 사상가로 간주되며, 정치적 · 사회적 문제에 대해서는 부정적 관심밖에는 갖지 않았던 극단적인 보수주의자, 심지어 근대적 퇴폐의 한 징후인 개인주의적 · 반동적 · 비합리주의적 철학의 선구로 낙인찍히기도 한다.
>
> 사실 우리는 그가 누렸던 안락한 환경과 생활 조건, 그가 받은 교육,

그의 여러 저작 등에서 그의 개인주의적 성향을 얼마든지 찾아볼 수 있다. 또한 그는 주위에서 진행된 동시대의 사회적·정치적 운동에 직접 참여하지 않았으며, 그의 수많은 저작에서도 이러한 문제들을 직접적인 주제로 다루지 않았다.[20)]

그러면 키에르케고르는 인간의 개인성에 파묻혀서 인간의 또 다른 모습인 사회성을 전혀 보지 못했는가? 그래서 결국 그는 인간의 한 모습만 본 것인가? 표재명은 절대 그렇지 않다고 말한다. 오히려 키에르케고르는 당시 상황에 대한 예리한 분석을 하고 있었으며, 그 분석의 결과에 따라서 당시 유행했던 정치적 평등주의보다는 종교적 단독자주의를 제창한 것이다.

그는 자기 시대가 엄청난 변혁의 시대라는 것을 바로 알고 있었다. 그러나 그는 동시대인들과는 달리 갑작스런 개혁이나 혁명이 가져올 결과를 긍정적으로 받아들이지 않았다. 더구나 다수결에 의해 모든 것을 정해 나가는 민주주의 같은 것을 믿지 않았다. 그에게 본질적인 것은 형식이 아니라 인간이며, 제창되는 이념의 내용이 아니라 그 이념에 대한 각 사람의 태도 또는 그 이념을 지니는 낱낱의 사람의 주체적 진리였다. 이 점에서 그에게는 자기 시대의 정치적·사회적 상황이 바람직하지 못한 상태에 있음이 분명했다.[21)]

이러한 상황에서는 이전의 정치체제로 복귀하려는 어떠한 시도도, 국가론이나 국가 권력의 원리적 근거에 관한 어떠한 논의도, 실추된 권위를 회복하기 위해 바람직한 것이 못 되었다. 이제 사람이 해야 할 것은 오직 이 거덜나버린 현 체제 속에서 새로운 출발점을 잡는 일이다. 그리고 이것은 외적 제도의 혁신이 아니라 오직 내면적 정신의 혁신, 곧 종교적 혁신에 의해서만 가능한 것이었다. 키에르케고르에게는 시대가 요구하는 것, 곧 전면적인 사회의 개혁을 겨냥하는 급진적 사회주의나 공산주의 운동의 길이 사태 해결에 아무런 도움도 안 된다는 사실은 너무나 자명했다.[22)]

키에르케고르나 공자가 인간의 개인성과 사회성 중에서 한쪽만 강조했다고 말할 수는 없다. 그러나 그들 사이에는 분명히 강조의 차이가 있으며, 이것은 바로 무조건적인 기독교의 사랑과 '차별애(差別愛, love with distinctions)'라고 할 수 있는 유교적 인(仁)의 차이에서 온 것이리라. 즉 기독교의 사랑은 "어느 이웃이 개인적으로 가지고 있거나 이미 획득한 어떤 것으로부터 나오지 않으며, 또한 그런 것과 비례하지도 않는다"는 뜻에서 독립적(independent)이며, "이웃의 행위 자체는 어떤 형태로든지 그에 대한 관심과 배려를 받게 하거나 받지 못하게 하지 않는다"는 뜻에서 불변적(unalterable)이다.[23] 그러나 유교의 인은 사랑하는 사람과 사랑받을 사람의 위치와 환경에 따라 다를 수밖에 없는 것이다.

이런 뜻에서, 철저한 기독교인인 키에르케고르는 "우리의 이웃은 특수한 사람이기 이전에 한 인간"이라고 말한다.[24] 그러나 유교는 그가 우선 특수한 사람이고 그 다음에 한 인간이라고 말할 것이다. 실로 유교에서는 구체적이고 특수한 사람만 존재하며 보편적인 인간은 존재하지 않는다.[25]

5. 학문과 인생: 철학적 해석

끝으로 나는 특히 지식인, 학자, 대학교수들이 빠질 수 있는 위험성을 키에르케고르의 사상을 통해 조명해 보겠다. 여기서 독자는 키에르케고르가 단순한 '옛날의 사람'이 아니라 21세기를 살아가는 우리들에게 구체적인 교훈을 줄 수 있는 '오늘의 사람'이라는 사실을 알게 될 것이다.

첫째, 예부터 '글은 사람'이라고 했다. 모든 글에는 그 글을 쓴 사람의 사상이 포함되어 있다는 뜻이다. 그러나 나는 '사람이 글'이라고 말하고 싶다. 글을 쓰는 사람의 삶 자체가 글이 되어야 한다는 뜻이다. 삶에 의해 보장되지 않는 글은 헛글일 뿐이다.[26] 그럼에도 우리는 많은 사람들이 인정하는 내용을 쓰려고 한다. 그러나 키에르케고르는 분명히 말한다. 다수가 진리를 만드는 것은 아니라고. 그가 종교인이 된다는 것은 쾌락의 넓은 문을 버리고 스스로 고통의 좁은 문을 선택하는 것이라고 누누이 강조하는 이유도 여기에 있다. 더 나아가서 키에르케고르는 "진리는 언제나 소수에 있다"고 말한다.

> 진리는 언제나 소수에 있다. 그리고 소수는 언제나 다수보다 강하다. 소수는 의견을 가지고 있는 사람들로 구성되지만, 다수의 힘은 아무런 의견도 가지고 있지 않은 사람들로 구성된 환상일 뿐이다.
>
> 아무도 소모적인 개인이 되려고 하지 않는다. 그들은 어디서나 숫자라는 가짜 대안을 제시함으로써 당신에게 봉사하려고 한다. "뭉치자. 그러면 우리는 강하게 될 것이다." 그러나 바로 이것이 인류의 가장 심각한 비윤리화 현상이다.[27)]

키에르케고르의 이런 사상은 "사람들이 알아주지 않아도 서운해하지 않는 사람이 역시 군자가 아니겠는가(人不知不慍 不赤君子乎)"라고 말한 공자의 사상과 일치한다.[28)] 물론 다수가 항상 틀리다고 말할 수는 없다. 그러나 자신의 인기와 명예를 위해서는 자신의 모든 노력을 허비할 용의가 있는 현대인, 많은 사람들로부터 무조건적 인기를 얻으려는 현대인에게 키에르케고르의 충고는 참으로 적절한 것이다.

둘째, 우리는 흔히 정보와 지식, 지식과 진리를 전혀 구별하지 않으며, 그래서 결국 수많은 정보나 지식의 나열을 바로 진리에 대한 글이라고 착각하기 쉽다. 간단히 말해서, 우리는 너무 쓸데없는 것들을 많이 알고 있으면서도 정작 우리에게 가장 필요한 진리, 지혜, 덕을 까맣게 망각하고 있다. 아니, 우리는 쓸데없는 것들을 너무 많이 알고 있기 때문에 진리를 받아들일 수 없게 된다. 노자는 이런 현대인에게 "말이 많으면 궁하게 된다"고 직격탄을 쏜다.

인간의 비극은 쓸데없이 너무 많이 듣는 것이다. 나의 심적 상태를 불필요하게 많이 채우는 것이다. 비어 있으면 궁함이 없는데, 오히려 꽉 차 있으면 자주 궁해진다. 우리가 흔히 쓰는 속어에 '식자우환'이 그렇고, 『도덕경』에 나오는 "백성을 무지무욕하게 하라(常使民無知無欲)", "지혜롭다 하는 자들로 하여금 감히 무엇을 한다고 하지 못하게 하라(使夫智者不 爲坎)", "도는 텅 비어 있어서 아무리 써도 고갈되지 않는다(道冲用之驚不)"는 말의 내용이 모두 동일한 의미를 전달하고 있다.[29)]

우리는 이와 정확히 동일한 사상을 키에르케고르에게서 찾을 수 있다. 그는 『후서』에서 그의 저작 중에서 가장 철학적인 『철학적 조각들』을 쓴 이유를 '너무 많이 알아서 문제가 있는 사람들'을 위해 쓴다고 말하면서, 쓸데없는 정보와 지식을 무조건 많이 소유하려고 노력하는 학자를 탐식증 환자로 비유한다.

나는 이 책을 앞으로 무엇인가를 알아야 할 무지한 사람들을 위해 쓴 것이 아니다. 내가 이 책에서 대화하려는 사람은 언제나 박식하다. 그러니까 이 책은 아는 사람, 다만 너무 많이 알아서 문제가 있는 사람들을 위해 쓴 것이라는 뜻이다.

오늘날 모든 사람은 기독교의 진리를 잘 알고 있다고 생각하기 때문에, 우리가 난관을 통해서만 기독교의 원시적 인상을 획득할 수 있다는 사실은 이제 시시한 얘기가 되었다. 이런 경우에 전달할 수 있는 기술이란 결국 그 사람으로부터 무엇인가를 뺏어가는 기술 혹은 어떤 속임수가 된다. 이것은 참으로 희한하고 역설적이지만, 나는 여기서 나의 의미를 정확히 표현하는 데 성공했다고 믿는다.

어떤 사람이 입 속에 너무 많은 음식을 쑤셔 넣어 더 먹을 수 없어서 결국 굶어 죽는다고 하자. 그에게 음식을 전달한다는 것은, 그가 먹을 수 있도록 음식을 뺏어가는 대신에 더욱 채워주는 것일까? 이와 마찬가지로, 어떤 사람이 굉장히 박식하지만 그의 현재 지식이 그에게 전혀 무의미하거나 거의 무의미하다면, 그가 더 달라고 소리친다고 해서 더

많은 지식을 주는 것이 의미 있는 전달일까? 그렇지 않으면 조금이라도 빼앗아가는 것일까?

전달자가 박식한 사람이 알고 있는 풍부한 지식의 한 부분을 취하여 이상한 형식으로 전달할 때, 전달자는 말하자면 그의 지식을 빼앗아가는 것이다.[30)]

노자는 이 인용문에 나오는 '무엇인가를 뺏어가는 기술'을 '덜어내는 기술'로 설명한다. 그는『도덕경』제5장에서 "배움은 날로 더하는 것이요, 도는 날로 덜어내는 것이다. 덜어내고 또 덜어내면 무위에 이른다(爲學日益 爲道日損 損之又損 以至於無爲)"고 말한다. "노장은 동양의 해체론이고, 해체론은 서양의 노장이다"라고 주장하면서[31)] 노자의 사상을 해체론으로 보는 최진석은 이 구절을 다음과 같이 설명한다.

이 문장이 말하는 것은 무위(無爲)가 직접 도달되거나 주어지는 사태가 아니라는 점이다. 그것은 덜어냄을 통해서, 덜어냄의 반복(損之又損)을 통해서, 따라서 간접적이고 우회적으로 이르는 경지다. (중략)

또한 노자는 제19장에서 "배우기를 그치면 걱정이 없다(絕學無憂)"고 하고, 제64장에서는 "배우지 않는 것을 배우라(學不學)"고 한다. 왜 절학(絕學)이고 무학(無學)인가? 배울 만큼 배웠기 때문이고, 이미 알게 되었기 때문이다. 그는 이미 어린아이의 상태로 복귀했기 때문이다. 그러나 그 복귀는 덜어냄, 덜어냄으로써의 쌓음을 통해서 이루어질 수밖에 없다. 말소(抹消)하는 글쓰기, 그것이 복귀의 길이며 언어적 행위로서의 철학이 피해 갈 수 없는 길이다.[32)]

셋째, 요즘 철학자들과 종교인들의 글은 삶과 유리되어 있다. 그야말로 '법 따로, 관행 따로'가 아니라 '글 따로, 삶 따로'가 되었다. 말과 글로는 진리를 청산유수와 같이 외치면서도 그것은 그의 삶과 아무런 연관이 없다. 그러나 키에르케고르는 글과 삶의 일치를 강력히 주장한다.

우선 그는 모든 글은 진리를 현시(顯示)하는 글이어야 하고, 진리를 현시하는 글은 당연히 미적 단계나 윤리적 단계에 머무르지 말고 종교적 단계까지 나타내야 한다고 믿은 듯하다. 그가 수많은 작품을 가명으로 발표하면서도 동시에 모든 강화집에 본명을 사용했으며, 또한 자신의 신앙이 어느 정도 종교적인 경지에 도달했다고 믿게 되었을 때부터 — 즉 1848년의 특별한 체험을 한 다음부터 — 본명을 사용하면서 당시 교회를 직접 공격하는 직접 전달의 방식을 택한 이유도 여기에 있을 것이다. 키에르케고르는 실제로 그런 높은 경지의 종교적 삶을 영위하는 사람만이 떳떳하게 본명을 사용할 수 있다고 믿은 듯하다. 즉 삶이 담보된 글을 써야 한다는 것이다.

글이 중요한 것이 아니라 삶이 중요하다. 그런데 요즘에는 글을 쓰는 사람의 삶이 글을 쓰지 않는 보통사람들의 삶보다 더욱 진리로부터 멀리 떨어져 있는 것은 아닐까. 수필가 김진섭은 「생활인의 철학」에서 이렇게 외친다.

> 나는 흔히 철학자에게서 생활에 대한 예지의 부족을 인식하고 크게 놀라는 반면에는, 농상 어촌의 백성 또는 일개의 부녀자에게 철학적인 달관을 발견하여 깊이 머리를 숙이는 일이 부소(不小)함을 알고 있다. 생활인으로서의 나에게는 필부필부(匹夫匹婦)의 생활 체험에서 우러난 소박 · 진실한 안식(眼識)이 고명(高名)한 철학자의 난해한 글보다 훨씬 맛이 있다는 것을 고백하지 않을 수 없다.[33)]

6. 맺음말

나는 지금까지 현대를 살아가는 종교인이 키에르케고르로부터 얻을 수 있는 네 가지 중요한 교훈을 가능한 한 동양사상과 비교하면서 토론했다.

첫째, 우리는 인간이 소유한 진리는 어디까지나 불완전하다는 사실을 잊지 말아야 한다. 우리가 터득한 진리를 바로 예수의 말, 석가의 말, 공자의 말로 착각할 때, 우리는 이미 인간의 한계를 벗어나게 되고, 모든 종교인을 정통과 이단으로 구별하는 독단에 빠지게 된다.

둘째, 우리는 종교 신앙의 철저한 무아정신을 잊지 말아야 한다. 교만 중에서 가장 무서운 교만은 신앙의 교만이다.

셋째, 모든 종교인은 개인성과 사회성을 잘 조화시키려고 노력해야 한다. 그들은 서로 상반되면서도 상대방을 전제로 해서만 의미가 있을 정도로 상보적일 수밖에 없기 때문이다. 우리는 여기서 개인성을 극도로 강조한 키에르케고르나 사회성을 극도로 강조한 공자 중에서 한 사람을 선택해야 된다는 강박 관념에서 벗어나야 한다. 공자는 잘못된 개인주의가 판을 치던 당시의 상황을 고려해서 인간의 사회성과 집단성을 강조했으며, "인간의 평등이 정치라는 세속성을 매체로 해서는 결코 실현될 수 없다"고 확신했던 키에르케고르는 "진정한 평등은 정치적 혁명을 통한 사회화의 방향에서가 아니라 각 사람이 하느님 앞에서, 하느님과의 관계에서 단독자가 될 때만 가능하다"고 외쳤다.[34] 우리는 양쪽의 소리에 귀를 기울여야 한다. 사회성을 전적으로 무시한 개인과 개인성을 전적으로 무시한 사회는 모두 공허할 수밖에 없다.

넷째, 특히 지식인은 삶이 담보된 학문, 삶으로 표현되는 학문을 해야 한다. 그렇지 않은 학문은 — 그것이 당대에 아무리 인기가 있어도 — 의미 없는 꽹과리의 소리에 불과한 것이다.

나는 여기서 이상의 네 가지 교훈이 우리 현대인들에게 꼭 필요한 것이라는 사실을 다시 한 번 강조하고 싶다. 특히 대중이라는 익명성(匿名性)에 파묻혀서 자신의 실존을 망각하고 사는 현대인에게 키에르케고르의 단독자(單獨者) 개념은 꼭 필요한 교훈이 아닐 수 없다. 그리고 나의 이런 주장이 옳다면, 우리는 이미 키에르케고르가 '영원한 현대인'이라는 사실을 증명한 것이 된다.

오늘도 키에르케고르는 외친다. 마치 광야의 세례 요한과 같이. 진리는 과정일 뿐이며, 신앙은 무아를 깨닫는 의지며, 종교인의 개인성과 사회성은 조화를 이루어야 하고, 삶이 바로 학문이 되어야 한다고. 귀 있는 자들은 들을 것이다.

[주(註)]

* 이 글은 제1회 한 · 일 키에르케고르 컨퍼런스(일본 간서학원대학, 2000. 11. 27-28)에서 발표한 「현대인을 위한 키에르케고르의 교훈: 키에르케고르와 동양사상」을 약간 수정한 것이다.

1) 이 문제에 대하여는 다음을 참조할 것. 황필호, 『서양종교철학 산책』, 집문당, 1996, pp.13-31.
2) 황필호, 『문학철학 산책: 플라톤, 아리스토텔레스, 파스칼, 키에르케고르』, 집문당, 1996, pp.281-282.
3) Thomas Aquinas, 『신학대전』, 둘째 질문.
4) S. 키에르케고르, 『순간』, 제6호(1855. 8. 23). 여기에 나오는 성경 구절은 「고린도 전서」, 1:28이다.
5) Peter P. Rhode, "Soren Kerkegaard: The Father of Existentialism," Jerry H. Gill, ed., *Essays on Kierkegaard*, Burger Publishing Co., Minneapolis, 1969, p.26.
6) Cf. 김용옥, 『노자와 21세기』, 상권, 통나무, 1999, pp.196-197.
7) 파스칼의 노름이론에 대한 구체적인 토론으로는 다음을 참조할 것. 황필호, 『문학철학 산책』, 앞의 책, pp.234-254.
8) 『論語』, 「學而」, 1:3.
9) 한형조, 『無門關, 혹은 너는 누구인가』, 여시아문, 1999, p.187.
10) 같은 책, pp.120-121.
11) C. Gudmunsen, *Wittgenstein and Buddhism*, Macmillan, 1977, p.108.
12) Carrin Dunn, 황필호 역, 『석가와 예수의 대화』, 다미원, 2000, 네 번째 대화.
13) L. Wittgenstein, *Lectures & Conversations on Aesthetics, Psychology and Religious Belief*, ed. Cyril Barrett, University of California Press 1967, p.71.
14) 같은 책, p.56.
15) C. Gudmunsen, 앞의 책, p.106.

16) Nathan Katz, "Nagarjuna and Wittgenstein on Error," *Buddhist and Western Philosophy*, ed. Nathan Katz, Sterling Printers, New Delhi, 1981. 그럼에도 불구하고, 우리 주위에는 석가를 봉헌의 대상으로 칭송함으로써 불교를 기독교화시키는 불교인들이 너무나 많다. 참으로 한심한 일이다. 이런 사람들은 비트겐슈타인의 말을 경청할 필요가 있다. "만약 내가 어떤 사람이 그림을 사용했다고 말한다면, 나는 그가 말하지 않으려던 어떤 것도 말하고 싶지 않다."

17) 이 점에 대하여는 다음을 참조할 것. 황필호, 「비트겐슈타인, 기독교, 불교」, 『종교철학자가 본 불교』, 민족사, 1990, pp.195-223.

18) 황필호, 『이데올로기, 해방신학, 의식화교육』, 종로서적, pp.40-41.

19) 황필호, "Love in Confucianism," Henry O. Thompson, ed., *The Love of God in the World's Religions*, ISPCK, 1994, pp.180-189.

20) 표재명, 『키에르케고르 연구』, 지성의 샘, 1995, pp.168-169.

21) 같은 책, pp.172-173.

22) 같은 책, pp.173-175.

23) Gene Outka, *Agape: An Ethical Analysis*, Yale University Press, 1972, pp. 11-12.

24) S. Kierkegaard, *Works of Love*, tr. Howard and Edna Hong, Harper & Brothers, New York, 1962, p.142.

25) 황필호, "Love in Confucianism," 앞의 글.

26) Cf. 황필호, 『우리 수필 평론』, 집문당, 1997, pp.111-118.

27) Peter Rhode, 앞의 글, p.22에서 재인용. "The truth is always in a minority."

28) 『論語』, 「學而」, 1:1.

29) 김용옥, 앞의 책, p.253.

30) Howard V. Hong, "Historical Introduction," S. Kierkegaard, *Philosophical Fragments —Johannes Climacus*, Howard V. Hong, ed. Princeton University Press, 1985, p.xxi에서 재인용.

31) 최진석, 「해체철학의 입장에서 본 노자의 도덕경」, 성천문화재단 발표문 (2000. 8. 20), p.5.

32) 같은 글, pp.13-14.

33) 김진섭, 「생활인의 철학」, 한용운 외, 『생활인의 철학: 한국 근대수필문학 선집』, 어문각, 1986, pp.190-191.

34) 표재명, 앞의 책, p.180.

6. 언어와 침묵 :

키에르케고르, 『들의 백합, 공중의 새』를 읽고

1. 머리말

인간은 이성적 존재, 사회적 존재, 종교적 존재, 형이상학적 존재, 도구를 만드는 존재임과 동시에 언어적 존재(homo linguisticus)다. 즉 인간의 인간됨을 가장 잘 성격 짓는 것이 바로 인간의 언어 사용 능력이라는 것이다. 그래서 키에르케고르도 사람이 동물보다 뛰어난 것은 확실히 말을 하기 때문이라고 선언한다.[1)]

그럼에도 우리는 일상적으로 '웅변은 은, 침묵은 금'이라고 말한다. 언어가 인간에게 대단히 중요한 것이지만, 언어보다 더욱 중요한 것은 침묵이라는 뜻이다. 이 경우에 침묵은 단순한 언어의 부재(不在)가 아니라 또 다른 차원의 언어, 즉 더욱 높은 차원의 언어가 된다. 우리는 전자를 '언어의 언어'라고 부르고, 후자를 '침묵의 언어'라고 부른다. 특히 키에르케고르는 후자의 중요성을 설명한다.

> 인간이 말할 수 있다는 것이 뛰어난 것이라고 해서, 침묵할 수 있다는 것을 재주가 아니라거나 또는 하찮은 재주라고 할 수는 없을 것입니다. 반대로, 사람은 말할 수 있다는 바로 그 이유로 침묵할 수 있다는 것이 하나의 재주가 됩니다. 그리고 그를 뛰어나게 해주는 바로 이 점

이, 그렇게도 쉽사리 그를 유혹할 수 있다는 바로 그 이유로, 침묵할 수 있다는 것은 하나의 큰 재주입니다. 사람은 그것을 침묵의 교사인 백합과 새에게서 배울 수 있습니다.[2)]

그렇다면 침묵도 일종의 언어라는 뜻인가? 그리고 만약 이것이 참이라면, 침묵의 언어는 어떤 면에서 언어의 언어보다 더욱 위대하다고 말할 수 있는가? 그리고 우리가 그런 침묵의 중요성을 들의 백합과 공중의 새로부터 배울 수 있다는 키에르케고르의 주장은 도대체 어떤 뜻을 가지고 있단 말인가?

나는 2절에서 종교에 나타난 언어와 침묵의 관계를 토론하고, 3절에서는 언어에 대한 키에르케고르의 일반적 사상을 토론하고, 4절에서는 침묵과 기도에 대한 키에르케고르의 견해를 토론하고, 5절에서는 동일한 내용을 그의 『들의 백합, 공중의 새』를 중심으로 토론하겠다. 이 과정에서 독자는 침묵에 대한 키에르케고르의 독특한 사상을 알게 될 것이다. 한마디로 키에르케고르에게 언어와 침묵의 문제는 곧 기도의 문제였다. 그래서 그는 "주님은 침묵할 때조차 사람에게 말씀하십니다"라고 고백했던 것이다.[3)]

2. 종교에서의 언어와 침묵

너무 많은 사람들이 너무 많은 말을 한다. 이것이 바로 현대판 바벨탑의 비극이다. 그래서 우리들의 일상적 만남(meeting)은 언제나 어긋난 만남(mismeeting)으로 끝난다. 그리고 오늘날 의사소통의 중요성이 특별히 강조되고 있다는 사실은 실제로 그만큼 의사소통이 되지 않고 있다는 반증이 아니겠는가. 예를 들어서, 언어와 침묵의 문제를 결혼생활에 국한시켜서 생각해 보자. 말 언어와 몸짓 언어 중에서 어느 것이 중요한가? 학자들은 대개 말의 기능은 몸짓 기능의 십 분의 일밖에 되지 않으며, 훌륭한 결혼생활의 비결도 결국 상대방의 몸짓 언어의 해독 능력에 달려 있다고 말한다.

특히 모든 종교의 창시자들은 침묵의 중요성을 강조한다. 간음한 여인을 앞에 두고 예수가 침묵을 지키면서 땅에 글을 쓰고 있었다는 「요한복음」 8장의 일화, 석가의 염화미소의 일화가 이를 잘 증명하고 있다. 그래서 야스퍼스는 소크라테스, 공자, 석가, 예수의 사상을 고찰하면서 이렇게 말한다.

> 네 사람은 모두 침묵의 가치를 알고 있었으며, 침묵을 강조했다. 그들은 아무것도 숨기지 않았으나, 그들은 그들의 심오한 진리를 다만 간접적으로 전달했다. 그들은 비유를 사용했고, 어떤 때는 침묵을 지켰으며, 적합하지 않다고 생각될 때는 답변을 회피했다. 아무도 형이상학적 사고나 자연과학에 흥미를 갖지 않았다. 그들은 그들이 알려고 할 수 없는 '거대한 영역'을 인정했다.[4)]

이 네 사람 중에도 특히 석가는 침묵을 가장 자주 활용한 듯이 보이며, 그의 이런 전통은 오늘날의 불교에 어느 정도 전승되고 있는 듯이 보인다. 불교인들이 참선에서의 침묵 명상, 그리고 수양 방법으로서의 묵언 수행을 강조하는 이유도 여기에 있다. 그래서 석가와 예수의 상상적인 대화로 구성된 듄(Carrin Dunn)의 『석가와 예수의 대화』에는 예수가 석가의 침묵의 위대성을 그의 제자에게 칭찬하는 장면이 나온다.

> 어떻게 침묵의 언어나 말하는 침묵이 있을 수 있겠느냐? 그러나 시몬아, 언어의 길을 예비하는 침묵이 있으며, 언어의 최고 표현인 침묵이 있음을 알아야 한다. 내가 석가의 침묵에 여러 가지 뜻이 있다고 말하는 이유도 여기에 있다.
>
> 마음을 비우고, 산을 내리고, 골짜기를 메워서 내가 올 수 있는 곧은 길을 만들 수 있는 기술을 그 누가 석가보다 더욱 잘 알고 있었겠는가. 그러나 그의 침묵은 이와 같은 준비의 경계선을 넘어선다. 그는 넘쳐흐

르는 언어의 침묵, 표현을 초월한 풍부한 침묵, 말로 표현할 수 없는 성령의 신음 소리를 잘 알고 있었다.[5)]

여기서 우리는 과연 석가가 예수의 탄생을 위해 '곧은 길'을 예비했다고 볼 수 있느냐는 질문을 제기할 수 있다. 즉 우리는 과연 "기독교의 입장에서 볼 때 석가는 예수의 길을 예비한 선구자며, 불교의 입장에서 볼 때 예수는 석가의 진정한 후계자다"라고 말할 수 있을까?[6)] 그러나 그것은 여기서 별로 중요하지 않다. 중요한 것은, 예수가 석가의 침묵을 '언어의 최고 표현'이라고 말했으며, 또한 그의 침묵을 '언어의 침묵'이라고 말했다는 사실이다. 나는 이제 이 문제를 키에르케고르에 한정해서 토론하겠다.

3. 언어와 침묵에 대한 키에르케고르의 견해

만약 침묵이 그렇게도 중요한 것이라면, 우리는 언어를 완전히 배제하고 오직 침묵만 영위할 수 있을까? 절대 그렇지는 않을 것이다. 언어가 없다면, 언어의 부정인 침묵도 존재할 수 없을 것이기 때문이다. 분명히 언어가 은이라면 침묵은 금이다. 그러나 언어도 어디까지나 자체의 존재 가치를 가지고 있다. 그것은 금보다는 덜 중요하겠지만 동보다는 중요할 것이다. 우리가 키에르케고르의 침묵관을 고찰하기 전에 먼저 그의 언어관을 고찰해야 되는 이유가 여기에 있다.

그러면 언어에는 어떤 것들이 있는가? 미즈타 마고코(木田信)는 그것을 첫째로 지시 기능을 가진 기술(記述) 언어, 둘째로 표출 기능을 가진 표현(表現) 언어, 셋째로 호소 기능을 가진 약속(約束) 언어 혹은 요구(要求) 언어로 분류한다. 그리고 그는 기술 언어는 사실적(factual)이지만 표현 언어와 약속 언어는 평가적(evaluative)이라고 말하며, 사실 언어는 관조와 이론과 맺어지는 반면에 평가 언어는 실천과 행위와 맺어진다고 말한다. 또한 그는 언어의 기능을 '수단으로서의 실용적 기능'과 '고유한 가치로서의 시적 기능'으로 분리하면서, 그들의 차이점을 이렇게 설명한다.

> 전자에서 언어는 기성 의미 내용을 전달하는 수단이며 거기에는 능률, 효율이 붙여진다. 그러나 후자에서 언어는 그 자체가 창조적으로 작용하며, 새로운 의미와 가치를 산출하는 구실을 담당한다.[7)]

그러면 우리는 어떻게 언어가 창조적으로 작용하여 새로운 의미와 가치를 산출하는 구실을 담당하게 할 수 있는가? 이 질문에 대하여 미즈타는 키에르케고르의 경우에는 우선 발신자와 수신자가 다같이 커뮤니케이션하려는 관심 및 의지를 가지고 있어야 하며, 그런 관심 및 의지를 가지고 있으려면 발신자와 수신자가 모두 나름대로의 주체성을 가지고 있어야 한다고 말한다. 즉 발신자는 언어의 '자율적인 내재화'를 통해 주체성을 강화시키고, 수신자는 '자신의 주체적 행위로서의 해석'을 통해 주체성을 강화시켜야 한다는 것이다.

그러면 키에르케고르의 이런 언어관의 특성은 무엇인가? 미즈타는 그것을 역설과 간접 전달이라는 두 요소로 설명한다.

첫째, 종교 경험은 기술 언어만 가지고는 완벽하게 표현될 수 없다. 물론 "종교적 기술은 학문의 대상이 될 수 있으며, 그 자체가 학문성을 주장할 수도 있다. 그러나 그런 경우에도 종교적 논술은 표현 언어의 요소를 강하게 갖고 있다." 이런 뜻에서 종교 언어에서는 "기술 언어와 표현 언어의 구별이 애매하다."[8)]

그러면 종교적 논술이 표현 언어의 요소를 강하게 가지고 있다는 것은 무슨 뜻인가? 그것은, 표현 언어가 "평가적 의미를 나타내는 수행적(遂行的) 발화(發話)가 되어서 그것은 결국 자기의 실천까지 촉구한다"는 뜻이다. 즉 종교 언어는 사실 확인과 설명적 발화를 겨냥하고 있는 경우에도 반드시 수행적으로 된다는 것이다. 행함이 없는 믿음은 죽은 것이다. 그런데 종교 신앙이란 가장 내면적이고, 말로 표현할 수 없는 것이며, 그것을 말로 표현하려면 역설로 빠질 수밖에 없다. 우리들의 신앙의 대상인 궁극적 실재가 바로 역설적인 신인(神人, Gott-Mensch)이기 때문이다.

둘째, 종교 경험은 직접 전달의 방법과 간접 전달의 방법 중에서 어느 쪽을 택해야 하는가? 미즈타는 이 질문에 대하여 이렇게 말한다. "간접 전달에서의 여러 가명(假名)은 다각적 시각을 제공함으로써 모종의 객관성을 만들어내는 것같이 보이지만, 그것은 상대적이고 외면적인 것이다. 절대적인 진리를 위해서는 실명(實名)에 의한 직접 전달이 필수다."[9)]

나는 지금까지 미즈타의 글을 단순하게 정리하면서 그 내용을 설명하려고 했다. 이제 나는 그에게 몇 가지 질문을 하겠다.

첫째, 언어의 기능과 종류에 대한 그의 설명은 상당히 혼란스럽다. 그러나 비트겐슈타인을 포함한 대부분의 분석철학자들처럼, 만약 그가 언어의 기능을 단순히 기술적 기능(descriptive function)과 평가적 기능(evaluative function)과 수행적 기능(performative function)으로 구분했다면 훨씬 이해하기가 쉬웠을 것이다. 오캄의 법칙은 여기서도 유용할 것이다.

둘째, 미즈타는 "수신자는 자신의 주체적 행위로서의 해석을 통해서 텍스트에 나타난 발신자의 의도를 넘어선 메시지를 읽어내는 일도 있을 수 있다"고 말한다. 그렇다면 이 경우에는 각자가 아무런 기준도 없이 제멋대로 읽을 수도 있지 않을까? 발신자의 의도를 넘어선 메시지에도 어떤 한계와 기준이 있어야 하지 않을까?

셋째, 미즈타는 "수행적 발화는 본래적인 언어의 활동이 언제나 가지는 경향이며, 이것을 이론과 실천의 종합으로 판단한다면, 그것은 그대로 인간에 관한 학문, 즉 사실과 가치를 동시에 추구하는 학문의 존재 방식을 시사한다. 신학이나 종교철학이 가능하게 되는 근거가 여기에 있다"고 말한다. 그리고 그는 "통념은 혁신되면서 세련되고, 상식은 양식(良識)이 되는데, 여기에 인문계 및 사회계 학문이 성립되는 기반이 있다"고 말한다.[10] 도대체 어떻게 해서 신학이나 종교철학과 같은 인문학문뿐만 아니라 사회학문이 설립될 수 있다는 뜻인가?

넷째, 미즈타는 절대적인 진리의 전달에는 직접 전달이 필수적이라고 확언하면서도, 다른 한편으로는 "그러나 그때에도 내면성의 문제는 어디까지나 개인의 문제며, 당사자 이외에는 직접 관여할 수 없으므로 발신자는 수신자의 주체성을 존중하여 기다릴 수밖에 없다"고 말한다.[11] 그렇다면 키에르케고르에게 직접 전달과 간접 전달의 차이점은 무엇인가?

다섯째, 미즈타는 언어가 종교 경험을 직접 전달할 수 없으며, 그래서 종교인은 자신의 경험을 언어화하려고 시도하기 전에 먼저 '침묵의 경험'을 맛보아야 한다고 말한다. "사람과 사람의 교류는 주로 언어를 통해 이루어지지만 그것은 어디까지나 간접적인 것이다."[12] 여기서 저자는 언어의 언어와 침묵의 언어를 동시에 인정하는 것이다. 그렇다면 이 두 언어의 관계는 무엇인가? 그리고 언어와 침묵과 기도에 대한 키에르케고르의 견해는 무엇인가?

이상의 질문들에 대한 토론은 키에르케고르의 언어관을 이해하는 데 모두 중요할 것이다. 그러나 그런 토론은 이 글의 주제와 직접 관련되는 것은 아니기에 여기서는 생략하기로 하고, 나는 이제 마지막 질문을 키에르케고르와 관련해서 토론하겠다.

4. 침묵과 기도에 대한 키에르케고르의 견해

키에르케고르에게 "기도의 언어는 열림의 언어(the language of openness)며, 가장 깊은 의미에서 하느님을 향한 열림의 언어는 침묵이다." 그 이유는 다음과 같다.

> 침묵은 자아를 버리는 것이며, 자신의 삶과 미래를 위한 계획을 잊어

버리는 것이다. 침묵은 자신의 이름을— 그것이 위대하든 하찮든 상관없이— 잊어버리는 것이다. 침묵은 자신의 뜻을 잊고, 자신의 모든 고집을 버리는 것이다. 침묵은 자아의 자리에 하느님을 모시는 것이다. 침묵은 자신의 이름의 자리에 하느님의 이름을 모시는 것이다. 침묵은 자신의 뜻의 자리에 하느님의 뜻을 모시는 것이다. '아버지의' 이름이 거룩히 여김을 받으옵소서! '아버지의' 나라가 임하옵소서! '아버지의' 뜻이 이루어지이다! 하고 기도하는 것이다. 기도하는 법을 배우는 것은 하느님 앞에서 침묵하는 법을 배우는 것이다.[13)]

여기서 키에르케고르는 기도는 인간의 가장 위대한 행위며, 가장 고차원적 기도는 침묵이라고 말한다. 그러므로 우리가 그의 침묵관을 이해하려면, 우리는 먼저 그의 기도관, 정확히 말하면 기도와 침묵의 밀접한 관계를 알아야 한다. 그렇다면 키에르케고르에게 기도는 어떤 속성을 가지고 있는가?

첫째, 대부분의 기도자는 그가 도저히 해결할 수 없는 어떤 문제를 가지고 있을 때, 하느님께 기도를 드린다. 그래서 그는 하느님에게 자신의 문제를 이해시켜야 된다고 생각한다. 그는 자신이 기도를 드리면서 무엇인가를 잊어버리지 않으려고 노력한다. 만약 자신이 그것을 잊어버린다면, 하느님도 그것을 기억하지 못할 것 같아서 두려워한다. 그는 정신을 바짝 차리고 아주 진지하게 기도한다. 그런데 이게 웬일인가. 아주 놀라운 일이 기도자에게 일어난다. 그것은 바로 그가 진지하게 기도하면 할수록, 그는 더욱 말수가 적어지고, 결국 그는 침묵에 빠진다. 키에르케고르는 이렇게 말한다.

만일 그가 참으로 진지하게 기도한다면 그에게는 무슨 일이 일어날까요? 놀라운 일이 그에게 일어날 것입니다. 즉 그가 기도 중에 진지하게 되면 될수록 그는 점점 더 말수가 적어지고 그리하여 마침내 완전히 잠잠해지고 말 것입니다. 그는 잠잠해졌습니다. 참으로 웅변에 대립되는 것으로 침묵보다 더할 것은 아무것도 없습니다. 그는 듣는 사람이 됩니다. 그는 기도를 말하는 것이라고 생각했습니다. 그러나 이제 그는 기도가 단지 침묵하는 것만이 아니라 듣는 것임을 배웠습니다.[14)]

둘째, 대부분의 기도자는 기도란 자신이 말하고 하나님이 듣는다고 생각하면서 기도를 시작한다. 그러나 그는 결국 참된 기도는 침묵의 기도며, 기도란 결국 하나님의 말씀을 들을 때까지 기다리는 것임을 깨닫게 된다. 키에르케고르는 이렇게 말한다.

> 즉자적인 사람은 자신이 기도할 때 중요한 것은, 즉 자기가 전력해야 할 것은, 하나님이 자기의 기도를 듣게 하는 것이라고 상상한다. 그러나 진정 중요한 것은 그 반대다. 기도에서 올바른 관계는 하나님이 기도자의 말을 들으시는 때가 아니라, 기도자가 듣는 사람이—하나님이 바라는 것이 무엇인지를 듣는 사람이—될 때까지 계속해서 기도할 때 이루어진다. 그러므로 즉자적인 사람은 기도할 때 많은 말을 하면서 이것저것 요구하는 반면, 참된 기도를 하는 사람은 경청할 뿐이다.[15)]

그렇다면 기도의 효능은 무엇인가? 놀랍게도 키에르케고르는 기도가 기도하는 사람을 변화시키는 힘을 가지고 있다고 말한다. 단지 그가 기도를 제대로 이해하면서 실천한다면 말이다.

> 기도는 하나님을 변화시키지 않는다. 기도는 사람을 변화시킨다. 기도는 기도하는 사람의 내적 변화를 가능하게 만든다. 하나님이 외적인 방법으로 사람에게 역사하신다고 믿는 것은 미신일 뿐이라고 키에르케고르는 말한다. 하나님은 영이시다. 그분은 내적인 사람에게 내적으로 역사하신다.
>
> 하나님은 모든 것을 아는 분이다. 그러므로 기도할 때 우리가 하나님이 모르는 무언가를 그분에게 알려드린다고 생각하는 것은 잘못이다. 고백 기도는 하나님이 고백하는 사람에 대해 잘 알도록 돕지 않는다. 그보다는 "고백하는 사람이 자기 자신을 알게 된다." 그러므로 기도는 진정한 자아실현 또는 자아성취로—자아에 의해서 이루어지는 것이

아니라 하느님에 의해 이루어지는 자아성취로 — 이어질 수 있는 자기 이해의 수단이다. 기도는 하느님이 우리에게 그리고 우리와 함께 무엇인가를 하실 수 있도록 우리가 행하는 그 무엇이다.[16)]

예를 들어서, 우리는 흔히 정신건강을 위해 기도한다고 생각한다. 그러나 그런 생각은 오해일 뿐이다. 기도자는 기도를 통해 자신을 발견하게 되며, "하느님도 사람이 자신을 있는 그대로 보기 전까지는 그를 위해 아무것도 할 수가 없다." 이런 뜻에서, "기도는 사람이 그것으로써 자기에 대한 지식을 얻는 수단이며, 또한 그것 안에서 '가르침을 받을 만하게 되는 방편'이다. 기도는 사람이 그것으로써 하느님을 위한 존재가 되고, 하느님이 그를 위해 존재하게 하는 혹은 사람이 하느님께 자신을 열 때 그에게 응답하게 하는 방법이다."[17)] 여기서 우리는 참된 기도와 거짓된 기도를 구별할 수 있을 것이다.

거짓된 기도는 하느님을 잘못 이해한다. 거짓된 기도는 하느님이 변할 수 있는 분이라고 가정한다. 거짓된 기도는 하느님을 시험한다. 그러나 하느님은 시험하지도 않으시고, 시험을 받으실 수도 없다. 거짓된 기도는 하느님이 선과 악 또는 유쾌와 불쾌에 대한 인간적인 개념들의 맥락에서 움직인다고 생각한다. 거짓된 기도는 마치 하느님이 설득 당하실 수 있는 것처럼, 감언이설에 속으실 수 있는 것처럼, 흥정에 넘어가실 수 있는 것처럼, 하느님을 사람으로 바꾸어버린다.

참된 기도는 인내하며 지속된다. 거짓된 기도는 일관되지 못하고 참을성이 없다. 참되게 기도하는 개별자는 겸손하고, 또한 기도의 경험이 기도자를 겸손하게 만든다는 것을 안다. 거짓되게 기도하는 개별자는 자신을 과대평가하고 기도를 드림에 있어서 뻔뻔스럽다. 참된 기도자는 모든 것을 받아들이고 모든 것을 하느님의 덕으로 돌린다. 거짓되게 기도하는 사람은 불평하고, 오직 자기 생각에 좋은 것에 대해서만 감사한다. 참된 기도를 드리는 사람은 전적으로 헌신한다. 거짓으로 기도하는 사람은 무언가를 유보하거나 그의 일부만으로, 그의 마음, 감정, 또는 사람들에게 드러나는 그의 자아 등으로 기도한다.[18)]

키에르케고르는 거짓된 기도를 다음과 같은 우화로 설명한다. 어느 날 지혜가 많다고 인정받고 있는 이교도가 악인(惡人)과 함께 배로 여행하고 있었다. 배가 풍랑을 만나자 그 악인은 더욱 소리를 높여 기도하기 시작했다. 그러자 이교도는 그에게 이렇게 말했다. "이 친구야, 조용히 해. 만약 하느님이 네가 이 배에 탄 것을 알면, 이 배는 곧 침몰할 것이다."[19] 여기서 악인은 잠자는 하느님을 깨우기 위해 더욱 높은 목소리로 기도해야 된다고 생각했으며, 그에게 충고를 했던 이교도는 마치 우리들이 말하지 않으면 하느님이 모르고 있을 것이라고 생각했던 것이다. 그들은 모두 기도의 본질을 곡해한 것이다.

5. 들의 백합, 공중의 새

키에르케고르는 기도문에서 "오늘 저희는 새와 백합에게서 침묵과 복종과 기쁨을 배우고자 합니다"라고 말한다.[20] 그리고 새와 백합을 '침묵의 교사'라고 부른다. 그 이유는 무엇인가?

새는 고요한 기다림 속에서 살고 있다. 그는 모든 것이 꼭 필요할 때 일어난다는 사실을 잘 알고 있다. 그러나 새는 그때를 아는 것이 자기의 분수가 아님을 잘 알고 있다. 그래서 그는 묵묵히 침묵하고 있다. 백합도 마찬가지다.

> 백합은 봄이 알맞은 때에 올 것을 알고 있으며, 설령 백합이 계절을 제 마음대로 정할 수 있다 해도 그것이 자기 자신에게 아무 소용이 없다는 것을 알고 있습니다. 백합은 "도대체 비는 언제나 올까?"라거나 "도대체 해는 언제나 뜰까?"라고 말하지 않습니다. 또는 "어제는 비가 너무 많이 왔다"라거나 "지금은 너무 덥다"라고 말하지 않습니다. 백합은 "올 여름은 어떨까? 길까? 짧을까?" 하고 미리 묻지 않습니다. 아닙니다. 백합은 말없이 기다립니다. 하지만 백합은 한 번도 속은 일이 없습니다.
>
> 겉약은 것만이 속을 수 있을 뿐, 단순함은 속지 않습니다. 단순함은

속이지도 속지도 않기 때문입니다. 그리하여 마침내 그때가 옵니다. 그리고 그때가 오면 묵묵히 있던 백합은 지금이 그때임을 알고 그것을 이용합니다. 오오, 그대들, 생각이 깊은 단순함의 교사들이여, 사람이 말을 해서 그때를 만날 수 있을까요? 아닙니다. 침묵함으로써만 사람은 그때를 만날 수 있습니다. 사람이 말을 하면 단 한마디의 말로도 사람은 그때를 잃어버리고 맙니다. 오직 침묵 속에만 그때는 있습니다. 그러므로 사람은 어느 때가 그 순간인지를 바로 알고, 그리하여 그때를 올바로 이용하는 일이 거의 없습니다. 그는 침묵할 수 없기 때문입니다. 그는 묵묵히 기다리고 있지를 못합니다.[21)]

새는 침묵하고 견딥니다. 아, 사람은 그렇게 하지 않습니다. 그렇다면 사람의 괴로움이 새의 괴로움에 비해서 그렇게 두렵게 보이는 까닭은 과연 어디에 있습니까? 그것은 혹 사람이 말을 할 수 있기 때문이 아닐까요? 아닙니다. 말할 수 있다는 것은 실로 장점이기 때문입니다. 그것은 사람이 침묵할 수 없다는 데…[22)]

결국 키에르케고르는 이렇게 결론을 내린다. "여러분, 절대로 자기를 한 송이의 백합이나 한 마리의 새보다 더 중요하게 여겨서는 안 됩니다. 그리고 비록 여러분이 세상에서 하고자 하는 일이 가장 경탄할 만한 위대한 행위라 하더라도, 여러분은 백합과 새를 여러분의 교사로 인정해야 합니다."[23)] 그래서 키에르케고르는 우리 어리석은 사람들을 위해 이렇게 기도한다.

백합과 새의 도움을 받아 복음이 청중 여러분에게 (그리고 똑같이 나에게) 진지함을 가르쳐줄 수 있다면, 그리고 여러분이 하느님 앞에서 완전히 잠잠하도록 해줄 수 있으면 좋으련만! 여러분이 침묵 중에 여러분 자신을 잊게 해줄 수 있다면, 여러분의 이름까지도, 즉 여러분 자신의 이름, 유명한 이름, 가련한 이름, 하찮은 이름을 잊어버리고 침묵 중에 하느님을 향해 "주님의 이름을 거룩히 받들게 하옵소서"라고 기도하면 좋으련만! 여러분이 침묵 중에 여러분 자신을 잊어버리고, 여러분의 계획, 곧 모든 것을 포괄하는 위대한 계획 또는 여러분의 생활과 그 장래에 대한 좁은 테두리의 계획을 잊어버리고 침묵 중에 하느님을 향해 "주님의 나라가 임하옵소서"라고 기도하면 좋으련만! 침묵 중에 여러분의 뜻, 곧 여러분의 고집을 잊어버리고, 침묵 중에 하느님을 향하여 "주님의 뜻이 이루어지이다"라고 기도할 수 있으면 좋으련만!

그렇습니다. 여러분이 만일 백합과 새에게 하느님 앞에서 완전히 잠잠해지는 일을 배울 수 있다면, 복음이 여러분을 도와주지 못할 까닭이 무엇이겠습니까. 여러분에게는 불가능한 것이 전혀 없을 것입니다.[24)]

우리는 「마태복음」(6:24-34)을 읽으면서 여러 가지 교훈을 읽게 된다. 심지도 않고, 거두지도 않고, 창고에 모아들이지도 않는 새를 기르시는 하느님이 어찌 새보다 훨씬 귀중한 인간을 기르시지 않을 것인가. 수고도 하지 않고, 길쌈도 하지 않는 들의 백합도 솔로몬의 모든 영광보다 더욱 아름답지 않은가. 그러므로 우리는 이제 목숨을 위하여 무엇을 입고 마실까를 염려하지 말아야 하며, 그러려면 우리는 우선 하느님과 돈이라는 두 주인을 섬길 수 없다는 사실을 철저히 인식해야 되지 않을까. 한마디로 우리는 먼저 '그의 나라와 그의 의(義)'를 구해야 할 것이다.

또한 우리는 공중의 새와 들의 백합의 비유에서 자연의 아름다움, 완벽한 자유, 삶에 대한 만족감 등의 수많은 교훈을 읽게 된다. 그러나 키에르케고르는 이 모든 교훈을 물리치고 새와 백합을 침묵의 교사로 설명한다. 참으로 다른 어떤 사람도 상상할 수 없는 천재적인 발상이 아닐 수 없다.

6. 몇 가지 질문들

내가 이 글을 한국 키에르케고르 학회의 정기 월례회(2004. 12. 4)에서 발표했을 때 여러 가지 질문이 쏟아져 나왔다. 여기서는 그 중에서 가장 중요한 몇 가지만 간단히 언급하겠다.

첫째, 키에르케고르의 사상은 신비주의와 통하는 면을 가지고 있다는 주장이 있을 수 있다. 마치 이 세상을 '가능 세계 중에서 최고의 세상(the best of all possible worlds)'으로 본 라이프니츠와 같이, 그는 어떤 상황에서도 하느님에게 불평하지 않고 모든 것을 '있는 그대로' 받아들이고 있으며, 그래서 그는 '진인사'조차 무시하고 '대천명'만 받아들이는 듯이 보이기 때문이다.

그러나 키에르케고르는 모든 신비 체험을 마땅하게 여기지 않았으며, 또한 우리가 하느님의 명령이 떨어질 때까지 침묵해야 하는 이유는 이 세상이 바로 기화요초가 만발한 파라다이스이기 때문이 아니라 이 세상의 새 한 마리까지 하느님의 의도 안에서 존재할 수밖에 없기 때문이라고 하였다. 키에르케고르는 신비주의자가 아니다.

둘째, 키에르케고르의 사상은 특히 동양의 자연관과 유사하다는 주장이 있을 수 있다. 동양에서 모든 생명체는 자연의 일부로 태어나서 다시 자연의 일부로 사라질 뿐이다. 그런데 키에르케고르도 여기서 그런 자연관을 피력하고 있는 것 같다. 아무리 아름다운 옷도 꽃 한 송이보다 아름다울 수는 없기 때문이다.

만약 서양에서는 자연을 투쟁의 대상으로 보지만 동양에서는 그것을 조화의 파트너로 생각한다는 주장이 옳다면, 분명히 키에르케고르는 동양의 자연과 더욱 친밀하다고 말할 수 있다. 겉으로 나타난 현상으로 보면 그렇다는 뜻이다. 그러나 우리는 그들의 동기의 현격한 차이점을 잊지 말아야 한다. 키에르케고르는 무엇보다 하느님에게 붙잡힌 '신본주의자'며, 자연의 자연스러운 운행에서 삶의 의미를 찾는 동양의 도교인이나 "자연으로 돌아가라!"고 외친 서양의 루소와 같은 '인본주의적 자연주의자'가 아니다. 그에게 있어서 들의 백합과 공중의 새는 하느님의 명령에 무조건 복종해야 하는 피조물일 뿐이다.

셋째, 키에르케고르의 사상은 결정론적이라는 주장이 있을 수 있다. 그의 사상은 모든 것이 이미 운명적으로 결정되어 있으며, 우리가 할 수 있는 일은 그것을 그대로 받아들이는 길밖에 없다고 보이기 때문이다. 우리는 키에르케고르의 이런 사상을 어린애의 비유에서 쉽게 발견할 수 있다. 그는 우리에게 어린애가 되라고 충고한다. 왜?

우선 어린애는 절대로 이유를 묻지 않는다. 그에게는 복종만이 존재한다. "어린애는 묻지 않습니다. 어린애는 이유를 물어서는 안 되며, 또 물을 필요도 없습니다. 그리고 이 두 가지는 서로 걸맞습니다. 즉 어린애는 이유를 물어서는 안 되기 때문에 그 이유를 물을 필요가 없습니다. 어린애에게는 그가 하지 않으면 안 된다는 것만으로 충분한 이유가 됩니다."[25)]

또한 어린애는 자신이 어떤 일을 할 수 없다고 말하지 않으며, 어떤 핑계나 변명도 하지 않는다. "어린애는 핑계나 변명을 찾지 않습니다. 어린애는 두려워할 만한 진실로써 자기에게는 어떠한 핑계도 변명도 없음을 알고 있으며, '너는 마땅히 하라'는 말을 피해서 숨을 수 있는 곳은 하늘에도, 땅에도, 안방에도, 마당에도 없다는 것을 알고 있습니다. 그리고 만일 이와 같이 피신처가 없다는 것이 확실하다면 핑계나 변명 또한 있을 수 없습니다. 그리고 두려워할 만한 진실함으로써 핑계나 변명이 있을 수 없음을 안다면, 그렇다면 사람은 물론 그것을 찾아낼 수는 없기 때문에 사람은 그것을 탐구하지도 않을 것입니다. 그리고 자기가 해야 할 일을 할 것입니다."[26)]

그러나 어린애는 오래 숙고하지 않으며 논리적으로 따지기를 좋아하지도 않는다. 그저 명령이 떨어지는 즉시 실천할 뿐이다. "어린애는 오래 숙고할 필요가 없습니다. 어린애가 무슨 일을 해야 한다면, 그리고 아마도 즉시 해야 한다면, 사실 숙고할 기회가 없기 때문입니다. 그리고 설령 숙고해야 할 기회가 주어졌다 하더라도, 그렇습니다, 비록 그에게 숙고할 영원한 시간을 준다 해도, 어린애는 그것을 쓰지 않을 것입니다."[27)]

여기서 우리가 어린애가 되어야 할 첫 번째와 두 번째 이유는 결정론적으로 해석될 수 있다. 아무런 이유도 묻지 말고, 오직 주어진 명령에 대하여 할 수 없다는 어떤 변명이나 핑계도 대지 말라고 충고하기 때문이다. 그러나 세 번째 이유는 우리에게 관념론적 토론보다는 직접적인 참여를 강조한다는 점에서 절대로 결정론적이라고 말할 수 없다. 어린애와 같이, 우리는 우선 자신이 할 수 있는 일을 지금 당장 실천해야 한다. 그러나 나는 첫 번째 이유와 두 번째 이유도 결정론적으로 해석하지 않아야 된다고 생각한다. 하느님의 명령을 무조건 따르는 길이, 모든 행위의 동기와 결과를 염두에 두지 말고 무조건 복종하는 길이, 적어도 키에르케고르에 의하면, 그것이 바로 인간의 참다운 행복의 길이기 때문이다. 그리고 이런 태도는 마치 기차가 철로를 벗어나지 않고 철로를 따라 달릴 때 마지막 종착역에 도달할 수 있는 경우와 다름이 없다.

세 번째 질문에 대한 나의 토론에 불만을 품는 사람들이 많을 것이다. 하느님에 대한 무조건적인 복종은, 그 하느님이 아무리 인간을 가장 사랑하는 존재라고 해도, 여전히 운명론적 혹은 결정론적으로 빠질 확률은 언제나 상존하고 있기 때문이다. 마치 칼뱅의 예정론이 결정론적으로 해석될 수 있듯이.

그러나 키에르케고르는 단순히 이렇게 말한다. 모든 것을 하느님께 맡겨라. 그의 말을 들어라. 그러면 모든 것이 형통하게 될 것이다. 귀 있는 사람은 그의 외침을 들을 것이다.

[주(註)]

1) S. Kierkegaard, 표재명 역, 「들의 백합, 공중의 새: 세 개의 경건한 강화」(1849), 『들의 백합, 공중의 새』, 21세기선교출판사, 1999, p.112. (나는 가끔 저자의 글을 약간 고쳐서 인용한다.)
"이 강화집은 1849년 5월 14일에 그의 처녀작인 『이것이냐 저것이냐』의 재판과 함께 코펜하겐의 라이셀 서점에서 출판되었다. 하지만 그가 이 세 개의 강화를 구상한 것은 『이것이냐 저것이냐』의 재판을 가장 엄격한 그리스도교적인 의미의 경건한 저작물과 짝지어 내놓으려는 생각 때문이 아니었다.

이보다 한 해 먼저인 1848년 4월 26일 『그리스도교 강화』를 출판했을 때, 그는 이미 이 강화를 구상하고 있었다. 그는 『그리스도교 강화』의 제1부인 「이방인의 염려」에서 들의 백합화와 공중의 새에 대한 예수의 말씀을 주제로 다루었다. 그런데 그는 4월이 다 가기도 전에 또다시 백합과 새를 주제로 한 이 세 개의 강화를 구상했던 것이다. 그는 방금 자기에게 보내온 『그리스도교 강화』의 견본을 읽으면서 자기가 이 주제를 충분히 다루지 못했다는 미진한 마음으로 새로운 저작을 구상했다. 우리는 그의 이러한 구상을 『백합화와 새에 대한 새로운 강화』라는 제목으로 된 그때의 수기(P. VIII 1A643)로 알 수 있다. (중략)
키에르케고르는 들의 백합과 공중의 새를 주제로 하여 『그리스도교 강화』의 제1부와 이 세 개의 강화 이외에도 1847년 3월 13일에 출판한 『여러 가지 정신에 있어서의 건덕적 강화』 제2부에서도 「우리는 들의 백합화와 공중의 새로부터 무엇을 배우는가」라는 제목으로 세 개의 강화를 썼다. 이것들은 모두 그의 투철한 신앙과 풍부하고 끈질긴 사색, 샘솟듯 솟아나는 자유자재의 문학적 표현으로 읽는 이에게 깊은 감명을 주고 있다. 그 중에서도 특히 이 「세 개의 경건한 강화」는 가장 뛰어난 것이라고 하겠다." 같은 책, pp.97-98.

2) 같은 책, p.112.
3) 페리 D. 르페브르 편, 이창승 역, 『키에르케고르의 기도』, 기독교연합신문사(UCN), 2004, p.117.
4) K. Jaspers 외, 황필호 역, 『소크라테스, 공자, 석가, 예수, 모하메드』, 개정판, 강남대 출판부, 2004, pp.276-277.
5) Carrin Dunn, 황필호 역, 『석가와 예수의 대화』, 다미원, 2000, p.31.
6) 같은 책, p.16.
7) 木田 信, 「종교와 언어: 커뮤니케이션의 문제」, 제2회 한일 국제 키에르케고르 컨퍼런스(2003. 11. 15) 발표문, p.2.
8) 같은 글, p.5.
9) 같은 글, p.7.
10) 같은 글, p.5.
11) 같을 글, p.7.
12) 같은 글, p.7.
13) 페리 D. 르페브르, 앞의 책, p.286.
14) S. Kierkegaard, 앞의 책, p.114. Cf. "일반 교인들의 기도 내용은 천편일률적으로 '주십시오! 주십시오!'의 연속이다. 너무 많은 요구를 하면서 졸라댄다. 전 세계 10억이 넘는 기독교인들의 이 많은 요구를 하느님인들 어떻게 다 들어줄 수 있겠는가. 기도 시간에는 하느님의 목소리를 듣는 것이 가장 중요한 일이다. 하느님의 목소리에 따라서 사는 것이 최선의 삶의 길이다. MRA

가 날마다 정청(靜聽)의 시간을 갖는 것은 좋은 기도의 방법이다.” 유달영, 『짝사랑』, 성천문화재단, 1990, p.131.

15) 페리 D. 르페브르, 앞의 책, p.287에서 재인용.

16) 같은 책, p.288.

17) 같은 책, p.289.

18) 같은 책, pp.297-298.

19) S. Kierkegaard, *Edifying Discourses*(SV IV 58). Thomas C. Oden, ed., *Parables of Kierkegaard*, Princeton University Press, 1978, p.12에서 재인용.

20) S. Kierkegaard, 앞의 책, p.101.

21) 같은 책, pp.117-118.

22) 같은 책, p.119.

23) 같은 책, p.123.

24) 같은 책, pp.124-125.

25) 같은 책, p.110.

26) 같은 책, p.111.

27) 같은 책, p.111.

7. 우리말에 나타난 한국인의 죽음

프로이트는 만년에 인간의 가장 강력한 욕망을 에로스(사랑)와 타나토스(죽음)라고 말했다. 언뜻 보기에, 인간이 에로스를 추구한다는 주장은 당연하게 보이지만 타나토스를 추구한다는 주장은 극히 이상하게 들린다. 그러나 오늘날 많은 학자들은 에로스의 극치인 성과 죽음이 — 서로 상반되면서도 — 깊이 연관되어 있다는 프로이트의 주장을 탁견으로 인정하고 있다. 일본 영화 「감각의 제국」을 본 사람은 성이 최고의 오르가슴에 이를 때 기꺼이 죽음을 선택할 수 있다는 성과 죽음의 상관성(相關性)과 상사성(相似性)을 쉽게 이해할 수 있을 것이다. 이제 나는 그들의 관계, 그리고 죽음의 정의가 우리말에 어떻게 나타나 있는가를 살펴보겠다.

김열규는 한국어가 숱한 죽음의 우원법(迂遠法)을 가지고 있다고 말한다. 여기서 우원법이란 어떤 현상을 맞대놓고 말하기가 거북할 때 슬쩍 에둘러서 표현하는 방식으로, 예를 들면 의사가 중환자에게 "나쁜데요"라고 말하지 않고 "별로 좋지 않은데요"라고 말하는 경우가 여기에 속한다. 엄밀하게는 두 표현이 크게 다르지 않지만, 신중한 의사는 언제나 후자의 표현을 사용한다.

그런데 한국어에는 이렇게 에둘러 말하기로는 비슷하면서도 조금 다른 완곡법(緩曲法)이 있는데, 이 방식은 "사교(社交)에 좋지 않거나 분위기에 어울리지 않거나 해서 나쁜 인상을 주게 될 특정한 말을 기피하기 위해서 쓴다. 숱한 낱말이나 어휘는 엄밀히 말해 우원법보다는 완곡법의 속성을 가지고 있다고 말할 수 있다. 이렇게 우리는 '죽음'이라는 말 자체를 기피하려고 한다.[1)]

그런데 우리는 성에 대해서도 적지 않은 완곡법을 사용한다. "과거의 한국인은 밥 먹는 손을 부끄럽게 여기었고, 본능 행위의 노출을 겉으로는 억제하면서 살았다. 술은 반취(半醉)가 좋고, 꽃은 반개(半開)가 좋고, 복은 반복(半福)이 좋은 것이었다. 너무 만족한 상태를 바라는 것은 극히 위험하며, 도리어 눈물의 씨앗이 된다고 믿었다."[2)] 그래서 김열규는 죽음과 성은 완곡법을 많이 거느린 낱말의 쌍벽을 이룬다고 말한다. 사람들은 죽음을 기피하듯 성을 기피하고, 성을 기피하듯 죽음을 기피하고 있기 때문이다. 그러나 성과 죽음 사이에는 중대한 차이가 있다.

> 사람들은 죽음을 두고 죽음의 현상과 함께 '죽음'이란 말까지 더불어서 기피하려고 드는 것이다. 현상과 말의 기피 가운데, 구태여 선후를 매기자면, 현상의 기피가 먼저고 말의 기피가 나중이라고 보아야 할 것 같다. 그러나 성은 이와는 다르다. 사람들은 성의 현상에는 집착한다. 특히 그들의 욕망은 때로는 과다할 만큼 이에 얽매인다. 다만, 성이란 말을 직접 쓰는 것은, 특히 사교적인 자리에서 쓰는 것은 기피하려고 든다.
>
> 죽음의 완곡법에는 공포나 도피 의식이 깃들여 있고, 성의 완곡법에는 위선이나 허울 의식이 작용한다. 죽음의 현상 기피와 죽음의 말 기피 사이에는 상호간 비례 관계가 있으나 성의 현상과 성의 말 사이의 기피에는 이와는 달리 반비례 관계가 껴들고 있는 것이다. 여기에 다름 아닌 에로스와 타나토스 사이의 상거(相距)가 있다고 해도 지나친 말은 아닐 것이다.[3)]

그런데 우리는 여기서 한 가지 '묘한 현상'을 발견한다.

사람을 두고는 악착같이 기피되는 '죽음'이란 낱말이 사람의 목숨 아닌 다른 사물이나 사람 목숨과 직접 관계없는 현상의 경우에는 오히려 심하게 남용된다는 사실이다. 즉 나무가 시드는 것을 '나무가 죽는다'고 하고, 소리가 낮아지는 것을 '소리가 죽는다'고 한다. 그뿐만 아니다. 사람의 기가 꺾이는 것도 거침없이 '기가 죽는다'고 한다. 그밖에 '채소의 숨이 죽다'라거나 '코가 죽다'라고도 한다. '코가 죽다'는 코가 낮다는 뜻이다. '풀이 죽다'는 말도 꽤나 많이 쓰인다. '기가 죽다'와 거의 같은 뜻임은 말할 나위도 없다. 사물들의 생명력의 소멸, 탄력성의 소멸만이 아니라 그런 것들의 쇠퇴나 기울어짐 또한 곧잘 '죽는다'고들 표현하고 있는 것이다.

여기서 '죽음'이란 낱말은 걷잡을 수 없을 만큼의 과장법과 더불어 사용되고 있다. '목이 말라 죽겠다'거나 '배가 고파 죽겠다' 등은 죽음의 원뜻이 그런 대로 살려진 용납될 만한 과장법이지만, '잠이 와 죽겠다'거나 '보고 싶어 죽겠다'에 이르게 되면 죽음의 원뜻은 상당히 옆으로 비껴서고 은유적인 뜻이 두드러지게 된다. 이 경우 '죽겠다'는 '못 견디겠다'의 과장법이라고 볼 만한 것이다. 그러나 이들 중간 단계쯤의 보기를 거쳐 '좋아 죽겠다'거나 '예뻐 죽겠다'에 이르게 되면 죽음의 원뜻이 아예 스러질 뿐만 아니라, 은유적 의미도 빛을 잃고 그저 '매우 좋다'거나 '심히 기쁘다'의 호들갑스런 과장법에 불과하게 된다.[4)]

다시 말해서, 우리는 '죽음'이라는 어휘를 사람의 목숨과 관련해서는 극히 금기시하면서도 목숨과 관련이 없는 현상에 대하여는 지나칠 정도의 은유법과 과장법까지 동원해서 자주 사용한다. 여기서 우리는 무엇을 얻을 수 있는가? 김열규는 죽음에 대한 한국인의 대유법(代喩法) 혹은 환유법(換喩法)을 알 수 있다고 말한다. 여기서 대유법이란 "어떤 사물의 특징이나 속성을 나타내는 다른 말을 사용하여 그 사물 자체를 표현하는 비유법의 한 형태"인데,[5)] 예를 들면 도둑놈을 '밤손님'이라고 부르는 경우가 여기에 속한다.

한국인이 죽음에 대하여 가장 많이 사용하는 대유법은 '목숨이 끊기다' 혹은 '숨이 진다'는 표현인데, 김열규는 그것을 '생태론적 대유법'이라고 부른다. '길이 잠들다', '영면하다', '영원히 잠들다', '눈감다' 등이 모두 여기에 속한다. 그러나 한국인은 동시에 정확히 생태론적 대유법이라고 할 수 없는 어휘들도 많이 사용하는데, 김열규는 그것을 '떠나감의 대유법'이라고 부른다. '세상을 뜨다', '세상을 등지다', '세상을 하직하다', '입적하다', '길이 이별하다', '유명을 달리하다', '타계하다', '영서하다', '임종하다' 등이 모두 여기에 속한다.[6] 이제 두 대유법을 좀더 생각해 보자.

첫째, 생태론적 대유법은 한국인이 죽음을 목숨의 단절, 숨의 단절로 본 증거다. 죽음은 목숨이 있다가 끊어지는 것, 있다가 없어지는 것이다. 여기서 목숨은 숨(혹은 숨결)과 동의어가 된다. 그래서 우리들의 장례식은 언제나 '숨결 죽음', 넋의 떠남으로 나타난 '영혼 죽음', 그리고 살갗 부식으로 확인되는 '세포 죽음'의 세 단계로 진행된다.

둘째, 떠나감의 대유법은 혼(또는 영혼)의 존재를 전제하고 있다. 만약 우리가 "목숨이 끊기고 인간 자체가 없어짐을 의미하는 생태론적 대유법만을 고집한다면, 계속 머물 것이 없을 것처럼 떠나가고 이별할 것도 없어지고 말기 때문이다. 따라서 뭣인가 뜨고 떠나가고 이별하는 것이 있어야 하는데, 그것이 바로 영혼 곧 넋이다."[7]

그런데 여기서 한 가지 중요한 사실을 발견한다. 분명히 죽음이란 넋이 떠나간 상태지만, 넋이 곧 목숨이라고 단정할 수는 없다. 다시 말해서, 넋이 육신 속에 머물고 있느냐 그렇지 않느냐에 따라 사람의 생사가 가름되기는 하지만, 넋은 목숨이나 숨이 있고 없음과도 관계없이 따로 존재할 수 있기 때문이다. 그래서 김열규는 "목숨은 넋에 기대어 있되, 넋은 목숨에 기대어 있지 않다"고 말한다.[8]

넋 나간 상태, 넋 떠난 상태가 죽음인 것은 사실이지만, 모든 넋 나감이 곧 죽음인 것은 아니다. 넋 빠진 사람이란 정신이 몽롱한 사람 또는 일시 혼절한 사람을 뜻할 수도 있기 때문이다. 따라서 넋 나감이 죽음은 죽음이되, 죽음의 넋 나감은 나간 넋이 다시 육신 속으로 되돌아올 수 없게 된 상태를 가리킨다. 그것은 넋의 육신 회귀 불능의 상태, 넋의 영원한 탈신(脫身), 곧 몸 벗어남이라고 부를 수 있을 것이다.[9)]

한편 '넋 나감'과 비슷한 말로는 '얼빠짐'이 있다. 그러나 넋과 얼은 상당한 정도의 '양분론적 대립'을 보이고 있는 것으로 짐작된다. 그것은 넋이 직접 생사여탈권을 지니고 있음에 비해, 얼은 그런 것 같지는 않기 때문이다. 여기서 우리는 '얼이 나가 죽었다'거나 '죽은 얼이 돌아왔다'는 말을 쓰지 않고 있다는 사실도 고려해야 한다. "따라서 얼이 목숨 안의 생기(生氣)라면, 넋은 목숨을 넘어선 생기라고 보아도 무방할 것 같다."[10)] 여기서 나오는 결론은 무엇인가?

말하자면, 얼과 넋은 서로 목숨에 제약된 것과 목숨을 넘어선 것이란 뜻의 양분론적 대립을 보이고 있다. 얼은 살아 있는 사람의 것이지만, 넋은 산 사람의 것이면서 아울러 죽은 이의 것이기도 하다. 따라서 얼은 육신의 삭아짐과 운명을 함께하게 된다. 한국인의 혼이 넋과 얼로 갈라질 수 있다는 뜻이다. 넋이 피안적이라면 얼은 차안적이라고까지 할 수 있을 것 같다.[11)]

한국인이 죽음을 복귀 불능의 넋 나감이라고 믿었다는 증거는 두 가지 민속 현장에서 쉽게 찾을 수 있다. 하나는 초상 때의 초혼(招魂)이며, 다른 하나는 잠에 대한 속신(俗信)이다.

첫째, "초상에는 초혼 절차가 있다. '넋 부르기'라고도 부를 수 있는 이 절차는 넋을 불러서 돌이키는 것을 목적으로 한다. 넋의 회귀를 재촉하는 것이 넋 떠남을 전제할 것은 뻔한 일이다. 이제 갓 숨진 육신을 벗어나서, 저승을 향해 막 길을 나서고 있는 넋을 다시 불러들이는 일이 곧 초혼이다. 이때 '복, 복, 복'이라고 세 번 소리친다. 숨진 사람의 근친 중 한 사람이, 집 안의 비교적 높은 데에 올라가서 숨진 이의 속옷을 흔들며 소리치는 '복'이란 소리는 다름 아닌 '되돌아올 복(復)'이라고 해석되고 있다."[12]

둘째, 한국인은 잠을 잘 때 넋이 몸을 빠져나갔다가 잠이 깨면 다시 들어온다고 믿는다. "넋이 일시 육신을 떠났다 되돌아오면 잠이요, 영 안 돌아오면 그게 곧 죽음이 된다. 그래서 죽음은 끝없이 긴 잠이 되고, 잠은 한참 동안의 죽음이 된다. '죽은 듯이 잔다'는 말은 결코 비유법이나 과장에 그칠 수가 없다. 죽음은 넋이 길이 몸을 떠나간 잠이다."[13]

그러면 생태론적 대유법과 떠나감의 대유법에 나타난 한국인의 죽음관은 무엇인가? 한국인에게 "죽음은 이승의 목숨이 끊어지고, 넋이 길이 육신을 떠난 상태"며, 여기서 넋이 길이 육신을 떠난 상태란 바로 넋이 저승으로 떠난 상태다.[14] 그런데 여기서 우리는 '저승'이라는 말을 좀 주의해서 사용해야 한다. 한국인들이 믿고 있는 저승은 이승을 완전히 떠난 피안의 세계가 아니며 단순한 죽음의 땅이나 죽은 넋들만이 사는 곳도 아니다. 만약 그렇다면, 우리는 생시의 모습을 매우 사실적으로 그려 놓은 수많은 벽화를 설명할 수 없을 것이며, 흔히 의기(儀器)라고 부르는 생활 기구를 망자와 함께 매장하는 일도 설명할 수 없을 것이다. 쉽게 말해서 저승은 이승이 아니지만, 그러나 그들은 완전히 떨어져 있지 않다. 이것이 바로 한국인의 죽음관의 독특한 성격인데, 김열규는 이승과 저승의 이런 관계를 신라인의 무덤을 고찰하면서 설명한다.

> 옛 신라인들이 죽음의 방위를 삶의 방위와 굳이 가르지 않고 동남으로 잡고 있는 것은 무슨 까닭일까? 절기 따라 옮겨가는 해뜨는 방향으로 길이 누워 있는 옛 신라인의 죽음이란 어떤 것이었을까? 적어도 옛 신라인들의 경우, 살아 있는 이나 죽은 이나 다같이 동남방을 향하고 있다. 둘은 다 같은 해바라기들이다. 삶이 해바라기이듯이 죽음 또한 해바라기다.

이것은 무엇보다 옛 신라인이 죽음 그 자체를 삶의 역(逆)으로만 보지 않았음을 의미한다. 삶이 뒤집힌 경지에서만 죽음을 생각하지 않았음을 의미하는 것이다. 삶이 지상에 있고 주검이 땅 밑에 누웠다고는 해도, 그 지상과 지하만큼 대극적인 상거(相距)가 삶과 죽음 사이에 있다고 그들은 생각하지 않았던 것이다.

삶의 연장선상에 있을 죽음, 그런 죽음을 옛 신라인들은 생각했다. 말하자면 죽음은 또 다른 삶, 제2의 삶으로 그들에게 받아들여졌던 것이다. 비록 보이고 보이지 않는 차이, 땅 위와 땅 밑의 차이는 있을망정, 그로 해서 짧은 단절 내지 비약이 있을망정, 죽음은 사람이 누릴 두 번째 삶으로 받아들여졌던 것이다. 신라의 '백마총'은 그 살아 있는 증거다.[15)]

여기서 나오는 결론은 무엇인가?

첫째, "이런 생사관에서는 부활이나 재생의 관념이 생겨날 수 없다. 죽음이 (단지) 옮겨감이고 장소를 옮겨 이사를 가는 것과 같은 것이라고 생각된다면, 거듭남이나 되살아남과 같은 관념은 끼어들 틈이 없게 된다. 그리고 이렇게 되면, 죽음에 어둡고 습기 찬 그늘이 질 수가 없다. 이별은 다만 재회의 전제가 될 뿐이고, 존재의 소멸이나 상실 따위와도 무관하게 된다. 그것 자체가 죽음이란 문제 해결의 훌륭한 방법이 된다."[16)]

둘째, 이런 생사관에서는 영혼이나 넋의 구원자의 관념이 생겨날 수 없다.

저승은 사후의 세계, 넋이 누리게 되는 사후의 세계다. 넋들을 위한 타계(他界)라고 부르기도 한다. 말하자면, 저승이란 넋들의 주거지다. 그리고 이상적으로는 그곳에서 넋들은 구원받아야 한다. 따라서 그곳에는 넋의 구원자가 있어야 한다.

만일 저승이 넋들을 위한 주거지이면서 더불어 그곳에 영혼의 구원자가 존재한다면, 한 사람이 숨지는 순간까지 미처 해결하지 못한 문제가 이승에 남겨져 있다고 해도, 넋은 저승으로 떠나갈 수 있을 것이다.

하지만 영혼의 구원자의 존재가 상정될 수 없을 때 넋은 남겨진 이승의 문제를 그냥 둔 채, 저승으로 가지를 못할 것이다. 이승에 남은 채, 빚을 갚듯이 문제를 풀어야 할 것이다. (중략)

저승에 영혼의 구원자가 존재하지 않는다는 명제는 영혼의 구제라는 관념에 관해 중요한 추리를 하게 만들어준다. 저승에 넋의 구원자가 없다는 것은 곧 넋의 구제, 다음 세상의 영혼의 구원 같은 관념이 우리들의 원천적인 죽음 사상에는 껴들지 못했다는 것을 시사하게 될 것이다. 이것은 중요한 시사라고 하지 않을 수 없다.

사후 세계에서 넋이 어떻게 살 것인가 하는 것은 그의 삶에 의해 이미 인과적으로 결정될 뿐, 그 인과의 사슬을 끊고 영혼에 별도의 구원이 주어지지 않을 것으로 생각하고 있었을 가능성이 큰 것이다. 그럴 경우, 영혼의 구원이란 관념이 외래 종교에 의해 주어진다고 해도 쉽게 수용되기 어려울 것이다. 이론적으로 또 관념적으로는 수용될 수 있을지 모르나, 그것을 따라 믿음이 실천이 되는 경지에까지 수용되기는 힘들 것이다.[17)]

셋째, 이런 생사관에서는 심판 사상이 생겨날 수 없다.

물론 한국의 무교에도 염라대왕 앞에 끌려가서 생전의 행실에 대해 문초를 받는 장면이 있으며, 바리공주 설화에는 그가 저승으로 가는 길에 칼산 지옥, 불산 지옥, 독서 지옥, 한방 지옥, 무간팔만사천 지옥을 넘어가는 장면이 나온다. 그리고 이런 심판의 관념은 바리공주가 가족을 구해 가족과 함께 황천강(黃泉江)을 건너 집으로 오는 도중에 만나는 세 종류의 배의 묘사에 더욱 잘 나타나 있다.

첫째는 이 세상에서 착하게 살던 망자들이 탄 극락세계로 가는 배며, 둘째는 불효와 불화를 일삼던 망자들이 탄 지옥세계로 가는 배며, 셋째는 자식이 없거나 사후에 유족들로부터 대우를 받지 못한 망자들이 탄 배다. 그러나 대부분의 학자들은 무교의 이런 심판 사상은 원래 무교적인 것이 아니라 불교의 영향을 받아서 추가된 것이라고 말한다.[18)]

이미 말했듯이, 한국인에게 죽음은 이승의 목숨이 끊어지고, 넋이 길이 육신을 떠난 상태다. 그러면 넋은 어디로 가는가? 저승으로 간다. 그러면 저승은 어디에 있는가? 저승은 영혼의 구원자가 있는 곳도 아니며, 인간이 새롭게 부활되었거나 재생된 세계도 아니다. 그래서 한국인은 저승이 있는 곳을 그냥 '땅 밑'이나 '저 너머'라고 말한다. 결국 김열규는 한국인의 저승관의 이런 세 가지 독특한 견해를 참조하면서 죽음을 다시 정의한다. "죽음은 이승의 목숨이 끊어지고, 넋이 길이 땅 밑 저승 혹은 저 너머의 저승으로 떠난 상태다."[19)]

이런 죽음에 대한 두 정의를 가지고 있다.

(1) 죽음은 이승의 목숨이 끊어지고, 넋이 길이 육신을 떠난 상태다.

(2) 죽음은 이승의 목숨이 끊어지고, 넋이 길이 땅 밑 저승으로 또는 저 너머의 저승으로 떠난 상태다.

이 두 정의의 관계는 무엇인가? 죽음이 이승의 목숨이 끊어지는 상태라는 주장에는 둘 사이에 아무런 차이가 없다. 이것은 생태론적 개념이 강력하게 작용하고 있다는 증거가 된다. 그러나 두 번째 정의는 첫 번째보다 조금 더 상세하다. '넋이 길이 육신을 떠난 상태'를 '넋이 땅 밑 저승으로 또는 저 너머의 저승으로 떠난 상태'라고 조금 더 부연해서 설명하고 있기 때문이다. 여기서 우리가 두 번째 정의를 이해하려면, 우리는 먼저 이승과 저승의 관계에 대한 한국인의 독특한 견해를 먼저 이해해야 될 것이다.

[주(註)]

1) 김열규, 『메멘토 모리: 죽음을 기억하라』, 궁리, 2001, p. 69.
2) 황필호, 『이데올로기, 해방 신학, 의식화 교육』, 종로서적, 1985, p.186.
3) 김열규, 앞의 책, pp.69-70.
4) 같은 책, pp.70-71.
5) 『국어대사전』.

6) 여기서 김열규는 죽음에 대한 한국인의 대유법을 첫째로 생태론적 대유법과 둘째로 떠나감의 대유법과 셋째로 종교적 대유법으로 분류하면서도, '입적하다' 혹은 '신의 부름을 받다' 등의 종교적 대유법은 불교나 기독교적 이념에서 비롯한 것이라는 이유로 한국인의 죽음관에서 제외시킨다.
그러나 이런 태도는 불교가 한국에 들어온 장구한 역사, 현재 기독교가 한국인에게 미치는 엄청난 영향력을 감안할 때 별로 바람직하지 않은 듯하다. 이제 우리는 한국인의 사상을 토론하면서 불교, 유교, 기독교 등의 외래 종교를 무시할 수 없게 되었다.
7) 김열규, 앞의 책, p.74.
8) 같은 책, p.74.
9) 같은 책, p.74.
10) 같은 책, p.75.
11) 같은 책, p.75.
12) 같은 책, pp.75-76.
13) 같은 책, p.77.
14) 같은 책, p.77.
15) 같은 책, pp.111-112.
16) 같은 책, pp.112-113.
17) 같은 책, pp.133-134.
18) 황필호, 『한국 무교(巫敎)의 특성과 문제점』, 집문당, 2002, pp.157-158.
19) 김열규, 앞의 책, p.79.

8. 나는 나의 죽음을 알 수 있는가

> 만약 그대가 죽음을 삶의 가슴속에서 찾지 않는다면, 어떻게 죽음을 발견할 수 있겠는가. 밤에만 볼 수 있고 낮에는 봉사가 되는 올빼미는 광명의 시비를 밝혀낼 수 없느니라. 만약 그대가 진정 죽음의 영혼을 보려면, 그대의 가슴을 삶의 육체를 향해 활짝 열어라. 마치 강과 바다가 하나이듯이 삶과 죽음은 하나인 것이다.
>
> _ 칼릴 지브란, 『예언자』 중에서

1. 머리말

최근 서양에서는 죽음학(thanatology)이 아주 유행하고 있는데, 이 말은 원래 그리스 신화에서 죽음의 신을 나타내는 '타나토스(thanatos)'에서 나온 것이다. 그리고 이 죽음학은 대개 일반 대학 철학과에서 '죽음과 죽는다는 것(death and dying)'이라는 과목으로 등장하고 있다.

왜 최근에 와서 죽음에 대한 관심이 서양에서 새삼스레 일어나게 되었는가? 아마도 가장 중요한 계기는 닉슨 대통령의 중국 방문이라고 말할 수 있다. 죽(竹)의 장막에 가려져 있던 중국 대륙이 서양에 소개되면서 동양의 신비가 서양에 전달되었는데, 그 중에서도 동양인의 죽음관이 서양의 것과 전혀 다르다는 사실이 알려지게 되었다.

첫째, 지금까지 서양에서는 대부분의 사람들이 차디찬 병원의 침대에서 혼자 죽었다. 그러나 동양에서의 죽음은 사랑하는 친척과 친구들이 모두 모이는 계기를 마련하며, 심지어는 아들, 손자, 며느리에게 마지막 유언까지 하는 축복(?) 속에서 이 세상을 떠난다. 이는 죽음의 공포를 혼자 극복해야 하는 서양의 죽음과 너무나 큰 대조를 이룬다.

둘째, 전통적으로 서양에서 죽음의 공포를 극복하는 유일한 길은 천당에 간다는 확신, 혹은 천당에 간다고 확신하는 착각을 갖는 일이다. 죽음으로 모든 것이 끝난다면 어떻게 행복하게 죽을 수 있겠는가? 그러나 동양에서는 내세에 대한 아무런 확신을 가지고 있지 않으면서도 태연하게 죽음을 맞이할 수 있다. 서양인의 의식 구조로는 참으로 상상도 할 수 없는 일이다.

하여간 오늘날 서양에서는 마취제를 전혀 사용하지 않고 수술을 받을 수 있는 침술, 천천히 움직이는 것을 목표로 하는 쿵푸, 자연에 대한 동양인의 관조적인 태도 등과 더불어 죽음에 대한 '동양의 대안'에 굉장히 관심을 갖게 되었다. 그만큼 동양인과 서양인의 삶 사이에는 인간이라는 공통점과 더불어 수많은 차이점이 있다는 증거며, 이런 차이점은 특히 죽음에 대한 견해에서 더욱 극명하게 드러난다. 나는 이 글에서 먼저 죽음에 얽힌 죽음학적 문제들을 간단히 열거하고, 죽음을 맞이하는 우리들의 네 가지 태도를 기술하겠다. 모든 문제는 우리가 어떤 태도를 가지고 그 문제에 접근하느냐에 따라서 각기 다른 해답이 나올 수밖에 없기 때문이다.

2. 죽음학적 문제들

죽음은 어떤 문제를 제기하는가?

첫째, 우리는 흔히 죽음에 대한 정의(定義)를 의사, 생리학자, 신경학자 등이 내리는 것으로 생각한다. 그러나 전통적으로 철학에서 죽음의 문제는 곧 삶의 문제며, 인간의 본질이 무엇인가라는 문제다. 만약 죽음이 육체와 정신(혹은 영혼)의 분리라면, 인간의 육체와 정신은 각기 어떤 속성을 가지고 있으며, 또한 그들은 어떤 상호관계를 가지고 있는가? 죽음으로 인하여 그들이 분리된다는 것은 어떤 의미를 가지고 있는가? 만약 죽음이 육체와 정신의 분리가 아니라 심장이나 뇌 세포와 같은 육체의 일부분과 나머지 부분의 분리라면, 정신은 육체의 어느 곳에 존재할 것인데, 이곳과 육체와의 관계는 무엇인가?

만약 인간의 본질이 생각하는 존재라면, 식물인간도 인간일 수 있는가? 더 나아가서, 인간이 육체와 정신의 이원론적 존재가 아니라 육체와 정신과 영혼으로 구성된 삼원론적 존재라면, 죽음이란 과연 무엇인가?[1] 이런 것들이 죽음의 정의에 얽힌 철학적 문제들이다.

둘째, 우리는 흔히 내세에 대한 문제는 종교인들이 결정하는 것으로 생각한다. 그러나 전통적으로 철학의 여러 분야 중에서도 가장 중요한 것으로 간주되어 온 형이상학은 죽음 이후의 인간 운명을 중점적으로 취급한다. 불멸(immortality)과 부활(resurrection)의 차이는 무엇인가? 환생(reincarnation)이란 무엇인가? 그리고 불멸, 부활, 환생은 상호 배타적인 개념들인가? 더 나아가서, 인간이 죽은 다음에 천당이나 극락에 다시 태어난다고 가정하자. 그러면 다시 태어난 B라는 존재가 과연 현재 이 세상에서 살았던 A라는 존재와 동일하다고 볼 수 있는 근거는 무엇인가?

만약 불교의 주장대로, 내가 내세에 당나귀로 태어났다고 주장하려면, 이 양자 간의 육체적 동일성이나 유사성이 있어야 하지 않을까? 이것이 바로 인간의 개인 정체성(personal identity)의 문제가 된다.[2] 또한 내세가 존재한다면, 그것은 신의 은총을 통해야 하는가? 혹은 각자의 깨달음으로 그곳에 갈 수 있는가? 이런 것들이 이른바 '삶 이후의 삶'에 얽힌 철학적 문제들이다.

셋째, 죽음에 대한 중요한 문제로는 죽음의 공포라는 문제가 있다. 이 문제에 대하여 서양철학에는 크게 다섯 가지 견해가 있다. (1) 죽음에 대한 공포는 죽음이 괴로울 것이라는 가정에 근거를 두고 있으나 죽음 그 자체는 절대로 괴로움이 될 수 없다는 에피쿠로스의 주장, (2) 죽음의 공포를 극복하려면 죽음을 항상 염두에 두고 살아야 한다는 스토아 철학자들의 주장, (3) 인간은 절대로 죽음을 정확히 알거나 직시할 수 없다는 스피노자의 견해, (4) 행복한 삶은 행복한 죽음을 가지고 온다는 입장, (5) 죽음 자체에 아무런 의미를 부여할 필요가 없다는 쇼펜하우어의 주장이다.[3]

넷째, 또한 죽음학은 죽음을 맞이하는 사람의 심리적 변화 및 살아남은 사람들의 심리 현상에 관심을 가지고 있다. 이 방면의 권위자인 퀴블러-로스(Eliazbeth Kubler-Ross)에 의하면, 사람의 심리는 5단계로 구분될 수 있다. (1) 무조건 죽음을 부인하고 고립화시키려는 단계(the stage of denial and isolation), (2) 왜 내가 죽어야 하느냐는 분노의 단계(the stage of anger), (3) 죽음과 일종의 협상을 벌이는 단계(the stage of bargaining), (4) 협상이 잘 되지 않는 데서 오는 의기소침의 단계(the stage of depression), (5) 모든 것을 포기하고 죽음 자체를 받아들이는 수용의 단계(the stage of acceptance)다.[4)]

다섯째, 죽음에 대한 죽음의 또 다른 중요한 문제로는 인식의 문제를 들 수 있다. 사람은 자신이 죽는다는 사실을 알고 있다. 어느 경우에는 그 시기까지 짐작할 수 있다. 예를 들어서, 이 글을 쓰는 나는 앞으로 50년을 살지 못한다는 것을 알고 있다. 그러면 인간은 어떻게 죽음을 알게 되는가? 그리고 이 죽음에 대한 앎은 일상적인 앎과 어떤 차이가 있는가? 일찍이 파스칼로부터 시작되는 실존철학자들은 인간만이 자신의 죽음을 예견할 수 있다고 말했다. 그러나 과연 그럴까? 강아지도 죽을 때가 되면 죽음을 준비하는 듯이 보이지 않는가?

그러나 죽음에 대한 인식 중에서 가장 복잡한 죽음학적 문제로는 "나는 나의 죽음을 알 수 있는가?"라는 것이다. 우리는 타인의 죽음을 경험할 수 있다. 그러나 과연 나는 나의 모든 경험의 종말인 죽음을 경험할 수 있는가? 이 문제에 대하여, 나는 나의 죽음을 전혀 상상할 수 없다는 입장과, 상상할 수는 있어도 타인을 기술할 때 사용되는 '죽음'이라는 어휘가 본인의 경우에는 전혀 다른 의미를 가지고 있다는 입장이 있다. 그리고 이 두 가지 입장에 대한 반대 의견도 없지 않다.

3. 나는 나의 죽음을 알 수 있는가

일반적으로 철학에서는 죽음을 세 가지 인칭으로 설명한다. 우선 '그는 죽는다', '그들은 죽었다', '모든 사람은 죽을 것이다' 등으로 표현되는 3인칭의 죽음이 있다. 그러나 이런 3인칭의 죽음은—『프랑스 고교 철학』에 의하면— 아직도 "추상적인 죽음이고, 이름도 모르는 사람의 죽음이다." 이 죽음은 모든 사람의 죽음을 뜻하며, 내가 모르는 사람의 죽음을 뜻한다. 그리고 우리는 이런 모두의 죽음, 누구나의 죽음을 잘 알고 있다. 실제로 죽음은 아주 평범하고 일상적인 사건이다. 죽음은 법과 같은 행정의 대상이기도 하고, 인구학, 생물학, 의학과 같은 학문의 대상이기도 하다. 이런 점에서 3인칭의 죽음은 아직 개인이 체험하는 실존적 죽음은 아니다.

물론 죽음에 대한 3인칭적 접근이 아무런 소용이 없는 것은 아닌데, 이런 실례로는 죽음에 대한 정의의 문제가 있다. 알다시피 1966년까지는 죽음을 입 앞에 거울을 대고 확인하는 호흡 정지와 청진기로 확인하는 심장 정지로 판단했다. 그러나 1966년 5월 의학 아카데미는 죽음을 뇌 기능의 정지로 정의했다. 복잡한 소생 기구로 인체를 호흡시켜도 뇌의 작용이 완전히 정지되면 죽은 것이라는 뜻이다.

여기서 우리는 과연 '다시 살려낼 수 없게 된 상태'는 정확히 어떤 상태인가 하는 등의 수많은 새로운 윤리적 질문을 갖게 되었다. 이런 점에서 죽음은 3인칭의 사건이라고 생각하는 과학이 전혀 쓸데없는 것은 아니다. 그러나 우리가 3인칭의 죽음에 대하여 관심을 갖고 연구하는 이유도, 정확히 말하면, 개인의 실존적 죽음에 대한 관심에서 나온 것이다.

체험적인 차원에서만 죽음은 철학적 관심사가 될 수 있다. 3인칭의 죽음에 대하여 말하는 것, 예를 들면 "저개발국에는 아직도 굶어 죽는 사람이 있다"거나 "예방주사와 항생물질이 있으면 전염병으로 죽지 않는다"라고 말하는 것, 즉 죽음을 토론의 대상으로 삼고 그것을

3인칭이나 아예 비인칭적 사건으로 취급하는 것은 죽음의 실존적인 의미를 왜곡하는 것이다. 그래서 하이데거는 이런 토론을 성실성 없는 논의라고 말하며, 죽음을 정면으로 대하기를 거부하는 태도라고 말한다.[5)]

그러나 '너는 죽는다', '너는 죽었다', '너는 죽을 것이다'로 표현되는 2인칭의 죽음은 전혀 다른 차원에 속한다. 이 경우에 죽음의 대상은 어떤 '개념적 괴물'이 아니라 내가 2인칭으로 말하던 사람, 내가 애정이나 우정을 가지고 말하던 사람이다. 여기서는 우리가 죽음을 생각하지 않음으로써 죽음을 편안하게 맞이할 수 있다는 에피쿠로스의 이론은 전혀 맞지 않게 된다. 여기서는 살아 있는 '나'가 '그'가 아닌 '너'의 죽음을 대면하는 것이기 때문이다.

그러나 죽음의 실존성은 1인칭의 죽음에서 절정에 이른다. 여기서는 우선 과거, 현재, 미래의 세 시제로 마음대로 쓸 수도 있다. '나는 죽었다'라고 과거 시제로 말하는 것은 불가능하며, '나는 죽는다'고 현재 시제로 말하는 것은 불확실하고 불명확하다. 오직 '나는 죽을 것이다'라는 미래 시제만이 가장 확실한 사실이 된다.

'나는 죽었다'는 불가능성이지만 '나는 죽을 것이다'는 확실성이다. 그때가 멀고, 또 그때를 알지 못하기 때문에, 나는 나의 죽음을 신중하게 생각하지 않을 뿐이다. 그러나 죽음이 가까웠다는 것을 알거나 느끼는 사람은 극단적인 불안을 체험한다. 여기서 인간을 위협하는 죽음은 막연하게 예감되는 공동의 운명으로 나타나지 않는다. 그것은 가장 개인적인 사건으로, 유일하고 독특하게 나에게만 관련된 사건으로 나타난다.

기마르(Paul Guimard)의 『인생의 현실(*Les choses de la vie*)』에 나오는 주인공은 이렇게 말한다.

> 사람들이 비열하게 말하는 것처럼, 죽음은 모든 사람의 운명이 아닙니다. 죽음 하나 하나는 매번 무섭도록 특별한 한 편의 드라마입니다.

나는 나에게 유일하며, 죽어가는 수십억 중의 하나가 아닙니다. 간곡하게 빕니다. 제발 죽음이 무엇인지 어떻게든 말해 주십시오. 나에게 닥쳐오는 이 죽음보다 더 중요한 것이 또 무엇이겠습니까?[6)]

그리하여 병원에서 죽어가는 어느 보조 간호사는 이렇게 울부짖는다.

나에게 죽음의 공포는 오늘의 공포며, 죽어간다는 것은 지금 죽어가는 것입니다. (중략)

나는 두렵습니다. 당신에게 죽음은 일상적인 일일 수 있겠지요. 그러나 나에게 그것은 전혀 새로운 것입니다. 당신은 나를 독특한 경우로 보지 않을 수도 있겠지요. 그러나 나는 이전에 죽어본 일이 없습니다. 그래서 나에게 단 한 번이라는 것은 아주 독특한 일입니다. 우리가 진정 정직할 수 있다면, 우리는 다같이 우리의 공포를 인정함으로써 서로 감동을 줄 것입니다. 그리고 당신이 진정 나를 배려한다면, 그래서 나와 함께 울기라도 한다면, 과연 당신은 당신의 귀중한 프로페셔널리즘을 상상하는 것일까요? 개인 대 개인으로(person to person) 만납시다. 그러면 병원에서 죽어도 그리 힘들지 않을 것입니다. 친구와 함께 있으니까요.[7)]

죽음학은 이상의 문제들에 대하여 여러 가지 해결책(solution)과 해소책(dissolution)을 제시하며, 이런 논란은 지금도 계속되고 있다. 그러나 나는 남은 글에서 죽음에 대한 네 가지 태도를 죽음학적 입장에서 기술하겠다.

4. 죽음에 대한 네 가지 태도

우리는 죽음을 어떻게 맞이하려고 하는가? 즉, 우리는 죽음에 대한 어떤 '방위 체계'를 구축하려고 하는가? 죽음에 대한 네 가지 일반적 태도를 생각해 보자.

첫째는 '백치 전략'이 있다. 어차피 우리는 죽음을 완전히 알 수 없다. 그것은 마치 영구 미제로 끝난 사건과 같다. 우리가 할 수 있는 일은, 그저 죽음 앞에서 눈을 감는 데까지 감아보자고 결심하는 것이다. 자신을 아무것도 모르는 백치라고 믿으면서.

그러나 김열규는 이 전략이야말로 진정한 전략이 아니라 위장된 전략이라고 말한다. 인간에게 죽음의 생각에서 아주 자유로울 가망성은 절대로 없다. 혼절한 사람의 맥박이 제 힘을 찾듯이, 죽음의 생각이 떠오르면, 사람들은 마치 적의 복병에게 기습당한 것처럼 당황하고 실색하지만, 그것도 잠시, 고개 몇 번 젓다가 눈 감는 것으로 평화를 회복하려고 든다. 하지만 그것은 불행한 기만의 일시 휴전에 지나지 않는다. 사람들은 죽음이 물러가 있는 것이라고 불행히도 착각하거나 오해한다. 하지만 전혀 그렇지 못하다.

> 백치의 도피에 즈음해서, 죽음이 물러가 있는 것은 결코 아니다. 다만 일시적으로 가려져 있는 것뿐이다. 그리고 그 가려짐의 사이, 죽음은 다잡아 다가설 것이다. 기척도 없이. 허나 죽음 앞에서 위장된 표정을 짓는 백치는 삶에 대해서는 같은 표정을 짓는다. 그것은 삶의 포기와도 같다. 죽음을 일시 그늘에 눌러두는 것이 삶의 단단한 확보라고 생각한다면, 그것이야말로 백치다운 생각이다. 그늘과 대조가 되지 않고는 빛이 제대로 밝힐 수 없듯이, 죽음을 외면한 삶은 온전할 수가 없다. 애써서 죽음을 밀쳐놓았을 때, 삶도 함께 밀쳐놓고 만 것이다.
>
> 죽음 앞에서 위장하는 백치, 이야말로 사람들이 가장 흔하게 취하는 죽음에 대한 반응이다. 가장 흔한 만큼, 가장 볼품없는 반응일 것도 아주 뻔한 일이다. 대개의 경우, 사람들은 이 죽음에 대한 외면이 죽음의 문제 해결이듯이 태평스레 살아간다. 하지만, 그동안 죽음은 한시도 복면한 공포이기를 그만두지 않는다. 기껏해야 그 공포를 저만치에 두고 야금야금 고양이 걸음으로 피해 다니게 마련이다. 아니면 그동안 죽음은 눈물 글썽대는 감상의 대상이 되게 마련이다. 남의 죽음을 접했을

때, 가슴이 조금 찡하나 그러나 끝내 그것뿐인 일과성의 감상을 넘어서지 못한다. 그래서 죽음을 축축이 눈물 밴 응달의 이끼로 묵혀두기 일쑤다.[8)]

둘째는 죽음을 머나먼 내일의 어느 사건으로 치부하려는 '미래 시제 전략'이 있다. 여기서 사람들은 "죽음 앞에서 고개를 외로 꼬거나, 앵돌아지지는 않는다. 모른다고 잡아뗄 만큼 어리석지도 않다. 다만 삶이 끝난 그 다음의 미래 시제를 무한으로 늘어뜨려 영원으로 바꾸어놓기를 즐겨한다. 더불어서 미래 시제에 걸맞는 미래의 공간, 아득한 영원의 영토를 상정하게 된다."[9)] 종교인들이 흔히 주장하는 천당이나 극락이 모두 이런 것들이다.

이런 전략을 채택하는 사람에게 이승이란 그야말로 한밤의 꿈이거나 아침 이슬일 뿐이다. 그것은 오직 저승으로 가는 간이 정거장에 불과하다. 그래서 그들에게 타나토스는 목적이 되고 인생은 그곳으로 달려가는 잠시 동안의 과정에 불과하게 된다. 이런 전략은 분명히 인간에게 적절한 위로를 줄 수 있다. 이 험한 세상을 지나면 천당에 갈 수 있다는 피안의 세계가 있다고 믿기 때문이다. 그러나 이런 전략은 동시에 값비싼 대가를 치를 수밖에 없다. 모처럼 주어진 삶을 여름 소나기와 같은 일과성의 사건으로 보기 때문이다.

삶이 목적이 아니고 과정에 머물 때, 삶은 그저 물살에 섞인 한 방울의 물과 같은 게 되고 만다. 기껏해야 몇 번의 물살의 출렁거림에 불과하게 된다. 삶은 언덕에서 바라보는 개울물의 흐름과 같아지고 만다. 죽음을 영원한 미래에 가서 잡는 대신 삶을 온데간데없이 놓쳐버릴 위험성이 커진다.

삶이 죽음을 기르는 것은 틀림없다. 우리들은 우리들 각자가 산 만큼의 죽음을 누리게 될 것이기 때문이다. 하지만 삶은 죽음을 얻어내기 위한 동전 몇 푼 같은 것은 결코 아니다. 삶이 죽음을 기르는 것이라면, 삶을 확고하게 붙들지 않으면 안 된다. 삶을 놓치고 나면 죽음을 가꾸

거나 기르고 싶어도 그 근거를 잃어버리고 만다.[10)]

셋째는 죽음을 단순한 물리적 상태의 변화로 보려는 '단순성의 전략'이 있다. 죽음이란 계절에 따라 옷을 갈아입는 것과 전혀 다르지 않다는 불교의 가르침이 여기에 속한다. 물론 이 전략은 영혼 불멸이나 다르마 불멸이라는 전제를 가지고 있으며, 이런 뜻에서 우리는 이 전략을 '이데아 타나토스론'이라고 말할 수 있다. 그러나 이 전략도 역시 하나의 커다란 함정을 가지고 있다.

그것은 죽음이 사뭇 쓸데없는 것이거나 하잘것없는 계기에 불과하게 내버려져 있음에 유념해야 한다. 죽음이란 거울에서의 실상 얼굴이 비켜감이요, 아니면 헌옷 벗어던지는 일이라면, 필경 죽음은 대수로울 게 없어지고 만다. 그래서 이데아 타나토스론은 뜻밖에 죽음을 걸레로 만들고, 쓰레기화하고, 드디어 황폐화시키게 된다.

삶은 한 번뿐이기에 그 중대성을 확보한다. 이것은 릴케의 유명한 시적인 명제다. 삶의 일회성은 삶의 허무를 말하거나 삶의 포기를 종용하는 계기가 아님을 그는 힘주어 노래하고 있다. 오직 한 번만의 내 몫이 아니라면 삶은 참 얼마나 보잘것없을 뻔했느냐고까지 노래한 느낌을 그는 풍기고 있다. 삶의 일회성의 제기는 삶의 절대적 긍정을 위한 유일한 전제요 또 근거라야 한다고 그는 다짐 두고 또 둔다.

그렇다면 얘기는 아주 뻔하다. 죽음 또한 우리에게 있어 중요해야 한다. 지금 당장의 이승의 삶의 의식에는 한 번밖에 주어지지 않는 것으로 존재하고 있는 죽음 또한 그 일회성으로 말미암아 유례없이 엄청난 것, 어마어마한 것이 되어야 하는 것이다. 하지만 이데아 타나토스론은, 가령 그 경상(鏡像)의 비유법에서 특히 그렇듯이, 실체를 슬쩍 거울 바깥으로 움직이는 것에 불과한 가벼운 한 찰나의 동작, 그것을 다름 아닌 죽음으로 포착하고 있는 것이다.[11)]

넷째는 죽음을 미래 언젠가 닥칠지 모르는 사건으로 보지 않고, 그것을 여기의 죽음, 지금의 죽음, 당장의 죽음으로 보려는 '실존적 전략'이 있는데, 김열규는 이 전략을 앞에서 설명한 '이데아 타나토스론'과 구별되는 '리얼리즘 타나토스론'이라고 말한다.

> 지금 당장의 죽음, 삶의 한복판에서 생각하는 죽음은 삶의 부정으로서의 죽음을 거부하는 정신에서 비롯할 수 있다. 어떻게든 삶을 지탱하는 주춧돌이나 기둥쯤으로 죽음을 전환하고자 하는 정신이 아니고는 죽음을 삶의 핵 속에 확보할 수 없다. 이것이 일반적으로 예상되는 삶의 부정으로서의 타나토스론의 극적인 전환이란 것을 이해하기는 어려운 일이 아닐 것이다.
>
> 죽음이 있어서 삶이 사라지거나 지워지는 게 아니다. 죽음이 있어서 오히려 삶이 굳건해지는 그런 경지에서 죽음을 생각해야 함을 리얼리즘 타나토스론은 일러주는 것이다. 죽음에 의해 삶에 한계가 지어진다는 그 엄정한 현실 앞에서 오히려 삶을 향해 돌아설 수 있어야 한다.
>
> 한계성의 인식 때문에 공포나 자포자기, 아니면 허무감에 빠져서는 안 된다. 혹은 그 인식에서 도망가려고 들거나 그 인식을 누그러뜨릴 위안을 찾으려 하는 것도 바람직하지 못하다. 죽음 때문에 우리가 삶을 등져서는 안 된다. 아니, 단연코 그 거꾸로라야 한다. 죽음 때문에 도리어 삶을 향해 돌아서야 한다. 삶에로 회귀해야 한다. 죽음으로 하여금 우리들의 삶에로 되돌려 세우게 하는 강한 반사성을 갖게 하여야 한다. 그것은 죽음 자체가 발휘하는 힘이 아니다. 우리들 삶에 대한 의지가 죽음으로 하여금 누리게 하는 힘이다. 죽음 때문에 우리들은 삶에 달라붙어야 한다. 그 죽음으로 해서 잃어질 삶이라면, 아니 결정적으로 잃어지게 되어 있는 삶이라면, 우리들은 한사코 그 삶에 마음을 붙여야 하고 사랑을 붙여야 한다. 죽음 때문에 우리들은 악착같이 살아야 한다.[12)]

5. 맺음말

오늘날 죽음은 한결같이 의사에게 맡겨진 죽음이 되었다. 선택도 판단도 모두 의학에 의탁되어 있다. 그만큼 생리 현상으로서의 죽음이 보편화되었으며, 산 사람들의 유행처럼 죽음도 몰개성화(沒個性化)의 길을 걷고 있다. 김열규는 이런 현상을 '죽음이 죽었다'고 표현한다.

> 죽음은 기호로서, 지시 대상이 없는 허무한 기호로 나동그라져 있다. 죽음의 기호와 지시하는 객체 사이에는 의미가 껴들 틈조차 없다. 데리다식의 디페랑스(differance)나마 논란거리가 될 수 있다면, 차리라 다행한 편이라고까지 말하고 싶어진다.
>
> 장례식, 이젠 한국적인 현실에서 집안의 빈소 차림은 없어지고, 다만 병원 영안실에서만 진행되는 그 장례식은 오직 죽음을 멸각(滅却)하고 소각(消却)하고 드디어는 소실(消失)하는 데 기여한다. 규모가 클수록 겉이 화려할수록 거기에 비례해서 소실의 효과, 지워 없애기의 효능은 커지는 것이다. 기억하기 위해서가 아니라, 망각하기 위해서 장례라는 절차가 진행된다. 기왕의 죽음을 한 번 더 완벽하게 죽이기 위한 것이다. 이제 죽음이 죽었다.[13)]

오늘날 죽음은 엄숙한 통과의례가 되지 못하고 있다. 다만 시신을 처리하는 마지막 끝내기로 남아 있으며, 그것이 종결되고 남는 것은 무, 없음뿐이다. 즉 우리는 이제 죽음마저 박탈당한 것이다. 죽음이 없는 죽음, 그것이 우리에게 남겨진 죽음이다. 결론은 무엇인가? 우리는 다시 죽음과 친해지려고 노력해야 한다. 아주 간절히 노력해야 한다. 왜? "우리들은 죽음, 즉 자신의 죽음과 화해하기 힘든 그런 문화 속에서 삶을 지탱해 온 것이다. 죽음을 공포스러워하고, 죽음을 부정시하고, 죽음을 위험시하고도 모자라서 죽음을 업신여기고 얕잡아보면서 살아온 것이다. 이런 사람들이라면 쉽게 죽음과는 화해할 수 없을 게 뻔하지 않겠는가."[14)]

다시 말해서, 우리는 이제 죽음과 정을 붙여야 한다. "사람끼리도 자주 만나야 정이 들게 마련이다. 다른 객체의 경우에도 사정은 비슷할 것이다. 낯이 익는다는 것, 눈에 자주 든다는 것, 그것은 정붙이기의 전제다. 바꾸어 말하자면, 죽음과 자주자주 그리고 절실하게 마음으로 만나야 한다. 삶이 죽음과 정을 붙여야 한다."[15] 강동구는 이렇게 말한다.

> 현대사회는 죽음의 터부와 이미지를 통해 죽음을 수단화했다. 죽음은 낯선 것이고 부자연스러운 것이며 타인의 것이 되었다. 죽음은 우리 실생활과 유리된 외딴 곳에서 기계적으로 마감되는 타인의 삶이고, 주검은 신속하게 위생적으로 처리되어야 할 사물이 되었다. 대중매체를 통해 끊임없이 보여지는 죽음은 대량 죽음이나 호화스런 장례식, 람보 영화 속의 죽음처럼 수단화되고 이미지화된 부자연스러운 죽음들로 가득하다. 나아가 범인 조승희가 즐겨했다는 킬러 게임이나 죽음과 관련된 콘텐츠들은 죽음을 목적을 위한 수단, 심지어 오락의 대상으로 만들고 있다.
>
> 일찍이 미국의 사회학자인 고러(Geoffrey Gorer)는 현대사회의 죽음에 대한 이러한 경향을 '포르노화된 죽음(pornographic death)'이라 했다. 인간 사회에서 섹스가 사랑과 출산으로부터 유리되어 단지 엔터테인먼트의 대상으로 전락했을 때 포르노가 된 것처럼, 삶의 정점이자 목적인 죽음이 현대사회에서 인간의 감정이나 사회문화적 의례, 그리고 자연스러움으로부터 유리되어 목적을 위한 수단이 됨으로써 죽음이 포르노로 전락했다는 것이다. 죽음이 한 인간의 자연스런 궁극적 정점이 아니라 누군가에 의해 조작되고 개입되는 인위적인 것, 상대적인 것이 됐다. 우리 청소년들이 즐기는 각종 게임이나 TV 프로그램들, 각종 대중문화 콘텐츠 속의 죽음은 내 의지대로 할 수 있는 대상이다. 이렇듯 여과 없이 일상에서 접하는 수단화된 죽음 문화와 이를 통한 생명 인식이야말로 우리 시대의 잔혹한 각종 범죄들의 근원일 수 있다.[16]

우리들의 가장 사랑스런 시인 윤동주가 "모든 죽어가는 것을 사랑해야지"라고 기도할 때, 그것은 삶의 절대적 결백에 부치는 소망과 앞뒤에서 발원된 것이다. 죽음에 대한 사랑은 삶의 결백을, 그리고 삶의 청정은 죽음에 대한 사랑을, 서로 부르고 또 호응해야 할 것이

다.[17)]

그리고 레바논의 시인 칼릴 지브란이 "마치 강과 바다가 하나이듯이, 삶과 죽음은 하나인 것이다"라고 말할 때, 삶의 강은 유한하지만 죽음의 바다는 무한하다는 것을 설파하고 있는 것이 아닐까.

[주(註)]

1) 여러 가지 번역이 있겠으나, 성서에도 "네 몸과 마음과 영혼을 다하여 하느님을 섬겨라"는 구절이 있다. 여기서 인간은 삼원론적인 존재가 된다. 더 나아가서, 우리는 인간이 정신과 육체로 구성되어 있다고 말하면서도, 일상언어에서는 정신(mind)과 영혼(soul)을 구별해서 사용한다.
2) 황필호, 「흄과 개인 동일성」, 데이비드 흄 외, 『데이비드 흄의 철학』, 철학과 현실사, 2003, pp.279-309.
3) Robert G. Olson, "Death," 『철학 백과사전』
4) Elizabeth Kubler-Ross, *On Death and Dying*, MacMilan, New York, 1969.
5) 앙드레 베르제 외, 남기영 역, 『프랑스 고교 철학』, 제1권, 삼협, 2000, pp. 184-185
6) 같은 책, pp.186-187
7) Anonymous, "Death in the First Person," Elisabeth Kubler Ross, ed., *Death: The Final Stage of Growth*, Prentice-Hall, 1975, p.26.
8) 김열규, 『메멘토 모리: 죽음을 기억하라』, 궁리, 2001, pp.47-48.
9) 같은 책, p.48.
10) 같은 책, p.51.
11) 같은 책, p.53-54.
12) 같은 책, p.55-56.
13) 같은 책, p.159-160.
14) 같은 책, p.82.
15) 같은 책, p.286.
16) 강동구, 「죽음교육 활성화 필요하다」, 『조선일보』, 2007년 4월 26일.
17) 김열규, 앞의 책, p.282.

제 6 장

부 록

1. 비교(比較)와 회통(會通) :
황필호, 『중국종교철학 산책』을 읽고

(임규정)

1.

"동양철학은 종교인가?"라는 질문은 "누런 소는 말인가?"라는 질문과 같아 보인다. 철학과 종교가 소와 말처럼 분명히 다르다는 일반적 통념이 타당하다면 말이다. 이런 전제가 타당하다면, "동양철학은 종교다"라는 명제는 "누런 소는 말이다"라는 것만큼이나 잘못된 것이다. 그런데 황필호 교수는 『중국종교철학 산책』에서 '동양철학은 종교'라고 선언한다. 동시에 그는 "동양철학은 종교가 아니다" 혹은 "동양철학은 종교가 아니지만 종교적 속성이 있다"는 주장을 반박한다.

아마도 문맥상의 혼란은 '동양'(혹은 '중국'), '철학', '종교'의 개념이 서로 만난 순간부터 숙명적으로 잉태된 것이리라. 중국을 중심으로 한 고대 동북아 문화권에는 비록 '철(哲)', '학(學)', '종(宗)', '교(敎)'의 독립된 문자는 있었을지언정, 오늘날 우리가 말하는 의미의 철학과 종교에 해당하는 개념이 없었기 때문이다. 엄밀히 말해 철학은 'philosophy', 종교는 'religion'을 번역한 근대적 신조어다. 그리고 'philosophy'와 'religion'을 이원적으로 나눈 것은 서구에서 비롯된 것이다.

실제로 현대적인 의미의 '동양철학' 연구는 동양인들이 'philosophy'를 '철학(哲學)'으로 번역한 이후에 시작된 것이다. 지금으로부터 1백여 년 전 동아시아의 지식인들은 철학과 종교에 대한 서구의 근대적 이원론에 입각해 자신들의 전통적 학술을 '철학'으로 분류했고, 이로부터 오늘날 일반화된 '동양철학'의 개념과 학문 영역이 개척되었다. 그리고 이런 상황에서 동아시아의 지식인들은 그들의 전통적 학술, 특히 유가와 도가의 학설을 '철학'으로 분류했다.

그러다 보니 다시 "동양철학은 종교가 아니다(혹은 '종교'여서는 안 된다)"라는 의식에 사로잡히게 되었는지 모른다. 이런 점에서 동양철학과 중국철학은 철학과 종교의 이원성이라는 서구의 문화적 코드를 내면화해야 했던 근대 동아시아 지식인들의 강박 관념을 반영하고 있는 개념이라고 볼 수도 있다.

'동양철학은 종교'라는 저자의 주장은 우리가 '동양철학'이라고 부르는 것이 실은 서구적 이원론에서처럼 분명한 '철학'이 아니라는 사실을 지적하는 것에서 출발한다. 그가 보기에 "동양에서 말하는 '사상'은 실제로 철학과 종교를 모두 포함"하는 것이다. 한편 그는 서양에 있어서조차, 철학과 종교의 확연한 구별이 중세철학의 대가인 토마스 아퀴나스로부터 비롯되었음을 상기시키며, 철학을 종교에서 완전히 분리하는 작업은 18세기 데카르트로 대표되는 합리론자들과 흄으로 대표되는 경험론자들에 의해 본격화되어 그 추세가 20세기 초까지 거의 그대로 지속되었음을 지적한다.

그리고 최근에 철학과 종교의 이원론에 대하여 철학자와 신학자들에게서 반성하는 목소리가 새롭게 나타나기 시작했고, 이런 목소리는 오늘날 포스트모던 철학과 해체주의를 통해 더욱 힘을 얻고 있다는 것을 강조한다.[1] 이러한 논거를 통해 저자가 비판하고자 하는 것은 다음과 같은 관점이다.

> 서양철학자들이 버리려고 애쓰는 이원론을 동양철학자들은 그대로

고수하고 있다는 것은 참으로 어리석은 일이다. 또한 말로는 '서양의 이원론'을 강렬하게 비판하면서도 실제로는 그들이 파놓은 함정을 그대로 밟고 있다는 것은 아이러니가 아닐 수 없다.[2)]

그렇다면 어떻게 하자는 것인가? 이에 대한 저자의 생각은 다음 글에 잘 드러난다.

> 우리는 이제 … 당당히 동양철학도 종교라고 주장해야 한다. 특히 동양사상은 서양에서 요즘에 와서야 다시 회복하려고 노력하는 철학과 종교의 상호 보완성을 오래 전부터 실천해 왔다는 사실을 떳떳하게 선언해야 한다.

나 역시 오래 전부터 동양의 학술적·사상적 전통이 철학과 종교의 이원성과는 거리가 멀다고 생각해 왔다. 그러던 차에 저자의 글을 통해 사색의 연대를 확인한 것은 적지 않은 즐거움이다. 하지만 여전히 석연치 않은 여운이 남는 것은 어쩔 수 없다. '동양철학은 철학'이라는 주장이 서구적 이원론의 함정에 빠진 것이라면, 같은 이유로 '동양철학은 종교'라는 주장 역시 서구적 이원론을 떠난 것이라고 보기 힘들기 때문이다. 그러므로 그것을 '철학'이라고 규정짓든 '종교'로 선언하든, 양자는 모두 "서구문명이 파 놓은 함정에 빠진다"는 비판으로부터 자유로울 수 없을 것이다.

『중국종교철학 산책』에서 '동양철학이 종교'라는 점을 애써 강조하는 더 솔직한 이유는 종교철학의 영역에서 동양철학을 다루는 것의 정당성을 확보하려는 데 있다고 생각된다. 그렇다고 해도 이 책의 저자가 굳이 '동양철학은 종교'라는 점을 선언적으로 강조하고 나선 것은 위에서 말한 것처럼 또 다른 자기 함정을 파는 것이다. '동양철학은 종교'라는 명제 역시 '동양철학은 철학' 혹은 '동양철학은 종교가 아님'과 마찬가지로 철학과 종교의 구분을 전제하지 않고는 큰 의미가 없기 때문이다. 그러므로 우리는 이 책에서 여전히 '혼란을 풀어갈 수 있는 실마리'를 발견하기 힘들다.

결론적으로 우리는 '동양철학은 종교'라는 황필호 교수의 주장에 대해 '홀가분한 마음'을 가질 수 없다. 오히려 그의 글을 읽은 다음에도 계속 '갑갑하게 느껴지는 마음'이 떠나지 않는 것은 그의 주장이 무의미하지는 않지만 궁극적으로 옳고 그름을 판정할 수 없다는 점에 기인한다. 결국 저자의 논의 역시 그 자신이 비판하는 순환론을 벗어나지 못하는 것은 아닐까. 아마도 이 책이 '동양철학은 종교'라는 선언적 명제의 변호에 지나치게 집착하지 않았더라면 이런 갑갑함에서 오는 부담은 상당히 덜했을 것이다.

2.

하지만 황필호 교수가 '동양철학은 종교'라는 명제를 들고 나온다고 해서, 종교철학적 관점에서 진행되는 그의 동양사상(특히 중국사상) 해석이 본질적으로 크게 위협받는 것은 아니다. 오히려 이 책은 우리에게 독특한 시각을 통한 동양사상 읽기의 즐거움을 선물한다.

중국과 서양, 그리고 철학과 종교를 종횡으로 넘나드는 저자의 지적 탐험은 일견 신선함을 넘는 파격에 가깝다. 공자를 분석철학의 선구로 보는가 하면(제2장 공자와 분석철학), 맹자의 성선설과 서양 윤리사상을 함께 논의하는가 싶더니, 다시 맹자와 칸트를 비교하고(제3장 맹자와 서양철학), 유교의 인(仁)과 기독교적 사랑이라는 거창한 주제를 거론하고는 곧 주역과 기독교를 연관짓는 이정용 박사의 변화신학을 다룬다. 그러다 다시 최근 제기된 장자와 로티의 비교가 '잘못된 만남'임을 노래하고, 도교를 분석철학적으로 조명하기도 한다(제4장 중국사상과 서양철학). 전공의 아성을 굳건히 하는 것으로 학문의 미덕을 삼는 우리나라의 학술 풍토에서 이런 자유분방한 비교철학적 시도를 하는 것만으로도 황필호 교수는 분명 예사롭지 않은 학자임이 분명하다. 게다가 이 책은 각각 단편으로 발표되었던 글들을 묶은 것이지만, 나름대로 그 일관성을 유지하고 있다.

하지만 대부분의 근엄한 전공주의자들은 『중국종교철학 산책』의 목차를 대강 훑어본 뒤 곧 이 책을 '잡서'로 분류하여 서재 한 구석으로 밀어 넣고 말 것이다. 그것은 무엇보다 이 책에서 다루는 내용이 흥미롭기는 하지만 너무 광범위하고, 시공을 넘나드는 철학사상의 비교가 신선하기는 하지만 가능해 보이지 않기 때문이다.

물론 이는 평생 한 우물을 파야 말년에 나름대로 자신 있게 공자와 맹자 혹은 장자나 도교를 이야기할 수 있고, 칸트나 분석철학 혹은 종교철학 가운데 하나라도 제대로 이해할 수 있다고 믿고 있는 평범한 지식인들이 볼 때 그렇다는 것이다. 그럼에도 이 책은 학문의 미덕이 결코 집요한 한 우물 파기에 있는 것만은 아니라는 사실을 분명히 일깨워준다.

오히려 학문에는 날개가 필요한지 모른다. 그리고 그 날개를 펄럭여 높은 곳에 올라가 크게 세상을 관망하고 다시 내려올 수 있는 대붕(大鵬)의 기개, 자유로운 소요(逍遙)의 기풍이 긴요할 수도 있다. 『중국종교철학 산책』에는 분명 이런 미덕이 있다.

대신 우리는 이 책에서 특정 전공에 대한 집요한 천착(穿鑿)이나 엄밀한 각주, 현학(衒學)의 능란함을 기대하지 말아야 한다. 그 이유는 비교적 분명하다. 황필호 교수 자신이 밝히고 있듯이, 그는 "철학 논문은 쉬우면서도 감동을 주는 수필체로 쓰고, 수필은 그 속에 철학적 내용을 담고 있어야 한다고 주장하는 사람이다. 수많은 외국어 어휘들, 본문을 더 어렵게 만드는 각주들, 자신이 읽은 것을 전부 전시하려는 인용문들로 뒤범벅되어 있으면서도 정확한 논지를 찾을 수 없는 철학 논문들이 주위에 너무 많으며, 또한 미문(美文)과 명문(名文)을 혼동한 수필집들이 오히려 베스트셀러가 되는 것은 우리나라의 형편이기 때문이다."[3)]

반드시 이에 동의하는 것은 아니지만, 나는 저자의 입장을 충분히 존중한다. 이것이 곧 그의 학문 방법이고, 저술의 기풍이며, 무엇보다 그 스스로가 선택한 길이기 때문이다. 근엄한 전공주의자들은 아마도 저자가 '감동'이라는 독자들의 불온한 충동에 의지해 가벼운 담론의 언저리를 맴돈다고 비난할지 모른다. 그러나 이런 사람들 가운데 대부분은 아마도 『장자』 「천하」편에서 말하는 일곡지사(一曲之士: 한 가지에 얽매인 지식인)로 일생을 마치고 말리라. 일곡지사는 큰 도(道)의 일부만을 통찰하고 스스로 그것이 옳다고 고집한다. 예컨대 귀, 눈, 입과 코가 제각기 분명한 바가 있어 서로 통하지 못하는 것과 같고, 또 여러 기술자들이 제각기 장기를 가져서 때에 따라 쓰이는 바가 있기는 하지만 그 전체를 두루 꿰뚫지 못하는 것과 같다.[4)]

과연 오늘날 우리의 자화상은 어떠한가? 회통(會通)보다는 영역 가르기를, 포용적 통찰보다는 미시적 전문성을 미덕으로 여긴다. 그리하여 동양과 서양, 고대와 현대, 철학과 종교, 그리고 더 세분화되는 전공(專攻)의 동굴에 숨어 서로를 주시하며 으르렁거리는 일곡지사로 살아간다. 악의적 비난이 창조적 논쟁을 대신하고, 담론이 사라진 자리에는 저 잘나 재잘거리는 말의 향연이 무성할 뿐이다.

그러면서도 어떤 이들은 동과 서, 전통과 현대, 그리고 철학과 종교의 만남을 모색하는 새로운 시도를 곧잘 '사기', '허구', '비학문'이라고 무시하곤 한다. 그러나 정작 불온한 것은 이런 회통적 작업을 용인하지 못하는 일곡지사들, 현학자(衒學者)들, 전공주의자들의 옹졸함이 아닌가. 이런 면에서 황필호 교수의 책은 대부분의 엄격한 논문들보다 훨씬 더 생산적이며, 그 넘나듦의 가벼움은 난해한 용어로 범벅된 현학적 글보다 더 무게가 나간다.

3.

언어의 수행적 기능을 중시하는 현대 분석철학에 기초해 종교언어의 의미를 의례에서 찾는 저자의 지론은 공자 해석에도 그대로 적용된다(제2장 공자와 분석철학). 그는 핑가레트(Herbert Fingarette)의 1972년 저작인 『공자(*Confucius*)』의 견해를 대체로 충실하게 계승하며, 공자와 『논어』를 다음과 같이 해석한다.

> 지금까지 우리는 공자의 사상을 잘못 해석해 왔다. 우리는 그를 단순히 합리적인 휴머니스트로 해석해 왔다. 그러나 단순한 '과거의 모방'이 아니라 — 야스퍼스의 말을 빌리면 — '영원한 진리의 반복'을 주장하는 공자의 사상은 철학이 곧 행위임을 주장하는 분석철학의 정신과 일맥상통한다. 그래서 핑가레트는 공자의 인간관을 '의례적 존재(a ceremonial being)'로 규정한다.[5)]

그에 따르면 공자는 '분석철학의 주제를 이미 수십 세기 전에 명확히 발표'한 우리 시대의 선구자이며, '더 나아가서 이러한 공자의 새로운 가르침은 이제 분석철학에 새로운 전망을 제공할 것'이다. 보통 경험적 · 합리적 · 현세적 휴머니스트로 이해되는 공자가 인간을 초합리적 · 의례적 존재로 이해한 분석철학의 선구자로 재해석되는 것이다.

그런가 하면 맹자는 어떠한가? 황필호 교수는 맹자가 공자와 '전혀 다른 사람'임을 강조한다. 게다가 "맹자는 공자의 진정한 후계자가 아니"란다. 이처럼 그는 흔히 함께 아울러 '공맹(孔孟)'이라고 불리는 공자와 맹자의 사이를 갈라놓고 있는데, 이는 분명 이들 두 고대 사상가에 대한 일반적 통념에 정면으로 도전하는 것이다. 공자와 맹자의 차이점은 동양철학계에서도 일찍부터 지적해 온 것이지만, 맹자를 공자의 철학적 후계자로 보는 것에는 큰 이견이 없었다. 그런데 저자는 이런 통념을 부인하고, 특히 인간의 '본성'에 관한 한 공자와 맹자는 전혀 다른 사상가였다고 주장한다.

한편 그는 맹자의 성선설에, '사실(is)'로부터 '당위(ought)'를 끌어내는 윤리의 지적에 맹자 철학이 어떻게 대응할 수 있는가를 묻기도

한다. 그런데 우리는 제3장의 「맹자와 칸트의 비교」에서 "사실과 당위가 절대로 조화될 수 없다는 서양의 극단적인 입장과, 사실이 바로 당위라는 극단적인 입장의 중간쯤에서 이 문제의 해결책을 위한 한 가지의 제안"을 다시 만나게 된다. 즉 맹자는 "사실과 당위의 차이를 — 상식적인 차이를 — 의식조차 못한 듯"하며, 이런 상황에서 "당위가 사실에 선행하며, 그래서 당위가 사실에 순응하는 것이 아니라 사실이 당위에 순응하며, 사실이 당위를 따라가는 것"으로 보아야 하지 않겠느냐는 것이다.

한편 그는 맹자가 자신의 심리적 논증으로 성선설의 보편성을 충분히 증명할 수 있다고 믿은 주정주의자(主情主義者)였다고 하는데, 여기서 봉착하는 문제는 윤리적 문제 해결의 기준으로 "주정주의와 주지주의 중에서 어느 쪽을 택해야 하는가?" 하는 것이다. 이에 대해 그는 모든 윤리학자는 주정주의적 호소와 주지주의적 논증을 동시에 제공해야 한다는 '역설적 결론'을 제안하기도 한다.

"기독교와 『주역』의 비교는 아무리 생각해도 무정부적인 것 같다"는 도입으로 시작하는 제4장의 「주역과 기독교」는 재미신학자 이정용의 변화신학에 대한 한 편의 잘 정리된 보고서다. 어쩌면 대중적으로 생소한 이정용이라는 이름, 그리고 변화신학이라는 낯선 개념을 독자에게 소개하는 것만으로도 이 논문은 큰 의의를 지닐 것이다. 그의 지적처럼 "이정용의 변화신학은 아직도 우리나라에 정식으로 소개된 일이 없으며, 현재 상태에서 우리나라 신학계가 그의 신학을 심각하게 고려할 단계에 이르지도 않은 듯"하기 때문이다.[6)]

그렇다면 이 글은 기독교 신학을 동양적 시각에서 재구성하고, 동양철학을 기독교적 시각에서 재해석하는 이정용의 변화신학을 본격적으로 우리나라에 소개하는 최초의 논문이 될지 모르겠다. 나 역시 이 글을 통해 변화신학에 대해 초보적인 이해와 관심을 가지게 되었으니, "이 글을 계기로 해서 우리나라에도 이정용의 사상, 그리고 기독교와 주역(더 나아가 동양철학)의 관계에 대한 활발한 논의가 전개되기를 바란다"는 황필호 교수의 바람이 조금은 이루어진 셈이다.

최근 동양철학 가운데 현대 서양철학과 비교철학적 연구가 가장 활발하게 진행되는 분야는 도가사상이다. 오늘날 도가는 유가와는 비교가 안 될 정도로 다양한 측면에서 주목을 받고 있다. 신과학, 포스트모더니즘 혹은 해체론, 심층 생태론, 그리고 공동체 운동과 여성주의 등의 진영에 속하는 많은 논자들이 도가와의 접속을 시도한다. 특히 장자(莊子)가 인기가 높은데, 동서양의 많은 철학자들이 니체, 하이데거, 데리다 등과 장자의 만남에 관심을 기울여 왔다.

그런데 몇 해 전 장자는 다시 듀이의 전통을 이으며 신실용주의를 제창한 로티와 만나게 된다. 미국 켄트주립대학 철학과의 이광세 교수가 「로티와 장자」라는 논문에서 장자와 로티를 비교한 것이다. 20여 년간 칸트철학을 연구하다 동서 비교철학으로 전공을 바꾼 특이한 이력의 소유자로 유명한 이광세 교수는 로티의 철학이 절대주의 반대, 다원주의, 대화의 중요성에 대한 강조 등에서 장자의 철학정신과 통한다고 평가한다.

그런데 황필호 교수는 장자와 로티의 이런 조우가 '잘못된 만남'이라고 단정한다. 그는 우선 장자를 현대 자유민주주의에서 주장하는 다원주의자로 보는 견해 자체가 잘못된 것이라고 지적한다. 또한 로티의 '해석학'과 '대화'도 전통적인 '철학적 대화'를 배제한다는 뜻에서 장자가 강조하는 '대화'와 다르다고 본다.

하지만 그가 무엇보다 강조하는 것은 존재론과 인식론의 갈림길이다. 그는 "장자와 로티의 비교를 바로 존재론과 인식론의 비교 혹은 동양철학과 서양철학의 비교로 생각하는 것은 지나친 일반화의 오류를 범하는 것"이라고 전제하면서도, "그러나 그들이 한 모형이 되는 것은 틀림없다"고 못 박는다. 즉 장자의 주된 관심은 존재론에 있었지만, 로티의 관심은 주로 인식론에 있다는 것이다.

황필호 교수에 따르면, 로티는 인식론으로서의 철학 전통을 정면으로 부인한 것이지만, 여기서도 "로티는 존재론보다 전적으로 — 대부분의 현대 서양철학자들과 마찬가지로 — 인식론에 의존하고 있으며 플라톤의 실재론에 대한 비판까지도 존재론적 입장보다 인식론적 입장에서 전개한다." 그리고 "이런 뜻에서 장자의 존재론과 로티의 인식론의 만남은 일단 범주 오류 혹은 강조 오류를 범하는 것"이다.[7)]

실제로 로티는 신이나 철학적 진리를 부정하고, 우리 삶에 기초를 제공할 수 있는 절대적이고 보편적인 원리는 존재하지 않는다고 주장한다. 그리하여 그의 '개별성'에 대한 존중과 대화의 강조는 철학을 일상적인 대화의 수준으로 격하시키는 방식으로 전개된다. 반면 장자가 보는 만물의 다원성과 대화는 이들 사이에 통일성을 부여하는 근원적 도(道)를 전제로 한 것이다.

그렇다면 로티는 이광세 교수가 중매하는 장자와의 만남을 그리 달갑게 여기지 않을 것이 분명하다. 실제로 그는 1996년 방한 때 이광세 교수의 논문에 대한 질문에 답변하면서 자신과 장자의 가교가 무의미하다는 태도를 취한 것으로 알려져 있다. 심지어 그는 사석에서 이 교수에게 장자나 플라톤 등의 고대 철학가들을 '원시인(primitive)'이라고 지칭하기도 했다고 한다. 자신을 무려 2,500년 전의 고대 철학자와 비교한 데 대한 불쾌감을 드러낸 셈이다.[8)] 그러나 황필호 교수는 사뭇 다른 맥락에서 이 '원시인'의 철학을 옹호한다.

"장자는 도, 자연, 전체라는 실재가 있다고 믿었으나, 로티는 모든 존재론과 인식론을 배척함으로써 철학을 일상적인 대화의 수준으로 격하시켰다. … 이제 철학은 단순한 일상적 대화로 격하될 것인가? 아니면 어떤 뜻에서든지 '밝은 지혜'를 찾으려는 작업으로 남을 것인가?" 어쨌든 로티는 장자와 만나기를 거부했고, 황필호 교수에 따른다면 장자 또한 로티와는 다른 차원의 길을 갔던 셈이다.

제4장의 「도교와 분석철학」에서는 종교언어에 대한 '명제론적 해석', '비명제론적 해석', '역설적 해석'의 세 유형을 나누고, 특히 세 번째 입장에서 도교의 무위사상을 고찰한다. 황필호 교수는 역설의 치료적 성격에 기초해 '무위(無爲)'를 해석하는 동시에 종교언어의

"역설적 성격이 도교의 무위사상뿐만 아니라 모든 종교에 공통된" 것이라고 주장한다. 그리고 이 글은 결국 "종교언어는 역설의 언어다. 그러나 그 역설은 역설로 끝나지 않고 긍정적인 치료의 역할을 할 수 있는 역설이다. 동서양의 모든 종교가 손을 맞잡고 만날 수 있는 이유가 바로 여기에 있다"는 결론에 도달한다.[9] 아마도 이것이 황 교수가 진정 말하고 싶었던 것이리라.

비록 누락된 부분도 있지만, 우리는 앞에서 『중국종교철학 산책』이 다루는 문제와 이에 대한 저자의 견해를 대강 살펴보았다. 하지만 나는 여기서 여러 문제에 대한 저자의 견해들이 과연 정당화될 수 있는가를 본격적으로 다루지는 않을 작정이다.

언뜻 보더라도 황 교수의 주장이 적지 않은 논쟁의 불씨를 안고 있다는 것이 확실하고, 지금처럼 짧은 글에서 그 많은 문제들이 충분히 다루어질 수 없을 것 또한 분명하기 때문이다. 대신 나는 이 책을 읽은 두서없는 감회를 간략히 기술하는 것으로 서평자의 책무를 조금이나마 이행하려고 한다.

4.

황필호 교수는 『중국종교철학 산책』에서 동양과 서양 그리고 철학과 종교 사이를 넘나드는 회통을 시도한다. 그리고 이미 앞에서 지적한 것처럼, 이러한 시도야말로 이 책의 가장 중요한 의의다. 비교철학적 논의가 극히 미약한 이 땅에서 동서양의 철학과 종교가 더 주체적으로 소화되고 성숙되기를 희망한다면, 이러한 회통의 과정을 절대로 생략할 수 없기 때문이다. 그러나 회통의 시도가 곧 회통의 성공을 의미하는 것은 아니다. 내가 시도의 미덕에 경의를 표하면서도, 그 내용에 전적으로 동의하지 않는 것은 바로 이런 맥락이다.

황필호 교수는 버트(Edwin A. Burtt)를 인용하면서 비교철학자가 지켜야 할 두 가지 원칙으로 '공평성의 원칙'과 '포괄성의 원칙'을 제시한다. 공평성의 원칙이란 일단 모든 사상을 동일선상에서 공평하게 취급해야 한다는 것이고, 포괄성의 원칙이란 일단 '포함할 수 있는 모든 것'을 비교철학의 대상으로 삼아야 하며 오직 '제거하지 않을 수 없는 것'만을 배제해야 한다는 것이다.

그런데 황 교수 본인이 토로하는 것처럼, 비교철학의 작업을 구체적으로 수행하는 현장에서 무엇을 포함하고 제거해야 하는가를 결정짓는 정확한 기준을 찾는다는 것은 거의 불가능한 일이다.[10] 또한 비교철학은 다른 어떤 철학적 작업보다 자의적 판단과 평가가 중요한 요인으로 작용하며, 그만큼 공평성을 유지하기 힘든 영역이다. 즉 '공평성의 원칙'은 비교철학이 다른 철학적 작업에 비해 '공평성'을 상실할 위험에 더 크게 노출되어 있어서 필요하다고 요구되는 것이다.

그런데 나는 비교철학의 영역에서 '모든 사상을 동일선상에서 공평하게 취급'하는 공평성이란 일종의 허구가 아닐까 생각한다. 만일 그것이 철학이 아닌 구체적 사물이라면, 예컨대 유럽과 아시아의 면적이나 인구를 비교하는 것이라면 우리는 충분히 공평할 수 있다. 더 나아가 그것이 비록 추상적인 것이라도 어떤 구체적 실체와 직접적으로 연결되어 있다면 여기에도 공평성의 개념을 적용할 수 있다. 예를 들자면 세계 각국의 경제력과 군사력 등을 비교하는 것이다. 이처럼 공평성의 개념이 도입될 수 있는 것은 일종의 관념적 활동인 비교의 근거가 되는 객관적 기준이 이들 영역에는 마련될 수 있기 때문이다.

하지만 비교철학은 철학이라는 관념들을 비교하는 관념적 활동이다. 다시 말해 비교철학은 모종의 '판단'들을 비교하여 판단하는 작업인 것이다. 이런 상황에서 공평성은 성립될 수 없다. 우리는 아무런 생각의 기초 없이 비교를 진행할 수 없고, 특별한 생각이 전제되어 있는 이상 여러 철학에 대한 비교는 결코 공평할 수 없기 때문이다. 그러므로 어떤 비교철학도 결국은 모든 철학에 대한 공평한 판관의 자격을 가질 수는 없다. 경기장을 뛰는 선수가 동시에 공평한 심판일 수 없는 것과 같다. 황필호 교수 역시 철학은 아무리 질문해도 거기에 대한 시원한 답변을 들을 수 없는 '영원한 문제'를 가지고 있다고 말하고 있지 않는가.[11] 시원한 답변이 없는데 무엇을 기준으로 공평한 비교를 진행할 수 있겠는가?

그러므로 엄밀한 의미에서 비교철학은 공평할 수 없으며, 단지 개방성을 지닐 뿐이다.[12] 여기서 '개방성을 지닌다'는 것은 비교철학이 반드시 어떤 철학적 관점 위에서 진행된다는 것을 시인하되, 모든 철학에 대해 심정적 개방성을 유지하도록 노력한다는 것을 의미한다.

내가 이런 장광설을 늘어놓는 것은 많은 비교철학적 작업이 공평성을 표방하지만 실은 이것이 도달할 수 없는 목표라는 점을 분명히 하기 위해서다. 어떤 비교철학자도 모든 철학에 대해서 가치중립적일 수 없으며, 이들은 단지 모종의 철학적(혹은 종교적) 관점에서 여러 철학들을 비교할 수 있을 뿐이다. 이런 점에서는 『중국종교철학 산책』도 예외일 수 없다.

그리고 무엇보다 이 책에 실린 논문들의 철학적 관점의 기초가 중국철학에 있는 것이 아님은 분명하다. 이 글들은 서양철학 혹은 종교철학의 일정한 (특히 분석철학의) 관점을 통해 중국철학을 해석하고 또 이들을 서로 비교하고 있다. 물론 이것은 결코 잘못이 아니다. 우리는 중국철학에 대한 이런 접근을 반대할 어떤 이유나 자격도 가지고 있지 않다. 게다가 이 책에는 저자가 자신의 철학적 관점만을 고집하지 않고 다른 철학에 대해 개방성을 유지하기 위해 애쓴 흔적이 곳곳에서 드러난다. 그럼에도 앞에서 『중국종교철학 산책』의 비교철학적 견해가 공평할 수 없음을 강조한 이유는 독자들로 하여금 "여기에 수록된 글들이 매우 공평하고 중립적인 관점에서 쓰여졌다"는 오해를 불러일으킬 만한 문구들이 이 책에서 종종 발견되기 때문이다.

그런데 내가 정작 말하고 싶은 것은 우리가 이 책에서 회통의 시도를 발견할 수 있지만 진정한 회통은 아니라고 한 것과 연관이 있다. 진정한 회통은 공평하고 중립적인 것이 아니다. 그보다 회통이란 자신의 굳건한 철학의 기초 위에 여러 철학이 모여(會) 서로 통하게(通) 되는 것이다. 이를 위해서는 무엇보다 작은 시비와 분별에 구애되지 않는 크게 열린 마음과 생각이 필요하다.

이런 회통은 예컨대 원효의 화쟁에서 한 전범을 발견할 수 있다. 원효는 결코 모든 철학에 대해 공평하거나 중립적이지 않았다. 그는 승려였고 불교학자였다. 당연히 그의 철학은 불교에 굳건한 뿌리를 두었고, 원효는 결코 이를 부정하지 않았다. 그러나 그는 유교나 도교 혹은 불교의 어느 종파에 대해서도 배타적이지 않았고, 이 모두가 자신의 철학체계에 크게 모여 통할 수 있게 했다. 그러므로 일심(一心)을 중심으로 한 원효의 회통은 또 하나의 창조일 수 있었다.

그런데 과연 우리 시대에 이런 회통을 향한 조짐이 보이는가? 한동안 철학, 종교, 동양, 서양, 고대, 현대 등으로 갈라진 우리의 지성은 서로에 대해 너무나 무지했다. 서로를 비난하다 못해 적대적이었으니, 이들 사이를 오가는 '산책' 정도도 적잖은 용기를 필요로 했다. 그런데 『중국종교철학 산책』은 이미 오래 전부터 남보다 앞서 이런 산책로를 개척한 황필호 교수의 오랜 작업의 한 결실이다. 최근 동서철학의 비교를 주제로 하는 읽을 만한 전적들이 제법 빠른 속도로 늘어가는 것을 보면서 우리는 황 교수의 선구자적 기지를 높이 사지 않을 수 없다. 그리고 이제 나의 바람이 있다면 이런 '비교'가 '화쟁'으로 그리고 '회통'으로 이어졌으면 하는 것이다.

나의 두서없는 감회는 결코 『중국종교철학 산책』의 의의를 훼손하기 위한 것이 아니다. 오히려 이 책을 단서로 우리 모두가 더 큰 화쟁의 바다로 나아가기를 바랄 뿐이다.

[주(註)]

1) 황필호,『중국종교철학 산책』, 청년사, 2001, pp.20-23.
2) 같은 책, p.23.
3) 같은 책, p.370.
4)『莊子』「天下」.
5) 황필호, 앞의 책, p.126.
6) 같은 책, p.334.
7) 같은 책, p.388.
8)『한겨레신문』, 1998년 2월 10일 참조.
9) 황필호, 앞의 책, p.412.
10) 같은 책, p.257.
11) 같은 책, p.421.
12) 공평성이 사유의 공평이라는 의미를 지닌다면, 개방성은 곧 심정의 개방이라는 감성(혹은 감정)의 상태를 지칭한다.

2. 불교학 전공 교수님께 드리는 글*

(황필호)

1.

모든 종교는 수행과 교리, 신앙과 논리, 실천과 이론, 계시와 이성, 교(敎)와 학(學)의 두 측면을 가지고 있다. 그리고 그 중에서 전자가 훨씬 중요하다는 것은 자명한 사실이다. 그리하여 파스칼은 논리적인 증명의 결론으로 유추된 '철학자의 하느님'이 아니라 우리의 현재 삶에 직접 영향을 주는 '아브라함과 이삭과 야곱의 하느님'을 추구한다고 말했다. 또한 칼 야스퍼스는 불교를 경전적인 측면과 명상적인 측면으로 분류하면서 이렇게 말했다.

> 여러 경전에서 불타의 교리는 일상적인 의식으로 이해할 수 있는 명제와 합리적인 개념으로 표현되어 있다. 그럼에도 불타의 교리는 초감각적인 경험이 없이는 유효하게 전달될 수 없다는 사실을 우리는 잊어서는 안 된다. 유한한 마음의 합리적인 사고는 불타의 진리에 적합하지 않다. 그의 교리의 핵심은 명상에 의해서만 터득될 수 있고, 합리적인 연구는 진리의 희미한 그림자를 암시해 줄 뿐이다. 합리적으로 표현된 교리를 고찰하려는 사람은 이와 같은 '교리의 근본적인 근거와 내용'을 잊지 말아야 한다.[1)]

그러므로 종교를 학문적으로 연구하는 학자들이 마치 종교에 대한 지식을 종교 신앙의 본질로 생각하는 경향은 전혀 옳지 않다. 그리하여 공자도 3백 수의 시를 암송할 수 있는 지식이 무슨 소용이 있느냐고 반문했으며, 우리도 일상적으로 행간(行間)을 읽을 수 있어야 한다고 말한다. 성서에서 '신령과 진리'로 예배를 올리라고 충고하는 이유도 여기에 있을 것이다. 역시 가장 중요한 것은 신령, 신심, 신앙이며, 그 다음에 비진리에 반대되는 진리, 이론, 논리가 필요한 것이다.

그러나 교리를 무시한 수행, 논리를 배척하는 신앙, 이론을 생략한 실천, 이성의 뒷받침이 없는 계시, 학을 떠난 교는 모든 종교인을 광신자로 만들기 쉽다. 물론 우리가 이 두 측면을 산술적 · 기계적으로 정할 수는 없을 것이다. 어느 사람이든 어느 정도는 한쪽으로 치우칠 수밖에 없을 것이다. 그러나 가능하면 양자의 수평을 유지하려고 노력해야 할 것이다.

우리는 이러한 노력의 흔적을 아우구스티누스와 토마스 아퀴나스에서 찾아볼 수 있다. 그들이 활동하던 스콜라 철학 시대 이전의 교부철학 시대의 사상가들은 분명히 한쪽으로 치우친 감이 없지 않다. 클레멘스는 전적으로 계시의 우위성을 주장했다. "나는 불합리하기 때문에 믿는다"는 유명한 명제를 남긴 터툴리아누스가 "예루살렘과 아테네가 도대체 무슨 상관이 있는가?"라고 질문한 이유도 여기에 있다. 그리하여 그는 당시의 종교가들이 존경하고 있던 소크라테스까지도 악마의 인도를 받은 철학자였다고 극언하기도 했다.[2)]

그러나 아우구스티누스는 이 양극단을 조화시키기 위하여 "나는 알기 위하여 믿는다"는 명제와 "나는 믿기 위하여 이해한다"는 명제를 동시에 따르려고 노력했으며, 특히 아퀴나스는 계시와 이성, 신학과 철학의 구분을 명확히 제시한 사상가로 알려져 있다.

그러면 우리는 어떻게 종교의 이 두 측면을 조화시킬 수 있는가? 그것은 바로 '상호 모순적인 두 개의 원칙'을 동시에 따라야 한다.

노르웨이의 종교학자인 크리스텐슨(W. Brede Kristensen, 1867-1953)은 '종교인이 본 종교'와 '비종교인이 본 종교' 간에 생길 수 있는 간격에 대하여 다음과 같은 두 가지 상호 모순적인 원리를 지켜야 한다고 주장했다.

첫째, 종교에 대한 지식이 반드시 경건한 종교인을 만들지는 않는다. 전통적인 종교의 성자들은 대부분 형식적인 교육에서 얻을 수 있는 지식을 갖고 있지 않았던 현자(賢者)들이었다. 그러므로 종교를 지적으로 연구하면 신앙을 해치게 된다고 염려하는 사람은, '지식'의 추구가 바로 종교적인 신념과 결부된 '지혜'가 될 수 없다는 원리를 무시한 사람이다.

둘째, 그럼에도 종교를 지적으로 심각하게 탐구하지 않는 사람은 종교적으로 극히 위험한 인물이 되기 쉽다. "종교에 대한 지식이 종교적인 서약을 대신할 수는 없다. 그러나 무비판적인 종교 서약은 피상적으로 되기 쉽다."[3)]

그러므로 우리는 한편으로 종교에 대한 철학적인 연구가 바로 종교성을 줄 수는 없다는 것을 알고, 다른 한편으로는 철학적인 비판을 결여한 종교적 신앙은 종종 피상적이거나 광신적인 신앙으로 변하기 쉽다는 것을 알아야 한다.[4)]

특히 우리나라 종교학자들의 임무는 실로 막중하다고 볼 수 있다.[5)] 우리나라 대부분의 종교는 기복신앙에 머물러 있으며, 일부의 학자들은 이런 뜻에서 우리나라의 모든 종교는 '샤머니즘의 변용'일 뿐이라고 말하기까지 할 정도다. 물론 기복종교가 종교일 수 없다는 뜻은 아니다. 오히려 종교의 가장 중요한 측면은 삶의 고통의 와중에서 조금이라도 위안을 받으려는 — 슐라이어마허의 표현을 빌리면 — 의존감정(the dependence feeling)이다. 이런 뜻에서 우리는 예수와 석가를 병을 치료해 주는 명의로 이해할 수 있다.

그러나 모든 종교인이 이런 수준에 머물러 있어야 할 필연적인 이유는 전혀 존재하지 않는다. 그 중에는 더욱 성숙한 신심과 이지적인 신념을 가진 사람들도 있어야 할 것이며, 이런 사람들의 기여에 의하여 종교와 미신은 구별되는 것이다. 비록 그 구별이 언제나 명확한 것은 아니지만. 하여간 이런 성숙한 신앙은 종교에 대한 학문적인 연구 성과에 의해서만 도달될 수 있다.

특히 불교는 기독교의 의타적인 신앙보다는 자발적인 수행을 강조하는 종교다. 적어도 원시불교에 있어서 의타적인 신앙체계는 별로 쉽게 찾을 수는 없었다. 그런데 오늘날 불교와 기독교의 차이는 전혀 눈에 띄지 않는다. 대학 입시를 앞둔 자녀를 위한 기도에는 전혀 기독교인과 불교인의 차이점을 발견할 수 없다. 불교에 대한 학문적인 고찰이 더욱 요청되는 시대적 요구가 바로 여기에 있다.

나는 이 글을 쓰기 전에 먼저 분명히 할 일이 몇 가지 있다.

첫째, 모든 사람은 본인이 원하든 원하지 않든 간에 자신에게 던져진 일종의 일상적 통념, 일반화된 이미지, 이런저런 사람이라는 딱지를 가지고 있게 마련이다. 불행히 나도 그런 사람 중의 하나며, 나에게 붙어 다니는 통상적인 레테르는 탤런트 교수, 잡동사니 개똥철학자, 잡문의 대가라는 것이다. 내가 이런 딱지를 얻게 된 데는 물론 나 자신의 책임이 적지 않다. 아마도 외국에서 학위를 받고 귀국한 대학교수는 라디오 방송도 하지 말고, 텔레비전에는 얼굴도 내밀지 말고, 전문적인 논문 이외에는 어떤 글도 쓰지 말아야 한다는 일반적인— 너무나 일반적인— 상념에서 나온 결과이리라.[6]

나는 이런 비난 아닌 비난에 대하여 별로 할 말이 없다. 그저 어떤 사람에 대한 평가는 아무런 정확한 출처도 없이 던져진 통념의 레테르로만 판단하지 말고 그 사람의 다른 측면들에 대한 평가를 포함해서 판단해야 한다는 또 다른 일반적인 원칙을 말하고 싶을 뿐이다. 다시 말해서, 어떤 사람의 탤런트적인 측면을 보면서 학자적인 측면을 보지 못하는 판단은 그 반대의 경우보다 훨씬 한심한 일이라는 것이다.

하여간 나에 대한 이런 가면을 본질로 착각한 사람들은 이 글을 읽지도 않으면서도 읽은 사람 이상으로 나를 비난할 것이다. 아퀴나스는 이런 사람들의 주장을 논증적인 논증(argumentative arguments)과 반대되는 비논증적인 논증(nonargumentative arguments)이라고 특징지었다.

논증적인 논증은 상대방의 논증을 자세히 듣고 거기에 대한 논리적인 비판을 제기함으로써 그 논증의 부당성을 지적하고, 더 나아가서 자신의 대안을 제출하는 것이다. 그러나 비논증적인 논증은 단순히 감정에 호소하거나 상대방의 이론을 들어보지도 않고 내려치는 수법이다. 일상적인 대화에서 '네 말은 들을 필요도 없다'라거나 '그것은 무조건 틀린 것이다'라거나 '그것은 들어 보나마나'라는 표현이 모두 여기에 속한다.[7] 다시 말하지만, 나는 이런 사람들에게는 별로 할 말이 없다. 어차피 그들은 나의 말을 듣지도 않을 테니까.

둘째, 사람들은 흔히 어느 주장의 '내용'과 그 주장을 발설하는 '사람'을 혼동하는 경향을 가지고 있다. 어느 국회의원의 교육에 대한 발언을 "그 친구는 대학 입시에 낙방한 놈이다"라는 근거로 반박하거나, 상대성 원리의 정당성에 대해 유태인을 멸시하는 사람이 "도대체 유태인인 아인슈타인의 이론이 어떻게 맞을 수 있겠는가?"라고 응수하는 것이 여기에 속한다. 기초 논리학은 이런 주장의 잘못을 '사람에 대한 오류'라고 부른다.[8]

그러나 우리는 어떤 주장의 내용을 그 내용의 발설자와 구별해서 토론할 수 있어야 한다. 물론 이 양자가 전혀 아무런 상관이 없다는 뜻은 아니다. 오히려 이 양자는 밀접하게 연관되어야 한다는 것이 나의 입장이다. 매국노의 천사의 말은 말로만 판단되기보다는 그 사람의 사람됨에 견주어서 판단되어야 한다는 것이 나의 평소 입장이다. 다만, 그 사람 자신이 "나는 매국노가 아니다"라고 주장할 때, 그리고 "나는 오히려 나라를 사랑하기 때문에 이런 일을 했다"고 주장할 때, 그때 우리는 앞에 지적한 사람에 대한 오류를 범하지 말아야 한다는 것이다.

현재 나는 우리나라에서 가장 큰 불교 종단인 조계종에서 설립한 종단 대학인 동국대학교에 재직하고 있다. 그런데 웬일인지는 몰라도 나는 동국대에서 그저 가만히 앉아만 있으면 독실한 기독교인이 된다. 열심히 교회를 나가고, 기회가 있을 때마다 기독교를 선전하고, 불교를 비방할 필요도 없다. 그냥 가만히 있으면 사람들이 나를 기독교인으로 만든다. 그리고 그들은 그들이 이렇게 조작한 나의 이미지를 마음대로 공격한다. 불교를 위협하는 존재, 동국대를 말아먹으려는 놈, 동국대를 기독교 대학으로 만들려는 첩자라고.

그러나 이런 비난은 어림 반푼어치도 없는 한심한 짓거리다. 그들은 나를 비난하는 것이 아니라 그들 스스로 만든 허수아비를 공격하는 것이다. 그들은 실제로는 존재하지도 않는 허구의 실체를 공격하는 것이다.

그러면 나는 왜 이렇게 '어림 반푼어치도 없는 한심한 짓거리'를 하는 사람들을 의도적으로 만들고 있는가? 왜 나는 그들의 귀에 거슬리는 말을— 그것도 가끔이 아니라 아주 자주— 하고 있는가? 그 이유는 이렇다. "모든 종교는 완전하다. 그러나 모든 종교인은 불완전하다."

예를 들어서 기독교는 완전한 종교다. 그러나 기독교인의 믿음은 절대로 완전할 수 없다. 기독교인들이 역사적으로 가장 많은 종교재판, 종교전쟁, 이단자 처벌과 같은 범죄를 저지른 이유도 바로 이 양자를 혼동한 데서 온 것이었다.

> 신앙은 이성을 초월한다. 그러나 그것은 절대적인 하느님만이 발설할 수 있는 말이다. 연약하고 불완전한 인간은 신앙이 이성을 초월하는지를 알 수 없다. 다만 그는 인간이기 때문에 인간의 방법으로 하느님을 추구할 따름이다. 다시 말해서 믿음은 절대적이다. 그러나 인간의 믿음은 절대적일 수 없다. 인간의 믿음을 절대시할 때, 그는 아직도— 키에

르케고르의 표현을 빌리면— 미적인 단계나 윤리적인 단계에 머물러 있는 것이다.[9)]

이와 마찬가지로 불교는 완전한 종교다. 그러나 불교인의 신심은 절대로 완전할 수 없다. 이것을 다른 말로 표현하면 이렇다. "예수와 석가의 가르침은 완전하다. 그러나 기독교라는 종교와 불교라는 종교는 절대로 완전할 수 없다." 여기서 나오는 결론은 무엇인가? 기독교를 진정 사랑하는 사람은 기독교의 과거 및 현재의 잘못을 지적하는 사람이며, 불교를 진정 사랑하는 사람은 불교의 과거 및 현재의 잘못을 파사현정의 심정으로 지적하는 사람이다.

나는 여기서 내가 불교를 이 땅의 어느 불교인들보다 더욱 사랑한다고 큰소리치지는 않겠다. 이런 주장이야말로 어림 반푼어치도 없는 소행이다. 어떻게 나같이 하찮은 사람이 진실로 불교를 아끼는 불자들보다 더욱 불교를 사랑할 수 있겠는가.

그러나 나는 여기서 심정적으로나 종교철학적으로 불교를 굉장히 사랑하고 있으며, 우리나라 종교계에서 불교가 더욱 확고한 기반을 갖기를 진심으로 염원하며, 또한 그런 나의 염원을 도울 수 있는 길이 있다면 기꺼이 응할 수 있는 '최소한의 양심'을 가지고 있음을 고백한다. 제발 나를 나의 수준 이상으로 기독교인으로 만들어놓고, 그렇게 만들어놓은 허상에 대한 공격을 불교를 사랑하는 마음의 표시로 착각하지 말기를 간곡히 부탁한다.

사실 나는 이런 식으로 나를 모함하는 사람들의 심리를 알고 있다. 그들은 한마디로 유치한 형태의 자기 정체성을 찾는 것이다. 일반적으로 자기 정체성은 두 가지 방법으로 추구될 수 있다. 하나는 나와 타인, 나와 세계, 나와 우주 간의 차이를 강조함으로써 찾는 길이다. 너는 눈이 파랗지만 나의 눈은 갈색이며, 너는 미국인지만 나는 한국인이라는 식으로 전개되는 모든 배타적인 노력이 여기에 속한다. 다음에는 나와 외부와의 유사성을 먼저 발견하고, 그 유사성 속에서 다시 나와 외부의 차이점을 발견하려는 노력이다.

전자의 방법은 쉬운 일이다. 우리는 유사성보다는 차이점을 더욱 쉽게 발견할 수 있기 때문이다. 그러나 이런 방식은 결국 배타성에 의한 자기 정체성(identity by exclusiveness)일 뿐이다. 후자의 방법은 더욱 어려운 일이다. 그러나 우리가 진정 지향해야 될 방향은 바로 포괄성에 의한 자기 정체성(identity by inclusiveness)이다. 사망으로 인도하는 문은 넓다. 그러나 우리는 좁은 문을 찾아야 한다.

2.

그렇다고 해서, 심정적으로나 학문적으로 아직 불교에 완전히 귀의하지 못한 내가 불교에 대하여 이러쿵저러쿵 말할 자격이 있는 것은 아니다. 이런 행위야말로 방외자의 객관성을 빙자한 '남의 집 제사론'이 아닐 수 없다.

> "남의 집 제사에 배 놓아라 감 놓아라 하지 말라"는 속담이 있다. 가가례(家家禮)라는 말도 있다. 남의 집 제사에 '이래야 하느니 저래야 하느니' 걸고넘어지는 것은 피를 부르는 일이다. 위의 속담들은 '피'를 경고한다.
>
> 예(禮)나 명분(名分)은 상충하는 힘들의 얼굴이다. 그것은 힘을 사용하거나 통제하는 수단이었다. 그렇기 때문에 예론(禮論)은 '힘들의 묵은 질서'를 파괴하는 것이었다. 거기에는 대가(代價)가 따랐다. 그래서 그 속담은 무책임하고 무분별한 예론을, 그에 따르는 통제할 수 없는 '힘의 넘침'을 경고하는 말이다. 그것이 '무례하다'는 말의 속뜻이다.[10)]

나는 여기서 위의 인용문이 과연 그것이 비판하려는 목적을 성공적으로 수행했느냐는 질문을 하지는 않겠다. 그것은 — 적어도 여기서는 — 나의 관심사가 아니다. 그러나 위의 인용문 자체는 확실히 옳은 말이다. 이른바 객관성을 빙자한 '남의 집'에 대한 예론이 무례함을 허용하는 것은 아니며, 이런 비판은 분명히 '피'를 부른다. 지식인은 자신의 학문적 예론에 끝까지 '정치적 책임'을 져야 한다.

그런데 나의 이 글이 바로 아무런 정치적 책임도 동반하지 못한 피를 부르는 행위가 아닐까? 나는 이 문제를 심각하게 고려해야 한다. 우선 나는 이 질문에 대하여 "절대로 그렇지 않다. 그렇게 보는 사람은 열등감에 사로잡혀 있는 사람이다"라고 말할 자신과 자격은 없다. 그저 다음의 몇 가지를 고려해 주기를 바랄 뿐이다.

첫째로 나는 이 나라의 말석에서나마 불교를 사랑하려고 애쓰는 '최소한의 양심'을 가지고 있다는 고백을 다시 반복한다.

둘째로 나는 지금부터라도 불교를 배우려고 더욱 열심히 노력하겠다. 어차피 큰 성과를 거둘 수 없을지는 몰라도.

셋째로 나의 이 글은 불교에 대한 글이 아니라 불교학에 대한 글이며, 불교를 학문으로 연구하는 사람들 중에서도 대학교수라는 직업을 가지고 있는 불자에 한정된 글이다. 불교와 불교에 대한 학문은 동일하지 않다. 그것은 바로 수행과 교리의 차이며, 신앙과 논리의 차이다. 그런데 불교를 전공하는 사람은 이미 의도적으로 '한쪽으로 기울어진 사람'이다. 위의 두 가지가 서로 떨어져 있어서가 아니라 그 중에서 종교에 대한 학문적 연구에 생애를 바치려는 사람이다.

그러므로 이 글은 불교 자체에 대한 글도 아니며, 또한 어느 이름 모를 선방에서 홀로 불교를 연구하는 선사, 학승에 대한 글도 아니다. 오직 불교학을 직업으로 삼고 있는 대학이라는 체제 속에 사는 교수에게만 해당되는 글이다. 나는 이런 교수들의 대부분은 열심히 학문에 정진하고 있다고 믿는다. 할 일 없이 남의 국적이나 파헤치고 다니는 한심한 행위는 차라리 늦깎이 교수의 치졸한 짓이며, 이런 사람은 분명히 예외에 속한다고 믿는다.[11]

3.

나는 이 땅의 대부분 불교학 전공 교수들이 아직도 일본 학자들의 연구를 넘어서지 못하고 있으며, 특히 세계사상적 및 비교사상적 관점에서 불교를 연구하는 사람이 극히 희박하다고 믿는다. 그러나 '하나의 세계'가 된 현대에 있어서 세계적인 안목이 없는 학문은 더 이상 존재할 수 없게 되었다. 학문의 로빈슨 크루소는 존재할 수 없게 되었다. 그리하여 나는 이제 이런 우리나라 불교학의 고립성을 몇 가지 실례로 설명하겠다.

첫째, 영어로 발표되는 비교사상의 가장 권위 있는 저널로는 하와이대학에서 발간하는 *Philosophy East and West*를 들 수 있다. 수년 전에 이 저널은 불교에 대한 갑론을박의 논쟁에 휘말렸던 일이 있다. 그 논쟁의 내용은 대략 다음과 같다. 불교에서는 모든 욕망을 버리라고 말한다. 왜? 깨달음을 얻기 위하여. 그러니까 깨달음이라는 커다란 욕망을 성취하기 위하여 그 이외의 모든 욕망을 제거하라고 말한다. 이것은 논리적 혹은 수행적 모순인가?

이 문제에 대하여 어느 학자는 모순이라고 주장했으며, 다른 학자는 모순이 아니라고 주장했으며, 또 다른 학자는 이 질문 자체가 사이비 질문이라고 주장했다. 하여튼 열띤 논쟁이었다. 그러나 이 땅의 불교학 전공 교수들은 아무도 이런 일이 일어났다는 사실조차 모르고 있었다. 나의 과문의 탓인지는 몰라도. 나는 여기서 그것이 모순이라거나 아니라고 말하려는 것이 아니다. 다만 학자라면 우선 세상 돌아가는 것은 알고 있어야 한다는 것이다.

둘째, 조금 더 복잡한 실례로는 한양대학교 민희식 교수의 파문을 들 수 있다. 그는 예수가 젊은 시절에 인도에 가서 불교를 수업했다는 주장을 이미 기정사실화된 정설로 받아들이고 있으며, 그래서 그에게는 아직도 각 사찰의 강의 요청이 쇄도하고 있다고 한다. 그는 최근 어느 잡지에서 아주 단정적으로 이렇게 말했다.

예수는 인도에서 스님 마니트라를 만나, 불제자로서 여러 가지 수업을 받게 되는데, 그 중 가장 중요한 공부가 스님에게서 전수받은 물질화(物質化) 현상에 대한 비법이다. 후에 『신약성서』에 기록된 물을 포도주로 바꾸거나 하늘에서 빵이나 물고기가 나타나는 기적에 대한 이야기는, 예수가 마니트라 스님에게서 전수받은 비법인 물질화 현상을 실천에 옮긴 것이다.

예수는 그 후에 애급에 가서 태양 신앙에 대한 공부를 한다. 유일신에 대한 신앙은 여기에 뿌리박고 있다. 그 당시 예수는 첫사랑을 하게 된다. 그는 애급의 신관(神官)의 지도 아래 공부를 하면서, 정열적인 신관의 딸 사리아와 열렬히 사랑하게 된다.

예수는 여기서 심한 영혼과 육체의 투쟁을 경험하게 된다. 자기의 수행 연구를 가로막는 한 미모의 여성, 이 여성과의 사랑을 성취하여 행복하게 살 것인가, 그녀를 버리고 수행을 계속할 것인가. 그때 마니트라 스님의 "모든 유혹을 이겨내라"는 말이 그를 사로잡아, 이 스님의 은혜에 보답하기 위해, 그는 사랑을 물리칠 수가 있었다.[12)]

참으로 아름다운 소설이다. 그런데 민 교수는 이것을 이미 증명된 사실로 믿고 있다. 나는 그가 프랑스의 어느 박물관에서 이런 얘기를 담은 두루마리를 발견했다는 주장을 그대로 받아들이고 싶다. 그의 주장을 배척해야 할 아무런 이유가 없다. 그렇다고 해서 예수의 인도행이 과학적으로 증명되는 것은 아니다.

예를 들자. 내가 이집트의 어느 박물관에서 날개와 다리를 가진 천사의 그림을 발견했다고 하자. (인간의 상상력은 무한하다.) 그렇다고 해서 모든 천사가 날개와 다리를 가지고 있다는 사실이 증명되는 것은 아니다. 그것은 아직 가설에 불과한 것이다. 이 방면의 대부분의 학자들이 어떤 의견의 의미 공동체를 형성할 때까지는.

이와 마찬가지로 예수의 인도행은 현재 가설에 불과한 것이다. 그것을 사실로 받아들이는 태도는 학자의 정당한 자세가 아니다. 또한 만약 이것이 이미 증명된 사실이라면, 서양의 학자들은 벌써 기정사실로 알고 있는 것을 유독 우리나라의 학자들만 모르고 있단 말인가. 도대체 이 나라 학자들이 그렇게 무식하단 말인가.

물론 일부의 광신적인 평신도들은 이런 소문을 그대로 받아들이면 흥분할 수도 있다. 그리하여 불교인은 "그것 봐라. 너희들이 모시는 예수도 결국 우리 불제자에 불과한 존재였다"고 열을 올리기도 하고, 또한 한심한 기독교인들은 불교인들의 이런 주장에 팔딱팔딱 뛰면서 종교적인 모독이라고 핏대를 올릴 수 있다. 종교에는 언제나 이런 광신자들이 있게 마련이다.

나는 이 가설이 정설이 되기를 바란다. 그러면 그것은 불교와 기독교의 대화에 더욱 큰 공헌을 하게 될 것이며, 이것이 정설로 되었다고 해서 기독교에 대한 불교의 우월성이나 불교에 대한 기독교의 열등성이 증명되는 것은 절대로 아니라고 믿는다. 다만 이 주장은 현재 가설로 남아 있다는 점을 강조하고 싶다.

이런 시점에서 이 땅의 기독교 학자들과 불교학자들 중에서는 이 가설의 진위를 파헤치려는 사람이 나와야 한다. 그것은 종교사를 전공하는 사람들의 신성한 임무인 것이다. 또한 이 가설의 진위가 어느 종교의 우월성이나 열등성과는 아무런 상관이 없다는 점을 일반 신도들에게 계몽시켜야 한다. 특히 불교학자들은 평신도들이 미혹에 빠지지 않도록 가르쳐야 한다. 그러나 나는 이런 학자들을 별로 만나지 못했다. 이것은 비교사상적인 관점의 결여를 쉽게 볼 수 있는 또 다른 실례다.

셋째, 그렇다고 해서 이 땅의 불교학 교수들이 현실 문제에 대하여 비상한 관심을 가지고 연구하는 것도 아니다. 오늘날 이 나라에 민중불교라는 운동이 젊은 불자들 사이에 왕성히 논의되고 있다는 점을 모르는 사람은 아무도 없다. 그럼에도 이 문제에 대하여 불교학 교수들은 어느 한 사람도 가부간의 발언을 하지 않고 있다. 개인적으로 어느 젊은 교수가 대학원생들과 비공식 토론회를 했다는 말을 듣기는 했다. 그러나 아무도 공식적인 논문을 쓴 일이 없다.

물론 민중불교를 해방신학이나 민중신학과 마찬가지로 동정적으로 보는 나의 소원으로는 어느 교수가 “이 땅의 진정한 불교는 민중불교다”라고 주장하기를 바란다. 그러나 이것은 어디까지나 나 개인의 바람일 뿐이다. 결론은 사람에 따라서 다를 수 있다. 그러므로 “민중불교는 진정한 불교가 아니다”라는 결론이 나올 수도 있다.

그러나 엄연히 벌어지고 있는 현실에 — 비종교인들까지도 무시하지 못할 정도로 전개되고 있는 이 엄청난 현실에 — 대하여 침묵만 지키고 있는 교수들, 그리고 40세 전후의 자습학도인 여익구(呂益九) 같은 사람들에게 민중불교의 이론적 작업을 내맡기고 있는 교수들, 그들은 분명히 당연히 발언을 해야 될 문제에 대하여 발언을 생략한 현실기피주의자가 아닐까.

제발 말을 좀 해주기를 바란다. 나같이 불교학에 무식한 사람이 민중불교를 떠들고 민중불교와 해방신학의 비교라는 희한한 글을 쓰지 않도록. 나는 불교를 모른다. 그러나 아무도 말하지 않기에 내가 말할 수밖에 없었던 것이다. 나에게 불교를 모르는 사람이라고 큰소리치는 교수님은 제발 앞장을 서기 바란다.

다시 말하지만, 나는 여기서 불교나 전체 불자들에게 말하고 있지 않다. 다만 나와 같이 학문을 직업으로 삼고 있는 교수들에게 이 글을 쓴다. 그리고 나의 의도는 동료 교수에 대한 비판이 아니라 불교를 비교사상적 입장에서 공부하려는 나를 지도해 주고, 격려해 주고, 같이 노력할 수 있는 학문의 동반자를 찾으려는 것이다.

종교의 세계에도 질서가 있다. 그러나 그것은 세속에서 사용하는 연륜으로 결정되는 것이 아니다. 수행의 세계에서는 먼저 깨달은 사람이 연령에 관계없이 선배가 된다. 어린 동자나 가르치던 제자가 먼저 깨달았다는 일화와 설화는 불교에서 쉽게 찾을 수 있는 일이다. 종교와 학문의 세계에서는 나중 시작한 사람이 먼저 끝날 수도 있는 것이다.

그러므로 나는 불교를 나보다 더 많이 아는 모든 사람을 나의 스승으로 모시겠다. 이것이 바로 이 글을 쓴 목적이다. 처음에는 단순히 '불교 시론'의 마지막 글로 간단히 쓰려고 했으나, 내 자신의 얘기가 너무 많은 맺음말을 대신하게 되었다.

[주(註)]

* 이 글은 황필호, 『종교철학자가 본 불교』, 민족사, 1990, pp.224-237에 실린 글이다. 다시 쓰고픈 마음이 간절했으나 글의 역사성을 살리기 위해 그대로 전재한다.

1) Karl Jaspers, 황필호 역, 『소크라테스, 불타, 공자, 예수, 모하메드』, 종로서적, 1989, pp.47-48.
2) Frederick Copleston, *A History of Philosophy*, Vol. 2, Pt. 1, Image Books, 1962, p.37.
3) W. Brede Kristensen, "The Meaning of Religion," Joseph D. Bettis, ed., *Phenomenology of Religion*, Harper & Row, 1969, p.34.
4) 황필호, 『종교철학 개론』, 종로서적, 1989, p.20.
5) 여기서 말하는 종교학자는 종교를 학문적으로 연구하는 모든 사람을 지칭한다. 그러나 우리는 일상적인 의미에서의 종교학자와 엄격한 의미에서의 종교학자를 구별해야 한다. 기독교적인 표현을 사용하면 신학자, 종교학자, 종교철학자는 동일한 사람이 아니다.
6) 황필호, 「탤런트 교수에게 돌을 던지지 마라」, 『삶이 무엇이냐고 묻는다면』, 자유문학사, 1986, p.279.
7) 황필호, 「재판을 내면서」, Karl Jaspers, 앞의 책, p.v.
8) 우리는 이런 오류의 실례를 성서에서 찾아볼 수 있다. 예수는 제자들에게 바리새교인의 말은 경청하되 그의 행동은 본받지 말라고 충고했던 것이다. 이것은 바리새교인의 말을 그 사람으로부터 구별하라는 충고가 될 것이다.
9) 황필호, 『종교철학 개론』, 앞의 책, p.17.
10) 혜묵, 「학문의 권위와 대중적 인기를 볼모로 한 환상과 폭력」, 『해인』, 1989년 8월, p.39.
11) 원칙적으로 어떤 사람의 사생활을 파헤치는 일이 필요하다고 가정하더라도, 그것은 불교학 전공 대학교수가 할 일은 아니다. 불교학은 그렇게 편협한 학문이 아니며, 또한 그것은 교수보다는 일반인이 할 일이다.
12) 민희식, 「스승과 제자」, 『불교』, 1989년 10월, pp.47-48.

3. 비평의 객관성과 애정의 부조화 : 황필호, 『종교철학자가 본 불교』를 읽고

(정승석)

1. 비판을 자초하는 애정

나는 황필호 교수가 불교계로부터 어떤 평가를 받고 있는지에 대해 아는 바가 없다. 실은 별로 관심이 없다고 말하는 것이 솔직한 토로일 것이다. 남의 평판에 대해 관심을 기울일 만큼 한가하지 못한 탓이기도 하지만, 우선 황 교수의 전공이 나와는 다르다는 사실 때문이다. 황 교수의 논지에 의하면, 나의 이런 무관심도 불교학의 발전에 저해되는 요인 중의 하나로서 근시안적(近視眼的) 태도에 기인하는 것이긴 하겠지만, 황 교수의 불교 관계 저서를 평하는 데엔 오히려 유리한 위치에 있다고도 하겠다.

이 책의 말미에 이르러서야 나는 저자가 불교계, 특히 불교학계로부터 부당한 평가를 받고 있나 보다 하는 짐작을 하게 된다. 심지어 저자는 자신에 대한 혹평을 유도하거나 과장한 듯한 흔적마저도 보인다.

예를 들어, 불교에 대한 자신의 논의가 '방외자의 객관성을 빙자한 남의 집 제사론'으로 비추어질 수도 있음을 지적하면서 섬뜩함마저 느끼게 하는 한 승려의 비평을 인용하고 있는데, 이 비평은 김용옥 교수의 『나는 불교를 이렇게 본다』에 대한 것으로서 전혀 황 교수를 염두에 둔 것은 아니다. 일반 독자로서는 그런 비평이 마치 저자에게 해당되는 것인 양 느낄 수 있을 것임에도 그런 오해의 소지를 방치한 채로 기술하고 있는 데서도, 자신의 글에 대한 비판의 장이 마련되길 바라는 저간의 도도한 심정을 엿볼 수 있다.

저자에 대한 불교학계의 평판이 어떤 것이건 간에, 내가 짐작하기로는 그 평판이 이 책의 글에서 기인하는 것은 아닌 것 같다. 솔직히 말하면, 이 책에 피력된 저자의 생각은 그 이해의 폭이 좁을지언정 그릇되었다고 평할 만한 것이 별로 없고, 평가의 대상이 될 만큼 저자의 주관이 충분히 토로된 것도 아니기 때문이다.

따라서 불교학계로부터 받고 있다는 저자에 대한 혹평의 원인은 다른 곳에서 찾아야 할 것 같지만, 여기서 주목해야 할 것은 저자가 자신의 글에 대한 비판을 유인(誘引)하고 있다는 점이다. 그 이유는 우선 자신의 글에 대한 도도한 배짱에 있으리라 속단하기 쉽지만, 실은 자신의 진술에 대한 객관성과 불교에 대한 애정을 검증하자는 데 있는 것으로 보인다. 저자는 실제 이 책의 군데군데서 자신의 글에 대해 반박이라도 해주길 호소하고 있으며, 이를 통해 자신의 불교에 대한 애정의 진위를 평가받길 기대하고 있다. 그래서 나는 저자의 그러한 호소와 기대에 응답하고자 한다.

2. 종교철학자라는 객관성의 한계

이 책은 저자가 이미 발표한 가벼운 글들을 모은 책이다. '가볍다'고 표현한 것은 내용의 깊이를 평한 것이 아니라, 그 서술 방식이 평이하여 굳이 불교학자가 아니라도 관심 있는 사람이면 누구라도 쉽게 이해할 수 있음을 뜻한다. 글모음이기 때문에 그 내용의 구성이 작위적으로 이루어져, '불교 수필', '불교 시론', '불교 논문'이라는 체제가 약간 어색하기는 하지만, 그 전체의 성격은 표지에서 밝히고 있듯이 '불교 시평'이라고 규정할 수 있다. 그러나 이를 다시 대별(大

別)하면 시평과 논문으로 구성되어 있다.

이 중 시평에 대해서는 특별히 비평할 필요를 느끼지 않는다. 저자로서는 불교계에 호된 질책을 퍼부었다고 생각할 대목도 있긴 하겠지만, 그것은 '종교철학자'로서의 질책이라는 데에 의미를 부여할 수 있을 뿐, 전혀 새로운 지적이 아니라, 뜻있는 불교인이라면 누구나 공감하고 또 숱하게 들어 왔던 지적들이다. 이런 시평들은 저자가 스스로 천명하고 있듯이 불교에 대한 애정의 토로임을 엿볼 수 있게 한다. 저자를 오해하는 불교인이 있다면, 이 부분은 그 오해를 불식시키는 데는 도움이 될 것으로 믿는다.

그러나 오해를 불식시키자는 데에 저자의 의도가 있지는 않을 것이다. 저자의 애정은 비판을 당하는 불교가 그 비판을 통해 개선되길 염원하는 데에 있다. 저자의 이런 애정 어린 염원은 이 책의 도처에서 읽을 수 있다. 그럼에도 적어도 나로서는 그런 애정이 흡족하지 않은 이유는 어디에 있을까?

저자는 이 책의 제목을 정하는 일에 고심하였을 것이다. 우선 비불교인으로서, 기독교인으로서 불교를 비평하는 데 따른 오해를 염려하였을 것이다. 그래서 저자의 진술이 객관적임을 밝히기 위해 불교를 보는 입장이 '종교철학자'임을 전제해 둔 것은 가장 무난하다고 생각된다. 하지만 바로 이 전제가 한편으로는 저자에게 크게 기대하는 바를 야기한다. 더 이상 식상하지 않은 무언가 새로운 안목과 처방을 기대하는 것이다. 이런 기대가 저자로서는 무리하다고 느낄지 모르나 독자로서는 당연한 것이다.

논문 부분에 대해서는 달리 평가해야 하겠지만, 적어도 시평 부분에서는 그런 독자의 기대에 부응하는 데 저자가 진술의 객관성을 충분히 발휘하지 못한 것으로 보인다. 이 점을 나는 두 가지 측면에서 지적하고 싶다.

첫째는 종교철학자로서 얼마나 충실히 진술했느냐는 점이다. 나는 무엇보다도 종교철학자로서의 입장이 어떤 것인지에 대해 궁금했다.

다행히 저자는 「불교와 종교학」에서 그 입장을 해명해 주고 있다. 이에 의하면 종교철학은 '종교의 이념과 교리 자체를 연구'하며, '종교학이 유일한 종교 현상으로 인정하는 문화적으로 한정된 형식을 넘어서서 그 형식이 가진 공통성을 추구'할 뿐만 아니라, 종교 현상을 설명(explain)하려 애쓴다고 한다.

이렇게 애쓰는 종교철학자로서의 저자는 불교와 기독교의 '공통성'을 이해하는 데에 유익한 정보를 제공하고 있다. 어떻게 보면 이 책의 주목적이 그 공통성을 밝히는 데에 있는 것으로 생각될 정도다. 따라서 종교철학자의 이 역할은 매우 성공적인 것으로 보인다.

그러나 항상 아쉬움으로 남아 있는 것은, 저자가 불교의 한 종교 현상을 비판만 할 뿐 '설명'해 주지 않는다는 점이다. 그래서 저자의 비판은 변죽만 울린다는 느낌을 받게 한다. 예를 들면, 저자는 적어도 서너 차례 불교의 기복화(祈福化)를 잘못된 양태라고 비판하고 있으며, "기독교는 기독교이어야 하고, 불교는 불교이어야 한다"(p.56)고 강조할 뿐, 종교 현상으로서의 '기복화'를 설명해 주지는 않는다. 불교니까 복을 기원해서는 안 된다는 것이 저자의 생각은 분명히 아닐 것이다. 불교가 종교인 한, 그를 통해 복을 기원함은 당연한 현상이고 또 역사적 사실임을 저자가 모를 리가 없을 것이다. 종교 현상으로서의 기복의 문제를 설명해 주고, 이것이 불교의 교리에서 어떻게 잘못되었는지를 지적함으로써 올바른 관행으로 시정될 수 있는 방향의 제시를 종교철학자에게서 기대하는 것이다.

설명이 없는 비판이라는 점에서 저자의 객관성은 한계가 있으며, 특히 저자가 천명하는 애정과 조화를 이루지 못함을 지적하지 않을 수 없다. 객관적 비판은 애정이 없어도 가능하기 때문이다.

둘째는 바로 위의 문제와 관련하여 저자는 종교의 실천적 측면을 고려하지 않는 듯하다는 점이다. 여기서 '실천적 측면'이란 현실참여나 윤리적 규범의 실천이 아니라, 박이문 교수가 말하는 종교의 양면성 중 '실천적 내용'을 가리킨다(『종교란 무엇인가: 종교철학』, pp.

57-59). 즉 종교의 의식(儀式)이라는 측면이다. 저자가 기독교를 닮아 간다고 비판하는 불교의 기복신앙도 그 의식의 문제와 관련하여 해명해 줄 만도 한데, 저자는 급기야 "우리 주위에는 석가를 봉헌의 대상으로 칭송함으로써 불교를 기독교화시키는 불교인이 너무나 많다. 참으로 한심한 일이다"(p.209)고까지 말한다.

의식이 종교의 본질적 일면이라면, 교주에 대한 봉헌이 없는 의식이 있을 수 있는가? 물론 저자는 기독교와는 다른 불교 교의 본래적인 입장에서 평하는 것이겠지만, 저자가 논하고 있는 불교는 역사의 굴곡을 거쳐 오면서 현재 우리와 대면하고 있는 종교라는 점에서, 본래적 입장만으로 역사적 사실의 가치를 부정할 수는 없다.

내가 여기서 지적한 문제는 종교철학자라는 입장의 표명만으로 간과할 문제가 아니라고 생각되기 때문에, 저자의 객관성이 빛을 바래지 않을까 우려된다. 더욱이 저자가 이해한 불교의 깊이와 폭이 넓을수록 저자의 객관성과 애정은 그만큼 공감을 확보할 수 있을 텐데, 불교학자들이 봐달라는 글로서는 불교에 대한 저자의 이해가 표피적이라는 인상을 짙게 하고 또 그런 증거도 간혹 보인다. 이 점이 논문 부분에 노출되어 있다.

3. 의욕에 뒤따르는 책임

솔직히 말해서, 저자에게 불교를 폭넓고 깊이 있게 이해해 달라고 주문하는 것은 무리다. 그것은 저자더러 불교학자가 되어 달라는 말이나 다름없을 것이기 때문이다. 그것은 마치 저자가 불교학자에게 현대철학의 방법론을 배워 달라고 주문하는 것이 그 방법론을 깊이 있고 폭넓게 이해하라고 요구하는 것으로 받아들여지는 것이나 진배없다. 역시 이번엔 불교학자가 현대철학의 전공자가 되어야 할 것이기 때문이다. 그렇다면 불교학자가 불교를 논하는 종교철학자에게 요구하는 것은 불교사상을 역사적으로 개관하는 식견일 것이고, 그 반대의 경우 역시 현대철학의 방법론적인 흐름을 참고해 달라는 주문일 것이다.

그러나 문제는 저자의 주문이 정보 제공과 권유의 차원이 아니라 불교학자의 무능이나 편협을 비판하는 소리로 들린다는 데에 있다. 아마도 불교학자는 그런 비판을 곡해하여 "내 학문의 깊이와 광활함에서조차 헤어나지 못해 할 일이 태산 같은데 다른 분야에 눈을 돌리지 않는다고 탓할 수 있느냐. 당신이 이 전공에 들어서면 우리의 고충을 이해할 것이다"고 반문할지 모른다. 그러나 저자의 비판을 불교학의 입지를 넓혀주는 학문적 정보의 제공이라고 이해한다면, 고마운 뜻으로도 받아들일 수 있을 것이다.

이 책에 소개된 저자의 논문 몇 편은 불교학자에 권유하는 시각에는 문제가 있으나, 불교학의 지평을 확대한다는 점에서는 확실히 유익한 정보를 제공해 주고 있다. 물론 그것이 불교학도에게 전혀 새로운 것은 아니다.

사실 이 책에서 서평의 대상이 될 만한 것은 「민중불교란 무엇인가」, 「해방신학과 민중불교의 비교 분석」, 「불교와 종교학」, 「분석철학과 불교」, 「비트겐슈타인, 기독교, 불교」라는 논문들이다. 그러나 내가 이제까지 앞에서 말한 바는 당연히 이 부분에서도 적용된다. 이 중에서 양적으로 가장 많은 비중을 차지하는 것은 「해방신학과 민중불교의 비교 분석」이지만(이 글은 나도 참여했던 『민중불교의 탐구』(민족사, 1989)에 실렸던 글이다), 실제의 내용상으로는 「분석철학과 불교」가 이 책의 진수라고 평가된다. 마지막에 실린 「비트겐슈타인, 기독교, 불교」는 독립된 논문으로 되어 있지만 내용상으로는 「분석철학과 불교」의 후반부다. 이 논문의 특징은 불교학의 지평이 확대되길 바라면서 한국의 불교학계를 종종 비판하고 있다는 것이다.

이 부분에서 저자가 자신의 한계를 드러내면서도 솔직하고 대범하게 민감한 문제를 다루어 불교학계의 각성을 촉구하는 것에는 공감을 느낀다. 그러나 전반적으로 불교를 논하는 저자의 식견이 피상적

이어서 변죽만 울린다는 느낌을 떨칠 수 없게 하며, 경우에 따라서는 그 시각이 공평하지 못한 듯하여 '국외자(局外者)의 편리(便利)'라는 인상마저도 갖게 한다. 물론 이런 느낌이 공정하다고는 장담할 수 없다. 그러나 앞서 지적한 대로 불교에 대한 저자의 이해가 표피적이라는 인상이 저자의 진술에 대한 신빙성을 감소시키는 점은 부인할 수 없다. 반대로 저자가 불교에 대한 사상사적(思想史的) 식견만 발휘하더라도 불교학계에 더욱 유익하고 신뢰할 만한 정보를 제공할 수 있으리라는 아쉬움이 있다.

먼저 가장 민감한 문제를 다룬 「민중불교란 무엇인가」는 제목의 요구를 거의 충족시키지 못하고 있다. 불교학계가 침묵하므로 '불교학에 무식한 사람'이라고 자평하는 저자가 그런 글을 쓰게 되었다고 이해되긴 하지만, 그렇기 때문에 더욱 책임 있는 글이 되어야 할 것이다. 이 글은 민중불교의 이념적 배경일 것이라는 생각에서 별다른 해석도 없이 많은 인용을 구사함으로써 '민중불교란 무엇인가?'에 대한 궁금증에 답하고 있다. 전체의 거의 절반에 상당하는 부분을 길어야 서너 줄 안팎의 연결문으로 지루한 인용을 계속하고 있다. 그리고선 폭력의 문제로 민중불교의 한 쟁점을 소개하는 데 그친다.

내가 이 글이 무책임하다고 생각하는 것은, 민중불교를 소개한다면서도 불교운동의 성격을 규정지을 만한 정작 필요한 자료의 인용이 미흡하기 때문이다. 실제 민중불교운동의 성격은 간행된 책보다는 숱하게 쏟아진 문서에서 찾을 수밖에 없다. 저자도 알다시피 참고할 만한 책도 별로 없다. 그것은 이미 정립된 개념이 아니라 현재 진행되고 있는 '운동'이기 때문이다. 김용옥 교수가 『나는 불교를 이렇게 본다』를 저술하면서 어디선가 애써 구입했거나 미리 보관했을 숱한 문건들을 인용하고 있는 것과는 좋은 대비가 될 것이다.

더욱이 저자가 평가의 대상이 될 자신의 의견이나 해설을 충분히 개진하지 않으면서도 "적어도 나의 글이 틀렸다는 의견이라도 제출하기를 고대한다"(p.94)고 하소연하는 데선 당혹감마저 느끼게 된다.

나는 불교학자의 침묵을 전혀 옹호할 생각이 없고 평소에도 저자와 같은 생각을 지녀왔지만, 이 정도의 글로써 불교학자의 침묵을 일갈한다면, 그것은 지나친 의욕 과시라는 생각을 금할 수 없다.

「해방신학과 민중불교의 비교 분석」은 여러 가지 유익한 정보와 시사(示唆)를 제공한다. 이 방면에 대한 새로운 연구자가 등장하지 않는 한은 저자의 시각이나 해설이 대체로 통용될 수 있을 듯하다. 여기서는 앞의 논문에서 미흡했던, 저자가 생각하는 민중불교의 개념이 어느 정도 제시되어 있다(pp.111-112). 그러면서도 저자 스스로도 제기하고 있는 의문, 즉 '중생불교'라고도 칭할 수 있는 민중불교와는 달라야 할 '진정한 민중불교'는 어떤 것인가 하는 회의(p.115)가 좀더 심도 있게 거론되지 않음이 아쉽다.

민중불교의 운동가든 불교학자든 모두가 고심하고 있는 것은 '민중불교'라는 개념의 규정이다. 더욱이 저자는 불교와 기독교의 독자성 유지를 자신의 신념인 듯 강조해 왔으면서도, 이 글의 결론 부분에선 민중불교의 이론적 모델로서 해방신학을 권하고 있음은 선뜻 수긍되지 않는다. 물론 방법론적 측면을 고려한 것이지만, 불교운동의 집단 내에서도 방법론적 답습이라고 소리 높은 비판이 진작부터 일고 있음을 간과한 듯하다.

불교학도가 뭔가의 기대로 대할 논문들, 즉 「불교와 종교학」, 「분석철학과 불교」는 그 기대에 어느 정도 부합할 수 있으리라 생각된다. 그러나 여기서는 저자의 불교 이해에 확연한 한계가 노출됨으로써 '종교철학자'로서의 권유가 빛을 바랜다. 전반적으로 저자가 말하는 불교는 선불교로 한정되어 있으며, 그렇지 않은 경우라도 그것이 상식적인 수준을 크게 벗어나 있지 않다.

앞에서도 언급했지만, 이 말은 불교사의 흐름을 도외시한다는 뜻이다. 예를 들어, "앞으로도 그 시대에 맞는 새로운 경전이 계속 나올 수 있으며 또한 나와야 한다"(p.173)고 말할 때의 '경전'이 '해석'을 뜻한다면 무리가 없다. 역사적으로 대승경전의 창조가 있긴 했으나,

그 역시 근본 경전에 대한 해석의 산물이기 때문이다.

또 "대승과 소승의 시비가 만만치 않다"(p.174)고 말하는 것은 지극히 상식적인 시각이다. 현대의 불교학에서 보는 대승과 소승은 서로 반목하는 이념이나 실체가 아니라, 불교 내에 공존하는 입장의 양면이며, 서로 어울려 완성을 이룰 수 있는 상보적(相補的) 가치다.

또 '대승불교, 소승불교, 티베트 불교'와 같은 식의 분류는 전혀 일관성이 없고 통용되지도 않는다. 또 "오죽하면 대승불교는 석가가 가르친 불교가 아니라는 주장까지 나왔겠는가"(p.174)라고 하는데, 이는 저자의 생각처럼 전혀 상이한 교단과 다르마를 가지고 있기 때문이 아니라, 애초엔 교의 해석의 차이에서 기인하는 것이고, 나중엔 불전(佛典)의 문헌학적 비평에서 유래했던 것이다. 이런 배경을 이해함이 없이 곧이곧대로 인용하면, 자칫 불교 내에 심한 반목과 분열이 있었던 것으로 오해할 우려가 있다. 이상의 예는 저자로서는 불만스런 지엽적인 것임에 틀림없으나, 사소한 듯한 이런 이해가 저자의 본래의 취의를 퇴색케 할 소지가 있음을 지적하려는 것이다.

그러나 이보다 훨씬 중요하다고 생각되는 것은, 이 책의 핵심 부분이라 평가되는 「분석철학과 불교」(연결되는 뒤편까지)에서 비트겐슈타인의 비교 대상을 선불교로 한정하여 기술하고 있는 점이다. 이 논문을 조금만 주의 깊게 읽어도 저자는 불교를 직접적으로 이해하여 분석철학과 대비하고 있는 게 아니라, 다른 학자의 기술(記述)을 전달하고 있을 뿐임을 알 수 있다. 예를 들면, 저자는 분석철학과의 비교에서 선불교와 더불어 상투적으로 '대승불교'를 언급하고 있는데, 막연히 대승불교라고만 말할 뿐, 구체적인 예증이나 해명이 없다.

불교사를 조금만 개관하면 곧장 알 수 있지만, 저자의 인용에 의하더라도 그 대승불교는 용수(龍樹)라는 대가를 대표로 하는 중도론(中觀論)임을 알 수 있다. 저자는 「해방신학과 민중불교의 비교 분석」에서 그 용수를 언급함으로부터(p.98) 실마리를 풀어 나가고 있다. 저자의 문재(文才)를 여실히 보여주는 이 대목에서 왜 용수가 거론되는지에 대해 솔직히 궁금하기 짝이 없지만, 지금 정작 필요한 이 대목에선 그의 중요성을 인식하지 못하고 있다. 분석철학과 대비하는 데엔 이 중관철학이야말로 선불교보다 불교의 본래적인 입장이다.

저자가 이 중관파에 좀더 관심을 가졌다면, 이 논문은 훨씬 유익한 정보와 시사를 줄 수 있었을 것이다. 더욱이 저자는 "특히 용수의 사상과 비트겐슈타인은 다같이 언어의 질병을 지적한다"(p.221)고 언급하고 있지 않은가. 비트겐슈타인의 '그림의 이론'과 너무나도 유사한 관점을 보여주는 중관철학의 가설론(假說論)은 세밀한 언어 분석을 그 근거로 삼고 있다. 사전적 나열에 불과한 각주를 달고 있지만 (p.218), 내가 지금 지적한 중요성을 의식한 흔적은 전혀 없다.

이상에서 지적한 바는 저자의 오류라고까지 말할 수는 없는 문제들이다. 굳이 오류라고 지적한다면, 저자는 불교를 자각의 종교 즉 자력의 종교로 특징지어 기술하는 곳에서 필요 이상으로 대승불교를 자주 언급하고 있다. 실제로 이 책 전반에서 저자는 불교를 자력의 종교로만 한정하여 비평하고 있다. 그러나 '대승'이라는 칭호를 갖게 된 이유는 그것이 이전의 불교에 비해 타력(他力)의 종교적 가치를 중시한 데 있다. 따라서 자력의 종교로서의 불교를 대승불교와 동일선상에 위치 짓는 것은 전적으로 잘못이라고 말할 수는 없을지라도, 논리상의 모호함과 오해의 여지를 낳는다.

이 타력 신앙은 당연히 봉헌의 대상을 필요로 하게 되고, 경우에 따라 기복신앙과도 끈을 맺게 되는 것이다. 이런 점이 간과된 것은 혹시 저자의 비교 또는 비평의 편리에 기인하는 것은 아닌지.

하여간 앞에서 지적하는 바의 요점은 저자의 강한 의욕에 비해 내용이 미흡하다는 것이다. 표출된 의욕이나 권유가 강한 만큼 저자에 대한 기대는 커질 것이고, 그 기대가 미흡하게 느껴지면 저자가 무책임하다고 생각하게 될 것이다. 솔직히 나는 저자의 글이 무책임하다고는 생각하지 않는다. 다만 비판에 대한 책임을 상대에 대해 더 널리 이해하려는 아픈 노력으로 메워주길 바라는 것이다.

4. 비평의 공정성에 대한 의문

우문(愚問)인 줄 알지만, 끝으로 저자에게 이런 질문을 던지고 싶다. "왜 불교학이 현대 학문의 방법을 채택해야 하는가?" 여기서는 현대 학문의 방법론을 저자의 의도에 따라 분석철학이나 종교철학 등으로 한정한다. 이런 질문을 해보는 것은 불교학자에 대한 저자의 주문이 공정한가를 스스로 검증해 주길 바라기 때문이다. 저자의 주문 자체는 타당한 줄은 알지만, 이제까지 지적한 면들을 고려할 때 저자의 일방적인 비판들이 자칫 그 좋은 의도에 앞서 불교학자의 자존심을 손상하는 자극을 유발할 소지도 있다.

현대의 한국 불교학은 지극히 짧은 역사를 갖고 있다. 이 불리함을 메우는 데 고심하는 불교학자들에게 일본의 아류라는 식의 비평은 심한 불쾌감을 자아내기에 충분하다. 세계적으로 이미 그 철학적 방법을 배우는 것은 떳떳하다는 논리는 아닐 줄로 믿는다. 그렇더라도 저자가 현대 학문의 방법론을 이용하라고 주문하는 것은 우선 현대의 방법론에 대해 식견을 풍부히 하라는 말이고, 이를 바탕으로 불교를 현대 학문의 용어로 번역하라는 요구가 된다. 저자는 이런 요구의 타당성에 대한 자기 점검의 모습을 전혀 보여주지 않는다.

왜 현대 학문을 불교가 알아들을 수 있는 용어로 번역하면 안 되는가? 저자의 애정이 더 진지하다면, 여러 가지 불리한 여건에 처해 있는 불교학자들에게 그런 편의를 제공해 줄 수 있지 않을까? 종교철학자인 저자가 불교학의 문제까지 두루 섭렵한다는 게 쉽지 않음은, 밖에서 생각하는 것보다 훨씬 광활한 분야에서 불교학의 기초인 여러 고전어의 습득만으로도 십 수 년을 시달려야 하는 불교학자가 현대 학문의 방법론을 섭렵하기가 어려운 것과 마찬가지다.

더군다나 우리의 종교철학도에겐 기본적으로 영어, 독어, 불어는 물론이고 나아가 그리스어나 라틴어의 습득까지도 요구되지 않는가? 어차피 같은 서양문화의 소산인 종교철학 내지 종교학과 기독교는 현대의 방법론이라는 것을 서로 쉽게 원용할 수 있을 것이다.

현대의 방법론, 좀더 정확히 말하면 서양의 방법론이라야 한다는 식의 논리는 공정하지 않다는 느낌을 떨칠 수 없다. 현대의 방법론이 부재하다는 판단에서 그 방법을 제시하고 권유한다면 모르지만, 부재하다는 점을 자극을 유발한 비판의 대상으로 삼는 것은 저자의 편향에 기인하는 것이다. 나는 저자의 비평이 전반적으로 그릇되었다고 보지는 않는다. 오히려 저자보다 더한 비판 의식을 갖고 있다. 그리고 불교학자들도 현대 방법론의 필요성을 의식하지 못하고 있는 것도 아니다. 그럼에도 저자의 비평 속에는 불교학 전체의 역사적 흐름은 물론, 한국 불교학계의 역사적 배경을 고려하지 않은 듯한 진술이 있음이 불만스럽다.

모든 것을 역사의 책임으로 떠맡기겠다는 속셈도 아니다. 더 먼 과거는 들먹일 필요도 없이 일제의 침략으로부터 해방 이후의 정화 운동이라는 소용돌이를 겪어 오면서 이제 확실히 발돋움을 시작하는 불교학계에 민족의 공동 책임이라는 공감 어린 격려도 절실히 필요한 시점이다. 더 친절한 안내는 없이, 저기 있는 길만을 가리키면서 그 길로 가지 못한다고 꾸짖는 것으로 종교철학자의 비평이라는 객관적 소임을 다한 것이라면, 그런 소임은 힘들지 않고 편해서 좋겠다.

저자는 이 책을 통해 자신의 불교에 대한 애정을 확인시켜 줄 수 있을지 모르지만, 그 애정이 '종교철학자'라는 객관성과 조화를 이루지 못함을 나는 이제까지 지적해 온 셈이다. 그러나 저자의 애정을 믿으면서 끝으로 저자에 대한 이런 기대가 확인될 날이 있으리라는 희망을 갖는다. 저자가 불교에 대해 더 깊이 있고 체계적인 식견을 갖추게 된다면, 저자가 이 책을 통해 불교학자에게 주문했던 바를 그 스스로 이루게 될 것이다. 저자가 이 책에서 제시한 여러 가지의 유익한 충고와 학문적 정보에 대해서는 구체적으로 언급하지 않고, 내가 주관적으로 느낀 미흡함만을 지루하게 나열한 것도 그 희망의 좀 더 빠른 실현에 도움이 되고자 함이다.

4. 칼럼 두 편

(황필호)

1. 선교 없는 종교

온 국민이 가슴을 졸이던 아프가니스탄 인질 사건이 마무리되었다. 그런데 그들의 석방 조건 중 하나는 기독교를 이슬람교의 터전인 이슬람 국가에서 선교하지 말라는 것이다.

이 말을 들은 우리나라의 모든 종교인은 머리를 갸우뚱거릴 것이다. 지금까지 종교의 역사는 얼마나 많은 이방인, 원시인, 이단들을 자기 종교로 개종시키느냐는 선교의 역사였다. 그래서 성서도 땅 끝까지 이르러 나의 증인이 되라고 말했으며, 불교의 보살은 이 세상에 있는 모든 존재가 깨달음을 얻을 때까지 자신의 극락행을 연기한다고 말한 것이다.

그러나 우리는 여기서 이런 선교의 결과를 심각하게 고찰해야 한다. 그것은 반목과 질투와 비판과 전쟁뿐이었다. 그래서 독실한 기독교인이었던 파스칼은 지금까지 가장 잔인한 전쟁들은 한결같이 종교의 기치 아래 진행되었다고 말했던 것이다.

이제 우리는 선교의 시대를 지나 공존의 시대로 돌입했다. 교통과 통신의 발달은 선교의 의미를 저하시켰으며, 대부분의 경우는 원주민에 대한 제국주의적 종교로 군림하면서 특정 지역의 종교와 문화를 파괴한 것뿐이었다. 세기의 지도자인 달라이 라마가 모든 사람은 자신이 가지고 태어난 종교를 따르는 것이 가장 좋은 길이라고 말한 이유도 여기에 있다.

다행히 한국 내에서도 이슬람 등 기독교가 아닌 종교를 국교로 채택한 나라들에 대하여는 선교를 중단해야 한다는 목소리가 있다고 한다. 원하지 않는 사람을 강제로 개종시킬 수는 없기 때문이다.

최근 어느 일본 기독교인은 일본이 1938년 평양교회 교인들에게 신사참배를 강요했고, 제암리 교회에서는 방화에 이어 살인까지 감행했으며, 일본이 아시아를 침략했을 때 점령지에서 국가 정책 순종에 앞장섰고, 국내에서는 일본 필승 기도회를 가졌으며, 전투기 구입을 위해 애국 헌금을 강요했다고 고백했다. 그럼에도 우리는 그의 고백과 비슷한 이런 실수를 아직도 그대로 범하고 있는 것이다.

현재 대한민국은 세계 제2위의 선교국으로 군림하고 있다. 이것은 우리가 우리나라보다 인구가 훨씬 많은 전통 기독교 국가들인 이탈리아, 프랑스, 스페인, 영국을 압도적으로 능가하고 있다는 지표다.

진정한 선교란 무엇인가? 그것은 내가 너를 가르치는 것이 아니며, 너를 내가 생각한 대로 변화시키는 것도 아니며, 강제로 이교도를 그리스도교인으로 만드는 것이 아니다. 그것은 바로 내가 그들과 동일한 사람이 되도록 동화(同化)되어서, 그들과 같이 생각하고 그들과 같이 살다가 그들과 같이 죽는 것이다.

이제 우리는 알아야 하겠다. 종교의 진정한 목표는 비난이 아니라 위로며, 현지 문화의 배척이나 개조가 아니라 그것과의 동화며, 가능하면 괴로운 삶 속에서도 희망을 잃지 않는 찬송이다. 21세기는 선교 없는 종교, 즉 개종(改宗)의 시대가 아니라 가종(加宗)의 시대가 될 것이다.

(『한국일보』, 2007년 9월 6일)

2. 테레사, 인간적인 너무나 인간적인

빈자(貧者)의 성녀(聖女)인 테레사 수녀는 1979년 12월 노벨평화상을 받으면서 "예수 그리스도는 우리의 마음속, 우리가 만나는 가난한 사람들, 우리가 주고받는 웃음 등 모든 곳에 존재한다"고 선언했다. 그러나 그녀는 콜카타에서 봉사활동을 시작한 1948년부터 무려 50년 동안 신의 존재를 느끼지 못했다고 고백했다고 한다. "예수님을 보려고 해도 보이지 않고, 들으려 해도 들리지 않는다." 영혼과 사후세계에 대한 확실한 믿음을 가지고 있는 수많은 종교인들에게는 청천벽력이 아닐 수 없다.

여기서 모든 사람들은 각기 다른 의견을 제시한다. 어떤 사람은 그녀가 결국 무신론의 정당성을 증명했다고 말하며, 대부분의 사람들은 그녀가 '어둠의 공포'를 완전히 극복하지 못했던 것이라고 말한다. 한 번 불과 같은 성령의 은혜를 받으면 죄를 짓고 싶어도 다시 죄를 지을 수 없을 정도의 '화끈한 종교'가 바로 기독교이기 때문이다. 우리가 '예수 = 천당, 불신 = 지옥'의 선전 문구를 지하철에서까지 쉽게 볼 수 있는 이유가 여기에 있다. 신앙과 불신앙 사이에 중간은 없다. 마치 적군과 아군만이 존재하는 전쟁터처럼.

그러나 나는 그렇게 생각하지 않는다. 오히려 테레사 수녀의 이런 무신론적 고백이 그녀를 더욱 유신론적 종교인으로 만드는 것이기 때문이다. 생각해 보라. 그녀는 얼마나 수많은 밤을 번민으로 지새웠겠는가. 그러면서도 몰려드는 행려병자의 수발을 위해 새벽부터 밤까지 얼마나 힘든 봉사활동을 했겠는가. 이렇게 진실로 고민한 사람만이 진실로 어둠의 공포에 짓눌릴 수 있는 것이다. 그래서 나는 역설적이게도 반종교인이었던 니체의 어휘로 테레사 수녀를 수식하고 싶다. 그녀의 고백은 '인간적인 너무나 인간적인' 고백이라고.

일찍이 키에르케고르는 말했다. 인간에게 완전한 기독교인은 존재하지 않으며 오직 완전한 기독교인이 되려는 과정이 있을 뿐이라고.

인간이 완성된 종교인이라고 자신을 선언할 때 그는 이미 '인간의 영역'을 벗어나 '신의 영역'에 있다고 스스로 착각하게 만들며, 이런 착각이 이교도 탄압이라는 무정부주의로 내닫게 한다.

나는 테레사 수녀의 사진을 조용히 응시한다. 원고지에 눈물이 떨어진다.

(출처 불명)

황 필 호

서울대학교 문리과대학 종교학과(학사)와 미국 오클라호마대학교 철학과(석사 · 박사), 미국 세인트존스대학교 교육학과(석사)를 졸업하였다. 덕성여자대학교와 동국대학교 철학과 교수를 거쳐 현재 강남대학교 신학부 소속 종교철학 전공 대우교수로 재직 중이며, 사단법인 생활철학연구회의 이사장으로 봉직하며 수많은 텔레비전 프로그램에 출현해 왔다.

저서 및 역서로는 『서양종교철학 산책』, 『통일교의 종교철학』, 『중국종교철학 산책』, 『철학적 여성학』, 『종교철학 에세이』, 『인문학 · 과학 에세이』, 『한국 무교(巫敎)의 특성과 문제점』, 『한국 철학수필 평론』, 『종교변호학 · 종교학 · 종교철학』, 『나도 아름답게 나이 들고 싶다』, 『여성철학 개론』, 『종교철학 11강좌』, 『황필호, 달라이 라마를 만나다』, 『석가와 예수의 대화』, 『소크라테스, 공자, 석가, 예수, 모하메드』, 『비폭력이란 무엇인가』, 『베단타 · 예수 · 간디』, 『데이비드 흄의 철학』 등 60여 권이 있다.

논평집
문학철학 · 종교철학

2008년 6월 15일 1판 1쇄 인쇄
2008년 6월 20일 1판 1쇄 발행

지은이 / 황 필 호
발행인 / 전 춘 호
발행처 / 철학과현실사
서울시 종로구 동숭동 1-45
전화 579-5908 · 5909
등록 / 1987.12.15.제1-583호

ISBN 978-89-7775-668-7 03200
값 20,000원